INHALT

HAUPTSTADT DER SPIONE

8

VORWORT ZUR NEUAUSGABE

SAG' NIEMALS NIE

Wenn jemand es wissen muss, dann Hans-Georg Maaßen. »Berlin ist die europäische Hauptstadt der Agenten«, sagt der Präsident des Bundesamtes für Verfassungsschutz, das nicht nur für nachrichtendienstliche Aufklärung innerhalb der Bundesrepublik zuständig ist, sondern auch für Spionageabwehr. Allerdings spricht Maaßen nicht über die Vergangenheit, über die Zeit der deutschen Teilung, als quer durch Berlin die heißeste Front im Kalten Krieg verlief. Er spricht über die Gegenwart, über das zweite Jahrzehnt des 21. Jahrhunderts. Auch gegenwärtig gelte: »In keiner anderer Stadt gibt es mehr Spione.«[1] Dabei hatten die Berliner doch gedacht, den Ruf ihrer Heimat als »Hauptstadt der Spione« nach dem Fall der Mauer, der Wiedervereinigung und dem Abzug der Westalliierten sowie der russischen Truppen ablegen zu können. Sie hatten gehofft, dieses Kapitel ihrer Geschichte hinter sich gelassen zu haben. Doch wie heißt ein 007-Thriller so treffend: »Never say never again« – »Sag' niemals nie«.

Vielleicht haben es die heutigen Spione sogar leichter als ihre Vorgänger während der Blockkonfrontation. Jeder Tourist kennt die Abhörzentralen im Regierungsviertel; neben ihren Portalen hängen Bronzeschilder und an Masten stolz die Flaggen. Mindestens sechs Botschaften in der Innenstadt dienen mit größter Wahrscheinlichkeit als Horchposten: die US-Vertretung sowie die britische und die französische Botschaft am Pariser Platz, der spätstalinistische Palast Russlands Unter den Linden, außerdem der Plattenbau der nordkoreanischen Vertretung am Wilhelmplatz und Chinas diplomatischer Standort an der Jan-

< Auf dem Dach der britischen Botschaft an der Wilhelmstraße steht eine rätselhafte weiße Verkleidung. Was sich darunter befindet, soll geheim bleiben.

nowitzbrücke. Auf den Dächern all dieser Gebäude lassen sich ungewöhnliche Objekte erkennen, manchmal in Form einer weißen Tonne, manchmal aber auch eingebaut in Penthouse-ähnliche Aufbauten. Das mutmaßliche Ziel aller dieser Anlagen: der Mobilfunk der Bundesregierung, vor allem die Handys der Kanzlerin. Denn von Angela Merkel ist bekannt, dass sie am liebsten per SMS regiert. Noch bis vor kurzem benutzte sie dafür oft ein unverschlüsseltes, altertümliches Nokia-Modell mit ganz normalem Vodafone-Vertrag. Dieses Mobiltelefon hätte sogar ein Funkamateur ohne größere Probleme abhören können. Zwar hat die Kanzlerin auch ein besonders gesichertes, mutmaßlich abhörsicheres Telefon. Doch wenn sie damit jemanden erreichen will, braucht derjenige ein identisches Gerät. Jedenfalls für den Alltag als Parteichefin benutzte sie deshalb häufig ein Gerät, das weit unter dem Sicherheitsstandard aktueller Smartphones lag. Zeitweise belastete die »Handygate«-Affäre die Beziehungen zwischen Deutschland und den USA massiv; von einem tiefgehenden Vertrauensverlust war die Rede. Ob die amerikanische National Security Agency, der Geheimdienst für elektronische Aufklärung, die Überwachung von Merkels Kommunikation tatsächlich eingestellt hat, wie Präsident Barack Obama versprochen hat, ist offen. Verlassen sollte man sich darauf nicht, denn Geheimdienste pflegen sich nicht an öffentliche politische Zusagen zu halten – täten sie es, bräuchte man sie nicht.

»Es gibt in Berlins Mitte Tausende Gesprächsverbindungen«, sagt Marcel Dickow, Experte für Cybersicherheit bei der Stiftung Politik und Wissenschaft in Berlin. »Wenn man

^ *Angela Merkel simst im Bundestag mit einem alten Nokia-Handy.*

die richtigen Nummern kennt, kann man auch viel abschöpfen. Was genau passiert, weiß aber niemand.« Ein zuverlässiger Schutz vor solchen Abhörmaßnahmen ist fast unmöglich. Die einzige Möglichkeit lebte vor Jahrzehnten, in der Zeit seiner Kanzlerschaft, Helmut Kohl vor. Weil die Autotelefone der 1980er- und 1990er-Jahre noch unsicherer waren als die heutigen Geräte, hatte sein Fahrer Eckhard Seeber stets genügend Münzen dabei, um seinem Chef bei spontanen Stopps an irgendwelchen öffentlichen Fernsprechern mit Kleingeld zu versorgen. »Man muss sich den Kanzler der Einheit stehend in einer einsamen Telefonzelle irgendwo im Regen vorstellen«, schreiben die Fachredakteure für Innere Sicherheit der Mediengruppe WELTN24 in einem Artikel zur »Handygate«-Affäre: »Sicher, zur hektischen Krisenpolitik des 21. Jahrhunderts will das nicht so recht passen. Aber eine Bundeskanzlerin muss vorsichtig sein. Denn wenn sie telefoniert, geht es schließlich nicht um Kochrezepte, sondern sehr oft ums Land.«[2]

Berlin ist auch in der Gegenwart ein Zentrum der internationalen Spionage. Diese Erkenntnis lädt ein zu einem Blick zurück in die Zeit nach dem Zweiten Weltkrieg, in der Agenten und Nachrichtendienste die ehemalige Reichshauptstadt als liebstes Spielfeld entdeckten; davon handelt dieses Buch. Es ist erstmals im Sommer 2009 erschienen und hat seither zwei weitere Auflagen erlebt. Nach sieben Jahren erschien es uns angemessen, das gesamte Buch durchzusehen, zu aktualisieren und auf den neuesten Stand zu bringen. Denn auch wenn das Ende des Kalten Krieges mehr als ein Vierteljahrhundert zurückliegt, nimmt unser Wissen über das unsichtbare Ringen der Nachrichtendienste weiter zu. Neue Akten werden erschlossen; Zeitzeugen brechen ihr Schweigen; manchmal sind es reine Zufallsfunde, die unser Wissen über die Aktionen der Nachrichtendienste wesentlich erweitern.

In der Neuausgabe sind mehrere Kapitel hinzugekommen, andere konnten wesentlich erweitert werden. Der Todesschütze von Benno Ohnesorg, der West-Berliner Polizist und Stasispitzel Karl-Heinz Kurras, war erst im Frühjahr 2009 enttarnt worden. Gegenüber der Erstausgabe konnten mehr als 30 seinerzeit nicht verfügbare Aktenordner der Stasi eingearbeitet werden. Dagegen erfüllte sich die Hoffnung nicht, er könnte noch selbst Stellung beziehen: Kurras ist Ende 2014 gestorben, ohne noch irgendwelche sachdienlichen Angaben gemacht zu haben. Ein anderes Beispiel: Schon 1997 hatten die Mitarbeiter des AlliiertenMuseums die ersten Originalteile des amerikanisch-britischen Abhörtunnels in Berlin-Rudow ausgraben lassen. Unerwartet tauchten 2012 in einem Waldstück bei Pasewalk (Mecklenburg-Vorpommern) zwei weitere Segmente auf. DDR-Pioniereinheiten hatten sie ausgegraben, 140 Kilometer nach Norden transportiert und als Kommando-Unterstände weiterverwendet. Oder Jeff Carney, ein US-Soldat, der jahrelang für die Stasi in der US-Abhörstation Berlin-Marienfelde als Spion tätig war. 1991 wurde er, längst in Ost-Berlin untergetaucht und in die DDR eingebürgert, von CIA-Agenten aufgespürt und entführt. Nach knapp zwölf Jahren Haft in den USA freigekommen, legte er 2013 seine Memoiren vor. Diese und weitere neue Erkenntnisse sind in diese Neuausgabe eingeflossen.

Ohnehin ist Spionage in Berlin aktueller denn je. Ende 2015 hat im Herzen der Stadt das Spy Museum Berlin am Leipziger Platz seine Pforten geöffnet. In diesem Museum wird die Geschichte der Spionage, von den Anfängen bis zur Gegenwart, erzählt. Auch der Neubau der BND-Zentrale an der Chausseestraße ist ein deutliches Zeichen für die Zukunft Berlins als Hauptstadt der Spione. Der künftige Hauptsitz des deutschen Auslandsnachrichtendienstes in Mitte wird rund 4000 Mitarbeitern einen Arbeitsplatz bieten. 2017 soll der Bau bezugsfertig sein. Nur technische Abteilungen sollen am bisherigen Standort in Pullach bei München bleiben.

Doch nicht nur städtebaulich wird das Spionage-Image der Stadt gerade gestärkt. Die Filmindustrie hat das Thema Kalter Krieg und Spionage gerade neu für sich entdeckt. »Deutschland 83« hieß eine Serie, in der 2015 acht Folgen lang ein DDR-Spion, der als rechte Hand eines Bundeswehr-Generals diente, NATO-Geheimnisse ausspionierte. Die deutsche Produktion wurde sogar vor der Ausstrahlung hierzulande in die USA verkauft, wo sie mit passablem Erfolg lief. Da sie auch von der Kritik hochgelobt wurde, denken die Produzenten über eine Fortsetzung der Serie nach. Ebenso entstand die fünfte Staffel der US-Erfolgsserie »Homeland« im vergangenen Jahr in Berlin. Für 2017 plant das ZDF den Dreiteiler »Der geteilte Himmel«, der im Agentenmilieu der 1970er-Jahre spielt. Regisseur Oliver Hirschbiegel setzt dieses Spionagethema filmisch um – und in welcher Stadt kann solch eine Handlung wohl spielen? Natürlich in Berlin. Um bei diesem Spionage-Wettlauf mitzumischen, bereitet auch die

ARD eine mehrteilige Serie über die frühe Zeit der westdeutschen Nachrichtendienste in den 1950er-Jahren vor. Die Serie »Bonn« kommt voraussichtlich 2018 auf dem Bildschirm. Trotz des Titels wird die Viersektorenstadt sicher auch hier eine Rolle spielen. Und nicht nur die deutschen Fernsehanstalten haben das Thema Spionage für sich entdeckt, sondern auch Hollywood. Mit »Bridge of Spies« kam 2015 ein Thriller in die Kinos, dessen Haupterzählstrang vom Austausch des CIA-Piloten Gary Powers gegen KGB-Topspion Rudolf Abel handelt. Kein Geringerer als Steven Spielberg inszenierte den Film, mit Tom Hanks in der Hauptrolle, dessen Finale auf der Glienicker Brücke zwischen Berlin und Potsdam spielt. Ebenso prominent besetzt ist ein Thriller, der 2017 in unsere Kinos kommt. Schon der Titel ist eine Hommage an die Spionagestadt Berlin: »The Coldest City«. Die Handlung spielt im Herbst 1989, als in der Stadt schon der politische Wandel spürbar war und die Montags-Demonstrationen in der ganzen DDR schon zum politischen Alltag gehörten. Eine britische Geheimagentin (Charlize Theron) soll eine verschwundene Liste mit Namen von Doppelagenten aus Berlin besorgen. Sowohl im Osten wie im Westen der Stadt, wo noch die alliierten Nachrichtendienste die Strippen ziehen, muss sich die Hauptdarstellerin mit viel Körpereinsatz durchschlagen. Im Gegensatz zu dem an historischen Ereignissen angelehnten Film »Bridge of Spies« orientiert sich »The Coldest City« nicht an realen Personen oder Handlungen, sondern kommt als Actionfilm daher.[3] Trotzdem erinnert die im Film gesuchte Agentenliste sehr an die Rosenholz-Dateien der DDR-Staatssicherheit, die den Abschluss dieses Buches bilden.

Spionage in Berlin ist eben nicht nur ein historisches Phänomen, sondern ist heute immer noch brandaktuell. Die Stadt ist gegenwärtig ein »Hot Spot« für alles, was mit Nachrichtendiensten zu tun hat – ob in der Realität oder in der medialen Verarbeitung durch Film und Fernsehen. Wann diese besondere Aufmerksamkeit wieder abnimmt, ist noch nicht abzusehen – wir vermuten, dass dieses hochbrisante Thema nie an Interesse verlieren wird. Doch Vorsicht: »Sag' niemals nie«!

Berlin, 17. Juni 2016

Sven Felix Kellerhoff
Bernd von Kostka

VORWORT ZUR ERSTEN AUFLAGE

DIE HEISSESTE FRONT IM KALTEN KRIEG

Besonders beeindruckend fand Martin Ritt die Berliner Mauer nicht: nur grob aufgeschichtete Steine, aus Beton oder Ziegel, behelfsmäßig mit Zement zusammengefügt und mit mal mehr, mal weniger Stacheldraht bewehrt. Kein Problem für einen Filmarchitekten, das nachzubauen. Der erfolgreiche Hollywood-Regisseur hatte sich im Sommer 1964 auf den Weg nach West-Berlin gemacht, um nach möglichen Drehorten für sein nächstes Projekt zu suchen – und um die Atmosphäre zu schnuppern, die seinem Spielfilm »Der Spion, der aus der Kälte kam« nach dem gleichnamigen Buch von John Le Carré das entscheidende Quentchen Authentizität geben sollte. Ritt war sogar, sein US-Pass ermöglichte es ihm, über den als Checkpoint Charlie bekannten Grenzübergang vom amerikanischen in den sowjetischen Sektor der geteilten Stadt gegangen. Doch ein Blick auf die Verhältnisse jenseits der Mauer genügte ihm, um festzustellen, dass er sich jede Anfrage nach einer Dreherlaubnis sparen konnte: »Solch einen Film muss ich in völliger Freiheit drehen. Man würde mich drüben nicht filmen lassen, weil man natürlich mit dem Inhalt nicht einverstanden sein kann.« Also nahm er von seinem ursprünglichen Plan Abstand, am Originalschauplatz zu drehen, und ließ die Berliner Mauer stattdessen im Januar 1965 noch einmal errichten, am Smithfield Market mitten in der Altstadt von Dublin. 42 Tag- und Nachtschichten brauchten rund fünfzig irische Arbeiter, um eine detaillierte Rekonstruktion des Grenzübergangs zu errichten. Gespenstisch genau glich die nachgebaute Szenerie der Realität. Zwar lag um die Ecke auf »Ost-Berliner« Seite

< Natürlich Berlin, natürlich Checkpoint Charlie: Das Filmplakat für den Agententhriller »Der Spion, der aus der Kälte kam« zeigt den in Dublin nachgebauten »Grenzübergang«.

der Kulisse eine Whiskey-Brennerei namens Jameson Distillery. An ihr mussten die »sowjetischen Soldaten« immer wieder vorbeirauschen, wenn sie im Eiltempo zum »Grenzübergang« fuhren, um die Flucht des britischen Doppel- oder auch Dreifachagenten »Alec Leamas« und seiner Freundin gewaltsam zu verhindern. Doch selbst wenn sich die Komparsen in ihren Rotarmisten-Uniformen seltsam vorkamen, wie sie westdeutschen Reportern beim Pressetermin auf dem Set zu Protokoll gaben: Gebannt auf Zelluloid war der Unterschied zwischen der echten Grenze in Berlin und der Kulisse in Dublin außer für Einheimische nicht mehr zu erkennen. Martin Ritt jedenfalls war zufrieden: »Mir ist wichtig, was die Mauer bedeutet. Sie ist der Angelpunkt des schmutzigen Geschäftes, das man Spionage, Abwehr, Aufklärung oder wie immer nennt.«[1]

»Der Spion, der aus der Kälte kam« ist nur einer von vielen Agentenfilmen, die während des Kalten Krieges spielen und deren zentrale Szenen wie selbstverständlich in Berlin angesiedelt sind. »Torn Curtain« von Alfred Hitchcock, »Funeral in Berlin« von Guy Hamilton, »The Innocent« von John Schlesinger oder der James-Bond-Thriller »Octopussy« von John Glen sind nur einige Beispiele dafür. Spionage und Berlin – das sind für die Jahrzehnte zwischen dem Ende des zweiten Weltkriegs und dem Zusammenbruch des sowjetischen Imperiums Synonyme. Nirgends trafen die beiden Blöcke direkter aufeinander als an der innerstädtischen Grenze. Bis die Mauer quer durch die Millionenstadt errichtet wurde, lag hier die »unsichtbare Front« in einer sehr schmutzigen geheimen Auseinandersetzung, der Brennpunkt einer höchst gefährlichen, oft mörderischen Konfrontation, die zudem ungeheuer viel Geld verschlang. In den fünfziger Jahren gehörten Kalter Krieg und Spionage zum Alltag Berlins in Ost und West. Ein gutes Bild der nachrichtendienstlichen Situation in dieser Zeit liefert die Autobiografie des britischen Doppelagenten George Blake. Er beschreibt die vielfältigen Aktivitäten der verschiedenen Nachrichtendienste als ein großes Spinnennetz, das über ganz Berlin gespannt ist. »Man gewann den Eindruck, dass wenigstens jeder zweite erwachsene Berliner für irgendeine Spionageorganisation arbeitete, viele davon für mehrere gleichzeitig.«[2] Das blieb auch nach der Abriegelung West-Berlins am 13. August 1961 so. Gewiss, die Lebensumstände in der ehemaligen deutschen Hauptstadt hatten sich geändert und damit auch die

Rahmenbedingungen, unter denen Agenten die Gegenseite zu überwachen, zu infiltrieren oder auf andere Weise zu schädigen versuchten. Die unsichtbare Front war jetzt betoniert und unübersehbar. Das Grundsätzliche aber hatte sich nicht geändert: Berlin war und blieb die Hauptstadt der Spione. Es war ein jahrzehntelanges Kräftemessen, das erst mit der Wiedervereinigung 1990 endete.

Umso überraschender ist es, dass es bisher kaum Bücher über das Wirken der Geheimdienste während des Kalten Krieges in Berlin gibt. Über den Mauerbau und den Volksaufstand vom 17. Juni sind unzählige Bücher erschienen, ebenso über die Stasi und ihre krakenartige Struktur, die im Auftrag der SED die ganze DDR, aber in erschreckend großem Maße auch West-Berlin und die Bundesrepublik durchwucherte. Zwei Veteranen des geheimen Krieges haben gemeinsam zwar ein bemerkenswertes Buch mit dem Titel »Die unsichtbare Front« vorgelegt. Doch David E. Murphy und Sergej A. Kondraschow sowie der Armee-Offizier George Bailey beschränken sich weitgehend auf die Auseinandersetzungen zwischen den Geheimdiensten der ehemaligen Verbündeten der Anti-Hitler-Koalition; die deutschen Mitspieler kommen kaum vor. Doch im Berlin des Kalten Krieges waren sie auf ihre Weise genauso wichtig wie die natürlich viel mächtigeren alliierten Dienste. Außerdem reicht das Buch der Ex-Agenten nur bis zum Mauerbau – doch der geheime Krieg in und um Berlin dauerte mindestens an bis zur Friedlichen Revolution, deren 20. Jahrestag Deutschland dieses Jahr feiert. Auch von deutschen Autoren gibt es bisher keine Darstellung des Schlachtfeldes der Agenten. Die Publizisten Klaus Behling und Thomas Flemming haben Bücher mit dem identischen Titel »Berlin im Kalten Krieg« herausgebracht, die beide nützlich sind, aber ihrem Anspruch kaum gerecht werden. Behling beschränkt sich auf die Aufzählung von Schauplätzen der Auseinandersetzung, Flemming kann auf seinen knapp 80 Seiten das Ringen der Geheimdienste nur anreißen.

Die unbefriedigende Situation liegt auch an mangelnden Informationen. Noch immer sind zahlreiche Geheimdienstakten gesperrt. Als der renommierte britische Historiker David Stafford vor wenigen Jahren sein Buch »Berlin underground« schrieb, erhielt er überhaupt keine offiziellen Informationen des britischen Geheimdienstes: Der Spionagetunnel von Rudow zum Beispiel ist auch heute noch ein Tabu-Thema in Großbritannien. Nicht viel besser ist die Lage in den USA. Der historische Stab der CIA hat zwar schon vor zehn Jahren mehrere Hundert Dokumente des geheimen Krieges in der Zeit von 1946 bis 1961 vorgelegt, doch bereits freigegebene Dokumente zum Berliner Spionagetunnel, die 2007 auf der Internetseite der CIA eingesehen werden konnten, wurden nachträglich teilweise wieder aus dem Netz genommen oder unleserlich gemacht.[5] Noch schwieriger gestaltet sich die Recherche zur Arbeit der Abhörstation auf dem Teufelsberg, da bis heute dazu keine wissenschaftlichen Untersuchungen vorliegen – weil die amerikanischen Quellen zur inhaltlichen Arbeit nicht einsehbar sind. Die Operation ist immer noch als »Top Secret« eingestuft.

Auf deutscher Seite ist die Lage nur zum Teil besser. Die Stasiunterlagen-Behörde hat zahlreiche Quellen aus den Archiven der ostdeutschen Staatssicherheit zugänglich gemacht. Aber zu den Aktivitäten des westdeutschen Bundesnachrichtendienstes in dieser Zeit liegt zur Militärspionage lediglich eine, wenn auch sehr gute und mit ehemaligen Verschlusssachen gesättigte Untersuchung vor; die bei Weitem meisten Unterlagen bundesdeutscher Dienste sind entweder noch gesperrt oder beseitigt worden. Jedoch auch außerhalb der Archive sind zahlreiche Details über den Krieg der Nachrichtendienste in Berlin verfügbar. Denn auch wenn Geheimdienste diesen Kampf führten: Er zielte mindestens auch auf die Öffentlichkeit und spielte sich daher teilweise öffentlich ab.

Die Propagandaschlachten zwischen Ost und West haben eine ungeheure Menge an Material hervorgebracht, das größtenteils noch auf eine sachgerechte Auswertung wartet.

Umso schwerer war es, eine sowohl logische als auch für den Leser spannende Form für dieses Buch zu finden. Die beiden Autoren haben sich dafür entschieden, den Kampf der Geheimdienste entsprechend der tatsächlichen Strukturen zu beschreiben: Den Alliierten, die sich formal die Zuständigkeit für Berlin noch bis 1990 teilten, ist der erste Teil des Bandes gewidmet, den deutschen Diensten der zweite. Wann immer alliierte Interessen in dieser Auseinandersetzung berührt waren, hatten die deutschen Teilnehmer an dem riskanten Spiel nichts mehr zu melden – und zwar sowohl im diktatorisch regierten Osten als auch im demokratischen Westen. Um diesen

Vorrang deutlich zu machen, war klar, dass der Teil über die Aktivitäten vor allem der drei westlichen Mächte, verfasst von Bernd von Kostka, am Anfang des Buches stehen muss. Aufgrund der sehr lückenhaften Quellenlage war aber eine Gesamtdarstellung der nachrichtendienstlichen Arbeit der drei Westmächte zwischen 1945 und 1990 nicht möglich. Daher hat sich Bernd von Kostka entschlossen, einige bislang zu wenig beachtete Episoden sowie wichtige Einrichtungen näher unter die Lupe zu nehmen. Ausgehend von der Entstehung des Spionagedrehkreuzes Berlin nach 1945, klärt dieser Teil auf über die weithin sichtbare Abhörstation der Alliierten auf dem Teufelsberg sowie über die Gegenmaßnahmen des KGB und der Stasi. Er befreit die vielleicht spektakulärste Einzeloperation des geheimen Krieges, den britisch-amerikanischen Abhörtunnel von Rudow, von vielen Legenden und geht der riskanten Tätigkeit der »legalen Spione« der alliierten Militärverbindungsmissionen in der DDR nach. Im zweiten Teil von Sven Felix Kellerhoff geht es um die deutschen Geheimdienste und ihre Rolle in der »Hauptstadt der Spione«. Auch hier erzwang die Quellenlage Beschränkungen. Nach der Schilderung der Frühzeit des geheimen Krieges aus deutscher Sicht geht es um die ostdeutsche Staatssicherheit und die Institutionen im vermeintlichen »Spionage-Dschungel« West-Berlin, bevor ein halbes Dutzend konkreter Fälle die Praxis des Kalten Krieges illustrieren wird. Gerade im Geheimdienstmilieu ist man vor Sensationen nicht gefeit. Unmittelbar vor Fertigstellung dieses Buches sorgte die Entlarvung des West-Berliner Kriminalbeamten Karl-Heinz Kurras als eifriger Stasi-Spitzel und überzeugter Kommunist für großes Aufsehen. Dieser überraschende Fall konnte noch als ein weiteres Beispiel für die Praxis des Kalten Krieges in dieses Buch aufgenommen werden.

Berlin, 17. Juni 2009

Sven Felix Kellerhoff
Bernd von Kostka

BERND VON KOSTKA

22

SPIONAGE-DREHKREUZ BERLIN

NACHRICHTENDIENSTE IN BERLIN UND WIEN

IDEALE BEDINGUNGEN FÜR SPIONE

Berlin besaß nach dem Ende des Zweiten Weltkrieges ideale geografische und politische Voraussetzungen für das Entstehen einer großen und bedeutsamen Operationsbasis geheimdienstlicher Aktivitäten. Als Schnittstelle zwischen West und Ost ging von Berlin eine nahezu magische Anziehungskraft auf westliche und östliche Geheimdienste aus. Von Berlin aus konnten sie Operationen hinter dem Eisernen Vorhang planen und durchführen. Nach dem Bau der Mauer war Berlin die Stadt, die weltweit zum Symbol für den Kalten Krieg wurde. Man könnte fast sagen, Berlin bot »einmalige« Voraussetzungen, wäre da nicht die Hauptstadt Österreichs gewesen.

Wien hatte zehn Jahre lang, von 1945 bis 1955, sehr ähnliche geo-politische Strukturen vorzuweisen, denn es wurde ebenfalls unter den drei westlichen Besatzungsmächten sowie der Sowjetunion aufgeteilt. Diese historische Situation wird auch in dem berühmten Film »Der Dritte Mann« mit Orson Welles aus dem Jahr 1948 aufgegriffen. Das besondere Merkmal Wiens im Vergleich zu Berlin war jedoch ein von allen vier Mächten verwalteter Sektor im 1. Bezirk. Die Rekrutierungsmöglichkeiten in Österreich waren für die Geheimdienste der Westmächte ideal. In den unmittelbaren Nachkriegsjahren profitierten diese von vielen Hundert Überläufern aus dem sowjetischen Besatzungspersonal Österreichs und Ungarns. Für besonders wichtige Überläufer waren eigens sogenannte »rat lines«, »Rattenlinien«, eingerichtet worden, um sie auf Umwegen nach Südamerika zu schleusen, wo sie eine neue Identität erhielten. Dies galt auch für ehemalige Größen des Nationalsozialismus: Denn auch die Zugehörigkeit

< »Eure Angelegenheiten ... sind ihre Angelegenheiten«, Plakat der US-Militärregierung in Berlin, achtziger Jahre

zur SS oder die aktive Teilnahme an Kriegsverbrechen disqualifizierten einen möglichen Informanten nicht für nachrichtendienstliche Tätigkeiten.[1] Zudem bezahlten die Amerikaner ihren hauptamtlichen Informanten in Österreich zwischen 130 und 200 US-Dollar, was in der unmittelbaren Nachkriegszeit ein durchaus wichtiger wirtschaftlicher Anreiz war. Ein ähnlicher Preis wurde sicher auch in Berlin für den Verkauf von Informationen erzielt.

Nach der Beendigung der Besetzung Österreichs 1955 brachten die jeweiligen Staaten ihre nachrichtendienstlichen Mitarbeiter, meist getarnt durch eine legale Betätigung, in ihren Botschaften unter, oftmals in der Wirtschafts- oder Kulturabteilung. Der verstorbene Wiener Altbürgermeister Helmut Zilk (Bürgermeister von 1984 bis 1994) sagte, dass die Russen und Chinesen mit der Anzahl der Botschaftsangehörigen in Wien etwa 20 andere Botschaften hätten ausstatten können.[2] Trotz der großen Bedeutung, die Wien als Zentrum für Spionageaktivitäten in Europa bis zum Abzug der Besatzungstruppen 1955 hatte, führten Ende der vierziger Jahre verschiedene Ereignisse dazu, dass Berlin in den folgenden Jahren – ja sogar Jahrzehnten – zur unumstrittenen Nummer eins der Spionage wurde. Die Blockade Berlins als erste Konfrontation im Kalten Krieg, die Gründung der beiden deutschen Staaten und schließlich die 45-jährige Präsenz der vier Siegermächte in Berlin waren wichtige Stationen der Stadt auf ihrem Weg zur Hauptstadt der Spione.

Zu Beginn des Zweiten Weltkrieges besaßen die Vereinigten Staaten keine nennenswerte Auslandsaufklärung.[3] Während des Zweiten Weltkrieges wurde in Amerika ein Büro für strategische Dienste gegründet (Office of Strategic Services/OSS). Dieser Nachrichtendienst stand unter dem Kommando von General William J. Donovan und wurde nach Kriegsende im Oktober 1945 wieder aufgelöst. Die OSS-Abteilungen »Spionage« und »Spionageabwehr« wurden jedoch dem Kriegsministerium unterstellt und dann in die Central Intelligence Group (CIG) überführt, die einige Monate später gegründet wurde. An die Stelle der CIG trat schließlich am 18. September 1947 die Central Intelligence Agency (CIA), der zentrale Nachrichtendienst. Natürlich unterhielten auch die amerikanischen Luft-, See- und Landstreitkräfte ihre eigenen nachrichtendienstlichen Abteilungen, und in den folgenden Jahren und Jahrzehnten wurden weitere Nachrichtendienste gegründet, aber die CIA sollte in der Zeit des Kalten Krieges der bekannteste und wohl auch einflussreichste

amerikanische Nachrichtendienst bleiben. Dass die CIA zum Synonym für die amerikanischen Spionageaktivitäten wurde und dies wohl auch heute noch ist, liegt sicherlich daran, dass der jeweilige Direktor der CIA auch gleichzeitig für die Koordination sämtlicher US-Nachrichtendienste zuständig ist. Abgesehen von dieser organisatorisch herausgehobenen Stellung der CIA innerhalb der US-Nachrichtendienste prägten und prägen natürlich Romane und Spielfilme unser Bild von der CIA. Die CIA zeigte über viele Jahrzehnte großes Interesse an Deutschland und insbesondere an Berlin. Vor allem die CIA-Abteilungen für Nachrichtenbeschaffung (Office of Special Operations) und für geheime Unternehmungen, die den irreführenden Namen »Büro für politische Koordination« (Office of Policy Coordination) trug, waren an Berlin interessiert. Doch die Situation vor Ort war wenig ermutigend. In den ersten Jahren der Besatzung wusste man von der – damals noch verbündeten – Sowjetunion extrem wenig. Der spätere CIA-Direktor Richard Helms war 1945 als Leutnant für das OSS in Berlin tätig. Er berichtete später, die Kenntnis über Pläne der anderen Seite sei nahezu gleich null gewesen. »Hatte man ein Telefonbuch oder die Karte eines Flugplatzes aufgetrieben, dann war das schon etwas ganz Tolles.«[4]

Wie in Wien haben die Amerikaner natürlich auch in Berlin ihre Informationen gekauft – und in der Regel gut dafür bezahlt. Diese Geschäftspraktik sollte zu einem großen Problem für die CIA werden, wie sich jedoch erst viele Jahre später herausstellte. Informanten, die gerade nichts anzubieten hatten, erfanden einfach Nachrichten! Je mehr Geld für den Kauf von Nachrich-

^ *Salut vor dem Brandenburger Tor während einer Parade, an der alle vier Siegermächte teilnahmen, Sommer 1945*

ten ausgegeben wurde, desto wertloser waren diese in der Regel. Binnen weniger Jahre hatte sich ein regelrechtes Netzwerk von Nachrichtenproduzenten gebildet, die Fälschungen in Umlauf brachten. Ihr Ziel war es nicht unbedingt, der CIA zu schaden. Sie nutzen ganz einfach die lukrative Marktsituation für sich. Richard Helms kam viele Jahre später zu dem Schluss, »daß die im Aktenmaterial der CIA enthaltenen Informationen über die Sowjetunion und Osteuropa mindestens zur Hälfte reiner Schwindel gewesen seien. Die CIA-Büros in Berlin und Wien waren zu Produktionsstätten von erfundenen Nachrichten geworden.«[5] Die CIA-Analysten waren damals kaum in der Lage, Fakten von Fälschungen zu unterscheiden. Zu wenig wussten sie über die Vorgänge hinter dem Eisernen Vorhang, und die wenigen Informationen, die sie bekamen, konnten sie nicht zur Kontrolle mit anderen Quellen abgleichen. Bis 1947 gab es bei den Amerikanern in Berlin keinen Geheimdienstoffizier mit russischen Sprachkenntnissen, obwohl Berlin eigentlich eine zentrale Rolle bei den nachrichtendienstlichen Aktivitäten gegen die Sowjetunion spielen sollte.[6] Der US-Nachrichtendienst saß nach dem Zweiten Weltkrieg in einer Villa im Bezirk Zehlendorf (Föhrenweg 19-21) und zog Anfang der fünfziger Jahre in das nur wenige hundert Meter entfernte Hauptquartier der US-Streitkräfte in der Clayallee.

Von 1945 bis zur Gründung des sowjetischen Komitees für Staatssicherheit (KGB) 1954 waren die Struktur und die Organisation der sowjetischen Nachrichtendienste in Deutschland teilweise so verwirrend, dass sogar in einer Reihe eigener sowjetischer Berichte falsche Zuständigkeiten genannt wurden.[7] Dies führte aber auch dazu, dass die amerikanische Seite ebenso im Dunkeln tappte, was die jeweilige Zuständigkeit auf sowjetischer Seite betraf. Hinzu kam, dass die Tarnung der nachrichtendienstlichen Stellen auf sowjetischer Seite so gut war, dass sich die westlichen Nachrichtendienste kein richtiges Bild von deren Arbeit und von den Mitarbeitern machen konnten.[8] Folgende Organisationen waren auf sowjetischer Seite nachrichtendienstlich aktiv: NKGB (Volkskommissariat für Staatssicherheit), MGB (Ministerium für Staatssicherheit) und KGB (Komitee für Staatssicherheit) als Organe für die Aufklärung. Parallel dazu existierte einige Jahre lang auch noch der Auslandsnachrichtendienst KI (Komitee für Information) und natürlich die Aufklärungsabteilung des Generalstabes der sowjetischen Streitkräfte, der GRU.[9]

Mit der Übernahme der sowjetischen Zone im Deutschland der Nachkriegszeit wurde auch schnellstmöglich eine nachrichtendienstliche Abteilung in Ost-Berlin errichtet. Im August 1945 bestand die Residentur des sowjetischen Auslandsnachrichtendienstes in Karlshorst lediglich aus sechs Offizieren. Wenige Jahre später waren bereits 90 Offiziere im operativen Sektor des sowjetischen Nachrichtendienstes in der sowjetischen Zone tätig. Ab Frühjahr 1946 ging das NKGB in das MGB über, das allerdings 1947 den Auslandsnachrichtendienst schon wieder an das neu gegründete KI abgeben musste. Dies belastete das Verhältnis zwischen KI und MGB, insbesondere in Ost-Berlin, erheblich. Die mangelnde Kooperation der beiden Nachrichtendienste sollte bis zur Auflösung des KI Ende 1951 anhalten. Die Differenzen wurden schließlich beendet, als Anfang 1952 das MGB die Kontrolle über den Auslandsnachrichtendienst zurückerhielt.[10] Mit der Gründung des KGB 1954 übernahm dieser die Auslandsspionage. Das Hauptproblem des sowjetischen Nachrichtendienstes zeigte sich zu Beginn der Berlin-Blockade und sollte sich wie ein roter Faden durch die Zeit des Kalten Krieges ziehen. Die Berichte, die nach Moskau geschickt wurden, entsprachen nicht unbedingt den realen Ereignissen vor Ort, vielmehr antizipierten sie, was man in Moskau hören wollte. Dieses Phänomen war unter Josef Stalin besonders stark ausgeprägt und führte de facto zu falschen und irreführenden Berichten, weil niemand das Risiko eingehen wollte, Stalin schlechte Nachrichten zu übermitteln.[11]

^ *Der amerikanische General George Patton und der sowjetische Marschall Georgi Schukow bei einer Parade in Berlin, 7. September 1945*

DER KALTE KRIEG WIRD WÄRMER

DIE ERSTE KRISE UM BERLIN

Das erste wichtige Ereignis in der Auseinandersetzung zwischen den USA und der UdSSR war die sowjetische Blockade Berlins im Juni 1948 und die von den Westmächten in der Folge errichtete Luftbrücke. Das zweite war die Gründung der beiden deutschen Staaten 1949. Bereits im Jahre 1947 wurde mit der Truman-Doktrin, der Entwicklung des Marshall-Plans und schließlich mit der ergebnislosen Londoner Konferenz zur Deutschlandfrage das Ende der gemeinsamen Politik der Großmächte USA und UdSSR beschleunigt. Im selben Jahr prägte der US-Journalist Walter Lippmann den Begriff »Kalter Krieg« (The Cold War) für die zu erwartende Auseinandersetzung zwischen den beiden Großmächten. Berlin war der Ort, an dem es erstmals zu einem direkten Aufeinandertreffen der beiden Gegenspieler kam. Von Seiten der CIA gab es bereits am 22. Dezember 1947 ein Memorandum an US-Präsident Harry S. Truman mit der Aussage, die Sowjetunion werde den Versuch unternehmen, den Abzug der Westmächte aus Berlin zu erzwingen.[12] Wie ernst die Lage in Berlin im Frühjahr 1948 eingeschätzt wurde, belegen ein Telegramm von Clay und ein Memorandum der CIA. Der amerikanische Militärgouverneur in Deutschland, General Lucius D. Clay, setzte ursprünglich bei Verhandlungen mit seinem Partner, dem sowjetischen Militärgouverneur Marschall Georgij Schukow, auf gute Beziehungen und auf Kooperation. Als Schukow im März 1946 durch Marschall Wassilij Sokolowski ersetzt wurde, verschlechterte sich die Beziehung zwischen den amerikanischen und den sowjetischen Partnern, was die Vier-Mächte-Verwaltung Deutschlands natürlich deutlich erschwerte. Clay nahm diesen Wandel im Verhältnis zur sowjetischen Seite nur langsam wahr. Ein Bericht der CIA-Basis in Berlin, die als Berlin Operation Base (BOB) bezeichnet wurde, beschreibt die veränderte Haltung von Clay gegenüber dem Nachrichtendienst. Clay stand der Arbeit der US-Nachrichtendienste demnach zunehmend wohlwollend gegenüber. Die CIA sah dies in einer schrittweisen Desillusionierung Clays bezüglich des Verhältnisses zur sowjetischen Seite begründet.[13]

Der Höhepunkt dieser veränderten Haltung gegenüber der Sowjetunion wird in einem Telegramm deutlich, das Clay am 5. März 1948 nach Washington schickte. Darin schrieb er, er sei ursprünglich davon ausgegangen, dass es in den folgenden Jahren nicht zu einem Krieg kommen würde. Er habe jedoch auf sowjetischer Seite Veränderungen wahrgenommen, die ihm nun das Gefühl geben würden, es könne plötzlich und sehr schnell zu einem Krieg kommen. Clay betonte, dass er dies nicht mit Fakten oder Beweisen untermauern könne. Es handele sich lediglich um sein persönliches, jedoch sehr reales Gefühl.[14] Clay sah sein Telegram nicht als eine Art »Kriegswarnung« an. Im Pentagon wurde es jedoch sehr ernst genommen. Wie hoch war die Wahrscheinlichkeit eines bevorstehenden Krieges in Europa? Die Meinungen dazu fielen bei den verschiedenen Analysten unterschiedlich aus. Der Direktor der CIA, Roscoe H. Hillenkoetter, gab sich mit den verschiedenen Lageeinschätzungen der Analysten nicht zufrieden. Er wollte klare Aussagen über einen bevorstehenden Krieg, um sie dann Präsident Truman vorzulegen. Das Trauma vom Überraschungsangriff auf Pearl Harbor, der die Amerikaner hilflos traf, war noch nicht überwunden. Nicht zuletzt war dies natürlich auch einer der Gründe gewesen, warum die CIA ins Leben gerufen worden war. Am 16. März 1948 stellte Hillenkoetter drei präzise Fragen, die ein Komitee aus den verschiedenen Nachrichtendiensten unter Vorsitz der CIA beantworten sollte:

1) Werden die Sowjets bewusst in den nächsten 30 Tagen einen Krieg provozieren?
2) In den nächsten 60 Tagen?
3) Im Jahr 1948?

Die ersten beiden Fragen wurden noch am selben Tag mit »Nein« beantwortet. Zur Beantwortung der dritten Frage bat

sich das Komitee etwas mehr Zeit aus und beantwortete die Frage schließlich am 2. April. Die Wahrscheinlichkeit für einen von der Sowjetunion begonnenen Krieg wurde als gering eingestuft.[15] Trotzdem bestand die Gefahr, wegen der besonderen Situation in Berlin in einen bewaffneten Konflikt hineinzugeraten. Sowjetische Truppenverlegungen, Manöver und Zwischenfälle an den Sektorengrenzen trugen zu einer weiteren Beunruhigung der amerikanischen Militärs in Berlin bei.

Im April 1948 führte die sowjetische Seite Kontrollen auf dem Schienenweg nach Berlin ein, die von den Westmächten nicht akzeptiert werden konnten. Eine Einstellung des kompletten Schienenverkehrs für zwölf Tage war die Folge. In dieser Zeit begannen die Amerikaner, den Nachschub für ihre Garnison in Berlin durch Versorgungsflüge zu unterstützen.[16] Führende Militärs auf westlicher Seite erkannten, dass die Versorgung der Stadt und die Präsenz der Westmächte letztendlich vom guten Willen der sowjetischen Seite abhängig waren.

Andererseits brachten die Ereignisse vom April eine wichtige Erkenntnis für Clay und seine Vorgesetzten in Washington. Die amerikanische Besatzungsmacht in Berlin stand vor einer politischen Herausforderung – ein Krieg oder eine militärische Auseinandersetzung schienen jedoch nicht in der Absicht der Sowjetunion zu liegen.

^ *Sitzung der Kommission für Gesundheit in der Alliierten Kommandantur Berlin, in welche die vier Siegermächte ihre Vertreter entsandten, um 1946/47*

WEST-BERLIN WIRD NICHT AUFGEGEBEN

BERLIN-BLOCKADE UND LUFTBRÜCKE

In den ersten Nachkriegsjahren versäumten es die Westmächte, mit der Sowjetunion Verträge oder verbindliche Regelungen über ihre Zugangswege nach Berlin auszuhandeln. Die Westmächte hielten es für selbstverständlich, von ihrer Besatzungszone aus in ihren Sektor nach Berlin reisen zu können. Daher hatte der Abschluss von Verträgen über die Zugangswege zu Lande oder zu Wasser keine Priorität– ein verhängnisvolle Fehleinschätzung, wie sich bald herausstellten sollte. Lediglich ein Luftfahrtabkommen war 1946 von allen vier Besatzungsmächten abgeschlossen und ratifiziert worden. Die Idee des Abkommens ging auf die sowjetische Initiative zurück, die damit einen unkontrollierten Flugverkehr über der sowjetischen Zone vermeiden wollte. Mit dem Luftfahrtabkommen wurden die drei Luftkorridore von und nach Berlin festgelegt. In Höhe, Breite und Länge definiert, waren die drei Korridore bis in die Neunzigerjahre gültig.

Was veranlasste die Sowjetunion dazu, eine Blockade über West-Berlin zu verhängen? Obwohl keine sowjetischen Dokumente bekannt sind, welche die Entstehung der Idee für eine Blockade und die Motivation auf sowjetischer Seite eindeutig belegen, lassen sich darüber heute einige Rückschlüsse ziehen. Demnach war die Blockade wohl die unmittelbare Reaktion auf die Währungsreform in den Westzonen Deutschlands im Juni 1948, die schließlich auch auf die Westsektoren Berlins ausgedehnt wurde. Die Grundidee der Blockade war denkbar einfach. Die sowjetische Seite hatte die Kontrolle über die Zufahrtswege nach Berlin und somit über die Lebensadern der Stadt. Das

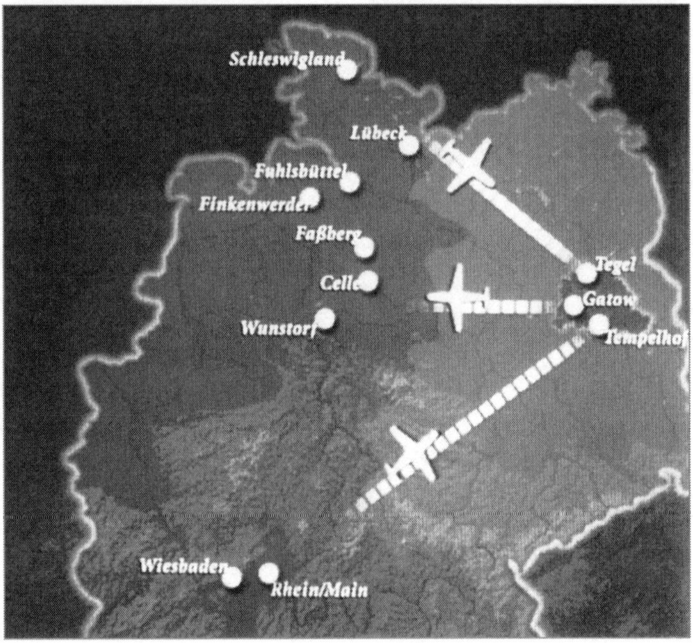

Abschnüren dieser Lebensader würde den West-Berlinern die Schwäche und die Unfähigkeit der Westmächte und deren Besatzung deutlich machen. Amerika, Großbritannien und Frankreich würden sich in letzter Konsequenz aus der Stadt zurückziehen müssen und der unbequeme »Stachel« West-Berlin inmitten der sowjetischen Zone könnte gezogen werden. Verschiedene Fehleinschätzungen auf östlicher Seite, sicherlich auch auf Seiten des sowjetischen Geheimdienstes, führten jedoch letztlich zum Misserfolg der Blockade. Zuallererst hatte man den handelnden Personen auf westlicher Seite, US-Militärgouverneur Lucius D. Clay und US-Präsident Harry S. Truman sowie dem britischen Außenminister Ernest Bevin, das bedingungslose Engagement für Berlin nicht zugetraut. Zweitens hatte man die logistischen Fähigkeiten der anglo-amerikanischen Luftflotte unterschätzt. Drittens, wenn auch weniger bedeutend, war die Abhängigkeit der Wirtschaft in der Ostzone von den nun ausbleibenden Importen aus der Westzone nicht erkannt worden.

Die logistische Leistung, die mit der Luftbrücke nach West-Berlin einherging, ist legendär und führte schließlich zur Aufhebung der Blockade. Wenig bekannt hingegen ist die

^ *Die Skizze stellt die drei Luftkorridore von und nach Berlin dar und zeigt die amerikanischen und britischen Flughäfen der Luftbrücke.*

Tatsache, dass während der Luftbrücke eine große Anzahl von Spionageflügen stattfand. Die Amerikaner schickten regelmäßig Flugzeuge mit hochauflösender Fototechnik an Bord durch die Luftkorridore nach Berlin, um das Territorium der sowjetischen Zone, der späteren DDR, fototechnisch aufzuklären.[17] Diese Flugzeuge wurden in den großen Strom der Transportflugzeuge eingefädelt, landeten jedoch nicht in Berlin, sondern beflogen nur die Korridore. Interessanterweise sind diese Spionageflüge bis zum Fall der Mauer 1989 aufrechterhalten worden, sodass dieses Gebiet unterhalb der drei Luftkorridore mehr als vierzig Jahre lang sicherlich zum bestdokumentierten Territorium weltweit gehörte.

Die Überwindung der Blockade führte zu der Erkenntnis, dass eine schwere politische Krise mit logistischen Mitteln, also unter Verzicht auf militärische Maßnahmen, gelöst werden konnte, denn weder Kampfflugzeuge noch Raketen halfen bei der Lösung dieser ersten Krise im Kalten Krieg. Zugleich hatte die Berliner Luftbrücke gezeigt, wie groß die Anstrengungen auch künftig sein mussten, um bei Problemen und Krisen zu verhindern, dass aus dem Kalten Krieg ein »heißer« wird.Ein weiteres bedeutendes Ereignis, welches Berlin zur »Hauptstadt der Spione« machen sollte, war die Gründung der beiden deutschen Staaten im Jahr 1949, der Bundesrepublik Deutschland und der Deutschen Demokratischen Republik. An der deutsch-deutschen Grenze wurde langsam der Eiserne Vorhang heruntergelassen. West-Berlin war die Enklave hinter diesem Vorhang, der Vorposten der Westmächte, und somit natürlich die ideale Basis für Operationen der westlichen Geheimdienste, die in den Staaten des Warschauer Paktes durchgeführt werden sollten.

^ *Britische Dakotas landen anlässlich der offiziellen Eröffnung des neuen Flughafens am 18. November 1948 in Tegel.*

AUF DIE PLÄTZE, FERTIG, LOS!

DIE AKTIVITÄTEN DES FRANZÖSISCHEN UND BRITISCHEN GEHEIMDIENSTES

Die Informationsbeschaffung oblag vor dem Zweiten Weltkrieg der französischen Armee, die ihren Nachrichtendienst Service de Renseignement (SR) nannte. Mit dem Zweiten Weltkrieg änderte sich diese Situation, denn wegen der Besetzung Frankreichs durch deutsche Truppen sahen sich die Mitarbeiter des SR gezwungen, in den Untergrund zu gehen.[18] Als im Januar 1946 der »Service de Documentation Extérieur et de Contre-Espionage« (SDECE) gegründet wurde, war dieser Nachrichtendienst allein dem Ministerpräsidenten Frankreichs unterstellt, der dementsprechend auf die Ziele und Tätigkeiten des Nachrichtendienstes Einfluss nahm. Dem Generaldirektor des SDECE standen in den ersten Nachkriegsjahren zwei Stellvertreter zur Seite. Einer war im vietnamesischen Saigon untergebracht und musste sich um militärische Probleme in den ehemaligen Kolonien kümmern, der zweite im deutschen Baden-Baden war damit beschäftigt, Frankreichs Rolle im beginnenden Kalten Krieg in Europa zu definieren.

Ein wichtiges Ziel des französischen Nachrichtendienstes in den ersten Besatzungsjahren in Deutschland war die Beschaffung von Informationen, die halfen, die militärische Stärke des französischen Heeres schnellstmöglich wiederherzustellen. Das Wissen von deutschen Offizieren und Wissenschaftlern sollte für diese Zwecke abgeschöpft werden.[19] Nach der Gründung der Bundesrepublik traten politische Fragestellungen in den Vordergrund, und auch die Wiederbewaffnung Deutschlands wurde durch den Nachrichtendienst überwacht. Eine mögliche Bedrohung durch die Gruppe der sowjetischen Streitkräfte in Deutschland wurde vom französischen Geheimdienst aber durchaus auch wahrgenommen. So standen auch Informationen über die Rote Armee ganz oben auf der Liste des Nachrichtendienstes. Um diese zu erlangen, boten Deutschland und Österreich, in denen Frankreich als Besatzungsmacht fungierte, die idealen Bedingungen. Von hier aus konnte man Operationen durchführen und Agenten anwerben.

In Berlin standen die Franzosen jedoch etwas abseits der Geheimdienstaktivitäten der Vereinigten Staaten und Großbritanniens, die bei manchen Projekten eine nachrichtendienstliche Zweckgemeinschaft bildeten. Die besten Belege hierfür sind der Berliner Spionagetunnel und die Abhörstation auf dem Teufelsberg. Hier arbeiteten Amerikaner und Briten eng zusammen, die Franzosen wurden aber nicht mit einbezogen. Frankreich knüpfte später allerdings gute Kontakte zum deutschen Bundesnachrichtendienst (BND), mit dem es dann auch zur Zusammenarbeit kam.

Der britische Geheimdienst ist derjenige mit der längsten Tradition. Er wurde vor mehr als 400 Jahren als politische Spionageorganisation gegründet. Der britische Auslandsnachrichtendienst in seiner heutigen Form wurde 1909 als Foreign Section of the Secret Service Bureau gegründet. 1922 wurde daraus ein eigener Nachrichtendienst mit dem Namen Secret Intelligence Service (SIS). Der SIS ist spätestens durch die James-Bond-Filme besser bekannt geworden als Secret Service und wird auch MI6 (Military Intelligence, Abteilung 6) genannt. Nach dem Zweiten Weltkrieg agierte natürlich auch der SIS von West-Berlin aus. Ziel war es einerseits, die Kenntnisse deutscher Wissenschaftler abzuschöpfen, und andererseits, möglichst viel über politische und wirtschaftliche Vorgänge in der Sowjetunion zu erfahren. Nach dem Zweiten Weltkrieg war es ein durchaus legitimes Ziel der Siegermächte, detaillierte Kenntnisse über das wissenschaftliche Potenzial im Bereich der Wehrtechnik in Deutschland zu erlangen. Doch den vier Siegermächten ging es nicht ausschließlich um eine Kontrolle der deutschen Kapazitäten, sondern auch um die Abschöpfung von militärischem Wissen für eigene Zwecke.[20] Dazu mussten die führenden deutschen Wissenschaftler identifiziert und für eine Zusammenarbeit gewonnen werden. Das bekannteste Beispiel ist sicherlich Wernher von Braun. Er war von 1937 bis 1945 technischer Direktor der Heeresversuchsanstalt in Peenemünde gewesen. Von Braun flüchtete kurz vor Kriegsende nach Bayern, wo er sich den Amerikanern stellte. Zusammen mit einigen Kollegen aus Peenemünde wurde von Braun 1946 in die USA gebracht, wo er kurz darauf als Berater für ein amerikanisches Raketenprogramm arbeitete. Von Braun wurde 1955 amerikanischer Staatsbürger und erreichte beruflich Anfang der siebziger Jahre die Position des stellvertretenden Leiters der amerikanischen Luft- und Raumfahrtbehörde NASA.

Zögerten die Westmächte 1945 noch, qualifizierten deutschen Mitarbeitern aus den ehemaligen Waffenschmieden des nationalsozialistischen Regimes Arbeit in der Rüstungsindustrie anzubieten, so stellte sich dies bereits ein Jahr später ganz anders dar. Die Briten legten ein eigenes Programm auf, um deutsche Fachkräfte der militärischen Schlüsselindustrien aus dem sowjetischen Besatzungsgebiet und der späteren DDR abzuwerben. Das Programm nannte sich »Matchbox«. Der Codename für eine vergleichbare amerikanische Operation lautete »Paperclip«.

Die Sowjetunion ihrerseits setzte nicht nur auf die freiwillige Kooperation der Betroffenen. Erste Deportationen von deutschen Wissenschaftlern in die UdSSR fanden bereits 1945 statt. Am 21./22. Oktober 1946 gab es eine große Deportationswelle von Wissenschaftlern und ihren Familien. Etwa 2600 Personen wurden mit Zügen Richtung Osten transportiert, um ihre Kenntnisse und ihre Arbeitskraft in der Sowjetunion einzusetzen. Die westlichen Nachrichtendienste wurden tätig, als die deportierten Wissenschaftler zwischen 1949 und 1958 wieder nach Ost-Deutschland zurückgebracht wurden. Die Nachrichtendienste machten sie ausfindig und stellten den Kontakt her. Viele der Heimkehrer waren bereit, Fragen über ihre Tätigkeit in der Sowjetunion zu beantworten. Bei dieser Gelegenheit sollten sie natürlich auch zum Übersiedeln in den Westen bewegt werden.

Der Erfolg der anglo-amerikanischen Abwerbung – die im Gegensatz zur sowjetischen Deportation auf Freiwilligkeit basierte – konnte sich sehen lasen. Die Briten überzeugten bis November 1949 immerhin 332 Wissenschaftler davon, die sowjetische Zone zu verlassen. Viele von ihnen wollten ihren Beruf aber nicht in Großbritannien ausüben und fanden Arbeit in der Industrie der westlichen Besatzungszonen. Die Amerikaner konnten im vergleichbaren Zeitraum circa 1000 Personen davon überzeugen, in den Vereinigten Staaten zu arbeiten.[21] Alle vier Besatzungsmächte versuchten, sich deutsches Know-how im Bereich der Militärtechnik durch das Abwerben von deutschen Wissenschaftlern und Ingenieuren anzueignen. Am besten gelang dies den Amerikanern und den Russen, insbesondere im Bereich der Raketentechnik profitierten beide Länder von diesem Wissenstransfer.

FLUCH UND SEGEN FÜR DIE GEHEIMDIENSTE

DIE FLÜCHTLINGSWELLE AUS DER DDR

Berlin hatte bereits in den unmittelbaren Nachkriegsjahren eine Flüchtlingswelle Richtung Westen erlebt. Millionen von Menschen waren unterwegs, um in ihre alte Heimat zurückzukehren oder sich eine neue Heimat zu suchen. Die Anfang der fünfziger Jahre einsetzende Flüchtlingswelle hingegen war eher politisch motiviert und stellte eine Reaktion auf die Gründung der beiden deutschen Staaten dar. Auch wenn der Wunsch nach besseren wirtschaftlichen Verhältnissen sicherlich eine Rolle gespielt hat, so waren doch die beiden unterschiedlichen Gesellschaftssysteme in Ost und West ausschlaggebend für das Verlassen der Heimat. Das nachrichtendienstliche Potenzial der politisch Unzufriedenen, die der DDR den Rücken kehrten und ihr Glück in der Bundesrepublik versuchen wollten, wurde von den westlichen Geheimdiensten erkannt. Das oft verwendete Bild, dass die ostdeutsche Bevölkerung mit ihren Füßen abstimmte und sie ihre Unzufriedenheit mit dem System durch ihre massenhafte Flucht dokumentierte, traf zu. Diese Tatsache ließ sich natürlich sehr gut für die westliche Propaganda verwenden. Zudem schwächte die Abwanderung jeder qualifizierten Arbeitskraft die Wirtschaft der DDR. Und jede Schwächung der DDR als dem bedeutendsten Satellitenstaat der Sowjetunion war indirekt auch eine Schwächung der Sowjetunion selbst. Dass die Flüchtlingsströme der fünfziger Jahre eine ernsthafte und substanzielle Schwächung der DDR bedeuteten und gleichzeitig West-Berlin an den Rand seiner Aufnahmefähigkeit brachte, belegen folgende Zahlen. 1950 flüchteten rund 60 000 Ostdeutsche nach West-Berlin

und knapp 140 000 in die Bundesrepublik. Im Jahr 1953 war der Höhepunkt der Flüchtlingswelle zu verzeichnen. Damals flohen 297 000 Personen nach West-Berlin und nur noch circa 34 000 in die Bundesrepublik, da die Durchlässigkeit der Grenze zur Bundesrepublik beschränkt worden war. Zwischen 1950 und 1955 flohen 759 000 registrierte Flüchtlinge nach West-Berlin.[22]

Bis zum Bau der Berliner Mauer setzte sich dieser Flüchtlingsstrom unvermindert fort. Von der Gründung der beiden deutschen Staaten 1949 bis August 1961 waren es insgesamt mehr als 2,6 Millionen DDR-Bürger. Diese Flüchtlinge spiel-

^ *Das Plakat weist auf die Not der Flüchtlingskinder hin und bittet um Spenden. Um 1954*

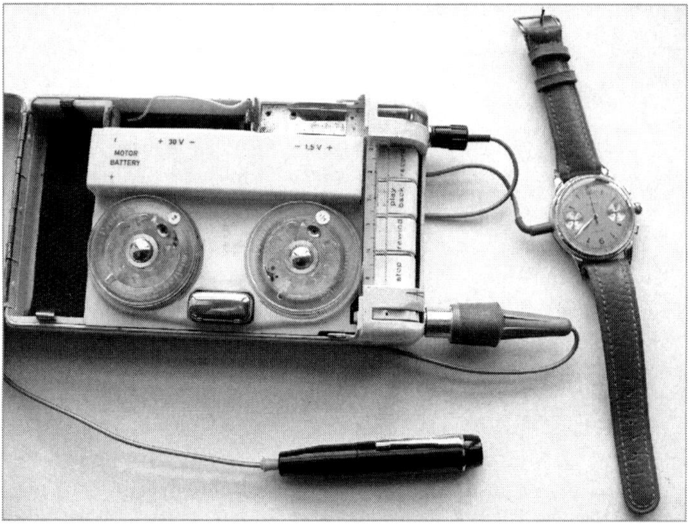

ten eine wichtige Rolle für die psychologische Kriegsführung gegen die DDR und bei der Gewinnung von nachrichtendienstlichen Kenntnissen.[23] Sehr viele der registrierten Flüchtlinge wurden bei ihrer Ankunft in West-Berlin befragt. Für die westlichen Geheimdienste spielten dabei viele Faktoren eine Rolle. Amerikaner und Briten kooperierten sehr gut und unterrichteten sich gegenseitig von den Befragungsergebnissen. Von Interesse waren insbesondere folgende Fragen. Welche Tätigkeit hat der Flüchtige bisher ausgeübt? Hat er in der Nähe einer militärischen Einrichtung gewohnt und hat er dort irgendwelche Beobachtungen gemacht? Darüber hinaus waren die familiären und sozialen Verbindungen in die DDR von Interesse für die Nachrichtendienste.

Zeigte sich ein Flüchtling bei der Befragung kooperativ, so wurde versucht, ihn als Agenten zu gewinnen. Stimmte er dem zu, wurde er sofort in die DDR zurückgeschickt, ehe seine Flucht dort bemerkt wurde. Auf diese Weise konnten die Geheimdienste eine Reihe von wertvollen Mitarbeitern gewinnen.[24]

Die meisten Flüchtlinge wurden gebeten, Namen von Verwandten und Freunden in der DDR aufzuschreiben, die möglicherweise ebenfalls nicht mit der Regierung einverstanden waren. Die betreffenden Personen bildeten für die Nachrichtendienste einen großen Pool potenzieller Agenten und Informanten. Dies stellte einen Aspekt der Flüchtlingswelle dar, der

^ *Drahtspulen-Aufnahmegerät der Marke Minifon P55 mit Mikrofon-Armbanduhr und Mikrofon-Füller als besonderem Spionage-Zubehör*

sich für die westlichen Nachrichtendienste als sehr ergiebig erwiesen hat. Entsprechende Anwerbungsschreiben an die genannten Personen wurden auf dem Gebiet der DDR per Post aufgegeben, um weniger aufzufallen. Darin wurde eine Telefonnummer und die Adresse eines Treffpunktes in West-Berlin mitgeteilt. Der wahre Grund der Treffen wurde zunächst verschleiert und erst bei dem Treffen selbst benannt. Der Empfänger des Briefes sollte als Agent in der DDR angeworben werden. Ein einzelner »Anwerber« des französischen Nachrichtendienstes soll auf diese Weise von 1948 bis 1955 etwa 350 Personen angeschrieben haben.[25]

Die Anwerbung von sowjetischen Soldaten, die in der DDR stationiert waren, stellte ein weiteres Ziel der westlichen Geheimdienste dar. Die Amerikaner nannten diese Operation »Redcap«. Man versuchte, deutsche Frauen auf sowjetische Offiziere anzusetzen, die dann nach einiger Zeit zum Überlaufen in den Westen überredet werden sollten. Diese Operation hatte jedoch kaum Erfolg.[26]

Die Flüchtlingswelle stellte aber auch eine Gefahr für die westlichen Geheimdienste dar. Sie war das Einfalltor in die Bundesrepublik für Agenten aus der DDR und der Sowjetunion. Insbesondere gut ausgebildete Wissenschaftler und Studenten fanden fast immer eine Beschäftigung in der Wirtschaft oder der Verwaltung, und dies nicht nur in der Bundesrepublik, sondern manchmal auch in Großbritannien oder den Vereinigten Staaten. Bei Flüchtlingszahlen in Millionenhöhe konnten die östlichen Geheimdienste ihre Leute völlig unbemerkt in den Flüchtlingsstrom nach Westen einfädeln. Als im August 1961 die Berliner Mauer gebaut wurde, war die »Goldgräberstimmung« in Bezug auf die Anwerbung und die Nachrichtengewinnung durch Agenten im Zusammenhang mit der Flüchtlingswelle auf beiden Seiten erst einmal vorbei.

DAS ENDE EINER ÄRA

DER MAUERBAU UND SEINE FOLGEN FÜR DIE WESTLICHEN NACHRICHTENDIENSTE

Die westlichen Nachrichtendienste wurden vom Bau der Berliner Mauer am 13. August 1961 überrascht. Es gab seit einigen Jahren nachrichtendienstliche Überlegungen hinsichtlich der Frage, wie die DDR den anhaltenden Flüchtlingsstrom würde aufhalten wollen. Dass es möglicherweise Absperrungen zwischen den Sektoren geben könnte, zog man ebenso in Betracht wie eine erneute Blockade Berlins. Aber all dies waren nur Spekulationen gewesen.[27] Der Mauerbau kam für die Geheimdienste zwar nicht unerwartet, aber die Geheimhaltungsstufe und die Geschwindigkeit, mit der diese Operation durchgeführt wurde, waren erstaunlich. Der Mauerbau verdeutlichte, dass jederzeit umfangreiche Operationen in der DDR geplant und ausgeführt werden könnten, ohne dass die Bundesrepublik und die Westmächte durch ihre Nachrichtendienste davon im Vorfeld Kenntnis erlangen würden. Das war eine sehr beunruhigende Erkenntnis für den Westen.

Für die Arbeit der Geheimdienste in Berlin bedeutete dies darüber hinaus eine radikale Umstellung ihrer Arbeitsmethoden.Der Mensch als Agent und als Quelle für die Informationsgewinnung verlor drastisch an Bedeutung. Zuallererst wurde die Rekrutierung neuer »Mitarbeiter«, die in den fünfziger Jahren durch die Flüchtlingswelle extrem begünstigt worden war, stark erschwert. Ein weiteres großes Problem war die künftige Kommunikation mit den Agenten in Ost-Berlin und der DDR. Die CIA schlug im September 1961 vor, diese mit Radioempfängern auszustatten, um den Kontakt zu den circa 100 Agenten aufrechtzuerhalten.[28] Nach dem Mauerbau war

die zuverlässigste Methode der Kommunikation der westlichen Geheimdienste mit ihren Agenten in der DDR jedoch die Verwendung von »toten Briefkästen«: Ein westlicher Agent legte neue Instruktionen, Geld und eventuell benötigte Ausrüstungsgegenstände in ein Versteck und sammelte die vom Agenten hinterlegten Informationen ein. Der Nachteil dieser Methode war der langwierige Übermittlungsweg, denn es konnten mehrere Tage, manchmal Wochen vergehen, bis ein »toter Briefkasten« geleert wurde. Mit der zunehmenden Verfeinerung der Überwachungsmethoden durch das Ministerium für Staatssicherheit der DDR wurde die Aufrechterhaltung dieses Kommunikationsweges zudem immer schwieriger. Dies galt auch für die Kommunikation auf dem normalen Postweg, durch den viele östliche Informanten enttarnt werden konnten.[29]

Die CIA erkannte den großen Einschnitt, den der Bau der Mauer für ihre Arbeit in Berlin bedeuten würde. Im September 1961 befürchtete man ein Absinken der Moral bei den eigenen Mitarbeitern in Berlin, weil sich die Möglichkeiten der Informationsgewinnung deutlich verschlechterten. Der Mitarbeiterstab der Berlin Operation Base (BOB) sollte von circa 95 Mitarbeitern auf 75 reduziert werden.[30] Auch die Bedeutung der BOB als Außenposten im »Feindesland« nahm nach

^ *Eine Patrouille der US Army bei der Fahrt entlang der Berliner Mauer, 1965. Alle drei Westmächte unternahmen täglich diese Mauerpatrouillen.*

1961 stark ab. Dies galt insbesondere für die HUMINT (Human Intelligence), die Nachrichtengewinnung durch Agenten. Die Aufklärung strategischer Ziele in der Sowjetunion durch das amerikanische Spionageflugzeug U2 wurde ja bereits seit Mitte der fünfziger Jahre sehr erfolgreich unternommen. Wie spätere Kapitel im vorliegenden Buch zeigen werden, waren auch der Berliner Spionagetunnel und die Errichtung von großen Abhörstationen in Berlin ein deutliches Zeichen für diesen Wandel bei den Nachrichtendiensten. Die Konzentration auf die Informationsquelle »Mensch/Agent« nahm ab. Bedingt durch den technischen Fortschritt wurde die fernmeldetechnische und elektronische Aufklärung zur wichtigsten Quelle der Nachrichtendienste.

44

AUFERSTANDEN AUS RUINEN ...

DER FEIND HÖRT MIT

DIE ANGLO-AMERIKANISCHE ABHÖRSTATION AUF DEM TEUFELSBERG

Die Amerikaner und Briten nutzten die höchste Erhebung im Westteil der Stadt, um dort eine Abhörstation zu errichten. Damit gelang es ihnen, »ein Ohr« am Funkverkehr einiger Warschauer-Pakt-Staaten zu haben. Die Station auf dem Teufelsberg war mehr als 20 Jahre lang ein deutlich sichtbares Symbol der technologischen Seite des Kalten Krieges. Die Geschichte und die Entstehung des Teufelsbergs hängt jedoch unmittelbar mit der Zeit des Nationalsozialismus und dem Zweiten Weltkrieg zusammen.

Als Mitte der dreißiger Jahre die Bebauung des Geländes zwischen der Heerstraße und dem Teufelssee geplant wurde, gab es dort noch keinen Berg. Nach den Vorstellungen von Albert Speer, dem Generalbauinspektor für die Reichshauptstadt, sollte hier die »Hochschulstadt Berlin« entstehen. Als erstes Gebäude war die Wehrtechnische Fakultät der Technischen Hochschule geplant. Den ersten Hammerschlag bei der Grundsteinlegung am 27. November 1937 führte Adolf Hitler persönlich aus.[1] In den folgenden zwei Jahren wurden die Baupläne mehrfach überarbeitet, sodass zu Beginn des Zweiten Weltkriegs nur das Hauptgebäude der geplanten Fakultät nahezu fertiggestellt war.[2] Während des Zweiten Weltkriegs wurde dort kein weiteres Gebäude mehr gebaut, sodass 1945 das nicht fertige, aber teilweise über 50 Meter hohe Hauptgebäude eine von vielen Ruinen in Berlin war. Für die Aufräumarbeiten im stark zerstörten Berlin wurden Orte am Stadtrand gesucht, an denen man den Schutt lagern und entsorgen konnte. Das Gelände um die ehemalige Wehrtechnische Fakultät in der Nähe des Teufelssees wurde zu einem dieser Orte. In den folgenden Jahren wurde dort so hoch

< *Luftaufnahme von der Abhöranlage auf dem Berliner Teufelsberg, Ende der achtziger Jahre. Bis zur Schließung gab es keine baulichen Veränderungen mehr.*

Trümmerschutt aufgeschüttet, dass er das Gebäude komplett verdeckte – insgesamt waren es 12 Millionen Kubikmeter. Der nahegelegene Teufelssee gab dem neuen Berg seinen Namen: Teufelsberg. Zusammen mit dem ebenfalls 115 Meter hohen Müggelberg bildet er bis heute die höchste Erhebung Berlins.[3] Um den kahlen Trümmerberg besser in die Natur zu integrieren, wurde er zudem seit den fünfziger Jahren mit insgesamt etwa 200 000 Bäumen begrünt. Der Teufelsberg wurde zu einem beliebten Naherholungsgebiet, insbesondere für Freunde des Wintersports. Neben einer großen Rodelbahn gab es auch eine Skipiste, auf der 1987 sogar ein Ski-Weltcuprennen stattfand.[4]

Mit dem stetigen Anwachsen des Teufelsbergs wuchs auch das Interesse der westlichen Geheimdienste an der künstlichen Erderhebung. Da der Teufelsberg im britischen Sektor der Stadt lag, waren es auch die Briten, die dort als erste eine mobile Abhörstation errichteten. Die Amerikaner handelten mit den Briten zwischen 1961 und 1963 folgende Regelung zur militärischen Nutzung des Berges aus: Die amerikanische Besatzungsmacht erhielt die Kontrolle über den Teufelsberg, und die britischen Streitkräfte durften den Ort mitnutzen.[5]

In den sechziger Jahren arbeiteten anglo-amerikanische Einheiten mit mobilem Equipment auf dem Teufelsberg und die Abhörstation wurde ständig vergrößert. Zwischen 1969 und 1971 bauten die Amerikaner einen permanenten Gebäude-

^ *Luftaufnahme vom Berliner Teufelsberg, auf der Lkws, miteinander verbundene Lkw-Anhänger und einige Antennen zu sehen sind, November 1962.*

komplex, aus dem sie ab 1972 rund um die Uhr ihre Abhörtätigkeit durchführten. Die Briten verlegten im selben Jahr die No 26 Signal Unit von Gatow auf den Teufelsberg, um dort eine 120 Meter hohe Antenne zu nutzen, die von der Firma Rhode & Schwarz errichtet worden war.[6] 20 Jahre lang nutzten amerikanische und britische Geheimdienste diesen Gebäudekomplex mit seinen Antennen für ihre Aufklärungsarbeit.

Doch neben dieser bekannten Anlage gab es eine Reihe weiterer Orte im Westteil der Stadt, die für gleiche oder ähnliche Zwecke genutzt wurden. Berlin mit seiner einmaligen geografischen Lage war auch im Bereich der funkelektronischen Aufklärung ein idealer Platz für die westlichen Geheimdienste.

Eher unbedeutend waren die Standorte »Rudow« und »Grunewald Jagen 87«, wichtiger hingegen waren »Marienfelde« und »Tempelhof«.[7] Da die westlichen Geheimdienste sich bis heute sehr bedeckt halten, was ihre Abhörtätigkeit in West-Berlin betrifft, sind Informationen über die Spionagetätigkeit auf dem Teufelsberg und die technischen Möglichkeiten der Westmächte aus den Akten des Ministeriums für Staatssicherheit (MfS) zu gewinnen. Die Sowjetunion und die DDR waren in der Lage, umfassende Kenntnisse von der funkelektronischen Aufklärungsarbeit der Westmächte zu erlangen. Nicht zuletzt durch den Einsatz von Spionen, auf die später noch eingegangen werden wird.

Der Standort der amerikanischen Streitkräfte, der als »Marienfelde« bezeichnet wird, befand sich auf dem Aschberg im West-Berliner Stadtteil Marienfelde, nur knapp 1000 Meter von der Grenze zur DDR entfernt. Er wurde zwischen 1962 und 1965 eingerichtet. Von den 14 Gebäuden, die sich dort befanden, wurden sechs für den Abhörbetrieb genutzt.[8] Die Aufgabe der dort stationierten 6912th Electronic Security Group war das Erfassen und Auswerten aller elektromagnetischen Abstrahlungen, im anglo-amerikanischen Fachjargon als SIGINT (Signal Intelligence) bezeichnet.[9] Andere Arten der Nachrichtengewinnung waren COMINT (Communication Intelligence), welche die Datenübertragungswege, vom Satellitenfunk bis zum Fernschreiber, überwacht, sowie ELINT (Electronic Intelligence), welche sich mit dem Abfangen, Aufzeichnen und Dechiffrieren von unterschiedlichen Signalen und Codes beschäftigt. Die Berliner Station »Marienfelde« konnte alle Abstrahlungen im Frequenzbereich von 25 MHz bis circa 20 GHz lückenlos erfassen

und auswerten. Damit war »Marienfelde« nach Erkenntnissen der Staatssicherheit in der Lage, »eine Rundumüberwachung des gesamten Signalaufkommens auf dem Territorium der DDR, dem größten Teil der VR Polen und der ČSSR zu gewährleisten«.[10] »Marienfelde« stand ebenso wie der Standort »Teufelsberg« im direkten Datenaustausch mit dem Hauptquartier des großen US-amerikanischen Nachrichtendienstes National Security Agency (NSA) in Fort Meade, Maryland, USA. Die Ergebnisse der Aufklärungsarbeit wurden von »Marienfelde« rechnergestützt per EDV an die NSA weitergeleitet.[11]

Der Abhörstandort »Tempelhof« befand sich auf dem Gelände des Flughafens Tempelhof. Im Sommer 1984 wurde dort eine moderne Funkmessanlage installiert, die in der Lage war, aktive Funkmessanlagen der Nationalen Volksarmee (NVA), der Gruppe der Sowjetischen Streitkräfte in Deutschland (GSSD), der polnischen Volksarmee und der Volksarmee der ČSSR in einem Umkreis von circa 360 Kilometern festzustellen. So konnte die Radaraussendung analysiert werden, um den Typ und den Verwendungszweck der gegnerischen Anlage zu bestimmen.[12] Durch die jeweiligen Möglichkeiten und die Zusammenarbeit der Stationen »Marienfelde«, »Teufelsberg« und »Tempelhof« konnte nach Einschätzung der Staatssicherheit von den Amerikanern ein Frühwarnsystem entwickelt werden, das jede Flugaktivität der Warschauer-Pakt-Staaten bis zu einer Entfernung von 500 Kilometern registrieren konnte.

^ *Die US-Abhörstation in Berlin-Marienfelde im September 1967*

Die Briten besaßen über ihre Räumlichkeiten auf dem Teufelsberg hinaus noch ein Objekt auf dem Flughafen Gatow, von wo aus sie funkelektronische Aufklärung betrieben. In den fünfziger Jahren wurden ca. 5000 britische Wehrpflichtige in der russischen Sprache ausgebildet, um dann später – unter anderem auch in Gatow – den russischen Funkverkehr abzuhören. Die begabtesten unter ihnen konnten im Rahmen dieser Ausbildung sogar an der renommierten Universität Cambridge Russisch studieren.[13] Die Luftraumüberwachung wurde ebenfalls von Gatow aus durchgeführt, wozu 1983 eine neue Funkmessstation installiert wurde, die in der Lage war, zivile und militärische Flugbewegungen in einigen Hundert Kilometern zu registrieren.[14]

Erkenntnisse über die funkelektronische Aufklärung der französischen Besatzungsmacht in Berlin liegen kaum vor. Die Staatssicherheit konnte hier demzufolge keine Informationsquelle von Bedeutung anzapfen und hatte wohl auch keine Spione innerhalb dieser nachrichtendienstlichen Abteilung. Vom militärischen Teil des Flughafens Tegel ist lediglich bekannt, dass dort funktechnische Anlagen mit unbestimmtem Zweck installiert wurden und die Sicherheitsbeschränkungen für diesen Bereich sehr hoch waren. Ähnliches gilt für die Liegenschaft »Camp Foch«, wo die Nachrichtendienste der Französischen Streitkräfte in Berlin untergebracht waren.

ALLES WIRD ABGEHÖRT

SPIONAGE IM 3-SCHICHT-BETRIEB

Die Möglichkeiten der elektronischen Aufklärung haben sich im Zeitalter der Satellitenkommunikation und der Computertechnik permanent verbessert. Ab Mitte der sechziger Jahre wurde der Telefonverkehr zwischen den Kontinenten nicht mehr über Erd- und Seekabel abgewickelt, sondern über Satelliten. Unzählige Kommunikationssatelliten schwirren heute um die Erde und halten diese Art der Kommunikation aufrecht. Von Kontinent A werden die Gespräche an einen Satelliten übermittelt, dieser leitet sie an die Empfangsstation auf Kontinent B weiter. Diesen Übertragungsweg nutzen die Geheimdienste, um die vom Satelliten abgestrahlten Informationen abzufangen. Jegliche satellitengestützte Datenübermittlung – ob Telefonate, E-Mails oder Faxe – können abgefangen werden. Echelon lautet der Codename für die Vernetzung von Abhörstationen in den Vereinigten Staaten, in Großbritannien, Kanada, Neuseeland und Australien. Konzipiert wurde Echelon von der National Security Agency, die auch die Koordination innehat.[15] Die internationalen Telekommunikationssatelliten (Intelsats), die von den meisten Telefongesellschaften genutzt werden, können so weltweit überwacht werden. Gefiltert wird die Datenflut durch Analyseprogramme, welche mit Suchfunktionen ausgestattet sind. Gesucht werden kann nach Namen, Nummern, Organisationen oder sogar nach Stimmmustern.[16]

Da die Abhöranlagen meist sehr große Antennen benötigen, sind die Standorte dieser Stationen seit langem bekannt. In Bad Aibling befand sich bis 2004 eine Station, die in das Echelon-Projekt eingebunden war und somit natürlich auch

Signal Intelligence betrieb. Eine weitere große SIGINT-Anlage in Deutschland wurde von den Amerikanern bis Mitte der neunziger Jahre auf dem Lechfeld bei Gablingen betrieben.[17] Die amerikanischen Abhörstationen in Berlin waren bis zu ihrer Schließung in diesen weltweiten Verbund integriert.

Zu der Arbeit der bekanntesten Abhörstation in Berlin, dem Teufelsberg, gibt es Informationen aus den verschiedensten Quellen. Trotzdem ist ein großer Teil der Geschichte natürlich »Top Secret«. Detaillierte Arbeitsbeschreibungen sind ebenso klassifiziert wie Schwerpunkte einzelner Abhörbereiche. Da amerikanische Abhörstationen weltweit noch heute mit einem sehr ähnlichen Equipment und mit identischer Aufgabenstellung arbeiten, ist es kaum vorstellbar, dass in den nächsten Jahren Details von der Arbeit auf dem Teufelsberg an die Öffentlichkeit gelangen werden.

Im Juli 1961 errichtete die Special Operation Unit der amerikanischen 78th Army Security Agency (ASA) die erste mobile Abhörstation »on the hill«, auf dem Hügel, wie der Teufelsberg in der amerikanischen Umgangssprache genannt wurde.[18] Ab 1962 unterstand diese Einheit direkt dem ASA-Hauptquartier in den Vereinigten Staaten. 1967 nannte sich diese Abteilung der ASA dann Field Station Berlin (FSB). Als Folge einer Umstrukturierung im Jahr 1977 wurde die Field Station Berlin auf dem Teufelsberg in das nachrichtendienstliche und Sicherheits-Hauptkommando US Army Intelligence and Security Command (INSCOM) eingegliedert. Auch die 6912th Electronic Security Group des US-Luftwaffe war »auf dem Hügel« stationiert. Inhaltlich war es jedoch die National Security Agency (NSA), welche die Ziele und Aufgaben der Abhörstation auf dem Teufelsberg definierte. Zudem gab es auch Anfragen und Aufgaben, die aus dem Heidelberger Hauptquartier der amerikanischen Streitkräfte in Europa an die FSB herangetragen wurden.

In den Gebäuden der Abhörstation arbeiteten bis zu 1500 Personen, etwa 1000 Angehörige der US-Streitkräfte und weitere 300 bis 500 Angehörige der britischen Armee und der Luftwaffe. Diese hohe Anzahl an Mitarbeitern war aufgrund des 3-Schicht-Systems erforderlich. Die Soldaten, die für diese Arbeit ausgesucht wurden, waren besonders qualifiziert und geschult. Aber es gab natürlich auch eine große Anzahl an

»gewöhnlichen« Jobs auf dem Teufelsberg, etwa in der Küche oder als Techniker. Das Fundament des Trümmerbergs war nicht sehr stabil, und diese Instabilität wirkte sich auch auf die Gebäude aus. Es traten häufig Risse auf, die überwacht und repariert werden mussten.[19] Die komplette Versorgung dieser kleinen Stadt auf dem Trümmerberg musste 24 Stunden am Tag und 365 Tage im Jahr gewährleistet sein.

In der FSB wurde das neueste und innovativste technische Equipment verwendet, um so die Ausbeute an Informationen zu optimieren. Einige Teile der technischen Ausrüstung wurden auf dem Teufelsberg erstmals für den alltäglichen Gebrauch getestet. Das technische Equipment wurde vom amerikanischen Steuerzahler finanziert, und nicht, wie die allgemeine Ausstattung der drei westlichen Besatzungsmächte in Berlin, vom Landesamt für Besatzungslasten und somit vom deutschen Steuerzahler. Auch das hatte natürlich etwas mit Geheimhaltung zu tun. Das technische Equipment in den Abhörstationen durfte im Falle einer Eroberung Berlins durch eine gegnerische Streitmacht unter keinen Umständen in die Hände des Gegners fallen. Deshalb gab es mehrmals im Jahr eine Übung, welche die Vernichtung der elektronischen Geräte zum Inhalt hatte. Diese Übungen waren zwar militärische Routine, trotzdem kam es 1986 zu einem schweren Unfall in der Abhörstation Marienfelde. Durch eine Explosion an einem Dokumentenvernichter wurden dabei 34 Amerikaner verletzt.[20]

Es gab viele Übersetzer auf dem Teufelsberg, denn deren Arbeit bildete den Schwerpunkt der nachrichtendienstlichen Tätigkeit.[21] Erforderlich waren Sprachkenntnisse in Deutsch, Russisch und Polnisch. Ein Teil der Spezialausbildung des Personals wurde im NSA-Hauptquartier in Fort Meade absolviert, wo die Übersetzer darüber informiert wurden, an welcher Art von Informationen die Analysten der NSA interessiert waren.[22] Denn die Analyse der empfangenen Nachrichten gehörte nicht zu den Aufgaben des Teufelsberg-Personals. Die Field Station Berlin war lediglich mit dem Empfang, dem Sammeln und dem Weiterleiten der Informationen betraut. Alle Informationen mussten an das NSA-Hauptquartier weitergeleitet werden. Ob es sich um wichtige oder unwichtige Daten handelte, wurde dort entschieden. Ein kleiner Stab von NSA-Mitarbeitern war aber auch direkt auf dem Teufelsberg stationiert und arbeitete eng mit dem Kommandeur der Field Station zusammen.

Über die Qualität der Informationen, die auf dem Teufelsberg gewonnen wurden, lässt sich wegen der unzureichenden Quellenlage schwer etwas sagen. Auch lässt sich nur darüber spekulieren, ob wichtige Nachrichten abgefangen und entschlüsselt wurden, die eine politische Krise im Kalten Krieg zu bewältigen halfen. Es gibt jedoch ein Indiz für die Effektivität des Teufelsbergs: Das US-Verteidigungsministerium vergibt seit 1964 jährlich einen prestigeträchtigen Pokal, die Travis Trophy, an diejenige Einheit, die den wichtigsten Beitrag zur strategischen Aufklärung geleistet hat. Berücksichtigt werden dabei alle nachrichtendienstlichen Einheiten der Armee, der Luftwaffe und der Marine. Die Field Station Berlin auf dem Teufelsberg ist die einzige Einheit, die diesen Pokal insgesamt vier Mal überreicht bekam – 1973, 1981, 1985 und 1989.[23]

WAS WUSSTE DER OSTEN?

DECKNAME »RELAIS« UND EIN VERRÄTER IN GATOW

Die DDR hatte natürlich ein sehr großes Interesse daran zu erfahren, welche Leistungsfähigkeit und Funktion die Abhöranlagen der Westmächte in West-Berlin besaßen. Im Prinzip gelangte die DDR auf zwei Wegen an diese Informationen: einerseits durch die genaue Analyse des von außen sichtbaren Equipments, andererseits durch Spione, die Informationen vom Teufelsberg und von der Abhörstation in Berlin-Gatow verkauften. Beide Fälle werden im Folgenden kurz beschrieben. Um die Beschaffenheit der verwendeten Antennen in West-Berlin zu untersuchen, erfolgten unter dem Decknamen »Relais« mehrere Hubschrauberflüge zu den jeweiligen Objekten in West-Berlin. Seit 1982 unternahm das Ministerium für Staatssicherheit (MfS), Hauptabteilung III, diese Aufklärungsflüge mit Hubschraubern der sowjetischen Streitkräfte. So wurden 1986 zum Beispiel 84 Flugstunden mit einem sowjetischen Transporthubschrauber vom Typ Mi 17 ausschließlich zu diesem Zweck durchgeführt. Das Ziel der Flüge war die »visuelle, fotooptische und videotechnische Aufklärung und Dokumentierung operativ-bedeutsamer, gerätetechnisch erfassbarer gegnerischer Räume und Einrichtungen auf dem Territorium Westberlins«.[24] Selbstverständlich war der Teufelsberg eine dieser Zieleinrichtungen. Dass solche Aktionen einen Protest der Westmächte zur Folge hatten, wurde dabei in Kauf genommen.

Die Field Station Berlin (FSB) wurde als ein bedeutender Stützpunkt des weltweiten Funkaufklärungssystems der Vereinigten Staaten angesehen, der durch seine geostrategische

Lage – 115 Meter Höhe, mitten in West-Berlin und nur sieben Kilometer von der Staatsgrenze der DDR entfernt – eine herausragende Position einnahm.

Einige Antennen der FSB waren unter so genannten Radomen, Radarkuppeln, installiert, die die Form von überdimensionierten Golfbällen haben. Obwohl die Radome dazu dienten, die hochempfindlichen Anlagen vor Witterungseinflüssen und Einsicht zu schützen, wusste die DDR-Staatssicherheit gut über die darunter installierten Antennen Bescheid. Nach Auffassung des MfS wurden folgende Anlagen von der FSB auf dem Teufelsberg eingesetzt: passive Funkmessaufklärungsanlagen, aktive Funkmessanlagen, Richtfunkaufklärungsanlagen und Peilanlagen für den UHF/VHF-Bereich. Die Daten wurden sowohl an die NSA als teilweise auch an den britischen Geheimdienst für elektronische Aufklärung, Government Communications Headquarters (GCHQ), übermittelt.

Die Erfassung und Aufklärung folgender Bereiche war somit nach MfS-Erkenntnissen möglich:

a) des militärischen und politischen Funk- und Fernmeldeverkehrs der DDR
b) der elektronischen Abstrahlung von Feuerleit- und Waffensystemen der NVA und GSSD
c) des Funk-, Richtfunk- und Fernmeldeverkehrs in der DDR.[25]

Im Klartext bedeutete dies, dass die Amerikaner und Briten in der Lage waren, Radaraussendungen der NVA, der GSSD und der polnischen Volksarmee in einer Distanz von 250 bis 500 Kilometern aufzufangen. Bewegungen im Luftraum konnten bis zu einer Entfernung von 500 Kilometern erfasst und aufgeklärt werden, was de facto einem »Luft-Frühwarnsystem« gleichkam. Zudem konnte die Kommunikation der Land- und Luftstreitkräfte von NVA und GSSD abgehört werden, inklusive einer Standortbestimmung der jeweiligen Funkstellen. Die für einen Ernstfall wichtigste Fähigkeit war wohl das Erfassen und Manipulieren der Feuerleit- und Waffensysteme der NVA und der GSSD.[26] NATO-Pläne, die 1986 vom US-Spion James Hall an die DDR und die Sowjetunion verkauft wurden, beinhalteten genau diese Strategie der Manipulation von gegnerischen Waffensystemen für den Ernstfall.

Die Informationsbeschaffung durch einen Verräter »vor Ort« war natürlich die effektivste Maßnahme des Ostens, aber natürlich auch die seltenste. Doch ein Mitarbeiter in der britischen Abhöranlage in Gatow, wie auch später ein Mitarbeiter vom Teufelsberg, haben sich dem Osten als Spione angeboten. Niemand wird als Spion oder als Verräter geboren. In der Regel sind es persönliche oder finanzielle Umstände, die eine Bereitschaft zur Spionage motivieren. Doch oft scheitert diese innere Bereitschaft an der Hürde der ersten aktiven Kontaktaufnahme mit der »anderen Seite«. Berlin war jedoch in dieser Hinsicht einzigartig. Nirgendwo sonst konnten sich Militärangehörige oder auch einfache Bürger so unproblematisch der Gegenseite anbieten. Ein Phänomen, das in Berlin schon in den fünfziger Jahren verbreitet war, wie der britische Doppelagent George Blake in seinen Memoiren berichtet.

Der Fall des britischen Abhörspezialisten Geoffrey Prime ist ein weiterer Beleg dafür. Wegen seiner russischen Sprachkenntnisse kam Prime 1964 zur britischen Luftwaffe nach Gatow, wo er für die Signal Intelligence arbeitet. Hier hörte er sowjetische Gespräche ab. Während seiner Dienstjahre in Berlin bot er sich den Sowjets als Spion an. Die Kontaktaufnahme war denkbar einfach. Prime warf am Abfertigungsbahnhof in Marienborn einen Zettel mit seinen Kontaktdaten vor die Füße eines russischen Soldaten.[27] Die Sowjets nahmen Kontakt auf und hatten alsbald einen neuen Spion in Berlin. Geoffrey Prime wurde mit einer kleinen Minox-Kamera ausgestattet und in verschiedene Techniken der Nachrichtenübermittlung eingewiesen. Prime war insgesamt vier Jahre lang in Gatow stationiert. In dieser Zeit hatte er auch Zugang zu Informationen, die von der britischen Abteilung auf dem Teufelsberg kamen. Danach wurde er zu verschiedenen Stellen des britischen Geheimdienstes für elektronische Aufklärung (GCHQ) nach England versetzt, wo er bis 1977 als Doppelagent arbeitete und für die Sowjets ungezählte Dokumente abfotografierte. Seine letzten Fotos verkaufte er dem KGB 1980 in Wien.[28]

Wegen sexueller Belästigung einer Minderjährigen geriet Prime Anfang 1982 ins Visier der britischen Ermittler und wurde verhaftet. Im Rahmen dieser Untersuchung wurde auch seine Spionagetätigkeit für den KGB entdeckt. Im Juni 1982 legte Geoffrey Prime ein volles Geständnis ab. Im selben Jahr

wurde er zu 38 Jahren Haft verurteilt: 35 Jahre für Spionage und drei Jahre für die sexuelle Belästigung einer Minderjährigen. Die Höhe der Haftstrafe ist ein deutliches Indiz für die Tragweite seiner Spionagetätigkeit. Nach 19 Jahren Haft kam Geoffrey Prime im März 2001 vorzeitig aus dem Gefängnis frei.[29]

^ *»Sei sicherheitsbewusst oder diese Vier-Mächte Stadt könnte von nur einer Macht regiert werden«, Plakat der US-Militärregierung in Berlin, achtziger Jahre*

TRAUM-DUO DES OSTENS, ALPTRAUM DES WESTENS

HALL UND YILDIRIM SPIONIEREN IN BERLIN

James W. Hall entschied sich 1982 aus finanziellen Gründen, dem sowjetischen Geheimdienst seine Dienste anzubieten. Die Kontaktaufnahme des in Berlin stationierten amerikanischen Soldaten war ähnlich einfach wie bei dem britischen Spion Prime zwei Jahrzehnte zuvor. Hall schrieb seine Bereitschaft zur Zusammenarbeit in einem Brief nieder, den er dann in den Briefkasten des sowjetischen Konsulats in Berlin einwarf.[30] Natürlich war das Komitee für Staatssicherheit (KGB) an der Zusammenarbeit mit dem damals 25-jährigen Sergeanten interessiert, denn Hall arbeitete auf dem Teufelsberg. Diese Einheit zu infiltrieren, stand ganz oben auf der Liste des KGB in Berlin – und nun hatten sie die »Bewerbung« einen Teufelsberg-Mitarbeiters in ihrem Briefkasten liegen. KGB und Hall wurden sich schnell einig, denn die sowjetische Seite bezahlte Hall gut für seine Spionagetätigkeiten.

Anfangs kopierte Hall die geheimen Dokumente direkt an seinem Arbeitsplatz auf dem Teufelsberg. Als hier eine stärkere Kontrolle beim Kopieren eingeführt wurde, schmuggelte Hall die Dokumente aus der FSB heraus, um sie zu kopieren. Für diesen Zweck erhielt Hall eine extragroße Sporttasche mit doppeltem Boden. Die amerikanischen Soldaten wurden beim Verlassen der FSB nie kontrolliert. Die Kopien konnte er dann an einem Treffpunkt durch das leicht geöffnete Seitenfenster eines geparkten Autos werfen – sozusagen ein »toter Briefkasten« auf vier Rädern. Hall verkaufte während seiner Dienstjahre in Berlin mehrere Tausend Dokumente mit Details zu den technischen und personellen Kapazitäten der Amerikaner und

Briten in Berlin an den KGB und gleichzeitig an die DDR-Staatssicherheit.

Die Verbindung von Hall zum MfS war durch einen puren Zufall zustande gekommen. 1982, wenige Wochen nachdem Hall dem KGB seine Dienste angeboten hatte, wurde er von dem Türken Hüseyin Yıldırım angesprochen. Dieser war Kfz-Meister in einer Autowerkstatt der amerikanischen Armee, wo Soldaten unter professioneller Anleitung ihre Fahrzeuge selbst reparieren konnten. Yıldırıms Kontakte zum MfS gingen auf das Jahr 1979 zurück. Damals tauchte er einfach im Ministerium für Staatssicherheit der DDR auf und wollte »Geschäfte« machen. Yıldırım war für das MfS jedoch nicht von Interesse. Nach mehreren Gesprächen wurde ihm gesagt, dass es für ihn keine Verwendung gäbe, er solle sich wieder melden, wenn er Kontakte zu einer der Besatzungsmächte in West-Berlin bekommen habe.[31] Mehrere Monate später meldete sich Yıldırım wieder beim MfS. Er konnte jetzt eine Arbeitsstelle in der amerikanischen Selbsthilfe-Werkstatt vorzeigen. Damit bestand in den Augen des MfS zumindest das Potenzial für einen Zusammenarbeit.

Die Werkstatt war in der Andrews-Kaserne untergebracht und wurde auch von den Soldaten der Field Station Berlin frequentiert. Ein idealer Ort, um Kontakte zu knüpfen. Yıldırım verfügte nicht nur über außergewöhnliche Fähigkeiten als Mechaniker, sondern er besaß auch Menschenkenntnis und ein überzeugendes Auftreten. Sein Spitzname in der Werkstatt, »Meister«, setzte sich auch außerhalb der Werkstatt durch. Der Deckname, den er vom MfS bekam, lautete »Blitz«. Als er Hall mehrere Tage lang bei der Reparatur von dessen Fahrzeug behilflich war, kamen die beiden ins Gespräch. Hall arbeitete zu diesem Zeitpunkt bereits seit kurzem für den KGB und so ließ er sich auch von Yıldırım für das MfS anwerben. Yıldırım und das MfS wussten zu diesem Zeitpunkt nicht, dass Hall parallel für den KGB arbeitete. Hall berichtete später, dass die Begegnung ein Glücksfall für ihn gewesen sei und er so schnelles Geld verdienen konnte. Von allen Dokumenten, die er während seiner Arbeit einstecken konnte, machte er zwei Kopien – eine für den KGB, den er direkt belieferte, und eine für Yıldırım. Dieser holte die Dokumente ab, lieferte sie im Ministerium für Staatssicherheit ab, bekam dafür das Geld und übergab Hall anschließend seinen Anteil. Hall musste sich um

He turns cars into masterpieces

"He taught me how to work with metal to form new parts myself and how they should be in place," said Maj. Larry D. Seals. "My Ghia is actually better now than it original was."

The man Seals was praising is Husevin Yildirim, meister mechanical engineer at the Andrews Auto Craft Shop.

Born in 1928 in Istanbul, Yildirim served in World War II as a tank mechanic for the Turkish Army and later achieved the rank of lieutenant in his field artillery unit. After the war he spent a decade working for a firm in Turkey as a mechanical engineer.

In the 1960's Yildirim owned and operated his own mechanical tools shop. Since 1974, he has been in Germany where he received his first meister certificate in mechanical engineering while working for Borch Industries. From Borch he was recruited by Mercedes Benz where he continued to work as an engineer for eight years. Here, he received his second meister's certificate and three coveted suggestion awards.

Today, Yildirim devotes his skills to Americans in the craft shop at Andrews. He gladly passes on his talent and knowledge to anyone who is interested. "I have much to teach you," he says, "if you're willing to listen to me." In addition to teaching and helping those working in the craft shop, he also teaches the skills of welding twice a week in regular class sessions.

Welding and body work are special skills of the meister and according to Seals the rebuilding of his 1971 Karman Ghia would have been impossible without the meister's help.

MSgt. Cling Hyder, a part-time assistant in the shop, says, "The meister teaches me something new everyday that I'm here. I try to absorb as much as I can from him so that when he isn't here I can fill in for him."

The meister welcomes everyone to the shop whether they are skilled mechanics or novices wanting to learn the basics of auto repair. Turning automobiles into masterpieces is what he does best.

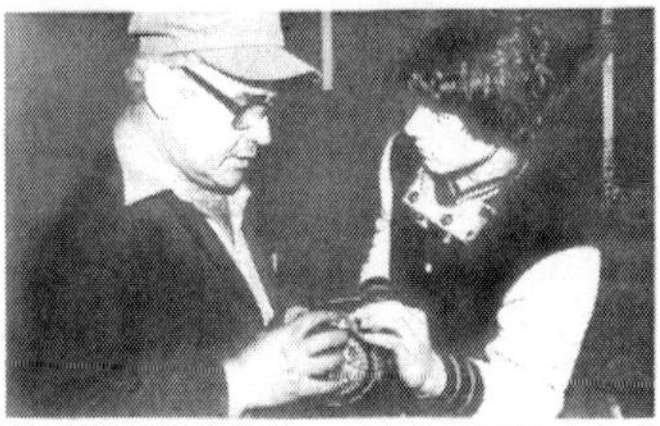

JUST MAKE A NEW PIECE—Tom Cohn is an eager listener to the words of the meister. Having problems with a part on his motorcycle he checks with him to find out if the clutch can be fixed without buying a new one.

A LITTLE ADJUSTMENT—The meister checks over some of the work being done on an engine in the auto craft shop.

Photos by Frank Jones

nichts kümmern. Yıldırım, der ausschließlich aus finanziellen Motiven handelte, übernahm auch das Feilschen um die Entlohnung. Es sei dabei manchmal zugegangen wie auf einem Basar.[32]

Der KGB wusste etwa seit 1985, dass Hall zusammen mit dem »Meister« auch für das MfS arbeitete, und hatte Hall gebeten, diese Arbeit aufzugeben, da sie als zu risikoreich erschien. Hall entschied sich aber gegen den Rat, weil ihm die Treffen mit dem KGB zu zeitaufwendig waren, und arbeitete fortan nur noch für das MfS.[33] Die Treffen, bei denen der sowjetische Geheimdienst viel Wert auf Sicherheit gelegt hatte, waren letztendlich zum Schutz der Quelle James Hall so kompliziert und zeitaufwendig gewesen. Das »Rundum-sorglos-Paket«, welches Yıldırım anbot, brachte zwar weniger Geld, war aber auch eine Entlastung für Hall.

1985 schließlich wurde Hall zurück in die Vereinigten Staaten versetzt. Nach einigen Monaten bewarb er sich auf einen Posten in Frankfurt am Main. Da Hall mit einer deutschen Frau verheiratet war, wunderte sich im Personalbüro niemand. Im Frühjahr 1986 erhielt er eine Stelle im 205th Military Intelligence Battalion, welches direkt dem Hauptquartier des amerikanischen 5. Corps in Frankfurt unterstellt war. Dort konnte

^ *Zeitungsbericht des »Berlin Observer« über die Arbeit von Hüseyin Yıldırım in der amerikanischen Selbsthilfe-Autowerkstatt, Juni 1982*

Hall noch brisantere und wichtigere Dokumente als in Berlin kopieren. Der »Meister« war weiterhin sein Kontaktmann zum MfS. Manchmal holte er die Dokumente sogar persönlich in Frankfurt ab und kopierte sie selbst. Nicht nur die Quantität der Dokumente, die das Duo Hall/Yıldırım lieferte, war außergewöhnlich, sondern auch die Qualität. Etwa 10 000 Dokumente wurden von beiden insgesamt übergeben, darunter streng geheime Verteidigungs- und Angriffspläne der NATO. Markus Wolf, der von 1952 bis 1986 Leiter des Auslandsnachrichtendienstes im MfS war, bezeichnete die beiden als eine »Wunderquelle, von der man im Nachrichtendienst nur träumen kann«.[34]

Das »Dreamteam« des MfS wurde 1987 auseinander gerissen, was de facto auch die spätere Enttarnung der beiden Spione einleitete. Yıldırım hatte eine wohlhabende Amerikanerin kennengelernt und verließ seine Familie in Berlin, um mit ihr nach Amerika zu gehen. Er wurde von der Staatssicherheit »außer Dienst gestellt« und man trichterte ihm ein, auf keinen Fall mehr Kontakt zu James W. Hall aufzunehmen.

Hall bekam einen neuen Kontaktmann, Manfred Severin, der ihn später auffliegen ließ. Denn Severin bot den Vereinigten Staaten 1987 seine Dienste als Doppelagent an. Er war es, der die amerikanische Gegenspionage auf die Spur von Hall brachte. Hall selbst verkaufte noch zwei Mal Dokumente an

^ *»Wenn es darum geht, Spione zu fangen, zählt nur der Erfolg«, Plakat der Abteilung für US-Gegenspionage, achtziger Jahre*

die Stasi, bis er 1988 wieder in die Vereinigten Staaten versetzt wurde. Erst im Dezember 1988 gelang es der amerikanischen Abteilung für Gegenspionage in Zusammenarbeit mit der CIA und dem FBI, sowohl Hall als auch Yıldırım der Spionage zu überführen und in den Vereinigten Staaten zu verhaften.

Für die amerikanische Spionageabwehr war der Fall des Duos Hall/Yıldırım besonders lehrreich und zugleich ernüchternd, weil sowohl Yıldırım als auch Hall schon frühzeitig ins Visier der Ermittler geraten waren. Yıldırım, der eine außereheliche Beziehung zu einer Amerikanerin unterhielt, wurde von dem Ex-Freund seiner Geliebten bei seinem amerikanischen Arbeitgeber denunziert. Dieser beschuldigte ihn 1982, als er bereits seit einigen Jahren für das MfS tätig war, ein Spion der DDR zu sein. Eine offizielle Untersuchung der amerikanischen Gegenspionage in Berlin wurde eingeleitet und Yıldırım befragt und verhört. Der »Meister« beteuerte jedoch wortreich seine Unschuld und wollte sich einem Lügendetektor-Test unterziehen. Doch dazu kam es nicht. Die Mitarbeiter der amerikanischen Gegenspionage in Berlin kannten Yıldırım gut von den gemeinsamen Abenden bei der Reparatur ihrer Fahrzeuge. Niemand wollte glauben, dass der »Meister« ein DDR-Spion war. Der Fall wurde zu den Akten gelegt.[35]

1987 geriet James Hall in Frankfurt ins Visier der internen Ermittlung. Ein Arbeitskollege, dem er sein Auto geliehen hatte, fand Geldbündel in einem Umschlag auf dem Rücksitz des Wagens und meldete dies seinen Vorgesetzten. Hall wurde dazu befragt und konnte sich durch fadenscheinige Erläuterungen aus der Affäre ziehen. Seinen Kollegen fiel auch auf, dass er über seine finanziellen Verhältnisse lebte. Er begründete dies stets mit unterschiedlichen Geschichten, meist mit reichen Verwandten seiner deutschen Frau. Überprüft wurden diese falschen Behauptungen von Hall bezüglich seiner deutschen Verwandten nicht – die interne Ermittlung hatte trotz ausreichender Indizien ihre Arbeit nicht gemacht.

Erst der MfS-Doppelagent Manfred Severin brachte Hall und damit auch Yildirim zu Fall. Nach monatelangen Observationen in den Vereinigten Staaten ging James Hall schließlich doch in die Falle, die ihm die Ermittler stellten. Mithilfe von Severin wurde er gefilmt und abgehört, als er in einem Motel in der Nähe seiner Wohnung in Savannah/Georgia für seine Spionagedienste 60 000 Dollar in Empfang nahm. Hall wur-

de am 21. Dezember 1988 verhaftet, Yıldırım einen Tag später. Hall war geständig, kooperierte mit den Ermittlungsbehörden. Er machte umfassende Aussagen zu seinem Kontaktmann Yıldırım und dessen Rolle bei der Spionage und belastete diesen schwer. Einige Monate später wurde Hall zu 40 Jahren Haft verurteilt. Der »Meister« war nicht geständig und bestritt stets, Spion für das MfS gewesen zu sein. Die Beweislast war jedoch so erdrückend, dass er im Mai 1989 zu einer lebenslangen Haftstrafe verurteilt wurde. Unter den damaligen Umständen hätte er die berechtigte Hoffnung haben können, im Zuge eines Agententauschs zwischen der DDR und den USA freizukommen. Doch nach dem Fall der Mauer 1989 und der deutschen Wiedervereinigung 1990 war dieser Möglichkeit die Grundlage entzogen.

Jahrelang kämpfte seine türkische Familie, die Frau und die Kinder, die er für seine wohlhabende amerikanische Geliebte verlassen hatte, für die Freilassung von Yıldırım. Sie wurden dabei von dem amerikanischen Anwalt Jamie Nichols unterstützt. Doch auch seine Gnadengesuche bei den US Präsidenten Bill Clinton und George W. Bush blieben erfolglos. Im November 2003 stimmten die Justizbehörden der Vereinigten Staaten zu, dass Hüseyin Yıldırım in die Türkei überführt würde, um dort die restliche Haftzeit abzusitzen. Doch als er nach 15 Jahren in amerikanischer Haft in die Türkei kam, musste er keinen einzigen Tag mehr ins Gefängnis, sondern wurde

^ *Helmut Trotnow, Hüseyin Yıldırım und Markus Wolf bei einer Veranstaltung im AlliiertenMuseum in Berlin-Zehlendorf, April 2004*

sofort freigelassen. Markus Wolf war ein steter Befürworter der Freilassung Yıldırıms. In seinen Büchern und Artikeln zog er den »Fall Yıldırım« gerne als Beispiel für die Justiz der Sieger im Kalten Krieg heran.[36] So verwunderte es auch nicht, dass Wolf zu einem Auftritt von Yıldırım in Berlin erschien. Im April 2004 trafen sich die beiden bei der Vorstellung des Dokumentarfilms »Deckname Blitz. Der Spion vom Teufelsberg« im AlliiertenMuseum in Berlin. Der mächtigste Mann der DDR-Staatssicherheit zollte seinem Spion durch seine Anwesenheit seinen Respekt.

Eine Nachbemerkung: In der Field Station Berlin zog man aus dem Spionagefall James W. Hall Konsequenzen. Dieser hatte bei einem seiner Verhöre nach der Festnahme geäußert, dass er nicht für den KGB und das MfS spioniert hätte, wenn er bei seiner Arbeit durch Lügendetektor-Tests überprüft worden wäre. Daraufhin wurde in der Field Station Berlin jeder Soldat mit Zugang zu sensiblen Daten einem Lügendetektor-Test unterzogen, bevor er von der Abhörstation Teufelsberg versetzt wurde.[37] Zwar wurde James W. Hall zu 40 Jahren Gefängnis verurteilt, doch er wurde nach mehr als 20 Jahren Haft im September 2011 aus den US-Disciplinary Barracks Fort Leavenworth in Kansas entlassen worden. Er änderte seine Identität und geht heute einer geregelten Arbeit nach. Nur sein Chef und ein paar Kollegen kennen dort seine Vergangenheit. Hall vermeidet Pressekontakte und redet bis heute nicht über seine Tätigkeit als Spion für den Osten, denn er hat in seiner Haft eine Schweigeverpflichtung unterschrieben.[38]

Trotzdem wissen wir heute mehr über die Tätigkeit von Hall und den Schaden, den er in den achtziger Jahren angerichtet hat. Etwa 13 000 Seiten hat er für das MfS kopiert. Dazu gehörte auch die National SIGINT Requirements List (NSRL), eine 4000 Seiten lange Liste aller Spionageziele der NSA, die so in die Hände des Ostens fiel.

DIE »QUELLE KID«

UM IN DER DDR LEBEN ZU KÖNNEN, WURDE ER ZUM SPION

Der jüngste Spion, der für das Ministerium für Staatssicherheit (MfS) bei den amerikanischen Streitkräften in Berlin arbeitete, war Jeffrey M. Carney. Der junge Jeffrey aus Ohio erkannte schon in der Schule seine Vorliebe für Deutschland, las Geschichtsbücher und erzielte sehr gute Ergebnisse beim Erlernen der deutschen Sprache. Im Alter von 17 Jahren hatte er genug von seinen zerrütteten Familienverhältnissen und seinem Elternhaus und bewarb sich bei der amerikanischen Luftwaffe. Dort wusste man seine Deutschkenntnisse zu schätzen. Über ein Jahr durchlief Carney weitere Sprachausbildungen und wurde danach zu seiner ersten Arbeitsstelle versetzt – nach Berlin. Er wurde Funkaufklärer bei der 6912 Electronic Security Group an einer der beiden prominenten Abhörstationen in der Stadt: Der Radaranlage Marienfelde. Carney und seine Kollegen hörten in Marienfelde den Funkverkehr der DDR-Flugzeuge ab und mussten alles melden, was ihnen auffiel. Carney war gut in seinem Job. Er hatte ein gutes Gehör, ein sehr gutes Gedächtnis und so gute grammatikalische Kenntnisse, dass er den Spitznamen »Duden« erhielt. Trotz seiner guten Arbeitserfolge fühlte sich Carney aber von seinen Kollegen nicht verstanden und gewürdigt. Er hatte Zweifel an der amerikanischen Politik in den Zeiten des Kalten Krieges und den Eindruck, die NATO wolle einen Konflikt mit dem Osten provozieren. Als Carney während der Arbeit einen Fehler beging und daraufhin Ärger mit einem Vorgesetzten bekam, traf der junge Soldat in seiner Wut und in seinem Hass eine folgenschwere Entscheidung: Nachdem er am Abend mehrere Biere getrunken hatte, ging er nachts über

^ *Der junge Soldat Jeffrey M. Carney in Uniform.*

den Grenzübergang Checkpoint Charlie nach Ost-Berlin. Carney sagte den Grenzsoldaten, dass er nicht mehr zurück nach West-Berlin wolle, sondern zukünftig in der DDR leben. Seine Gesprächspartner im Osten wussten nicht, ob sie hier nur einen betrunkenen jungen Mann vor sich hatten oder möglicherweise einen zukünftige Spion.[39] Sie überzeugten Carney innerhalb eines Tages davon, dass er wieder zu seiner Arbeitsstelle zurückzukehren müsse, wenn er etwas an der Situation, die er beklagte, ändern wolle. Sie kopierten seine Papiere und warnten ihn davor, den Amerikanern etwas über seine Aktivitäten zu sagen. Das MfS forderte Carney auf, beim nächsten Besuch einige Dinge von seiner Dienststelle mitzubringen. Als Carney wieder nach West-Berlin kam, hatte der 19-Jährige seine ersten Schritte als Spion hinter sich und noch viele Jahre des Spionierens vor sich. In den folgenden Wochen traf sich Carney mehrfach mit seinen Führungsoffizieren in Ost-Berlin und übergab erste Dokumente. Die Führungsoffiziere waren total überrascht, dass der junge Soldat mit dem MfS-Decknamen »Kid« ihnen so viel wertvolles Material liefern konnte. Carney suchte sich die wichtigen Dokumente auf seiner Arbeitsstelle zusammen, die dort oft frei zugänglich auf den Schreibtischen lagen. Ungläubig fragten seine MfS-Führungsoffiziere nach den geringen Sicherheitsvorkehrungen: »Ist es wirklich so lax?« Carney sagt nur: »Ja, ist es!«[40]

Die regelmäßigen Besuche Carneys in Ost-Berlin waren aber zu riskant. Deshalb fanden in den Jahren 1982 und 1983 mehrere Treffen mit MfS-Mitarbeitern in der Berliner Exklave Eiskeller statt, wo die weniger gesicherte Grenze zwischen West- und Ost-Berlin in einem Wald neben einem Feldweg verlief. Dorthin fuhr Carney stets mit seinem Fahrrad und schlug sich dann in den nahegelegenen Wald, um seine Dokumente an das MfS zu übergeben. Zudem wurde unter einem Baum auf der westlichen Seite der Exklave ein toter Briefkasten eingerichtet, in den Carney die Ergebnisse seiner Spionagetätigkeit aus der Abhörstation Marienfelde ablegen konnte. Um möglichst effektiv zu arbeiten, wurde Carney mit einem kleinen Fotoapparat und einer präparierten Thermoskanne ausgerüstet. Jetzt konnte er noch mehr Dokumente vervielfältigen und ungestört aus der Anlage bringen. Immer wieder besuchte Carney in seiner Freizeit auch Ost-Berlin, wo seine Führungsoffiziere ihm die DDR zeigten und ihn mit Land und Leuten bekannt machten. Ein schlauer Schachzug seiner Führungsoffiziere, denn sie wussten,

dass der größte Wunsch ihres Spions immer noch das Leben in der DDR war. Bei jedem der Treffen in Ost-Berlin erhielt Carney Geld für seine Tätigkeit. Zuerst wollte er es nicht annehmen, weil Geld nie sein Motiv gewesen war. Doch der MfS-Führungsoffizier erklärte ihm glaubhaft, dass ein Spion, der kein Geld annimmt, für seine Vorgesetzten beim MfS äußert suspekt erscheine. Daraufhin nahm Carney bei jedem Treffen rund 300 Mark (West) als »Anerkennung«.

Gleichzeitig spielte Carney seine Rolle als guter und braver US-Soldat in West-Berlin besser als zuvor. Er wurde sogar als Repräsentant der Air Force ausgewählt, um zusammen mit einem Vertreter der Army am Christmas Dinner mit Berlins Regierendem Bürgermeister Diepgen teilzunehmen. Doch Carneys Maskerade wurde immer komplizierter, denn vor der Air Force musste er nicht nur verbergen, dass er für das MfS arbeitete, sondern auch, dass er homosexuell ist. Dieser Umstand machte seine Arbeit als Spion nicht leichter. Nachdem er bei seinem Job Zugang zu unzähligen Dateien auf einer Microfiche-Datenbank gefunden hatte, arbeitete er mit dem MfS eine Methode aus, um diese bestmöglich zu kopieren. Diese umfangreiche Arbeit konnte Carney jedoch nicht beenden – er erhielt den Versetzungsbefehl und sollte turnusmäßig versetzt werden. Er sollte zurück in die USA auf den Luftwaffenstützpunkt San Angelo gehen – als Ausbilder. An seinem letzten Arbeitstag setzte Carney noch einmal alles aufs Spiel und schmuggelte Dutzende Dokumente in seiner Unterhose aus der Abhörstation Marien-

^ *Die US-Abhörstation in Berlin-Marienfelde, Ende der achtziger Jahre* felde. Das sollte sein »Abschiedsgeschenk« an das MfS sein, denn er hatte keine Ahnung, ob er an seinem neuen Stützpunkt für das MfS von Nutzen sein würde – das MfS wusste das auch nicht. Trotzdem wurden Vereinbarungen getroffen, damit sich Carney von den USA aus mit den MfS-Mitarbeitern treffen konnte. Mexiko wurde als Treffpunkt auserkoren, und Carney musste rund zwei Wochen vor einem geplanten Treffen die Kollegen in der DDR informieren. In den USA kopierte der MfS-Spion ab 1984 hauptsächlich Dokumente aus der technischen Bibliothek des Stützpunktes – nichts was »Top Secret« war.

Zurück in der Heimat wurde Carney in den folgenden Monaten zunehmend psychisch instabil, es wurde ihm alles zuviel und er plante seine Flucht in die DDR. Diesmal sollte es ein Abschied ohne Rückkehr werden, nicht wie bei seinem Ausflug über den Checkpoint Charlie einige Jahre zuvor. Carney packte seine Sachen und floh im September 1985 nach Mexiko, wo er zur DDR-Botschaft in Mexiko-Stadt ging. Dort versuchte man alles, um ihn unbemerkt außer Landes zu bringen. Schließlich wurde er über Havanna in die DDR ausgeflogen. Das MfS gab ihm eine Wohnung in Berlin-Marzahn und eine neue Identität. Carney hatte 1985 endlich erreicht, was er schon Jahre zuvor angestrebt hatte: als DDR-Bürger in der DDR zu leben. Carney durfte sich seinen neuen Namen sogar selbst aussuchen. Er entscheidet sich für Jens Karney, ein Pseudonym, das viel zu viel Ähnlichkeit mit seinem richtigen Namen hatte. Sein neuer DDR-Ausweis enthielt außerdem sein korrektes Geburtsdatum – im Nachhinein gesehen ein erschreckend fahrlässiges Handeln für einen Top-Spion und dessen Führungsoffiziere. Jens Karney hatte auf ein ruhiges Leben als DDR-Bürger spekuliert, doch nach wenigen Monaten hatte das MfS neue Aufgaben für ihn. Den zweiten Teil seiner Spionagetätigkeit verrichtete er nun von Ost-Berlin aus. Das MfS versorgte Jens Karney mit Tonbändern von Gesprächen, die es in West-Berlin abgehört hat, darunter auch Telefonate, die vom Autotelefon des amerikanischen Stadtkommandanten in Berlin geführt worden waren. Karney wurde der Spezialist, der herausfinden sollte, ob sich etwas Brisantes auf diesen Tonbändern befand. Englisch ist seine Muttersprache, und im Gegensatz zu anderen MfS-Sprachexperten kannte er den Jargon und die Abkürzungen des US-Militärs. Jahrelang konnte Karney sehr erfolgreich die Tonbänder auswerten, die ihm das MfS jeden Tag brachte – darunter Informationen, wer in der amerikanischen Botschaft ein Liebesverhältnis unterhielt oder gerade seinen Ehepartner betrog. Das MfS suchte gezielt nach weiblichen Opfern für seine Agenten, die dann als »Romeos« auf diese Frauen angesetzt werden sollten. Karney erfüllte über Jahre hinweg diese Aufgabe, doch im November 1989 brachen nicht nur die Berliner Mauer und das DDR-Regime zusammen, sondern auch die heile Welt des Jens Karney.

Als sich die DDR im Auflösungsprozess befand, erhielt Karney ein letztes Mal Geld vom MfS, 15 000 Ostmark. Er war nun auf sich allein gestellt und entschied sich, erst einmal in Ost-Berlin zu bleiben und abzuwarten. Anfang 1990 wurde er arbeitslos. Zusammen mit seinem Lebenspartner machte Karney 1990 einige Wochen Urlaub im Ausland und fand in den folgenden Monaten bei den Berliner Verkehrsbetrieben eine Anstellung. Doch seine Spionage-Vergangenheit holte Karney am 22. April 1991 ein. Ein Zivil-Kommando des US Office of Special Investigations ergriff Jens Karney, als er seine Wohnung in Berlin-Friedrichshain verließ. Anschließend wurde Karney einige Zeit in Tempelhof verhört und danach über Frankfurt in die USA ausgeflogen. Berliner oder deutsche Behörden wurden zu keinem Zeitpunkt über das Ergreifen, Inhaftieren und Ausfliegen des deutschen Staatsbürgers Jens Karney informiert.

Dem ehemaligen MfS-Spion wurde in den USA der Prozess gemacht – unter Ausschluss der Öffentlichkeit. Ihm drohte viermal lebenslängliche Haft. Das offizielle Urteil vor dem Militärgericht im Dezember 1991 lautete 38 Jahre Haft.[41] Durch eine anschließende außergerichtliche Einigung, in der Karney seine volle Kooperation zusicherte, wurde die Strafe auf 20 Jahre herabgesetzt. Doch auch diese Zeitspanne würde Karney nicht im Gefängnis in Ford Leavenworth absitzen. Es sind schließlich elf Jahre und sieben Monate geworden. In Deutschland wurde die Entführung des deutschen Staatsbürgers Jens Karney 1998 öffentlich, als Focus TV zweimal darüber berichtet. Nach seiner Haftentlassung versuchte Jens Karney 2003 vergeblich seinen abgelaufenen deutschen Pass, den er nach der Wiedervereinigung erhalten hatte, zu verlängern oder einen neuen Pass zu beantragen. Doch der Ex-Spion erhält von den deutschen Behörden keinen Ausweis.[42] Spätestens jetzt muss Jens Karney (alias Jeffrey M. Carney) erkennen, dass die uralte Aussage über Spionage auch auf ihn zutrifft: Alle lieben den Verrat, aber niemand den Verräter.

GLANZLOSES ENDE

WAS GESCHAH NACH DEM ABZUG DER WESTMÄCHTE MIT DER ABHÖRSTATION TEUFELSBERG?

Der Fall der Berliner Mauer, die Wiedervereinigung Deutschlands und das Ende des Kalten Krieges brachten auch das Ende der Field Station Berlin mit sich. Im Januar 1992 wurde die Aufgabe der FSB für beendet erklärt. In den folgenden Monaten räumten die Amerikaner und Briten ihre Gebäude auf dem Teufelsberg. Nur leere Räume, ein paar Schilder und die Schutzhüllen für die Antennen, die übergroßen Golfbälle auf den Dächern, blieben.

Die Investorengemeinschaft Teufelsberg erwarb das Gelände 1996 und wollte aus der Liegenschaft ein Luxushotel mit weiteren separaten Wohnkomplexen machen. Auch der besonderen Geschichte dieses Ortes im Kalten Krieg sollte mit einem Geheimdienstmuseum gedacht werden. Die Verhandlungen mit den Berliner Behörden und die Suche nach Investoren nahmen viel Zeit in Anspruch.

1999 fand auf dem Teufelsberg eine einmalige Konferenz zur Geschichte Berlins im Kalten Krieg statt. Historiker, Nachrichtendienstler, Spione, ehemalige Doppelagenten und Politiker sowie viele weitere Personen, deren beruflicher Werdegang vom Kalten Krieg geprägt war, konnten für die Konferenz gewonnen werden. Veranstalter waren die Investorengemeinschaft Teufelsberg, die historische Abteilung der CIA und das AlliiertenMuseum Berlin.

Der Plan der Investorengemeinschaft ließ sich schließlich aus verschiedenen Gründen nicht umsetzen. Die Baugenehmigung wurde zurückgezogen und das Gelände ab 2003 nicht mehr bewacht. In den folgenden Jahren machte die ehemalige

Abhörstation auf dem Teufelsberg nur noch wegen des dort herrschenden Vandalismus Schlagzeilen. Zuletzt wurden die Medien Anfang 2009 auf die Liegenschaft aufmerksam, weil der amerikanische Filmregisseur David Lynch dort eine Esoterik-Universität errichten wollte. Dabei handelte es sich aber nur um einen PR-Gag.

Wesentlich Ernsthafter wurde in den letzten Jahren bei einem »Runden Tisch« im Berliner Bezirksamt Charlottenburg über dieses Thema diskutiert. Der Besitzer und Investor des Grundstücks hat noch einmal versucht, einen touristischen Anlaufpunkt auf dem Teufelsberg zu errichten. Doch auch dieser Vorstoß scheiterte. Immerhin werden seit einigen Jahren professionelle Führungen auf dem Gelände der ehemaligen Radarstation angeboten. Interessierte Besucher erfahren so etwas über die Geschichte des Ortes und können so zumindest »legal« auf der ehemalige Abhörstation herumlaufen.

GRABEN NACH GOLD

EIN UNTERIRDISCHER KRIMI

DER BERLINER SPIONAGETUNNEL VON RUDOW NACH ALTGLIENICKE

Die spektakulärste Operation der westlichen Nachrichtendienste in Berlin war sicherlich ein circa 450 Meter langer Spionagetunnel von West-Berlin nach Ost-Berlin. Geplant und gebaut wurde er Anfang der fünfziger Jahre. Aufgrund der verschwiegenen Zeitzeugen auf Seiten der westlichen Geheimdienste und der mangelnden Transparenz bei der Quellenlage auf sowjetischer Seite, war der Spionagetunnel nach seiner Entdeckung bestens geeignet, Spekulationen, Mythen und Legenden entstehen zu lassen. Sogar Hollywood ließ sich vom Berliner Spionagetunnel in den neunziger Jahren zu dem romantischen Thriller »... und der Himmel steht still« mit Anthony Hopkins und Isabella Rossellini in den Hauptrollen inspirieren. Anfang des Jahres 2007 wurde das wichtigste Dokument zu diesem Thema – der Bericht der Central Intelligence Agency (CIA) zum Berliner Spionagetunnel – fast vollständig deklassifiziert und auf der Internetseite der CIA öffentlich zugänglich gemacht.[1] Eine der überraschendsten Erkenntnisse aus diesem Dokument war der wahre Deckname der Operation, die bis dahin als »Operation Gold« in die Geschichte des Kalten Krieges eingegangen war und so auch in zahlreichen Dokumentationen und Publikationen bezeichnet worden war. Tatsächlich jedoch lautete der Deckname dieser anglo-amerikanischen Geheimoperation »PB JOINTLY«.[2] Erstaunlicherweise wurden einige Monate später Passagen aus diesem bereits veröffentlichten CIA-Bericht wieder gesperrt und aus dem Netz entfernt.[3] Der Vorgang zeigt, dass der Spionagetunnel auch 52 Jahre nach seinem Bau noch von einer geheimnisvollen Aura umgeben ist.

< Titelseite einer kleinen Broschüre, die im Sommer 1956 in der DDR entstand und den vielen Tausend Besuchern des freigelegten Tunnels zum Kauf angeboten wurde

Das Erlangen von zumeist geheimen politischen, wirtschaftlichen oder militärischen Informationen über die Sowjetunion und die DDR war die primäre Aufgabe der westlichen Nachrichtendienste in Berlin. Um dieses Ziel zu erreichen, setzten sie bereits in den unmittelbaren Nachkriegsjahren auf Spione sowie auf das Abhören von Telefonaten. Als die Sowjetunion Ende 1948 begann, ihren Telefon- und Telegrafieverkehr nicht mehr drahtlos zu übermitteln, sondern ihn auf Überlandleitungen und Fernkabel zu verlegen, bedeutete dies für die westlichen Nachrichtendienste eine erhebliche Erschwernis. Die Kabelverbindungen, die teilweise noch aus dem 19. Jahrhundert stammten, galten als die sicherere Verbindung, da sie sich nur schwer manipulieren und abhören ließen. Nach Ausbruch des Koreakrieges (1950–1953) war es von größtem Interesse, die Absichten Moskaus in Erfahrung zu bringen. Das mit dem Koreakrieg einhergehende Wettrüsten der beiden Supermächte Vereinigte Staaten und Sowjetunion machte weitere militärische Auseinandersetzungen an anderen Schauplätzen der Welt wahrscheinlicher. Aufgrund der massiven militärischen Präsenz sowjetischer Truppen, so befürchtete der Westen, könnte ein Überraschungsangriff der UdSSR auf deutschem Boden erfolgen. Von den US-amerikanischen Nachrichtendiensten, insbesondere der CIA und der National Security Agency (NSA), wurde nun nachdrücklich verlangt, die Absichten Moskaus einzuschätzen und frühzeitig vor einem eventuellen Angriff zu warnen.

Aber wie sollten die Geheimdienste an die entsprechenden Informationen gelangen? Durch die Umstellung der sowjetischen Kommunikation von Funk auf Kabel ergab sich theoretisch die Möglichkeit, die im Erdreich liegenden Fernkabel freizulegen und anzuzapfen. Voraussetzung dafür war allerdings, dass die Kabel, die von der sowjetischen Seite genutzt wurden, durch ein Gebiet verliefen, das es den westlichen Nachrichtendiensten ermöglichte, sie unbeobachtet zu manipulieren. Diese außergewöhnlichen geografischen Voraussetzungen waren in Europa nur an zwei Orten gegeben: in Wien und Berlin.

Wien war ebenso wie Berlin am Ende des Zweiten Weltkrieges von allen vier Siegermächten aufgeteilt worden und stand unter alliierter Verwaltung. Das machte Wien, ähnlich wie Berlin, zu einer Hochburg geheimdienstlicher Aktivitäten.[4]

Peter Lunn wurde 1948 Stationschef des britischen Nachrichtendienstes Secret Intelligence Service (SIS) in Wien. Dort kam er auf die Idee, die Telefonleitungen der Roten Armee anzuzapfen, die teilweise durch den britischen Sektor in Wien liefen. Bis 1955 baute der SIS zu diesem Zweck mindestens vier Spionagetunnel in Wien. Die Kabel verliefen größtenteils unter der Erde und waren gut erreichbar, sodass nur geringe Bautätigkeiten notwendig waren und die jeweiligen Tunnel mit den Abhörvorrichtungen eine Länge von nur wenigen Metern besaßen. Der amerikanische Nachrichtendienst wurde Anfang der fünfziger Jahre von den Briten über die Abhöroperationen in Wien unterrichtet. Einen gemeinsamen Tunnelbau der beiden Nachrichtendienste gab es in Wien noch nicht. Doch die Erfahrungen in Wien sollten den Anstoß für die Planung des Berliner Spionagetunnels geben.[5]

^ *William Harvey (links) wird von CIA-Direktor Allen Dulles für seine Verdienste um den Berliner Spionagetunnel ausgezeichnet.*

Die Idee eines Berliner Spionagetunnels wurde auf amerikanischer Seite von William Harvey und Frank Rowlett entwickelt und vorangetrieben. William Harvey war im Washingtoner Büro der CIA für Sonderoperationen zuständig und auf Seiten der CIA die treibende Kraft bei dieser Operation. In der Endphase der Tunnelplanung, im Herbst 1952, wurde Harvey nach Berlin versetzt, um vor Ort die Leitung zu übernehmen. Er war so eng mit dem Projekt verbunden, dass die Operation innerhalb des CIA den Spitznamen »Harveys Hole« (Harveys Loch) bekam.

Die andere treibende Kraft des Projekts war Frank Rowlett. Er gehörte zu den besten amerikanischen Entschlüsselungsspezialisten des 20. Jahrhunderts. Von 1952 bis 1958 arbeitete er für die CIA und danach für die NSA. Rowlett hatte die Gesamtleitung für das Tunnelprojekt inne und koordinierte diese vom CIA-Hauptquartier aus. Er gehörte zu den Befürwortern einer Gemeinschaftsoperation mit dem britischen Nachrichtendienst und war Delegationsleiter der CIA bei den jeweiligen Treffen mit den Briten.[6] Denn deren Erfahrungen aus der Wiener Abhöraktion waren für das Vorhaben unerlässlich. Und so wurde Mitte des Jahres 1953 der Leiter des Wiener SIS-Stützpunktes Peter Lunn in gleicher Funktion nach West-Berlin versetzt.

Je konkreter die Tunnelpläne der CIA und des SIS wurden, umso wichtiger wurde es zu erfahren, wo genau die Kabel verliefen und welche dieser Kabel von Interesse sein könnten. Berlin war in den späten dreißiger Jahren ein Schnittpunkt für europäische Fernmeldeleitungen gewesen. Diese Leitungen wurden dann später von den sowjetischen Streitkräften für ihre militärische und zivile Kommunikation genutzt. Der CIA gelang es, eine Reihe von Mitarbeitern des Ost-Berliner Post- oder Fernmeldewesens anzuwerben. Diese lieferten Informationen über die Lage und die Nutzer der verschiedenen Fernkabel in und um Berlin. Nach Auswertung all dieser Informationen gab es nur zwei Stellen in Berlin, an denen wichtige Leitungen verliefen. In der Nähe des Anhalter Bahnhofs und in Altglienicke, in unmittelbarer Nähe der amerikanischen Sektorengrenze.

Lunn und Harvey entschieden sich schließlich für Altglienicke, wohl auch, weil die Operation an der Stadtgrenze im Südwesten von Berlin nicht so stark im Fokus der Beobachtung stehen würde wie in der Stadtmitte am Anhalter Bahnhof. Im Januar 1953 zapfte ein angeworbener Agent in einer ostdeutschen Telefonvermittlung eine dieser Leitungen für 15 Minuten an und zeichnete das Gespräch auf. Nach Auswertung dieses zufällig ausgewählten kurzen Gesprächs kam der SIS bereits zu dem Resultat, dass es sich um einmaliges Material von großem Interesse handelte.[7]

Nachdem nun die wichtigsten Punkte im Vorfeld der Operation geklärt waren, wurde eine detaillierte Vorlage für den damaligen Direktor der CIA, Allen Dulles, angefertigt. Dulles genehmigte das Projekt, welches vorsah, von einem Lagerhaus innerhalb des amerikanischen Sektors in Berlin einen Tunnel zu den im Ostteil der Stadt gelegenen Fernkabeln zu graben und diese anzuzapfen. Der geplante Gesamtumfang war jedoch so hoch, dass einige Abstriche gemacht werden mussten. Heute wissen wir, dass die Operation rund um den Berliner Spionagetunnel mindestens sechs Millionen US-Dollar verschlungen hat. Dies war Mitte der fünfziger Jahre sehr viel Geld für eine Geheimdienstoperation und zeigt, wie bedeutend dieses Projekt für die westlichen Nachrichtendienste war.

Der Beitrag des britischen SIS bestand nicht darin, das Projekt mitzufinanzieren. Vielmehr sollten die Briten die wichtige Aufgabe des Anzapfens übernehmen, da die Amerikaner in diesem Bereich nicht über die nötigen Fachkenntnisse verfügten. Zudem sollten die Ergebnisse der Abhöraktion sowohl vom amerikanischen als auch vom britischen Nachrichtendienst ausgewertet werden.

Am 22. Oktober 1953 reiste eine CIA-Delegation nach London, um die Einzelheiten des Projekts mit den britischen Partnern zu besprechen, ein weiteres Treffen fand vom 15. bis 18. Dezember in London statt. Aufgrund der Erfahrungen, welche die Briten beim Abhören in Wien gemacht hatten, musste eine Reihe von Details geklärt werden. Man einigte sich darauf, dass alle aufgezeichneten Telefongespräche in London ausgewertet werden sollten und alle Fernschreiben, die teilweise auch verschlüsselt waren, in Washington. Zudem sollte ein kleines Team direkt vor Ort in Berlin die wichtigsten Leitungen überwachen, um gegebenenfalls ohne Zeitverzögerung Meldung erstatten zu können.

Waren die Planer zunächst davon ausgegangen, dass mindestens 158 Leute für die Auswertung des gewonnenen Materials benötigt werden würden, stellte sich später heraus, dass es bis zu 600 Personen waren, die die Informationen in den Vereinigten Staaten und in Großbritannien auswerteten. Der freigegebene CIA-Bericht zum Berliner Spionagetunnel beleuchtet dazu einen wichtigen Aspekt. Die beiden Nachrichtendienste sahen eines der größten Probleme der Geheimhaltung bei den Übersetzern, die für die Auswertung der Kommunikation in russischer Sprache benötigt wurden. Bei der Tunnel-Operation in Wien hatten die Briten auf einige Zivilisten aus Polen und Weißrussland zurückgegriffen. Doch bei der Menge an Material, welches von der Berliner Abhöraktion zu erwarten war, musste das Personal erheblich aufgestockt werden. Man befürchtete, dass sich ein »Verräter« unter den neu angeworbenen Übersetzern einschleichen könnte. Eine Befürchtung, die sich als unbegründet herausstellen sollte, wie wir heute wissen. Bei dem Treffen in London im Dezember 1953, an dem lediglich 14 Personen teilnahmen, um Probleme dieser Art zu erörtern, saß der Verräter bereits mit am Verhandlungstisch. Sein Name war George Blake.

Im März 1954 trafen vier Amerikaner mit dem Grundstücksbesitzer Hermann Massante in Berlin zusammen und forderten ihn auf, sein Grundstück am Schönbergweg 11 in Rudow (Bezirk Neukölln) an die amerikanische Besatzungsmacht zu vermieten. Innerhalb von 24 Stunden wurde für das 37 000 Quadratmeter große Gelände ein gut dotierter Pachtvertrag über zehn Jahre geschlossen. In den folgenden Monaten errichtete die amerikanische Besatzungsmacht auf diesem Gelände drei Gebäude, die nur circa 150 Meter von der Sektorengrenze entfernt waren. An ihrem Bau waren, wie bei den Bauten der amerikanischen Besatzungsmacht üblich, auch Berliner Firmen und zivile Ingenieure beteiligt. Das Prozedere sollte keine auffälligen Abweichungen zeigen, um jede Aufmerksamkeit zu vermeiden. Trotzdem sorgte ein überdimensionierter Keller in einem der Gebäude für ungewollten Gesprächsstoff bei den Bauarbeiten.[8] Die Errichtung der drei Gebäude war im August 1954 abgeschlossen. Gegenüber der Öffentlichkeit wurden diese Gebäude als »Radarstation« bezeichnet. Eine recht plausible Erklärung, denn der Flughafen Schönefeld lag in unmittelbarer Nähe und ein Interesse der Amerikaner an den Flugbewegungen dort erschien durchaus nachvollziehbar und logisch.

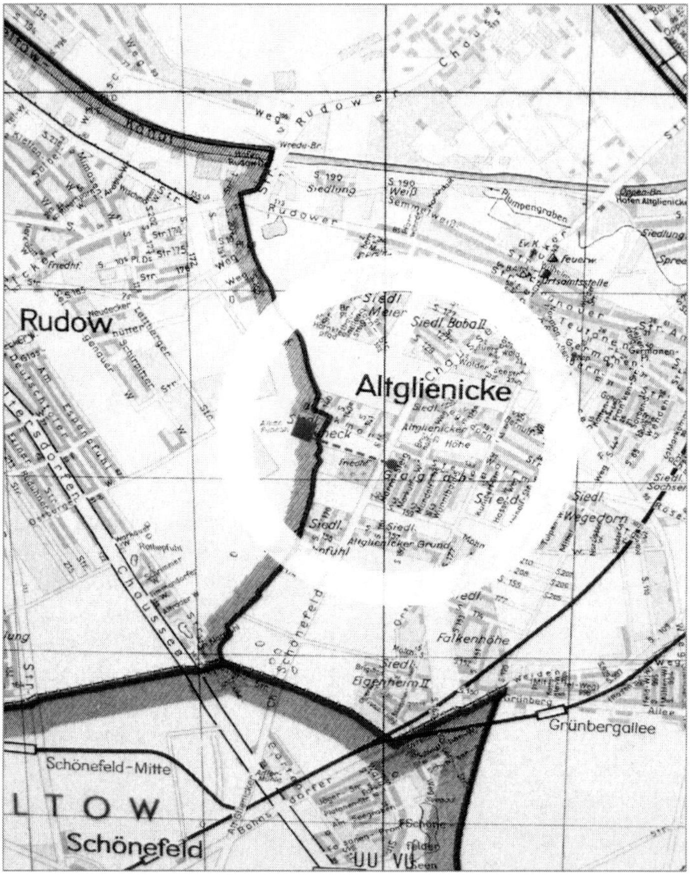

^ *Ausschnitt eines Stadtplans von Berlin. Die Lage der »Radarstation« und des Spionagetunnels wurde nachträglich markiert.*

HANDWERKLICHE MEISTERLEISTUNG

DER BAU DES TUNNELS

Das größte der drei Gebäude dieser »Radarstation« war eine Art Lagerhalle, von der aus im Herbst 1954 Spezialisten des US Army Corps of Engineers mit den Ausgrabungen des Tunnels begannen. Der horizontale Stollen, der unmittelbar nach einem senkrechten Einstiegsschacht in die Erde folgte, musste knapp zwei Meter im Durchmesser betragen. Sobald circa 50 Zentimeter Länge mit diesem Durchmesser geschafft waren, wurden fünf vorgefertigte und gebogene Stahlsegmente aneinandergeschraubt, welche die Röhre mit einem Innendurchmesser von 1,94 Metern bildeten. Anschließend wurde lose Erde in den kleinen Hohlraum zwischen den Stahlsegmenten und dem Erdreich gepresst, um eine größere Stabilität zu erreichen. Meter um Meter wurde der Tunnel auf diese Weise verlängert. Eine sehr beengte und anstrengende Arbeit, bei der die Tunnelarbeiter ausreichend mit Frischluft versorgt werden mussten. Ein Belüftungsrohr erstreckte sich deshalb über die ganze Länge des Tunnels. Nach Abschluss der Bauarbeiten wurde durch dieses Rohr die Temperatur im Tunnel geregelt. Eine Klimaanlage war zu diesem Zweck in einer circa 2,5 Meter langen Kammer im hinteren Abschnitt des Tunnels untergebracht.

Aber das waren nicht die einzigen Probleme, die es beim Bau zu bewältigen galt. Der Tunnel sollte ursprünglich in einer Tiefe von 5,2 Metern verlaufen. Doch schon nach den ersten Tagen stieß man in circa fünf Metern unter der Erdoberfläche auf Grundwasser. Die Alliierten entschlossen sich daher, den horizontalen Vortrieb in nur 2,7 Metern Tiefe erneut in Angriff zu nehmen. Dieses Vorgehen brachte weitere

Probleme der Schallisolierung und Klimatisierung mit sich. Am 28. Februar 1955 waren die Arbeiten abgeschlossen. Für den Tunnel waren mehr als 3000 Tonnen Erde ausgehoben worden, und insgesamt wurden 125 Tonnen Stahl verbaut.[9] Er hatte eine Länge von circa 450 Metern. Sein Ausgangspunkt lag unter dem Lagerhaus der »Radarstation«, und er endete unmittelbar unter der Schönefelder Chaussee. Mehr als 300 Meter des Tunnels lagen im sowjetischen Sektor unter dem Gebiet der damaligen DDR.

Jetzt konnte die Installation der eigentlichen Abhörvorrichtungen beginnen. Untergebracht wurden sie in einer Kammer, auch Vorverstärkerraum genannt, die sich auf den letzten 20 Metern des Tunnels befand. Alle technischen Geräte zur Verstärkung der angezapften Signale waren in diesem Raum installiert, der aussah wie eine Mischung aus U-Boot und Fernmeldeamt. Die Arbeiten dauerten bis zum 28. März an. Gleichzeitig wurde der Tunnel von innen verkleidet und isoliert, da eine hohe Luftfeuchtigkeit die Technik gefährdet hätte.

^ *Amerikanische Spezialeinheiten bauten vom Herbst 1954 bis zum Frühjahr 1955 den Berliner Spionagetunnel.*

Nachdem die amerikanischen Pioniere ihre Arbeit abgeschlossen hatten, übernahmen nun die britischen Pioniere die Aufgabe, einen senkrechten Schacht vom Tunnelende nach oben zur eigentlichen Abhörstelle zu graben. Auch nach Aussagen der amerikanischen Kollegen war dies der mit Abstand heikelste Job der ganzen Operation. Denn die drei Fernkabel, die angezapft werden sollten, verliefen lediglich 70 Zentimeter unter der Erdoberfläche. Der Schacht musste groß genug sein, damit ein Mann darin arbeiten konnte, und so stabil, dass die restliche Erde nicht zum Einsturz kam. Um eine Lösung für dieses Problem hatte sich das britische Team bereits seit Ende 1953 bemüht und hierfür eine Reihe von Probeschächten auf englischem Boden gegraben. Mit einer Konstruktion, die den Spitznamen »Maulwurf« trug, reiste man im Sommer 1954 schließlich zum britischen Militärflughafen Gatow, um zu testen, wie sich der »Maulwurf« bei den Arbeiten im Berliner Boden verhielt.

Parallel zu den bereits erwähnten Isolationsarbeiten am Vorverstärkerraum, begann das britische Team im März 1955

^ *Foto vom Inneren des Vorverstärkerraumes im Berliner Spionagetunnel, unmittelbar nach dessen Fertigstellung, 1955*

mit den Arbeiten am senkrechten Schacht. Die Briten benötigten etwa drei Wochen, um sich in kleinen Schritten nach oben zu den Kabelsträngen vorzuarbeiten.[10] Nachdem in den zurückliegenden sieben Monaten der große horizontale Tunnel, die Abhörkammer und der senkrechte Schacht fertig gestellt worden waren, stellte nun das eigentliche »Anzapfen« die nächste Herausforderung dar. Die Methode, mit der im Berliner Tunnel abgehört wurde, nennt man kapazitive Kopplung. Dies ist ein technisch aufwendiges Verfahren, bei dem die abgeleiteten Signale verstärkt werden müssen. Deshalb mussten die Vorverstärker auch in unmittelbarer Nähe zu den angezapften Kabeln untergebracht sein.[11]

Zwei der drei Fernkabel wurden erfolgreich am 11. Mai und am 21. Mai 1955 angezapft, das dritte Kabel mit der Bezeichnung FK 150, das sich in einem schlechten Zustand befand, erst am 2. August 1955. Alle drei Kabelstränge beinhalteten insgesamt 184 Fernsprechleitungen: 93 für den öffentlichen Fernsprechverkehr, 39 für den sowjetischen sowie 52 Sonderleitungen. Außerdem verliefen 89 Telegrafenleitungen durch

^ *Amerikanisches Tonbandgerät Ampex 350. Mit diesem Gerätetyp wurden die Informationen aus dem Berliner Spionagetunnel aufgenommen.*

die drei Kabelstränge, davon 42 für den öffentlichen Verkehr, 36 für sowjetische Dienststellen und elf Sonderleitungen.[12] Bis auf einige wenige Leitungen des öffentlichen Fernsprechverkehrs waren alle anderen genannten Leitungen zum Mithören durchgeschaltet. Die Informationen selbst wurden im Untergeschoss des Lagerraums in der Radaranlage aufgezeichnet. Hier waren mindestens 200 Tonbandgeräte der Marke Ampex 350 aufgestellt.

Während des Baus, wie auch während des Betriebs des Abhörtunnels wurden verschiedene Sicherheitsmaßnahmen ergriffen, denn die »Radarstation« befand sich in Sichtweite der DDR-Sicherheitsorgane, die routinemäßig die Grenze patrouillierten. Die vielen Tonnen an Tunnelsegmenten sowie das Personal, welches nicht zu den Pionieren gehörte, wurden mit geschlossenen Lkws in die Liegenschaft befördert. Diese Transporte fanden oft nachts statt. Ein Beobachtungsposten in der »Radarstation« observierte rund um die Uhr das Gelände entlang des Tunnelverlaufs. Alle Personen, Fahrzeuge und Patrouillen auf östlicher Seite wurden dokumentiert, um mögliche Probleme bereits im Vorfeld zu erkennen. Im Tunnel selbst gab es zwei verschließbare Stahltüren vor und hinter der Abhörkammer. Schließlich wurde als vielleicht wichtigste Vorsichtsmaßnahme eine circa zwölf Meter lange Sprengstoffschnur mit dem Durchmesser eines Gartenschlauches im Tunnel angebracht. Im Fall einer Endeckung sollte sie gezündet werden, um den Tunnel dort, wo er unterirdisch die Sektorengrenze passierte, in sich zusammenfallen zu lassen und auf diese Weise wichtige Spuren zu beseitigen.

DAS TRUMPF-ASS DES OSTENS

DOPPELAGENT GEORGE BLAKE

George Blake wurde 1922 in Holland als Sohn einer Niederländerin und eines Türken geboren. Von 1940 bis 1943 war er im holländischen Widerstand aktiv, dann floh er nach Großbritannien. Ab 1944 war er Mitarbeiter des britischen Nachrichtendienstes, der ihn für Operationen im Ausland einsetzte. Als Mitarbeiter des britischen Gesandten in Korea wurde er während des Koreakrieges 1950 bis 1953 für drei Jahre inhaftiert. Ohne dass Mitgefangene etwas davon bemerkt hätten, bot er in dieser Zeit der Sowjetunion seine Dienste an. Dies war nicht das Resultat von Beeinflussungen oder von Geldzahlungen. Blake unternahm diesen Schritt, weil er von der Idee des Kommunismus überzeugt war. Er glaubte, bisher auf der falschen Seite gekämpft zu haben.[13] Als er 1953 nach England zurückkehrte, arbeitete er weiterhin für den britischen Nachrichtendienst – verriet aber in den kommenden Jahren alle Operationen, an denen er direkt beteiligt war oder über die er Informationen erlangen konnte, an das sowjetische Komitee für Staatssicherheit (KGB).

Ende Oktober 1953 trafen sich George Blake und sein neuer sowjetischer Führungsoffizier Sergej Kondraschow erstmals in London. Kondraschow war extra zur Russischen Botschaft nach London versetzt worden, um sich um den neuen Doppelagenten Blake zu kümmern, der den Decknamen »Diomid« hatte, was soviel wie Diamant bedeutet. Bei diesem ersten Treffen übergab Blake seinem sowjetischen Führungsoffizier Listen und Dokumente, darunter auch einige zur britischen Abhöroperation in Wien, die den Decknamen »Silver« trug.

Bei einem der nachfolgenden Treffen, die nun regelmäßig und unter größtmöglicher Geheimhaltung zwischen Blake und Kondraschow stattfanden, übergab Blake am 18. Januar 1954 das Protokoll der Dezember-Tunnel-Sitzung von CIA und SIS, an der Blake teilgenommen hatte. Einen ausführlicheren Bericht zur amerikanisch-britischen Tunneloperation lieferte Blake am 12. Februar 1954. Der sowjetische KGB war nun bestens über die Planungen des Abhörtunnels informiert – und dies zu einem Zeitpunkt, als in Berlin noch nicht einmal das Gelände für die »Radarstation« gepachtet war.

Der KGB entschied sich, zunächst einmal nichts gegen den Tunnelbau zu unternehmen, um den Spion in England nicht zu gefährden.[14] Auf sowjetischer Seite erfuhr nur eine Handvoll Personen vom Bau des Tunnels. Erst als Blake zu Beginn des Jahres 1955 aus der technischen Abteilung des SIS ausgeschieden war und – zufälligerweise – in die Berliner Abteilung des SIS versetzt wurde, erwägte die sowjetische Seite, Maßnahmen gegen den Tunnel zu unternehmen. Jewgeni Pitranow, der Leiter der Residentur in Berlin-Karlshorst und ein Offizier mit großer Erfahrung in der Spionageabwehr, erfuhr von der Existenz des Tunnels erst, als dieser in Betrieb genommen worden war. Um festzustellen, welche Erkenntnisse die Gegenseite eigentlich beim Abhören der Telefonleitungen erlangen konnte, schaltete sich Pitranow in der sowjetischen Fernmeldezentrale selbst in Gespräche hinein und zeichnete diese auf. Diese Aufzeichnungen spielte er dann dem Oberbefehlshaber der Gruppe der Sowjetischen Streitkräfte in Deutschland (GSSD), Marschall Andrej Antonowitsch Gretschko vor. Der war entsetzt darüber, welche militärischen Informationen man aus den willkürlich aufgezeichneten Telefongesprächen gewinnen konnte. Unverzüglich veranlasste er folgende Gegenmaßnahmen. Erstens: Ein allgemeiner Befehl mit Sicherheitsrichtlinien für Telefongespräche wurde an die Truppen herausgegeben. Solche Richtlinien existierten zwar schon, dieser neue Befehl sollte aber die Gesprächsteilnehmer noch einmal für mögliche Sicherheitslücken sensibilisieren. Zweitens: Pitranow sollte einen Plan ausarbeiten, wie der Tunnel »rein zufällig« entdeckt werden könnte.[15] Die letzte Entscheidung hierüber oblag aber natürlich Moskau. Zu keinem Zeitpunkt jedoch wurde erwogen, Fehlinformationen durch die abgehörten Kabel zu übermitteln. Dies hat Kondraschow 1997 in einem

Interview noch einmal ausdrücklich bestätigt und begründet.[16] Das gezielte Produzieren und Streuen von Fehlinformationen wäre relativ aufwendig gewesen. Die Gegenseite hatte zudem auch noch andere Informationsquellen, sodass Fehlinformationen möglicherweise recht früh als solche erkannt worden wären, was wiederum die Quelle George Blake gefährdet hätte. Kondraschow betonte in dem Interview wiederholt, wie wichtig George Blake für den KGB war und dass sein Schutz oberste Priorität besessen habe.

Seitdem im Mai 1955 das erste Kabel im Tunnel erfolgreich angezapft worden war, wurden auch die Informationen aus den Gesprächen ausgewertet. In der Regel wurden die Tonbänder der Aufzeichnungsgeräte alle zwei Tage aus Berlin ausgeflogen. Streng nach der festgelegten Arbeitsteilung bei der Auswertung geschah dies in London und in Washington. In England war ein Team von über 300 Spezialisten in den folgenden Monaten damit beschäftigt, Aufzeichnungen und Übersetzungen der Gespräche anzufertigen.

^ *Der ehemalige sowjetische Führungsoffizier Sergej A. Kondraschow bei einem Interview zum Spionagetunnel im AlliiertenMuseum in Berlin-Zehlendorf, September 1997*

DER TUNNEL FLIEGT AUF

DIE TUNNELENTDECKUNG AUS WESTLICHER UND ÖSTLICHER SICHT

Bereits zu Beginn der Abhöroperation war den Amerikanern und Briten klar, dass der Tunnel nur eine begrenzte Zeit unentdeckt bleiben würde. Ob es sich um einige Monate oder sogar einige Jahre handeln würde, konnte niemand voraussagen. Die beiden größten Sicherheitsprobleme waren damals die vielen Hundert Mitarbeiter in London und Washington, die mit der Auswertung der Gespräche beschäftigt waren, sowie die physische Instabilität eines der drei Kabelstränge. Das Fernkabel mit der Bezeichnung FK 150 stellte von Beginn an ein Problem dar, weshalb es auch später als die anderen beiden Kabel angezapft wurde.[17] Auf amerikanischer Seite rechnete man damit, dass eines dieser beiden Probleme zur Entdeckung des Tunnels führen werde.

Im April 1956 war es dann soweit. Starke Regenfälle hatten eine Reihe von Telefonleitungen inoperabel gemacht. Am 16. April mussten 3000 Meter einer defekten Telefonleitung zwischen Karlshorst und Mahlow ersetzt werden. In den folgenden Tagen fielen infolge des Regens weitere Verbindungen aus. Darunter auch die Kommunikationsleitungen zwischen Moskau und dem Flugfrühwarnsystem in der DDR sowie zahlreiche Leitungen führender Militärs am Sitz des Oberkommandos der Sowjetischen Streitkräfte in Wünsdorf. Am 18. und 19. April wurden größere Probleme am Fernkabel FK 150 festgestellt, die am 20. April teilweise behoben werden konnten. Dies alles erfuhren der CIA und der SIS durch abgehörte Gespräche und durch ihre Kontaktpersonen beim Ost-Berliner Fernmeldeamt. In den Gesprächen wurde aber auch deutlich, dass die Kommunikationsprobleme anhielten und dass mit weiteren Ausfällen und Reparaturen zu rechnen sei. Die beiden Nachrichtendienste in Berlin konnten nur hoffen, dass die Techniker bei der Suche nach defekten Kabeln nicht auf den Tunnel aufmerksam werden würden.

Doch gegen 1:00 Uhr am frühen Sonntagmorgen, den 22. April, erschien ein Trupp von circa 40 Mann auf der Ost-Berliner Seite nahe der Schönefelder Chaussee und riss mit Hacken und Schaufeln den Boden auf. Von der »Radarstation« aus beobachtete man diese Aktivitäten mit Misstrauen und alarmierte den Leiter der Tunneloperation, William Harvey. Etwa gegen 2:00 Uhr stießen die Arbeiter auf die Anzapfstelle unmittelbar unter der Erdoberfläche, ohne zu wissen, was sie hier eigentlich freigelegt hatten. Die Gespräche, die die sowjetischen und ostdeutschen Arbeiter während der Entdeckung miteinander führten, konnten durch Mikrofone, die im Schacht und im Vorverstärkerraum angebracht waren, von der »Radarstation« aus mitgehört werden. Für Harvey und seine Kollegen waren diese Gespräche jetzt sehr wichtig. Eines war in diesen frühen Morgenstunden aber bereits klar – der Spionagetunnel war nach elf Monaten und elf Tagen aufgeflogen.

Nun ging es dem amerikanisch-britischen Team darum, aus den Gesprächen zu erfahren, ob er durch einen Zufall oder durch Verrat entdeckt worden war. Doch die Gespräche der ostdeutschen Techniker und der sowjetischen Offiziere deuteten klar darauf hin, dass man gar nicht wusste, was man dort bei der Suche nach defekten Leitungen ausgegraben hatte. In den folgenden Stunden kamen immer mehr hochrangige sowjetische Offiziere an die freigelegte Stelle. Gegen 4:15 Uhr war den Entdeckern dann klar, dass die freigelegten Kabel in der Holzbox angezapft worden waren. Jetzt konnte es nur noch eine Frage von Stunden sein, bis man den senkrechten Schacht und schließlich den Tunnel entdecken würde.

Damit war natürlich auch die Sicherheit der »Radarstation« gefährdet, denn der Tunnel führte ja auf direktem Wege in das Kellergeschoss der Station. Für diesen Fall hatte der CIA den Sprengstoff vorgesehen. Harvey schickte seinen engen Mitarbeiter Hugh Montgomery an diesem Sonntagmorgen zum amerikanischen Stadtkommandanten von Berlin, Generalmajor Charles Dasher, um dessen Erlaubnis für die Sprengung einzuholen. Montgomery suchte Dasher im Yachtclub Wannsee auf, um ihm das Problem zu schildern. Dasher wollte wissen, ob bei der Sprengung sowjetische Soldaten oder ostdeutsche Fernmeldetechniker verletzt oder getötet werden könnten. Montgomery konnte das nicht ausschließen. Angesichts dieser Unsicherheit verweigerte Dasher seine Zustimmung zu der Sprengung. Montgomery machte sich auf den Rückweg zur »Radarstation«, um Harvey die Nachricht zu überbringen.[18] Dieser entschied daraufhin, zur Abschreckung ein großkalibriges Maschinengewehr auf der amerikanischen Seite des Tunnels zu installieren, um das Vordringen bis zur »Radarstation« zu verhindern.

Gegen 11:45 Uhr entdeckte man auf östlicher Seite den senkrechten Schacht unterhalb der angezapften Kabel, etwa eine Stunde später auch die Tunnelröhre und den Vorverstärkerraum. Die deutschen Fernmeldearbeiter und die sowjetischen Offiziere konnten kaum glauben, was sie dort unten sahen. »Ich bin sprachlos« oder »Ist ja fantastisch!« waren Aussagen, die während der Entdeckung gemacht wurden[19] – und immer noch lauschten die CIA-Mitarbeiter in der »Radarstation«, denn ein Mikrofon im Innern des Vorverstärkerraums übertrug alle dort geführten Gespräche. Um 15:35 Uhr wurden alle Kommunikationsleitungen im Vorverstärkerraum gekappt und 15 Minuten später auch das Mikrofon entdeckt und abgeklemmt. Durch den Tunnel flossen keine Informationen mehr.

Wie Harvey es vorausgesehen hatte, erkundeten sowjetische Soldaten in den darauf folgenden Stunden den Tunnel und folgten seinem Verlauf. Als sie sich unterirdisch der amerikanischen Sektorengrenze näherten, wurden sie aufgefordert zurückzugehen. Das von Harvey installierte Maschinengewehr wurde mit charakteristischem Geräusch durchgeladen, woraufhin sich alle sowjetischen Soldaten aus diesem Teil des Tunnels zurückzogen.

Um keinen Zweifel aufkommen zu lassen, wo die Sektorengrenze innerhalb des Tunnels verlief, ließ Harvey einige Sandsäcke übereinander stapeln und pinselte eilig auf ein Pappschild: »Sie treten jetzt in die amerikanischen Sektor hinein«.

Die Operation »PB JOINTLY« war beendet. Mehr als elf Monate lang hatte sie Erkenntnisse geliefert und die wohl umfangreichste und wichtigste Quelle der fünfziger Jahre für nachrichtendienstliche Erkenntnisse über die DDR und die dort stationierten sowjetischen Truppen dargestellt. Die Auswertung der Telefongespräche sowie die Art und Weise der Entdeckung überzeugten den CIA und den SIS davon, dass die

Regenfälle im April und der schlechte Zustand der Leitungen hierzu geführt hatten. An einen Verrat der Operation dachte man zu keinem Zeitpunkt.

Die Amerikaner und Briten, die sich natürlich schon bei den Planungen Gedanken machten, welche Folgen eine Entdeckung des Tunnels haben könnte, vertraten im Prinzip die folgende Auffassung. Es sei höchst unwahrscheinlich, dass die sowjetische Seite öffentlich zugeben werde, wichtige Telefonleitungen seien von den Amerikanern und Briten abgehört worden. Man ging davon aus, dass die Sowjetunion nach seiner Entdeckung Stillschweigen über den Tunnel bewahren würde, um sich vor der Weltöffentlichkeit nicht zu blamieren. Die sowjetische Seite jedoch sollte in den folgenden Wochen eine Propaganda-Offensive in Gang setzen, die von amerikanischer und britischer Seite nicht für möglich gehalten wurde.

Seit Beginn der Planungen zum Berliner Spionagetunnel wussten einige wenige Personen in Moskau und Ost-Berlin von der Existenz des Tunnels. Um die Informationsquelle, den Top-Spion George Blake, zu schützen, musste die sowjetische Seite aber einen geeigneten Zeitpunkt für eine »zufällige« Entdeckung finden. In den Tagen um den 18./19. April 1956 war es soweit. Dafür gab es zwei wichtige Gründe. Eine Reihe von Telefonleitungen, nicht nur die angezapften, wurden durch starke Regenfälle Mitte April in ihrer Funktion beeinträchtigt. Dass immer wieder wichtige Leitungen und Verbindungen ausfielen,

^ *Bernd von Kostka im Gespräch mit Hugh Montgomery (Mitte), der für den CIA in Berlin arbeitete und 1956 bei der Entdeckung des Spionagetunnels dabei war*

konnten die Amerikaner und Briten im abgehörten Telefonverkehr selbst nachvollziehen. Eine Fehlersuche und Reparatur der Leitungen war somit selbstverständlich. Hinzu kam aber zu diesem Zeitpunkt die politische Komponente der Entdeckung.

Kondraschow bestätigte später, dass Nikita Chruschtschow persönlich seine Zustimmung für die »Entdeckung« am 22. April 1956 gab. Aber warum wurde Chruschtschow überhaupt in die Entscheidung miteinbezogen? Der sowjetische Staatschef befand sich exakt zu diesem Zeitpunkt auf einem mehrtätigen Staatsbesuch in Großbritannien. Eine Delegation begleitete ihn, zu der auch Sergej Kondraschow, der Führungsoffizier von Blake gehörte. Hintergrund für die in London geführten Gespräche war die Suezkrise, die sich im Laufe des Jahres 1956 verschärfte und dann schließlich im Herbst 1956 in einer bewaffneten Auseinandersetzung eskalierte. Kondraschow bezeichnete die Gespräche in Großbritannien als sehr schwierig. Die Entdeckung des Berliner Tunnels war Teil der sowjetischen Strategie für die Verhandlungen mit den Briten.[20]

Die »zufällige« Entdeckung des Tunnels war gut vorbereitet gewesen. Noch am 22. April wurden dem sowjetischen Botschafter in Ost-Berlin, Georgij M. Puschkin, erste Anweisungen bezüglich einer offiziellen Protestnote bei den Amerikanern übermittelt. Sehr detaillierte Anweisungen aus Moskau zum Umgang mit dem Spionagetunnel folgten einen Tag später, am 23. April. Dabei sind insbesondere zwei Aspekte hervorzuheben: Punkt 2 der Anweisung besagt, dass Korrespondenten der Ost- und West-Berliner Presse zur Besichtigung des Tunnels eingeladen werden sollten. Unter Punkt 5 heißt es, dass trotz der Verwendung von britischer Technik die Anschuldigungen ausschließlich an die Adresse der Amerikaner zu richten seien. Die sowjetische Informationspolitik und die zahlreichen Pressetermine auf Einladung des Befehlshabers der sowjetischen Garnisonen in Berlin, Oberst Iwan Kozjuba, richteten sich somit ganz bewusst nicht gegen die Briten.

Den Vorgaben aus Moskau entsprechend, lud Kozjuba die nationale und internationale Presse zu einer Pressekonferenz nach Berlin-Karlshorst ein. Von dort ging es mit Bussen weiter zu jener Stelle nahe der Schönefelder Chaussee, an der die angezapften Leitungen nun offengelegt waren.

Lothar Löwe war damals Korrespondent für eine britische Zeitung in Berlin. Er war äußerst verwundert, als er zu einer Pressekonferenz mit Oberst Kozjuba nach Karlshorst eingeladen wurde. So etwas war bis dahin noch nicht vorgekommen, und auch alle anderen Journalisten waren gespannt, worum es bei der Pressekonferenz gehen würde.[21] Heinz Junge war damals einer von drei offiziellen Fotografen, die vor Ort Fotos für die Presseorgane der DDR machen sollten. Als er in Karlshorst ankam, wurde er von einem sowjetischen Offizier mehrfach gefragt, ob er denn auch sein Blitzlicht dabei habe. Da es taghell war, konnte sich Junge diese Frage nicht erklären. Erst als er kurze Zeit später mit den anderen Pressevertretern in den Tunnel geführt wurde, begriff er.[22] Der Vorverstärkerraum war auf seiner Länge von knapp 20 Metern sehr hell mit Neonröhren ausgeleuchtet, für den Rest des Tunnels galt dies aber nicht. Er war nur spärlich durch Glühbirnen erhellt.

Gemäß den Anweisungen der zuständigen Stelle vereinbarte gestern unser kommissarischer Kommandant Kozjuba ein Treffen mit dem amerikanischen Kommandanten Dasher, letzterer hat sich aber gestern dem Treffen entzogen. Dieses Treffen fand heute statt. Kozjuba erhob mündlich Protest gegenüber dem Amerikaner.

Dasher verhielt sich äußerst nervös. Er sagte: „Wir haben keinen unterirdischen Gang gegraben. In diesem Gebiet befindet sich eine gewöhnliche Fernmeldeanlage der Armee."

Als Kozjuba diese Version zurückwies, sagte Dasher, dass von ihm eine Kommission gebildet und die Sache untersucht werden wird, und er versprach, unseren Kommandanten über den Fortlauf der Untersuchungen zu informieren.

Wir unterbreiten Ihnen folgende Vorschläge zur Prüfung:

1. Der Stabschef der sowjetischen Streitkräfte soll in schriftlicher Form Protest gegenüber dem Stab der amerikanischen Streitkräfte in Europa erheben, darüber ist in der Presse zu berichten.
2. Korrespondenten, die sowohl in Ost- als auch in Westberlin akkreditiert sind, sind zur Besichtigung des Objekts einzuladen.
3. Den deutschen Freunden ist der Auftritt in der Presse zu dieser Frage nicht vor Erscheinen der Meldung über unseren Protest zu gestatten.
4. Es ist sinnvoll, eine Gruppe unserer Spezialisten herzuschicken, um die Anlage zu untersuchen.
5. Ungeachtet der Tatsache, dass im Tunnel englische Technik vorhanden ist, sind in der Presse alle Anschuldigungen nur an die Adresse der Amerikaner zu richten.

Ihre Anweisungen über die Einladung des amerikanischen Kommandanten in das Objekt sowie zur Schaffung einer gemischten Untersuchungskommission auf der Ebene der Kommandanturen werden ausgeführt.

A. Gretschko
G. Puschkin
E. Pitowranow

23. April 1956

Die am Tunnel versammelten Pressevertreter waren von der Technik und dem Ereignis begeistert, denn ihnen war klar, dass sie über solch eine Geschichte nicht alle Tage berichten konnten. Dementsprechend groß war auch die Resonanz in den Medien. In den folgenden Tagen gab es noch weitere Pressetermine, an denen sowjetische Vertreter die angezapften Leitungen und den Tunnel präsentierten. Auch die internationale Presse, wie zum

^ *Deutsche Übersetzung eines sowjetischen Fernschreibens vom 23. April 1956 mit Vorschlägen zum weiteren Vorgehen nach der Entdeckung des Spionagetunnels*

Beispiel der französische »Figaro«, die englische »Times«, das amerikanische »Life«-Magazin oder auch die »New York Herald Tribune« berichteten über den Tunnel. Doch am ausführlichsten und auch am gegensätzlichsten wurde natürlich in West- und Ost-Berlin berichtet. Die östliche Seite, insbesondere das SED-Parteiorgan »Neues Deutschland«, prangerte über mehrere Tage die Untergrundaktivitäten der Amerikaner an.

Die westlichen Zeitungen waren auf die Informationen und Spekulationen angewiesen, welche sie von der östlichen Seite bekamen, denn von den Amerikanern gab es nur eine Stellungnahme: »Kein Kommentar!« Wie den CIA-Akten zu entnehmen ist, waren die Amerikaner und Briten in keiner Weise auf diese sowjetische Presseoffensive um den Spionagetunnel vorbereitet. Die Akten belegen aber auch, dass die CIA mit der Berichterstattung in der westlichen Presse nicht unzufrieden war. Die amerikanische Presse berichtete ebenfalls wohlwollend über den Spionagetunnel in Berlin. »The Tunnel of Love«, »Wonderful Tunnel« und »Money Well Spent« lauteten dort einige der Überschriften.[23] Die amerikanische Öffentlichkeit zeigte sich zufrieden, dass der eigene Nachrichtendienst in Zeiten des Kalten Krieges in der Lage war, eine spektakuläre Operation erfolgreich durchzuführen.

Mit der Berichterstattung in der Tagespresse war die östliche Propaganda-Offensive noch nicht beendet. In den folgenden Wochen wurde der Eingang zum Tunnel deutlich vergrößert und circa 180 Meter weiter ein Ausgang geschaffen. Nun war der Tunnel für größere Besuchergruppen zugänglich. Insbesondere Betriebe oder politische Gruppen machten in den folgenden Sommermonaten des Jahres 1956 Tagesausflüge zum Berliner Spionagetunnel. Bis zur Schließung dieser »Touristenattraktion« im Herbst 1956 konnten mehrere Zehntausend Besucher, darunter auch West-Berliner, den Tunnel von innen besichtigen.

Dann wurden die Tunnelsegmente auf östlicher Seite auf einer Länge von circa 300 Metern vollständig freigelegt, aus der Erde geborgen und »entsorgt«. Diese Arbeiten mussten mit schwerem Gerät, Baggern und Lkws durchgeführt werden. Der Schaden, der dabei auf dem Gelände über dem Tunnel entstand, war erheblich. Das Grundstück, unter dem der Tunnel im Ostteil verlief, gehörte dem Bauern Paul Noack, der dort 1954 eine Obstplantage mit 1100 Jungbäumen gepflanzt hatte. Ein Großteil der Pflanzung wurde bei der Entfernung

des Tunnels zerstört. Dieser Schaden bedrohte seine wirtschaftliche Existenz. Doch wer sollte für die Kosten aufkommen? Es kam zu einer inoffiziellen Vereinbarung, die besagte, dass die Wiederaufforstung für insgesamt 6500 Mark von der DDR vorfinanzierte würde, wenn sich Bauer Noack bereiterklären würde, gegen den West-Berliner Senat zu klagen.[24] Bei dieser Klage stand jedoch nicht die Entschädigung von Bauer Noack im Vordergrund. Vielmehr handelte es sich um eine Art Musterprozess. Sollte der Prozess für Bauer Noack erfolgreich verlaufen, so würden weitere Regressforderungen über die entstandenen Kosten der Entsorgung des Tunnels folgen. Indem man nun ein neues, juristisches Kapitel aufschlug, gab es auch für die Presse einen Anlass, weiterhin über den Tunnel zu berichten. Auf Seiten der DDR nahm man diesen Prozess sehr ernst. Der renommierte Anwalt Dr. Friedrich Karl Kaul übernahm die Anklage im Namen von Paul Noack. Im Januar 1957 wurde die Klage eingereicht und im November 1957 abgelehnt, da die beklagte Partei – der Senat von West-Berlin – keine Kenntnis über den Tunnel gehabt hatte. Im Februar 1958 ging Dr. Kaul vor dem Berliner Kammergericht in Berufung. Auch dies zeigt noch einmal die Hartnäckigkeit, mit der das Thema Spionagetunnel von der östlichen Seite behandelt wurde. Mit der Abweisung der Berufung im Juli 1958 war dann die letzte öffentlichkeitswirksame Aktion um den Berliner Spionagetunnel beendet.

^ *Collage verschiedener Zeitungen zur Tunnelentdeckung im April 1956. Die nationale und internationale Presse berichtet über dieses Ereignis.*

JEDER HAT SEINE ERFOLGE

WAS GESCHAH MIT DEN INFORMATIONEN UND MIT GEORGE BLAKE?

Bis zum Ende der Operation am 22. April 1956 wurden 368 000 sowjetische Gespräche und 75 000 Gespräche in deutscher Sprache zur Auswertung nach London geschickt. In Washington, wo bis zu 350 Personen an den Informationen aus Berlin arbeiteten, konzentrierte man sich auf die Bearbeitung und Auswertung der Fernschreiben – insgesamt 18 000 Bänder mit sowjetischen Fernschreiben und 11 000 Bänder mit deutschen Fernschreiben. Die nachrichtendienstliche Auswertung des Telefon- und Telegrafieverkehrs aus dem Berliner Spionagetunnel dauerte noch bis zum September 1958 an.[25]

Die abgehörten Informationen kamen aus den unterschiedlichsten Bereichen. Neben vielen privaten Gesprächen, aus denen oft Rückschlüsse auf die Moral der Truppe gezogen werden konnten, waren es eine Reihe von militärischen Informationen, an denen sich der Erfolg des Tunnels messen lässt. Der Tunnel war Mitte der fünfziger Jahre die wichtigste und verlässlichste Quelle der westlichen Geheimdienste, was die Aktivitäten und die Struktur der GSSD und der ostdeutschen Armee betraf: Tausende von sowjetischen Offizieren konnten namentlich identifiziert und Einheiten zugeordnet werden. Neue, bisher nicht bekannte Einheiten wurden identifiziert und lokalisiert. Die Ausbildungs- und Bereitschaftspläne sowjetischer Einheiten waren nun bekannt. Informationen zur Ausrüstung und Bewaffnung der sowjetischen Luftstreitkräfte in der DDR und in Polen waren zugänglich. Personen und Standorte, die im Zusammenhang mit dem sowjetischen Atomenergieprogramm standen, wurden identifiziert. Aktivitäten der Fern-

DAILY EXPRESS

40 AGENTS BETRAYED

AND ALL BY THIS MAN

New shock over spy Blake

By CHAPMAN PINCHER

GEORGE BLAKE, the Secret Service agent who spied for Russia, betrayed the names of at least 40 other British agents to the Communists, I understand. My investigations over the last 12 weeks also reveal that many of these agents have disappeared and several are believed to have been executed.

Neighbours join hunt for nature boy Tony

POLICE FEAR FOR HIS SAFETY

Car parts strikers stay out

meldeeinheiten des sowjetischen Nachrichtendienstes in der DDR wurden bekannt.[26]

Es war nicht zuletzt die unglaubliche Menge an vielen kleinen Informationen, die den amerikanischen und britischen Geheimdiensten zu einem weitaus besseren Verständnis der Struktur und der Aktivitäten der sowjetischen Streitkräfte verhalf. Aber auch Informationen, die nicht durch den Tunnel flossen, führten zu wichtigen Schlussfolgerungen. So lieferte die abgehörte Kommunikation keine Anhaltspunkte dafür, dass die in der DDR stationierte Gruppe der Sowjetischen Streitkräfte innerhalb der nächsten Monate eine Offensive gegen West-Berlin oder Deutschland plante.

George Blake arbeitete von 1955 bis 1959 in der SIS-Außenstelle in Berlin, die im britischen Hauptquartier am Olympiastadion ihren Sitz hatte. Der britische Geheimdienst hatte in dieser Zeit in Berlin circa 100 Mitarbeiter. Blake arbeitete in einer Abteilung, die einerseits für die Erlangung von politischen Informationen und andererseits für die Infiltrierung des sowjetischen Hauptquartiers in Berlin-Karlshorst zuständig war. Diese Aufgabe ermöglichte es ihm, weiterhin gefahrlos als Doppelagent des KGB tätig zu sein. Niemand brachte ihn zu dieser Zeit mit der Entdeckung des Spionagetunnels in Verbindung.[27] 1959 kehrte Blake nach London zurück und wurde 1960 in den Libanon versetzt.

Um Ostern 1961 wurde er für wichtige Gespräche nach London gebeten. Als er dort ankam, konfrontierte man ihn

^ *Der britische »Daily Express« berichtet am 20. Juni 1961 über die Verurteilung von George Blake* mit dem Vorwurf der Spionage für die Sowjetunion. Ein polnischer Überläufer hatte den britischen Geheimdienst über Blakes Aktivitäten informiert. Nach anfänglichem Zögern gestand Blake schließlich, jahrelang als Doppelagent gearbeitet zu haben. Einen Monat später wurde ihm in England der Prozess gemacht. Das Urteil lautete auf insgesamt 42 Jahre Gefängnis, eine Strafe, die in dieser Höhe noch nie zuvor verhängt worden war.

Ironischerweise brachte ihm diese lange Haftstrafe im britischen Hochsicherheitsgefängnis Sympathien von Mithäftlingen ein, die ihm später bei der Flucht helfen sollten. Die gelang ihm 1966.[28] Er versteckte sich zunächst einige Zeit in England, ehe ihm die Flucht nach Ost-Berlin gelang, von wo aus er nach Moskau gebracht wurde. Bis heute lebt George Blake in Russland. Eine Rente des KGB ermöglicht ihm ein gutes Auskommen. Auch nach dem Ende des Kalten Krieges ist eine Rückkehr nach Großbritannien ausgeschlossen, wo gegen ihn immer noch ein Haftbefehl besteht und er noch den Rest seiner Haftstrafe absitzen müsste.

Am 11. November 2012 sendete das russische Staatsfernsehen eine Dokumentation über George Blake – quasi eine Hommage Russlands an ihren Top-Spion am Tag seines 90. Geburtstags. Präsident Wladimir Putin, der selber jahrelange im Geheimdienst tätig war, gratulierte mit einer persönlichen Nachricht, in der er Blakes Verdienste würdigt. Einige Monate vorher recherchierte und drehte das russische Fernsehteam mehrere Tage in Berlin und Umgebung. Nach eigenen Aussagen hat das Team hier in Berlin bei seinen Recherchen mehr über die Tunnel-Operation erfahren als in seiner russischen Heimat.

GEHEIMGANG IM DORNRÖSCHENSCHLAF

DIE »AKTION RADAR« 1967 UND DIE »NEUENTDECKUNG« DES TUNNELS 1997

Im Gegensatz zu der spektakulären Entdeckung des Tunnels 1956 wurde Anfang des Jahres 1967 vom Ministerium für Staatssicherheit (MfS) eine Operation geplant, die nicht für die Öffentlichkeit bestimmt war: Die Maßnahme »Aktion Radar«. Die Hauptabteilung I wollte mit Soldaten, die mit Maschinenpistolen und Handgranaten bewaffnet waren, in jenen Tunnelabschnitt eindringen, der unmittelbar unter der Sektorengrenze noch bestehen sollte. Im Vordergrund dieser Operation stand die Grenzsicherung innerhalb des Tunnels. Das MfS vermutete, dass sich auf einer Länge von circa 150 Metern noch Reste der Tunnelröhre auf dem Territorium der DDR befinden könnten. Außerdem war man darauf gefasst, auf »Kräfte des Gegners« zu treffen, die dann mit Waffengewalt bis zur Sektorengrenze zurückgedrängt werden sollten.[29] Die »Aktion Radar« wurde schließlich vom 17. Juli bis zum 20. Juli 1967 durchgeführt, allerdings mit einem für die Staatssicherheit überraschenden Ergebnis.

Am ersten Tag der Aktion fanden nur Bodenbohrungen statt, um den Tunnel zu lokalisieren. Im Verlauf des 18. Juli konnte die Hauptabteilung I mit den vor Ort tätigen Soldaten die genaue Tunnellage bestimmen. Sandsackreste waren an den großen Bohrern hängen geblieben. Um sich ein genaueres Bild der Lage machen zu können, wurden daraufhin größere Löcher gegraben. Doch alle Versuche förderten nur lockeres Erdreich, verschlammte Erde und verrottete Sandsäcke zutage. Ein Eindringen in die Tunnelröhre und ein unterirdisches Vordringen bis an die Sektorengrenze war nicht möglich, da der

Tunnel bereits 1956 auf nahezu der gesamten Länge auf dem Territorium der DDR aus dem Erdreich entfernt worden war. Dies wurde den Initiatoren der »Aktion Radar« spätestens am 20. Juli 1967 klar.

Dieser Sachverhalt zeigt, wie wenig die Staatssicherheit bei der Entdeckung des Tunnels involviert gewesen war und wie wenig sie über die sowjetischen Aktivitäten wusste. Die Hauptabteilung I konnte erst nach der »Aktion Radar« 1967 sichergehen, dass es keinen begehbaren Tunnel mehr gab, der von Rudow unter den Grenzsperranlagen hindurch nach Altglienicke verlief. Interessanterweise ist der anschließende MfS-Bericht zum Verlauf der »Aktion Radar« so verfasst, dass beim ersten Durchlesen der Eindruck entsteht, es habe noch einen Tunnel gegeben, der aber nicht mehr begehbar gewesen sei. Es wurde beim Verfassen des Berichts sehr darauf geachtet, die »Aktion Radar« nicht als einen Misserfolg darzustellen.[30]

Nach den Turbulenzen der Tunnelentdeckung und der Entfernung der Tunnelstrecke auf dem Gebiet der DDR wurde der Tunneleingang, der sich im Kellergeschoss des Lagerhauses auf dem Gelände der amerikanischen »Radarstation« befand, zugeschüttet. Die Amerikaner betrieben aber weiterhin die Liegenschaft, die erst 1983 aufgegeben wurde. Ab Oktober 1983 stand das Gelände mit den drei Gebäuden dann wieder dem ursprünglichen Eigentümer Hermann Massante zur Verfügung. In den folgenden vier Jahren gab es wegen dieser Liegenschaft einen Rechtsstreit zwischen ihm und dem Bau- und Wohnungsaufsichtsamt Berlin-Neukölln, weil Massante – anders als gefordert – die drei ehemaligen Gebäude der »Radarstation« nicht abreißen wollte.[31] 1989 wurde das Gelände weiterverkauft. Die drei Gebäude der ehemaligen »Radarstation« wurden nun zwar abgerissen, für die Entsorgung und Beseitigung des Tunnels fühlte sich aber niemand zuständig. Der Tunnel verblieb auf West-Berliner Seite also weiterhin im Erdreich.

Erst nach der Wiedervereinigung 1992 plante der Berliner Senat Bauarbeiten auf dem Gelände der ehemaligen amerikanischen »Radarstation«. Diese Arbeiten begannen aber erst im Jahr 1997. In ihrem Verlauf wurden Teile des Berliner Spionagetunnels freigelegt. Das Berliner AlliiertenMuseum zeigte sofort Interesse und konnte sich ein größeres Segment sichern. Am 22. September 1997 stellten Sergej Kondraschow, einst KGB-Führungsoffizier von Blake, und CIA-Mitarbeiter David

Murphy ihr gemeinsames Buch »Die unsichtbare Front« vor dem freigelegten Tunnelabschnitt vor. Anschließend wurde ein circa sieben Meter langes Tunnelsegment ins AlliiertenMuseum gebracht und dort restauriert. Seit 1998 ist es dort zu sehen und Teil einer Ausstellungssequenz zum Berliner Spionagetunnel. Es dauerte wiederum einige Jahre, ehe bei Bauarbeiten im Zuge der Autobahnverlängerung nach Schönefeld weitere Tunnelteile freigelegt wurden. Wiederum war das Alliierten-Museum zur Stelle und sicherte sich 2005 ein circa sechs Meter langes Tunnelsegment und lagerte es in einem Depot ein. 2006 wurde dieses zweite Tunnelsegment für eine Sonderausstellung des AlliiertenMuseums zum Spionagetunnel auch ausgestellt. Die restlichen Stahlsegmente auf dem Gebiet des ehemaligen amerikanischen Sektors wurden im Rahmen der Bauarbeiten jedoch entsorgt. Damit sind endgültig alle Tunnelreste aus der Berliner Erde entfernt. Wo einst der Spionagetunnel in Altglienicke verlief, hat der Berliner Senat 2010 eine Stele errichtet, die Radfahrer und Spaziergänger an diese spektakuläre Episode des Kalten Krieges in Berlin erinnern soll.

^ *Im Rahmen der Arbeiten an der Autobahn A 113 werden die letzten Segmente des Berliner Spionagetunnels geborgen und entfernt. Luftaufnahme von 2005*

SENSATIONELLER FUND

DAS »ZWEITE LEBEN« DES TUNNELS IN MECKLENBURG-VORPOMMERN

Mit der Bergung des letzten Tunnelsegmentes in Berlin schien es, dass die Geschichte des Berliner Spionagetunnels vollständig erzählt sei. Doch dies änderte sich schlagartig im August 2012. Werner Sobolewski aus Pasewalk rief im AlliiertenMuseum an und sagte: »Ich glaube, es liegen Teile vom Berliner Spionagetunnel im Forst von Pasewalk.« Diese Aussage schien auf den ersten Blick merkwürdig, doch je mehr Sobolewski von den vergrabenen Tunnelteilen sprach, desto glaubwürdiger wurde die Geschichte. Wenige Tage später ging der Tunnel-Experte des AlliiertenMuseums mit Werner Sobolewski durch den Wald in Pasewalk und begutachtete die vergrabenen Tunnelelemente, die durch die Witterung und starken Regen schon ein bis zwei Jahre zuvor teilweise freigelegt worden waren. Unzweifelhaft handelte es sich um Originalelemente des Berliner Spionagetunnels. Das war ein sensationeller Fund, denn niemand konnte zu dem Zeitpunkt erklären, wie diese Teile in den Waldboden von Pasewalk gelangt waren. Die unerwartete Tunnelentdeckung wurde von mehrerer nationalen und internationalen Zeitungen gemeldet. Recherchen des AlliiertenMuseums haben die unbekannte Fortsetzung der Tunnelgeschichte zum Vorschein gebracht.

Im Herbst 1956 beauftragte die Nationale Volksarmee der DDR, die erst im gleichen Jahr gegründet worden war, 5 Offiziere und 45 Mannschaftsdienstgrade mit der Bergung und Entsorgung des Tunnels. Diese Soldaten vom Pionierregiment 2 waren handverlesen, erinnert sich Harald Freitag, der zwischen dem 10. Oktober und dem 30. November 1956 als Un-

teroffizier an der Bergung des Tunnels beteiligt war. Bagger legten die Röhre in Altglienicke frei, und Kräne bargen dann den Tunnel. Die Pioniere vor Ort erkannten sofort, dass sie diese sehr stabilen Tunnelelemente für ihre eigene militärische Arbeit nutzen konnten. Fotos vom Tunnel durften die Soldaten nicht machen, trotzdem sind einige Aufnahmen der Bergung entstanden. Harald Freitag resümierte 2012, dass der Bau des Berliner Spionagetunnels für ihn als ehemaligen NVA-Pionier eine hervorragende und vorbildlich Pionierleistung der Amerikaner gewesen sei - und das unter voller Geheimhaltung.[32]

Bei der Bergung des Tunnels auf der östlichen Seite wurden die Teile für den Transport zugeschnitten. Stücke von zwei bis vier Metern wurden so auf Lastwagen verladen und zu den verschiedenen Pioniereinheiten in der DDR transportiert. Denn die Segmente wurden von den Pionieren für den Stellungsbau des Regiments, als Unterstände und Kommandozentralen für Übungen verwendet. Viele Segmente kamen so auch nach Pasewalk zum Standort des Pionierregiments 5, wo mindestens zwei Tunnelelemente im Wald von Pasewalk vergraben wurden, um dort dauerhaft als Kommandounterstände bei Pionier-Übungen zu dienen.

Die Bergung und der Transport der Tunnelsegmente ist nach Aussagen von Harald Freitag von den westlichen Militärverbindungsmissionen genau beobachtet worden. Die Fahrzeuge der Militärmissionen seien auch den Lkw zu den jeweiligen

^ *Reste des Berliner Spionagetunnels liegen im Wald bei Pasewalk.*

Pioniereinheiten gefolgt. Die Westmächte waren also durch ihre Missionen bestens über die Bergung und den Transport der Tunnelsegmente informiert. Diese Information ist offensichtlich in den folgenden Jahrzehnten verloren gegangen. Im finalen Bericht der CIA über den Tunnel ist diese militärisch relevante Information nicht vermerkt, und auch die historische Abteilung der CIA erfuhr diese Nachricht 2012 aus der Zeitung.

Nach der Wende gerieten die vergrabenen Elemente in Vergessenheit, bis Sobolewski diese 2012 entdeckte und wieder-

^ *Entfernung des Tunnels in Altglienicke 1956*

erkannte. Denn als Handwerker in einer NVA-Kaserne sollte er in den Achtzigerjahren herausfinden, ob einige der dort gelagerten Tunnelsegmente als Zementsilos für geplante Bauten genutzt werden könnten. Daran erinnerte sich, als er die teilweise freigelegten Segmente im Wald sah.

Das AlliiertenMuseum setzte sich mit dem Besitzer des Waldes in Verbindung und wenige Monate nach dem Fund konnten die beiden Tunnelteile aus der Erde in Pasewalk geborgen werden und in das Depot des Museums nach Berlin transportiert werden.

Aber auch diese Tunnelelemente waren nicht die letzten erhaltenen Originale. Ende 2013 tauchten zwei weitere Original Tunnelsegmente auf, die ebenfalls in Mecklenburg-Vorpommern lagerten. Es handelt sich um Tunnelteile in Privatbesitz – ohne dass der Besitzer die Geschichte seiner Stahlröhren kannte. Erst als die Geschichte der Teile in Pasewalk in den Zeitungen stand, wurde der Besitzer darauf aufmerksam. Er hatte die Teile in der Wendezeit erworben, weil er einen Hausbau plante und ebenfalls den Gedanken hatte, die Segmente als Zementsilo zu nutzen. Dazu kam es dann nicht mehr, aber als Holzlager und als Gänsegehege wurden die Elemente dann knapp 20 Jahre lang entgegen ihres ursprünglichen Zwecks genutzt. Das Spy Museum in Washington hat diese beiden Elemente erworben und wird sie in der neu geplanten Dauerausstellung des Museum 2017/2018 in den USA zeigen, denn auch im Washingtoner Museum wird der Berliner Spionagetunnel als ein wichtiges Thema der internationalen Spionagegeschichte betrachtet.

^ *Pioniereinheiten in der DDR vergraben Teile des Spionagetunnels bei einer Übung 1960 im Waldboden.*

LIZENZ ZUM SPIONIEREN

LEGALE SPIONAGE HINTER DEM EISERNEN VORHANG

DIE ENTSTEHUNG DER ALLIIERTEN MILITÄRVERBINDUNGSMISSIONEN IN POTSDAM

Die Glienicker Brücke führt über die Havel und verbindet die Städte Berlin und Potsdam miteinander. Sie ging als »Agentenbrücke« in die Geschichte des Kalten Krieges ein. Dabei fand hier, an der Schnittstelle zwischen Ost und West, nur drei Mal – 1962, 1985 und 1986 – ein Austausch von Personen zwischen der Sowjetunion und den Vereinigten Staaten statt. Ihren Ruf als »Agentenbrücke« verdankt die Glienicker Brücke aber auch einem anderen Umstand. Nach dem Bau der Mauer 1961 war die Brücke für jeglichen Personen- und Kraftfahrzeugverkehr gesperrt und entsprechend gesichert. Zu dem kleinen Kreis derjenigen, die in den achtziger Jahren die Brücke noch als Grenzübergangsstelle passieren konnten, gehörten neben den in der DDR akkreditierten Diplomaten auch die Angehörigen der westlichen Militärverbindungsmissionen.[1] Diese unternahmen täglich von West-Berlin aus ihre Erkundungsfahrten in die DDR. 2007 erinnerte sich der brandenburgische Ministerpräsident Matthias Platzeck in einem Interview in den ARD-Tagesthemen an diese besonderen Fahrzeuge, die jeden Tag die Brücke überquerten und die für ihn als Jugendlichen wie für alle anderen Anwohner in der Nähe der Glienicker Brücke einen außergewöhnlichen Anblick boten.[2]

Die Gründung der Militärverbindungsmissionen reicht in die Zeit des Zweiten Weltkriegs zurück, als die drei alliierten Mächte Vereinigte Staaten, Sowjetunion und Großbritannien sich entschlossen, das Deutsche Reich und die mit ihm verbündeten Achsenmächte zur bedingungslosen Kapitulation zu zwingen, und zugleich über Pläne für eine anschließende Be-

< Philippe Mariotti macht vom Dach seines Tourfahrzeuges Fotoaufnahmen für die französische Militärverbindungsmission, 1983

satzung verhandelten. In Artikel II des Abkommens über das Kontrollverfahren in Deutschland vom 14. November 1944 wurde das Fundament für die Einrichtungen der Missionen gelegt. Dort hieß es, dass jedem Oberbefehlshaber einer Besatzungszone militärische Repräsentanten der jeweils anderen Besatzungszonen für Verbindungszwecke zur Seite gestellt würden.[3] Eine Idee, die aus der Sicht der Kriegsallianz durchaus sinnvoll war.

Nach der bedingungslosen Kapitulation und der Besetzung Deutschlands 1945 verging jedoch noch gut ein Jahr, ehe das erste bilaterale Abkommen zwischen Großbritannien und der Sowjetunion geschlossen wurde. Das sogenannte Robertson-Malinin-Abkommen trat am 16. September 1946 in Kraft und sah die Stationierung einer militärischen Verbindungsmission aus insgesamt bis zu 31 Mitgliedern beim jeweiligen Oberkommando vor. Die britische Militärverbindungsmission trug das Kürzel Brixmis für British Commanders-in-Chief Mission to the Soviet Forces in Germany. Als nächstes einigten sich Frankreich und die Sowjetunion im Noiret-Malinin-Abkommen vom 3. April 1947 auf die gegenseitige Einrichtung von Militärverbindungsmissionen. Dieser französische Verbindungsstab trug das Kürzel MMFL für Mission Militaire Française de Liaison près du haut Commandement soviétique en Allemagne und besaß eine maximale Personenstärke von 18 Mitgliedern. Kurz darauf, am 5. April 1947, schlossen dann schließlich die Amerikaner und die Sowjets das Huebner-Malinin-Abkommen, welches nur noch 14 Mitglieder für die jeweilige Mission vorsah und bei den Amerikanern das Kürzel USMLM für United States Military Liaison Mission to the Commander-in-Chief, Group of Soviet Forces trug. Die jeweiligen bilateralen Abkommen mit dem sowjetischen General Michail Malinin regelten die Präsenz und die Rechte der Militärverbindungsmissionen.[4]

Die drei westlichen Missionen waren in Potsdam untergebracht. Die Amerikaner im Ortsteil Neu Fahrland, in einer Villa am Lehnitzsee, die Briten und Franzosen zuerst in der Geschwister-Scholl-Straße in Potsdam. Als es 1958 vor dem Gebäude der Brixmis zu Protesten gegen die Mission und zur Beschädigung des Missionsgebäudes kam, stellten die Sowjets eine andere Unterkunft zur Verfügung. Die beiden Missionen bezogen daraufhin repräsentative Villen in der Potsdamer Seestraße.[5]

Die sowjetischen Militärmissionen mit dem Kürzel SMM für Soviet Military Mission befanden sich bei den Oberkommandierenden in den Besatzungszonen der drei Westalliierten. Bei den Amerikanern in Frankfurt am Main, bei den Franzosen in Baden-Baden und bei den Briten in Bad Salzuflen und später in Bünde.

Eine Besonderheit der drei Missionsunterkünfte in Potsdam war, dass das Hauspersonal und die Verpflegung von der Sowjetunion gestellt wurden. Das Personal wie Hausmeister oder Küchenhilfen bestand stets aus DDR-Bürgern. Die Missionen gingen immer davon aus, dass das Personal alle Informationen, die es im Missionsgebäude zufällig mitanhören würde, an das Ministerium für Staatssicherheit (MfS) weiterleitete. Eine Vermutung, die einige Missionsmitglieder nach dem Zusammenbruch der DDR bei der Durchsicht ihrer Ak-

^ *Missionshaus in Potsdam, in dem die britische Militärverbindungsmission von 1958 bis 1990 untergebracht war. Die Villa wird heute von Designer Wolfgang Joop bewohnt.*

ten beim damaligen Bundesbeauftragten für die Unterlagen des Staatssicherheitsdienstes der ehemaligen Deutschen Demokratischen Republik (BStU) in den späten neunziger Jahren bestätigt fanden.

Doch nicht nur die Gebäude, deren Instandsetzung, das Hauspersonal und die Verpflegung wurden von der sowjetischen Seite gestellt, sondern auch die Tankgutscheine, welche eine wichtige Voraussetzung für Inspektions- und Aufklärungsfahrten in der DDR darstellten.

Die Pässe für die Missionsmitglieder wurden von der Gruppe der Sowjetischen Streitkräfte in Deutschland (GSSD) ausgestellt. Es war allerdings die Abteilung für Außenpolitische Beziehungen (Otdel Vnešnich Snošenij), welche für die offiziellen Kontakte zwischen den westlichen Militärverbindungsmissionen und der sowjetischen Seite verantwortlich war. Auf anglo-amerikanischer Seite lautete ihre Bezeichnung Sovjet External Relation Branch (SERB).[6]

IM WANDEL DER ZEIT

ALTE UND NEUE AUFGABEN DER MISSIONEN

Mit dem schon erwähnten Artikel II des Abkommens über die Kontrolleinrichtungen in Deutschland wollte natürlich keine Seite ein »Agentennest« im eigenen Besatzungsgebiet einrichten. Die eigentliche Arbeit vor Ort hatte in den ersten Jahren ihrer Existenz sehr wenig mit Aufklärung und Spionage zu tun. Die Einrichtung einer militärischen Verbindungsmission hatte in Kriegszeiten äußerst positive Auswirkungen auf die wechselseitige Kommunikation gehabt. Unmittelbar nach Kriegsende gab es weitere praktische Probleme, die für die Einrichtung von Verbindungsmissionen sprachen. Die Mitglieder der Missionen sollten im Idealfall militärische »Diplomaten« sein, die den Kontakt zum jeweiligen Oberbefehlshaber aufrechterhalten und pflegen sollten. Dementsprechend wurde den Missionsangehörigen und ihrem Dienstsitz in Potsdam ein quasi-diplomatischer Status zugesprochen. So sollte die Kommunikation untereinander deutlich verbessert und die Wahrnehmung von Aufgaben in den jeweiligen Besatzungszonen der anderen Alliierten erleichtert werden. Der repräsentative Faktor der Missionen, bei denen die Missionsmitglieder zu Festakten und offiziellen Anlässen von der sowjetischen Besatzungsmacht in der DDR eingeladen wurden, darf auch nicht verschwiegen werden. Gleiches gilt natürlich auch für Feiertage der Westmächte, zu denen sowjetische Vertreter in die Missionshäuser nach Potsdam eingeladen wurden. Auch die Wahrnehmung von Interessen der eigenen Staatsbürger in den anderen Besatzungszonen gehörte zu den Aufgaben der Missionen. Konkret bedeutete dies in den ersten Nachkriegsjahren unter anderem die Suche nach vermissten

Personen in der sowjetischen Besatzungszone, die Rückführung von Toten sowie verschiedene Tätigkeiten im Bereich der Entnazifizierung. Hinzu kam eine repräsentative Komponente, zum Beispiel bei der Organisation von gemeinsamen militärischen Aktivitäten und wichtigen nationalen Feiertagen.[7]

Dieser ursprüngliche Aufgabenbereich wandelte sich jedoch sehr bald durch den beginnenden Kalten Krieg. Die sowjetische Blockade Berlins 1948/49, die Gründung der beiden deutschen Staaten 1949 und der Koreakrieg 1950 bildeten den Hintergrund für die neuen Aufgaben der Missionen. Informationsbeschaffung auf dem Gebiet der DDR gehörte in den folgenden Jahrzehnten zu einem wichtigen Arbeitsbereich der Missionen. Bereits 1952 stand dieser Aspekt der militärischen Aufklärung an zentraler Stelle bei der Definition der Militärverbindungsmissionen.

In einem Top-Secret-Dokument an den Leiter der britischen Militärverbindungsmission Brixmis aus dem Jahr 1952 schrieb der britische Hochkommissar knapp und schnörkellos:

»1) Als Leiter der Mission des britischen Oberbefehlshabers bei den sowjetischen Besatzungstruppen sind Sie mir direkt unterstellt. 2) Ihre Aufgaben sind zweigeteilt: a) die Pflege von Verbindungen zu den sowjetischen Militärbehörden, b) die Sammlung von nachrichtendienstlichen Informationen.«[8]

Diese Aufgabenverschiebung machte natürlich auch eine bessere Ausbildung und Ausrüstung der jeweiligen Missionsmitglieder notwendig. Fanden sich Ende der vierziger und Anfang der fünfziger Jahre in den Tourberichten der Brixmis noch

^ *Feierlicher Anschnitt einer Torte durch sowjetische Generäle beim »Torgau-Tag« 1976 in der Villa der amerikanischen Militärmission*

sehr ungenau angefertigte Zeichnungen zu gesichteten militärischen Geräten, so erfolgte in den darauf folgenden Jahren eine deutliche Professionalisierung. In den fünfziger Jahren wurden die Missionen auch mit hochwertigen Fotoapparaten ausgestattet, deshalb waren kaum noch Handskizzen und Zeichnungen nötig.

Das Personal der Missionen wurde für den Einsatz in der DDR gezielt ausgesucht und ausgebildet. Mit der zunehmenden Bedeutung von nachrichtendienstlichen Erkenntnissen im Kalten Krieg wurde auch die Ausbildung der wenigen Missionsangehörigen, die jedes Land nach Potsdam schicken konnte, verbessert. Gute russische oder deutsche Sprachkenntnisse hatten dabei eine hohe Priorität. Ende der fünfziger Jahre galten die drei westlichen Militärmissionen in Potsdam als herausragendes und verlässliches Frühwarnsystem für einen möglichen Überraschungsangriff der Sowjets in Europa.[9] Sie waren gleichsam die Augen und Ohren der Westmächte auf dem Territorium der DDR.

^ *Das französische, britische und amerikanische Uniformabzeichen der drei Militärverbindungsmissionen in Potsdam*

Die Hauptaufgabe der Aufklärungsarbeit ergab sich aus den nahezu täglichen Inspektionstouren durch die DDR. Sie starteten in West-Berlin. Dort gab es vor Antritt jeder Fahrt eine Besprechung, um die Fahrzeugbesatzungen mit den neuesten Informationen zu versorgen. Bei der Brixmis gingen aufgrund des höheren Personalstamms von 31 Missionsmitgliedern meistens drei Personen in einem Fahrzeug auf Tour. Dies galt – trotz der geringeren Personalstärke – zumeist auch für die französische MMFL, die folglich aber weniger Fahrzeugteams bilden konnte. Die Amerikaner entschieden sich oftmals für Inspektionsteams aus zwei Missionsmitgliedern und konnten so mehr Fahrzeuge besetzen.

Für die Inspektionstouren teilten die drei Westmächte das Gebiet der DDR geografisch in drei große Einsatzgebiete auf: A, B, C und das kleinere »lokale Gebiet« um Potsdam. In jedem Gebiet gab es je ein Team unterschiedlicher Nationalität zur Beobachtung von Bodenzielen und je eines zur Beobachtung von Luftzielen, sodass sich die drei Bodenteams und die drei Luftteams der westlichen Militärverbindungsmissionen die drei großen Einsatzgebiete der DDR teilten. Auch das Gebiet um Potsdam herum wurde im Rotationsprinzip von den drei Westmächten befahren.[10] Nach mehreren Wochen wechselte turnusmäßig die Kontrolle der Bodengebiete und der Luftziele in einem Gebiet. So wurde jedes Einsatzgebiet von allen drei westlichen Militärverbindungsmissionen beobachtet.

Dieses System konnte nur durch eine sehr gute Absprache der Missionen untereinander funktionieren.[11] In nahezu täglichen Telefonaten und in wöchentlichen Sitzungen wurde sichergestellt, dass die verschiedenen Missionen nicht immer dieselben Ziele im jeweiligen Einsatzgebiet beobachteten. Eine Kopie des Tätigkeitsberichts, den die jeweiligen Missionen am Ende eines Jahres anfertigten, wurde nicht nur an die entsprechenden Einrichtungen des eigenen Landes, sondern immer auch den Missionen der anderen Westmächte zur Kenntnis gegeben. Dieser enge militärische Informationsaustausch mit Frankreich war für die Vereinigten Staaten und für Großbritannien nicht selbstverständlich, da Frankreich im Jahr 1966 aus der NATO ausgetreten war. Dies beeinflusste aber keinesfalls das große Vertrauen, welches die Amerikaner und Briten ihren französischen Kollegen in Potsdam bei der MMFL entgegenbrachten.

Auf einer Inspektionstour durch die DDR mussten die Militärverbindungsmissionen auf unterschiedliche militärisch relevante Sachverhalte achten. Welche Truppenteile sind in den Kasernen stationiert? Wie ist deren Truppenstärke, welches militärische Gerät wird benutzt? Gibt es neue Modifikationen an bereits bekanntem militärischen Gerät? Fotos von Fahrzeugen oder Flugzeugen mit neuen Bauteilen waren von besonderem Interesse. Diese wurden dann zu den Militärspezialisten im jeweiligen Heimatland geschickt und dort ausgewertet. Weitere Fragen von großem militärischen Interesse lagen auf der Hand. Gibt es Truppenbewegungen und Aufmärsche der sowjetischen und ostdeutschen Landstreitkräfte? Finden Manöver eines Mitgliedslandes des Warschauer Pakts auf dem Gebiet der DDR statt? Wo liegen die taktischen Stärken und Schwächen des Gegners, und welche taktischen Marschrouten werden bei Manövern benutzt?

^ *Radar- und Funkantennen sind für die Missionen während ihrer Inspektionsfahrten wichtige Ziele der militärischen Aufklärung.*

Von großem Wert für die Militärverbindungsmissionen war die Inspektion von Manövergebieten, nachdem die Truppen diese verlassen hatten. Obwohl sich auf dem Gebiet der DDR, nach Aussagen ehemaliger Missionsmitglieder, die bestausgerüsteten und schlagkräftigsten Truppen der sowjetischen Streitkräfte befanden, gerieten durch Unachtsamkeiten eine Reihe von Informationen an die Westmächte. So durchforsteten Missionsmitglieder beispielsweise weggeworfenen und vergrabenen Manövermüll, um an verwendete Filter, Munition und Unterlagen verschiedenster Art zu gelangen. Sogar medizinische Abfälle wurden eingesammelt, um Rückschlüsse auf Krankheiten in der sowjetischen Armee ziehen zu können.

Die Teams der Luftaufklärung platzierten sich in den Anflugschneisen von Flugfeldern, um aussagekräftige Fotos der Flugzeuge machen zu können, oder sie fuhren Radar- und Funksendeanlagen an und fotografierten sie.

Bei der Gründung der Missionen hielten die Vertragspartner es für notwendig, ihren akkreditierten Mitgliedern eine große Bewegungsfreiheit für die Erfüllung ihrer Aufgaben im Hoheitsgebiet einer anderen Besatzungsmacht zu geben. Als die Missionen zunehmend auch nachrichtendienstliche Tätigkeiten übernahmen, wurde auch ihre Bewegungsfreiheit eingeschränkt. Bereits in den Gründungsdokumenten war festgelegt worden, dass es Gebiete gab, in die Missionsmitglieder nicht hineinfahren durften. Diese nannten sich PRA (Permanent Restricted Areas) und waren den Missionen dauerhaft unzugänglich. Hierbei handelte es sich zum Beispiel um die gesamten Küstengebiete der DDR, um große Manövergebiete, um Gebiete, in denen ein Militärflughafen lag oder in denen sich große Kasernenanlagen befanden. Der Umfang dieser PRA machte in den fünfziger Jahren circa ein Viertel der gesamten Fläche der DDR aus. Hinzu kamen kurzzeitig gesperrte Flächen (Temporary Restricted Areas, TRA), die in der Regel Gebiete umfassten, auf denen spezielle militärische Übungen und Manöver abgehalten wurden. Nach Manöverende wurden diese Gebiete dann wieder für die Missionen freigegeben.

Die jeweiligen temporären und dauerhaften Sperrgebiete wurden den westlichen Missionen offiziell durch die SERB mitgeteilt. Ihre Gesamtfläche variierte im Laufe der Jahrzehnte und lag in der Regel zwischen 25 und 33 Prozent der Gesamtfläche der DDR.[12] Je mehr Fläche gesperrt war, umso

schwerer wurde natürlich die Arbeit der Missionen. Die westlichen Militärmissionen reichten dann Beschwerde ein über diesen hohen Anteil an gesperrter Fläche. Wenn dies nichts half, wurde im Gegenzug die gesperrte Fläche für die sowjetische Militärmission in der Bundesrepublik erhöht. Dieses Prinzip, bei dem man die Behandlung und den Status der Missionen in der DDR auf den Umgang mit der sowjetischen Militärmission in den drei westlichen Besatzungszonen in der Bundesrepublik übertrug, erwies sich als erfolgreichste Gegenmaßnahme im Umgang mit der Sowjetunion. Oft lockerte die Sowjetunion daraufhin wieder die Arbeitsbedingungen für die drei westlichen Missionen in der DDR.

Ein weiteres beliebtes Mittel, um die Bewegungsfreiheit der westlichen Missionen einzuschränken, war das Aufstellen von speziellen Durchfahrtverbotsschildern (Mission Restriction Signs). Diese Schilder besagten in vier Sprachen, dass die Durchfahrt für das Personal der ausländischen Militärverbindungsmissionen verboten sei. Mitte der fünfziger Jahre kamen diese Schilder erstmals in der DDR zum Einsatz. Im Laufe der folgenden drei Jahrzehnte erhöhte sich ihre Anzahl deutlich. Da sie keine rechtliche Grundlage besaßen und nicht in den Gründungsverträgen der Missionen verankert waren, ignorierten die Missionen sie. Einige Missionsmitglieder betrachteten sie sogar als Souvenirs, schraubten oder sägten sie ab, sodass diese dann manchmal auch als Andenken im Kofferraum der Tourenfahrzeuge landeten.

Auch die Ausrüstung der Militärverbindungsmissionen wandelte sich im Verlauf der Jahrzehnte. Insbesondere die Fahrzeuge wurden immer wieder modifiziert, um den Anforderungen auf der Tour zu entsprechen. In den siebziger Jahren kamen oft Autos der Marke Opel und Mercedes zum Einsatz, vereinzelt auch schon Geländefahrzeuge des Typs Range Rover oder Jeep. In der Regel waren dabei nur der Allradantrieb und

^ *Eins von vielen Tausend Durchfahrtsverbotsschildern, die ab den sechziger Jahren auf dem Gebiet der DDR errichtet wurden*

ein größerer Tank als Sonderausstattung vorhanden. Anfang der achtziger Jahre setzte sich der Geländewagen von Mercedes bei allen drei westlichen Militärmissionen als Tourenwagen durch. Dieser Fahrzeugtyp war bis zur Auflösung der Missionen 1990 im Einsatz. Die Amerikaner hatten Mitte der achtziger Jahre 16 dieser Mercedes G-Klasse-Modelle im Einsatz. Zusätzlich zu der werkseitigen Sonderausstattung wurden von jeder der drei Nationen weitere Umbauten an den Fahrzeugen vorgenommen. So zum Beispiel die folgenden: Eine Abschleppkupplung und eine elektrische Seilwinde waren an der vorderen Stoßstange angebracht, beides geschützt durch einen Rammbügel. Eine modifizierte Beleuchtungsanlage erlaubte das separate Ein- und Ausschalten der Außenbeleuchtung sowie das Dimmen der Scheinwerfer. Eine runde oder eckige Dachluke ermöglichte das schnelle Fotografieren aus dem Fahrzeug heraus. Überrollbügel und zusätzliche Dachverstärkungen sorgten für mehr Sicherheit bei einem Unfall und machten das Autodach für Beobachtungen begehbar; auch das Fahrgestell und der Unterbodenschutz wurden verstärkt. Der Einbau von Zusatztanks ermöglichte längere Fahrzeiten ohne Tankstopps. Bei den Amerikanern und Briten gab es außerdem Fahrzeuge, die durch Infrarottechnik speziell für Nachtfahrten ausgerüstet waren.[13]

Die Reparaturen und teilweise auch die Modifikationen der Fahrzeuge wurden in den Werkstätten in West-Berlin durchgeführt. Hier wohnten auch die Missionsmitglieder mit ihren Familien, wenn sie nicht gerade in der DDR auf Erkundungstour waren. Auch wenn jede Nation ein Missionsgebäude in Potsdam besaß, welches Tag und Nacht besetzt war, so war doch West-Berlin die Basis der militärischen Verbindungsmissionen. Wie in den Verträgen festgelegt, waren auf westlicher Seite insgesamt nur 63 Soldaten für die Militärmissionen bei der Gruppe der Sowjetischen Streitkräfte in Deutschland akkreditiert und zu den Inspektionsfahrten durch die DDR berechtigt. In den jeweiligen Sektoren West-Berlins war weiteres Personal – teilweise bis zu 50 Personen – mit der Erfassung, Auswertung und Weiterleitung der Ergebnisse beschäftigt. Sitz der Amerikaner war der Föhrenweg 19–21 im Ortsteil Dahlem, Sitz der Franzosen ihr Hauptquartier »Quartier Napoleon«, Haus 8, im Norden Berlins, Sitz der Briten das oberste Stockwerk des »London Block« im britischen Hauptquartier am Berliner Olympia-

stadion.[14] Diese Einbindung in die militärischen Strukturen der Westmächte in West-Berlin war ein wichtiges Merkmal der nachrichtendienstlichen Tätigkeit der Missionen.

Brixmis hatte noch eine weitere, spezielle Anbindung an Berlin. Angehörige der britischen Luftwaffe, die zur Berlin-Basis der britischen Militärverbindungsmission gehörten, unternahmen mit ihren kleinen »Chipmunk«-Flugzeugen fast täglich Aufklärungsflüge innerhalb der Berliner Kontrollzone. Diese umfasste einen Radius von 32 Kilometern ausgehend vom Sitz der Alliierten Luftsicherheitszentrale am Kleistpark in Schöneberg. Innerhalb der Kontrollzone, die auch etliche Kilometer in die DDR hineinragte, konnten sich Flugzeuge der Westmächte frei bewegen.

Die »Chipmunk« war ein zweisitziges Propeller-Flugzeug, das sehr langsam und sehr tief fliegen konnte. So konnten Beobachtungen und gute Luftaufnahmen von militärischen Aktivitäten innerhalb der Kontrollzone gemacht werden. Beobachtungen während der Flüge, die von Interesse waren, wurden dann der nächsten Brixmis-Inspektionstour mitgeteilt.[15] Auch die amerikanischen und französischen Streitkräfte in Berlin verfügten über Kleinflugzeuge, aus denen heraus sie Luftaufnahmen innerhalb der erlaubten Kontrollzone machen konnten.

Ein gutes Beispiel für die Arbeit der Missionen und deren Beobachtungen sind die östlichen Aktivitäten rund um den 17. Juni 1953.

Die Unruhen in Ost-Berlin und anderen Teilen der DDR, die am 16. und 17. Juni 1953 aus der Bevölkerung heraus entstanden, werden allgemein auch als Volksaufstand bezeichnet. Die daraus resultierende sofortige Verlegung von sowjetischen Truppen nach Ost-Berlin ermöglichte den Militärmissionen

^ *Ausstellungsteil im AlliiertenMuseum, mit einem originalen Mercedes G der französischen Militärverbindungsmission, 2005*

Erkenntnisse über das sowjetische Marschverhalten in einem »Ernstfall«. Denn hier handelte es sich nicht um ein geplantes Manöver und es gab auch keine Vorwarnzeit, vielmehr setzten sich große Truppenteile sofort in Bewegung.

Ein Top-Secret-Bericht der Brixmis, der den Zeitraum vom 16. Juni bis zum 10. Juli 1953 behandelt, fasst die Missionsberichte dieser Tage zusammen.[16] Er kommt zu dem Schluss, dass die sowjetischen Panzer- und Fahrzeugkolonnen »eine schlechte Marschdisziplin« zeigten. Einerseits fuhren sie mit zu wenig Abstand und verursachten deshalb Auffahrunfälle, andererseits waren die Abstände so groß, dass sich in Potsdam sogar einige Fahrzeuge verfuhren. Ein brennendes Fahrzeug musste von den Soldaten mit Sand gelöscht werden, weil keine Löschfahrzeuge oder Feuerlöscher zur Verfügung standen. Die Anzahl der auf dem Weg nach Ost-Berlin liegen gebliebenen Fahrzeuge war nach Angaben der Brixmis außergewöhnlich hoch.[17]

In den beiden darauf folgenden Tagen wurden jedoch viele der liegen gebliebenen Fahrzeuge wieder eingesetzt. Defekte T-34-Panzer wurden nach Ost-Berlin abgeschleppt oder in kürzester Zeit repariert, so dass binnen 48 Stunden alle gestarteten Fahrzeuge doch noch ihren Bestimmungsort erreichten.[18] So erhielten die Missionen durch den Volksaufstand in Ost-Berlin 1953 wichtige Erkenntnisse über die Einsatzbereitschaft und Marschdisziplin der beteiligten sowjetischen Truppenverbände sowie über die Fähigkeit, zurückgelassene Fahrzeuge innerhalb kurzer Zeit wieder einsatzbereit zu machen.

^ *Die in Berlin-Gatow stationierten Chipmunk-Flugzeuge wurden von der Brixmis regelmäßig für Luftaufnahmen von militärischen Objekten genutzt.*

FREIWILD IN DER DDR

DIE ERSTEN VERLETZTEN DURCH SCHUSSWAFFEN

Die Inspektionsfahrten auf dem Territorium der DDR waren zu keinem Zeitpunkt ungefährlich. Wie im Folgenden gezeigt wird, gab es eine Vielzahl von Zwischenfällen, bei denen Missionsfahrzeuge beschossen oder durch Blockadeversuche beschädigt wurden. Die DDR, die keinerlei Vorteile durch die bilateralen Abkommen zwischen der Sowjetunion und den Westmächten hatte, empfand die Militärverbindungsmissionen als »Stachel im Fleisch«. Die legale Präsenz der Missionsfahrzeuge in der DDR machte auch deren Bürgern deutlich, dass ihr Staat offensichtlich nicht die volle Souveränität besaß und diese Fahrten zulassen musste. Wenn man die Existenz der Missionen schon anerkennen musste, so unternahm man doch von Seiten der Staatssicherheit alles, um die Arbeit der Missionen zu erschweren.

Für den 20. Oktober 1959 wurde den westlichen Militärmissionen eine Ausweitung des dauerhaften Sperrgebiets in der DDR angekündigt. Die amerikanische USMLM, die britische Brixmis und die französische MMFL beschlossen daraufhin, kurz vor dem 20. Oktober je fünf Einsatzteams in diese Sperrgebiete zu schicken, um möglicherweise besondere Informationen zu gewinnen. Man wollte wissen, was es mit der neuen Sperrzone auf sich hatte. Die Franzosen schickten vier Teams direkt in die zukünftigen Sperrgebiete, die in der Nähe der DDR-Staatsgrenze lagen. Ein Team war abgestellt, um Regimenter und Truppen zu identifizieren, die möglicherweise auf dem Weg in diese Sperrzone waren. Der Touroffizier war Leutnant Moser, Beobachter war der Hauptgefreite Marchand und der Fahrer war Hauptgefreiter Choquet. Sie starteten am 19. Oktober von West-Berlin aus in den Raum Frankfurt/Oder-Prenzlau.[19] Nach einer mehrstündigen Fahrt bezogen sie nachts im Raum Angermünde–Templin einen Beobachtungsposten. Als sie diese Stellung nach einiger Zeit verließen, passierten sie mit ihrem Fahrzeug eine Gruppe sowjetischer Soldaten, die sie in der Dunkelheit der Nacht erst spät wahrnahmen. Moser beobachtete die Soldaten im Rückspiegel und sah plötzlich Mündungsfeuer. In diesem Moment schlug auch schon eine Kugel in das Heck des Missionsfahrzeugs ein. Moser musste innerhalb weniger Sekunden eine Entscheidung treffen: Entweder sie stoppten den Wagen und wiesen sich als Mitglieder der französischen Militärmission aus. Da sie sich nicht in einem Sperrgebiet befanden, mussten sie auch keine Konsequenzen befürchten. Andererseits hätte eine »Festsetzung« Stunden gedauert und ihr eigentlicher Auftrag wäre somit kaum mehr zu erfüllen gewesen. Oder sie versuchten, schnellstmöglich außer Reichweite der Kugeln zu kommen. Da sich der Wagen kurz vor einer Kurve befand, befahl Moser dem Fahrer, Gas zu geben.

Dann feuerten die sowjetischen Soldaten eine Maschinengewehrsalve auf das Missionsfahrzeug ab. Moser wurde von einer Kugel am Bein getroffen und blutete stark.[20] Der Wagen war jedoch schnell außer Schussweite, sodass sich das Team entschied, den nächsten größeren Ort anzusteuern, um Leutnant Moser dort medizinisch versorgen zu lassen. In Zehdenick erhielt Moser eine gute ärztliche Erstversorgung für seinen Beindurchschuss, danach machte sich das Team wieder auf den Weg und konnte ungehindert West-Berlin erreichen.

Eigentlich hatte Moser mit Schwierigkeiten an der Grenze gerechnet, doch die sowjetischen Soldaten hatten den Vorfall, der sich einige Stunden zuvor ereignet hatte, offensichtlich nicht gemeldet.[21] Der französische Missionschef reichte noch am selben Tag Beschwerde bei der SERB ein. Der zuständige sowjetische General Kozlowski entschuldigte den Vorfall damit, dass die sowjetischen Soldaten nicht davon ausgegangen seien, jemanden verletzt zu haben. Leutnant Moser war das erste Missionsmitglied, das durch Schüsse verletzt wurde. Es sollte allerdings nicht das letzte Mal gewesen sein, dass auf Missionsfahrzeuge und deren unbewaffnete Insassen geschossen wurde.

Am Abend des 10. März 1962 brach Nick Brown, der diensthabende Offizier der Brixmis in Potsdam, mit dem 26-jährigen Fahrer, dem Obergefreiten Douglas Day, zu einer lokalen Tour auf, welche sie auch nach Kleinmachnow führen sollte. Dort fuhren sie auf der Ernst-Thälmann-Straße. Sie lag nur wenige Hundert Meter von der Grenze entfernt, die seit August 1961 einen Eisernen Vorhang zwischen West- und Ost-Berlin bildete. In den zurückliegenden sieben Monaten hatten jedoch immer wieder Flüchtlinge erfolgreich die Grenzanlagen überwinden können. Dieser Umstand sollte an diesem Abend eine entscheidende Rolle spielen. Denn die Insassen des Brixmis-Fahrzeugs wussten nicht, dass dort eine Einheit der DDR-Grenzsoldaten kurzfristig einen Kontrollposten eingerichtet hatte. Diese sollten einen mutmaßlich bevorstehenden Fluchtversuch von DDR-Bürgern nach West-Berlin verhindern.

Statt der erwarteten Flüchtlinge kam zu später Abendstunde das Brixmis-Fahrzeug vorbeigefahren. Nach der Version der Brixmis passierte an diesem Abend Folgendes:[22] Ihr Fahrzeug hatte sich verfahren, weshalb man anhielt. Nick Brown schaute in die Straßenkarte und wies Douglas Day an, das Fahrzeug zu wenden. Anschließend sei man ohne Vorwarnung mehrfach beschossen worden. Day wurde bereits bei diesem ersten Beschuss in den Fuß getroffen. Weitere Schüsse folgten, als

^ *Ein Fahrzeug der französischen Militärverbindungsmission, fünfziger Jahre. Die Nummernschilder der Pkws waren in dieser Zeit deutlich größer als in den späteren Jahrzehnten.*

der Wagen weiterfuhr. Day wurde erneut getroffen, diesmal in den Oberkörper, und der Wagen kam zum Stehen. Insgesamt gab der Kontrollposten 37 Schüsse auf das Fahrzeug ab. Brown blieb unverletzt.

Die Grenzpolizisten umstellten das Fahrzeug und ein Krankenwagen wurde gerufen. Papiere und Karten, die im Fahrzeug lagen und die Brown mitführte, wurden von den Grenzsoldaten entwendet. Der schwerverletzte Korporal Day wurde in ein ostdeutsches Krankenhaus gebracht. Eine Woche lang konnte er nicht in das britische Hospital nach West-Berlin verlegt werden, da er transportunfähig war. Nach diesem Vorfall gab es natürlich massive Beschwerden der Briten bei der sowjetischen Seite, die Ansprechpartner in Fragen der Sicherheit der Missionen war. Die sowjetische Seite erwiderte, dass sich das Missionsfahrzeug zwar nicht in einem Sperrgebiet befunden habe, es jedoch unklug gewesen sei, sich spät in der Nacht im unmittelbaren Grenzgebiet aufzuhalten und nicht auf die Zurufe der Grenzposten zu reagieren.

Den westlichen Missionen war damit klar, dass sowohl sowjetische Soldaten als auch DDR-Grenztruppen nicht davor zurückschreckten, das Feuer auf Fahrzeuge der Missionen zu eröffnen und in Kauf zu nehmen, dass Menschen verletzt oder getötet würden.

^ *Einschusslöcher am Heck des britischen Missionsfahrzeuges von Douglas Day, 1962*

EIN GROSSER FISCH AN DER ANGEL

DER ABSTURZ EINES SOWJETISCHEN KAMPFFLUGZEUGS IN SPANDAU

Eine aus Sicht des britischen Nachrichtendienstes äußerst brisante Episode ereignete sich am 6. April 1966, als ein sowjetisches Kampfflugzeug über West-Berlin abstürzte. Sowjetische Kampfflugzeuge im West-Berliner Luftraum waren schon seit einiger Zeit ein Ärgernis für die Westmächte. Ein Jahr zuvor hatten mehrere Kampfjets durch ihren Überflug bereits eine Sitzung des Bundestags in der Berliner Kongresshalle massiv gestört.

Am späten Nachmittag des 6. April gegen 15.30 Uhr wurden die Berliner durch die Nachricht aufgeschreckt, dass ein Flugzeug in den Stößensee gestürzt sei. Gegen 18 Uhr erreichten die Briten den Absturzort, circa eine Stunde später traf bereits eine etwa zwanzigköpfige sowjetische Delegation ein. Diese forderte, alle Aktivitäten einzustellen, bis sowjetische Einheiten eintreffen würden, um das Flugzeug zu bergen. Diese Forderung wurde von den Briten natürlich strikt abgelehnt. Das Wrack des Flugzeugs befand sich in einem See im britischen Sektor Berlins, sodass die Zuständigkeit der Briten außer Frage stand.

Nach Einbruch der Nacht begab sich der Luftwaffenexperte der Brixmis, Squadron Leader Maurice Taylor, mit einem kleinen Boot und einer Lampe hinaus zu dem Flugzeugwrack, von dem nur ein kleiner Teil des Leitwerks aus dem Wasser schaute. Die Spitze des Flugzeugs steckte im Grund des Sees. Die Briten wollten natürlich wissen, um welchen Flugzeugtyp es sich handelte. Taylor konnte nur wenig von dem Flugzeug erkennen und machte eine Reihe von Fotos.[23] Die Auswertung der Fotos in der Nacht brachte ein sensationelles Ergebnis. Es handelte sich um einen russischen Abfangjäger vom Typ Jak 28-P, der erst wenige Wochen zuvor bei der sowjetischen Luftwaffe in der DDR eingeführt worden war. Dieser Abfangjäger trug den NATO-Codenamen »Firebar« und war damals wegen seines Radar und Funkmessgerätes Orjol-D für die Briten von besonderem Interesse. Der amerikanischen Mission in Potsdam war es erst zwei Wochen vor dem Absturz gelungen, Fotos von einer Jak 28-P im Einsatz in der DDR zu machen[24] – und nun befand sich eines dieser Flugzeuge auf britischem Territorium.

Die Maschine mit dem Piloten Boris Kapustin und dem Navigator Jurij Janow war von Finow gestartet, das rund 40 Kilometer von Berlin entfernt liegt. Von dort aus sollte das Flugzeug zum Flughafen der sowjetischen Streitkräfte in Köthen überführt werden. Bereits am 03. April mussten Kapustin und Janow in Finow landen, weil ihr Abfangjäger Probleme machte. In Finow arbeiteten die Mechaniker drei Tage lang an der Behebung von Triebwerksproblemen der Maschine.[25]

Am 6. April startete die Unglücksmaschine. Etwa zwölf Minuten nach dem Start fielen kurz nacheinander beide Triebwerke aus. Viel Zeit hatten die beiden Piloten nicht, da die Jak 28-P fast wie ein Stein zu Boden fiel – ihnen blieb nicht viel mehr als 30 Sekunden. Beide Piloten erhielten über Funk die Erlaubnis, sich mit dem Sitz herauszukatapultieren. Da sich rund um den Stößensee in Berlin-Spandau dicht besiedeltes Wohngebiet befindet, versuchte Kapustin das Flugzeug in den See zu lenken. Kurz vor den Aufprall forderte er Janow auf auszusteigen, was dieser nicht tat. Sekunden später bohrte sich die lange Spitze der Yak 28 P in den West-Berliner Stößensee.

Noch am späten Abend des 6. April gegen 22.30 Uhr wussten die Briten noch nicht genau, um welchen Flugzeugtyp es sich handelt und ob die Piloten noch in der Maschine waren. Bei den ersten Tauchgängen, die von der Berliner Polizei und Feuerwehr wenige Stunden später rund um das Wrack durchgeführt wurden, konnten die beiden Piloten in dem sehr schlammigen Wasser nicht gefunden werden. Amerikanische Hubschrauber und britische Militärpolizei suchten noch in der Nacht die Umgebung nach den Piloten ab.

Am Vormittag des 7. April landeten britische Navy-Taucher aus Portsmouth in Gatow, um die Bergung nun professionell voranzutreiben.[26] Dies war umso wichtiger, weil die Briten nun wussten, welches wichtige militärische Equipment auf ihrem Territorium liegt. Das Flugzeugwrack war möglicherweise der bedeutendste nachrichtendienstlichen Fund der vergangenen Jahre.

Doch als am 7. April die Arbeiten an der Absturzstelle begannen, stand die Bergung der beiden Piloten, die bei dem Absturz ums Leben gekommen sein mussten, im Vordergrund. Gegen 17.45 Uhr stand fest, dass beide Piloten tot und noch im Cockpit waren. Die Bergung der Piloten aus der Flugzeugkanzel wurde durch die Schleudersitze des Kampfjets zu einer sehr heiklen Arbeit für die britischen Taucher. Die Schleudersitze wurden nicht ausgelöst, konnten aber durch den Absturz einen Defekt bekommen haben, weshalb große Vorsicht geboten war. Am 8. April gegen 3 Uhr morgens wurden beide Piloten mit allen militärischen Ehren an die sowjetische Delegation übergeben. Damit war der humanitäre Aspekt dieser Operation beendet.

Doch die britischen Taucher bargen aus dem Flugzeugwrack auch Teile von militärischem Interesse, darunter auch das Radar-Equipment, das anschließend zur Untersuchung nach England geschickt wurde. Das musste jedoch sehr schnell gehen, denn die Teile, die ins Cockpit gehörten, sollten vor der geplanten Übergabe des Wracks am 13. April wieder eingebaut werden, damit die sowjetische Seite keine Anhaltspunkte für die vorangegangene Untersuchung hätte. Die elektronische Ausrüstung, welche sich unter der spitz zulaufenden Nase des Flugzeugs befand, wurde schließlich nicht wie geplant von England nach Berlin zurückgeschickt. Der Flugzeugrumpf wurde den sowjetischen Vertretern am Nachmittag des 13. April auf der Havel übergeben. Ein Termin, der erst nach zähen Verhandlungen mit der sowjetischen Seite zustande kam. Man einigte sich schließlich darauf, das Wrack auf der Wassergrenze zu übergeben. Die Wrackteile transportierte eine britische Fähre bis in die Nähe der DDR-Grenze, wo eine sowjetische Fähre sie übernahm. General Bulanov, der auf sowjetischer Seite mit den Verhandlungen betraut war, nahm die Wrackteile in Empfang. Eine weitere Suche nach den restlichen Teilen des Flugzeugs wurde vereinbart, denn noch fehlten ja wichtige Elemente wie zum Beispiel das Radar und die Triebwerke. Doch viel wichtiger als diese beiden Elemente war das Fehlen

der Freund-Feind-Kennung (SRO), die sich nicht unter den zurückgegebenen Wrackteilen des Flugzeugs befand.[27] Auf diese Weise war das System der sowjetischen Freund-Feind Kennung nun nicht mehr geheim – ein unglaublich schmerzhafter Verlust für die sowjetische Militärführung!

Der erste Teil dieser verdeckten Operation war mit der Übergabe des Wracks beendet. Da bei dem Aufprall des Flugzeugs die Tragflächen und die Motoren abgerissen worden waren und weit verstreut im See lagen, würde die Bergung dieser Teile weitere Zeit in Anspruch nehmen. Das war auch den sowjetischen Vertretern vor Ort klar, die seit dem 6. April ein Quartier in Sichtweite der Absturzstelle bezogen hatten. Der britische Stadtkommandant, Major General Sir John Nelson, hatte nach eigenen Angaben die Idee, die Rückgabe der Triebwerke so lange zu verzögern, bis britische Fachleute den Motor genauestens untersucht hätten. Es gab nur ein Problem: Die Briten hatten bisher noch keines der beiden Triebwerke gefunden. Wieviel Zeit würden die Fachleute für die Untersuchung benötigen, und wie lange könnte man die sowjetischen Militärs glaubhaft hinhalten? Der sowjetische General Bulanov war den westlichen Militärs in Berlin bisher nicht bekannt, sodass sie nicht abschätzen konnten, wie er auf das geplante nachrichtendienstliche Manöver reagieren würde.

Am 18. April wurde das erste Triebwerk geborgen, der Fund jedoch von den Briten geheimgehalten. Am 20. April er-

^ *Eine erste Übergabe von Wrackteilen des sowjetischen Kampfflugzeuges am 13. April 1966. Die Flugzeugteile werden von einem britischen Floß auf ein sowjetisches Floß umgeladen.*

gab sich die Gelegenheit, den Motor heimlich zum britischen Luftwaffenstützpunkt nach Berlin-Gatow zu bringen. Stadtkommandant Nelson wollte dann aber vorsichtshalber die Erlaubnis seiner Vorgesetzten im Außenministerium in London einholen. Von dort erhielt er »grünes Licht« für seine geplante Operation. In den folgenden Tagen wurde das Triebwerk der Jak 28-P in einem abgelegenen Flugzeughangar von britischen Experten, die eigens eingeflogen worden waren, eingehend begutachtet. In dieser Zeit beklagten die sowjetischen Vertreter täglich die ineffektive Arbeit der Briten, die noch keines der Triebwerke gefunden hätten.

Am 25. April wurde das zweite Triebwerk entdeckt. Dieser Fund wurde von den Briten so behandelt, als ob es sich hierbei um das erste Triebwerk handele. Nun lief ihnen allerdings die Zeit davon. London signalisierte, dass Teile, die zwischenzeitlich auch in England untersucht worden waren, am 1. Mai in Berlin eintreffen würden. Am 28. April inszenierten die Briten den Fund des zweiten Triebwerks, das in Wirklichkeit schon seit einer Woche in Gatow untersucht worden war.

Die Übergabe der beiden Triebwerke erfolgte schließlich am 2. Mai. Zugleich hatte General Bulanov noch einmal schriftlich darauf hingewiesen, dass ein wichtiges Teil, welches er nicht näher beschrieb, noch fehle. Ob Bulanov glaubte, dass diese Teile – wie die Briten behaupteten – wirklich noch auf dem Grund des Sees liegen würden, darf bezweifelt werden.

^ *Gedenktafel an der Brücke über den Stößensee in Berlin-Spandau für die beiden sowjetischen Piloten, die 1966 beim Absturz einer Jak 28-P ums Leben kamen*

Der Absturz der sowjetischen Jak 28-P beinhaltete 1966 auch eine militärisch kritische Situation. Am 7. April überquerte ein sowjetisches Amphibien-Fahrzeug den Checkpoint Charlie in Richtung Stößensee. Bis zu 40 sowjetische Soldaten kampierten ohnehin in unmittelbarer Nähe der Absturzstelle, um die Bergung zu beobachten. Hätten die Russen das Amphibien-Fahrzeug in den Stößensee in Richtung Wrack geschickt, dann hätten die Briten dies mit Gewalt verhindern müssen, und somit einen bewaffneten Konflikt ausgelöst. Nach Abschluss der Bergung kamen die Briten zu dem Schluss, dass die sowjetische Regierung nicht bereit, war eine militärische Krise zu provozieren, um die Briten an der nachrichtendienstlichen Auswertung des Wracks zu hindern.[28]

Willy Brandt fand wenige Tage nach dem Absturz als Regierender Bürgermeister von Berlin die passenden Worte. In den Zeiten des Kalten Krieges dankte er den beiden sowjetischen Piloten, dass sie auf die Rettung ihres eigenen Lebens verzichtet hatten, um eine Katastrophe zu verhindern.[29]

Die beiden Piloten Boris Kapustin und Jurij Janow wurden in der DDR und in der Sowjetunion als Helden verehrt, da sie den Kampfjet über West-Berliner Wohngebiet hinweg in den See manövriert hatten. Ihnen wurde daraufhin im Stadtpark des brandenburgischen Finow ein Ehrenmal errichtet. Nach der deutschen Wiedervereinigung enthüllte 1992 auch der Bezirk Spandau eine Gedenktafel für die beiden Piloten auf der Brücke über den Stößensee.

IRGENDWANN MUSSTE ES PASSIEREN

TÖDLICHE ZWISCHENFÄLLE AUF DER STRASSE UND »MORD« IM WALD

Am 13. April 1969 waren der Kommandant Claude Legendre sowie sein Adjutant Lebert mit dem Fahrer Tiberi in dem französischen Missionsfahrzeug mit der Nummer 33 unterwegs. Ihr Fahrzeug wurde bereits seit einiger Zeit von einem BMW des DDR-Staatssicherheitsdienstes verfolgt, welches sie nicht abschütteln konnten. Aus französischer Sicht ereignete sich an diesem Tag Folgendes: Das französische Missionsfahrzeug war gegen 19:30 Uhr mit einer angemessenen Geschwindigkeit auf der linken Fahrspur der Schnellstraße 170 in Richtung Dresden unterwegs. Auf der rechten Fahrspur vor ihm fuhren drei Motorräder. Als das Missionsfahrzeug und die Motorräder fast auf gleicher Höhe waren, beschleunigte das hintere der drei Motorräder, um die beiden vor ihm fahrenden zu überholen. Das hintere Motorrad setzte sich bei diesem Überholmanöver auf der linken Fahrspur unmittelbar vor das schneller fahrende Missionsfahrzeug. Es kam zu einer Kollision zwischen dem Motorrad und dem MMFL-Fahrzeug, wobei der Motorradfahrer gegen die Windschutzscheibe und über das Fahrzeug hinweg auf die Straße geschleudert wurde.[30] Die französischen Missionsmitglieder hielten sofort an, und der BMW des Staatssicherheitsdienstes setzte sich vor das MMFL-Fahrzeug. Weder die Mitglieder der französischen Mission noch die MfS-Mitarbeiter leisteten dem Unfallopfer Erste Hilfe. Der Motorradfahrer war entweder sofort tot oder er starb noch am Unfallort. Zum Erstaunen der Franzosen trafen Volkspolizei und Krankenwagen recht schnell ein. Der BMW verließ daraufhin den Unfallort.[31]

Legendre und sein Team wurden samt ihrem Auto nach Dresden abgeschleppt und dort die ganze Nacht über in der sowjetischen Kommandantur verhört, in der sie auch in den folgenden Tagen festgehalten wurden. Der Chef der französischen Mission, Oberst Rohé, wurde erst zwei Tage nach dem Unfall über den Aufenthaltsort seiner Mitarbeiter informiert. Der zuständige sowjetische Offizier bei der SERB nannte die Franzosen Mörder und drohte ihnen mit einem Prozess vor einem Gericht der DDR. Die sowjetische Seite behauptete, dass das Missionsfahrzeug viel zu schnell gefahren sei und somit den Tod des Motorradfahrers verschuldet habe.[32] Am 19. April schlug die SERB jedoch vor, die drei Gefangenen gegen eine Zahlung von 27 000 DDR-Mark freizulassen. Die französische Militärmission war mit dieser Zahlung einverstanden, wenn sie nicht als Strafe, sondern als eine humanitäre Geste für die Hinterbliebenen verstanden würde.

Am 26. April erfolgte die Freilassung der drei festgehaltenen Franzosen des Missionsfahrzeugs 33 gegen die vereinbarte Geldzahlung, gleichzeitig erklärte man sie zu Personae non grata (PNG). Ihnen wurde damit die Akkreditierung für die Missionen entzogen. Am selben Tag wurden außerdem – im Beisein des Chefs der französischen MMFL und des Chefs der SERB – alle Dokumente und Filme verbrannt, die sich im Missionsfahrzeug befunden hatten.

Das »Lösegeld« wurde von den Kollegen und Familien der drei festgehaltenen Soldaten gesammelt. Claude Legendre äu-

^ *Ein Team der französischen Militärverbindungsmission auf Erkundungsfahrt in der DDR, 1967*

ßerte noch viele Jahre später, dass er den Spendern dafür sehr dankbar war. Er fühlte sich in dieser Situation aber von seinem Arbeitgeber, dem Staat, im Stich gelassen.[33]

Neben dem Gebrauch von Schusswaffen wurden im Einsatz gegen die Militärmissionen immer häufiger auch Fahrzeuge als »Waffe« verwendet. Insbesondere die DDR-Sicherheitsorgane benutzten Lkws als Rammfahrzeuge, um gezielt Unfälle zu verursachen und Missionsfahrzeuge zu stoppen oder zu blockieren. 1979 wurde ein Fahrzeug der amerikanischen USMLM von einem Lkw der Nationalen Volksarmee (NVA) gerammt, wobei ein Insasse schwer verletzt wurde. 1983 wurde ein Auto der britischen Brixmis ebenfalls durch einen NVA-Lkw gerammt und zu Schrott gefahren.[34] In dieser Zeit gab es eine Reihe weiterer Zwischenfälle mit den Fahrzeugen der Militärverbindungsmissionen. Die Bilanz der Brixmis aus den Jahren 1980 bis 1989 ist erschreckend. Die Gesamtzahl solcher Verkehrsdelikte und -unfälle, in die Brixmis-Mitarbeiter verwickelt wurden, betrug in den achtziger Jahren 137.[35] Glücklicherweise hatten diese Aktionen in der Regel »nur« Blechschäden oder leichte Verletzungen zur Folge. Das sollte sich im März 1984 ändern.

Am 22. März machte sich ein französisches Missionsfahrzeug auf den Weg, um Heeresbeobachtungen im Bereich Halle und Umgebung durchzuführen. In der Mercedes-Limousine saßen der Hauptmann Jean-Paul Staub, der Feldwebel Jean Marie Blancheton und der Fahrer Feldwebel Philippe Mariotti. In Halle-Lettin, an der Otto-Brosowski-Kaserne, die auf der Route des Missionsfahrzeugs lag, warteten bereits ostdeutsche Einsatzkräfte auf sie. Dort fand eine Übung der NVA in Zusammenarbeit mit dem Ministerium für Staatssicherheit, Abteilung VIII der Hauptabteilung I, statt. Diese Übung erstreckte sich lediglich auf den Zeitraum vom 19. bis 23. März 1984. An diesen fünf Tagen warteten insgesamt sechs Fahrzeuge der NVA, davon drei Lkws mit Anhängern, rund um die Uhr auf die Annäherung eines Missionsfahrzeugs. Ziel der Operation war es, Missionsfahrzeuge offensiv zu stören und zu blockieren.

Nach Einschätzung der Staatssicherheit, die auf Beobachtungen in der Vergangenheit beruhte, bestand eine hohe Wahrscheinlichkeit, dass in dieser Zeit die französische MMFL die Kaserne anfahren würde. Folglich waren an allen drei Anfahrtswegen zur Kaserne Teams in ihren Fahrzeugen platziert worden.[36] Als die Franzosen am späten Nachmittag am Haupttor der Kaserne vorbeifuhren, wurden sie von einem Lkw verfolgt. Das Missionsfahrzeug erhöhte das Tempo. Als die Fahrzeuginsassen kurz darauf einen Lkw mit Anhänger vor sich sahen, zögerte der Fahrer Mariotti nicht. Wenn es ihm nicht gelingen würde, den Mercedes an dem entgegenkommenden Lkw vorbei zu manövrieren, würden sie »festsitzen«. Als Fahrer eines Missionsfahrzeugs war es seine Aufgabe, dies – unter Abwägung aller Risiken – zu vermeiden. Am Lenkrad des entgegenkommenden NVA-Lkws saß der zwanzigjährige Gefreite Baumann. Der Beifahrer wurde in den Akten unter dem Decknamen »Paul Schmidt« geführt. Er war hauptamtlicher Mitarbeiter des Ministeriums für Staatssicherheit in einer NVA-Feldwebeluniform. Es war ihre Absicht, das Missionsfahrzeug zu stoppen, wie es der Operationsplan vorsah.

Wenige Sekunden später kam es zur Tragödie. Der Lkw rammte den Mercedes, der ihn seitlich passieren wollte, auf der Höhe der Fahrerseite. Mariotti starb noch am Unfallort, die beiden anderen Insassen wurden verletzt. Staub wurde schwer verletzt in ein Krankenhaus gefahren, während der ebenfalls verletzte Blancheton bei seinem toten Kameraden und dem Fahrzeug blieb.

Dass der Unfallhergang später von beiden Seiten unterschiedlich geschildert wurde, ist nicht außergewöhnlich. Die Schuld für den Tod von Mariotti wurde der jeweils gegnerischen Seite gegeben. Die ostdeutsche Version vom Unfallhergang lautete: Der Mercedes sei in Schlangenlinien auf den Lkw zugerast, so dass dieser nicht mehr ausweichen konnte. Im Vernehmungsprotokoll, das am Abend des Unfalls aufgenommen wurde, gab der Fahrer an, erst nach dem Zusammenstoß gesehen zu haben, dass es sich um ein Fahrzeug der MMFL gehandelt hat.[37] Dies war eine offensichtliche Lüge. Die militärische Übung zur Blockade der Militärmissionen wurde in den Verhörprotokollen weder vom Fahrer noch vom Beifahrer erwähnt. Die Version der Franzosen besagte: Das Missionsfahrzeug wollte den Lkw rechts passieren, als dessen Fahrer das Lenkrad herumriss und den Mercedes in voller Fahrt seitlich rammte. Die französische Darstellung ist in diesem Fall die deutlich glaubwürdigere.[38]

Auf eine Tatsache soll aber in diesem Zusammenhang zum Schluss noch hinwiesen werden. Am 27. März 1984 – nur fünf

Tage nach dem tödlichen Zusammenstoß – wurden »Paul Schmidt« und sein Beobachterteam für die Blockierung des französischen Missionsfahrzeugs – und somit für den Tod Mariottis – ausgezeichnet und mit Geldpreisen bedacht.[39] Eine »Kopfgeldprämie« für einen beabsichtigten Zusammenstoß mit Todesfolge auszuloben, ist ein unmissverständliches Indiz für die menschenverachtende Haltung des DDR-Regimes.

Fast alle Erkundungsfahrten der Militärverbindungsmissionen durch die DDR starteten in West-Berlin. Auch Major Arthur D. Nicholson und Feldwebel Jessie Schatz brachen am Morgen des 24. März 1985 vom West-Berliner Standort der amerikanischen Militärverbindungsmission im Zehlendorfer Föhrenweg auf. Nach einem Zwischenstopp in der Potsdamer Mission verließen sie gegen 10:00 Uhr das Gebäude und machten sich mit ihrem Mercedes-Geländewagen auf den Weg, um ein ehemaliges Übungsgelände der sowjetischen Streitkräfte aufzusuchen. Diese Aufgabe erfüllten Nicholson und Schatz an diesem Tag viel schneller als vorgesehen. Als Touroffizier entschied Nicholson, anschließend eine Kontrollfahrt zum Trainingsgelände des sowjetischen Panzerregiments in Techentin in Mecklenburg-Vorpommern zu unternehmen.[40]

In dieser Gegend war es Nicholson in der Silvesternacht 1984 gelungen, in eine Fahrzeughalle einzudringen und sogar Innenaufnahmen von einem Kampfpanzer vom Typ T-64B zu machen.[41] Ein »Husarenstück«, für das er und andere Beteiligte ausgezeichnet wurden. Doch Nicholson wusste auch, dass an

^ *Das völlig zerstörte französische Missionsfahrzeug von Philippe Mariotti und der verletzte Feldwebel Jean Marie Blancheton etwa 30 Minuten nach dem Unfall, 22. März 1984*

dieser Stelle im Oktober 1984 französische Missionsangehörige beschossen worden waren, als sie abgedeckte sowjetische Panzer inspizierten. Die Franzosen blieben unverletzt, aber die sowjetischen Wachen wurden durch diesen Vorfall sensibilisiert, wie man annehmen darf.

Am 24. März 1985, gegen 15:30 Uhr, traf das USMLM-Tourenfahrzeug an dem Panzerschießplatz ein, der über Feldwege von vielen Seiten offen zugänglich war. Nicholson und Schatz konnten keine Wachen bemerken. Das eigentliche Ziel der beiden war die Panzerhalle, in der sich möglicherweise Fahrzeuge befanden. Vor der Halle verließ Nicholson mit seiner Kameraausrüstung den Mercedes-Geländewagen, Schatz öffnete die Dachluke des Fahrzeugs und beobachtete die Umgebung. Plötzlich sah er einen sowjetischen Wachposten aus einer Distanz von nur circa 70 Metern mit einer Kalaschnikow im Anschlag direkt auf das Fahrzeug zulaufen. Schatz warnte Nicholson per Zuruf, doch schon feuerte der sowjetische Soldat einen Schuss in Richtung Schatz. Der ließ den Wagen an und setzte zurück, damit Nicholson das Auto schneller würde erreichen können. Wieder fielen zwei Schüsse. Nicholson sank getroffen zu Boden. Schatz setzte den Mercedes zurück, bis er auf der Höhe des am Boden liegenden Nicholson war. Er stieg mit dem Erste-Hilfe-Kasten aus, doch da erschien auch schon der sowjetische Wachposten, Unteroffizier Alexander Rjabtsew, bedrohte Schatz mit der Waffe und drängte

^ *Zwei sowjetische Militärfahrzeuge blockieren das Auto der französischen Militärverbindungsmission. Um 1980*

ihn zurück in das Fahrzeug. Der Wachsoldat rief Verstärkung herbei, doch niemand kümmerte sich um den verletzten amerikanischen Offizier. Nicholson starb noch vor Ort. Sein Tod wurde circa eine Stunde nach den Schüssen festgestellt.[42]

Der Chef der USMLM, Oberst Roland Lajoie, wurde circa zwei Stunden nach den Schüssen über einen »Unfall« informiert, in den das Missionsfahrzeug Nr. 23 verwickelt sei. Er traf gegen 22:00 Uhr am Tatort ein und wurde von sowjetischer Seite sogleich mit Vorwürfen konfrontiert. Er war fassungslos, dass einer seiner Mitarbeiter erschossen worden war und er anstelle eines Bedauerns nur Vorwürfe von sowjetischer Seite zu hören bekam.[43]

Keiner der Zwischenfälle mit den westlichen Militärverbindungsmissionen erregte so großes Aufsehen und mediales Interesse wie der Tod von Nicholson. Der amerikanische Präsident Ronald Reagan protestierte persönlich wegen dieses Zwischenfalls bei der Sowjetunion.[44] Die westdeutsche Presse, ebenso wie die internationale und natürlich die amerikanische Presse, berichteten ausführlich über die Überführung des Leichnams auf der Glienicker Brücke und über die Beerdigung auf dem amerikanischen Nationalfriedhof in Arlington/Virginia.

Auch für die weitere Arbeit der amerikanischen Militärmission bedeutete der Tod von Major Nicholson einen Einschnitt. Im offiziellen Sprachgebrauch verwendeten die Amerikaner in diesem Zusammenhang stets den Begriff »Ermordung«. Nicholson und Schatz hatten sich weder in einer »dauerhaft« noch in einer »zeitweise« gesperrten Zone befunden. Die Amerikaner wollten sicherstellen, dass so etwas nie wieder passieren könnte. Andernfalls erwägten sie, die Mission in Potsdam zu schließen, da das Risiko für die Missionsmitglieder sonst unkalkulierbar wäre. Das hätte natürlich auch die Schließung der

^ *Portrait von Arthur D. Nicholson. Die Bibliothek der US-Streitkräfte an der Clayallee in Berlin/Zehlendorf wurde 1986 nach ihm benannt.*

sowjetischen Militärmission in Frankfurt am Main zur Folge gehabt. Eine Tatsache, die der Sowjetunion durchaus bewusst war. Es folgten monatelange schwierige Verhandlungen einer eigens eingerichteten amerikanisch-sowjetischen Arbeitsgruppe, die den Vorfall aufarbeiten sollte.

Sie wurden erschwert durch den besonderen Umstand, dass es nur zwei Zeugen des Tathergangs gab. Auf sowjetischer Seite war dies der Unteroffizier Rjabtsew. Dieser wichtige Zeuge trat im gesamten Verlauf der bilateralen Verhandlungen nie in Erscheinung und konnte von amerikanischer Seite nicht direkt befragt werden. Die Amerikaner mussten sich vollständig auf die Aussagen ihres Fahrers Jessie Schatz verlassen. Er war der Hauptbelastungszeuge, doch seine Glaubwürdigkeit stand keinesfalls außer Frage. Schatz hatte Charaktereigenschaften und persönliche Neigungen, die ihn zu einem »hervorragenden Ziel« und zur scheinbar »leichten Beute« für das Ministerium für Staatssicherheit und den sowjetischen Geheimdienst machten. Seit seinem Eintritt in die USMLM 1979 stand er unter Dauerbeschattung durch das MfS.[45] Neben seiner Spielleidenschaft, seinem übermäßigen Alkoholkonsum und seinen erfolglosen finanziellen Transaktionen, wurde Schatz 1982 auch noch wegen Steuerhinterziehung und Betrugs angeklagt. 1984 wurde er aber erstaunlicherweise wieder für die USMLM rekrutiert und absolvierte eine zweite Dienstzeit in Potsdam. Damit stand er erneut unter Dauerbeobachtung des MfS.[45] Alleine auf den Aussagen von Schatz beruhten nun die schwierigen Gespräche mit den Sowjets.

Die langwierigen amerikanisch-sowjetischen Verhandlungen drehten sich im Prinzip um folgende Punkte. Die Amerikaner vertraten die Auffassung, dass sich der Tatort nicht in einem gesperrten Gebiet befunden habe und die USMLM somit berechtigt gewesen sei, sich dort aufzuhalten. Die Sowjetunion argumentierte, dass die Liegenschaft durch Artikel 10 des Jessup-Malinin-Vertrags abgedeckt sei, der das Aufsuchen von militärischen Gebieten dieser Art, den so genannten Troop Garrison Areas verbiete. Die Amerikaner entgegneten, dass demnach jede Halle, in der ein Militärfahrzeug stehe, unter Artikel 10 fallen könne, was die Arbeit der Missionen in der DDR de facto unmöglich mache und somit die Auflösung des Huebner-Malinin-Abkommens zur logischen Konsequenz haben müsse.

Substanziell führten die monatelangen Gespräche zu keinem nennenswerten Ergebnis. Die Militärverbindungsmissionen in Potsdam existierten weiter auf der Grundlage der alten Verträge bis zu ihrer Schließung nach der deutschen Wiedervereinigung 1990.

Die westlichen Militärverbindungsmissionen in Potsdam haben im Verlauf des Kalten Krieges eine beachtenswerte Rolle eingenommen. Sie konnten legal auf dem Territorium der DDR wichtige Informationen erlangen, die an die jeweiligen militärischen Stellen wie auch an die nationalen Nachrichtendienste weitergegeben wurden. Die Missionen stellten aber auch ein Instrument zur Konfliktentschärfung dar. Zum einen konnten sich ihre Mitglieder unmittelbar vor Ort ein Bild davon machen, was der potenzielle Gegner unternahm, beziehungsweise nicht unternahm. Andererseits brach durch sie der Kontakt der Westmächte zur Sowjetunion auch in Krisenzeiten nicht ab. Gleiches gilt natürlich auch für die Arbeit der sowjetischen Militärverbindungsmissionen in der Bundesrepublik. Nicht unerwähnt bleiben sollte die Tatsache, dass deren Mitglieder in der Bundesrepublik im Verlauf der mehr als 40 Jahre ihrer Existenz keinerlei Schussverletzungen zugefügt wurden. Die sowjetischen Missionsmitglieder in der Bundesrepublik hatten auch keine Todesopfer oder Schwerverletzten im Zusammenhang mit Blockadeaktionen zu beklagen.

^ *Der Leichnam des getöteten Nicholson wird am 25. März 1985 über die Glienicker Brücke nach West-Berlin überführt.*

SVEN FELIX KELLERHOFF

141

FRÜHE KONFRONTATION

DIE ANFÄNGE DES GEHEIMEN KRIEGES

DIE »GRUPPE ULBRICHT« IM EINSATZ

Die Waffen schwiegen in Berlin gerade einmal wenige Stunden, Hitlers Krieg dauerte formal sogar noch sechs weitere Tage an. Doch schon rief Walter Ulbricht, etwa 40 Kilometer östlich der zerschossenen Reichshauptstadt in einem säulengeschmückten Landhaus in der Buchholzer Straße 8 im brandenburgischen Ort Bruchmühle bei Strausberg, den nächsten Krieg aus. Diesmal allerdings insgeheim und nur vor seinen engsten Vertrauten: »Es muss demokratisch aussehen, aber wir müssen alles in der Hand behalten.«[1] Zwei Tage zuvor, am 30. April 1945 um sechs Uhr morgens, waren die zehn Mitglieder der »Gruppe Ulbricht« in Moskau gestartet, um direkt nach dem Sieg über das nationalsozialistische Deutschland die Umgestaltung im Sinne Stalins zu beginnen. Wolfgang Leonhard, mit 24 Jahren der Junior in der Gruppe aus Exilkommunisten, erinnerte sich später an den ersten Auftrag, den die heimgekehrten Funktionäre bekamen: »Wir sollten in Berlin die Bezirksverwaltungen aufbauen und dazu die geeigneten Antifaschisten auswählen. Die Bezirksverwaltungen sollten aus sechzehn Dezernaten bestehen. Soweit wie möglich sollten dabei ›Bürgerliche‹ – vor allem frühere Mitglieder der Demokratischen Partei und des Zentrums und, falls möglich, Akademiker – sowie Sozialdemokraten und Parteilose herangezogen werden.«[2] Doch neben diesem offenen Auftrag verfolgten die Kader-Kommunisten eigene, verdeckte Ziele: Die formal erst fünf Wochen später überhaupt wieder begründete KPD sollte, taktisch klug, möglichst jeweils nur drei der Stadtratsposten für sich beanspruchen – allerdings stets die wichtigsten: alle

< Berlin im Mai 1945: Adolf Hitlers Porträtkopf ist nur noch ein Fall fürs Recycling. Kaum schweigen die Waffen, beginnt ein neuer Kampf an unsichtbarer Front.

stellvertretenden Bürgermeister, alle Personal- und alle Volksbildungsstadträte. Selbst wenn das qualifiziertere Personal aus Kommunisten bestand, sollte, so legte es Ulbricht fest, nur maximal ein Drittel der Bezirksräte mit ihnen besetzt werden.

Täglich fuhren Ulbrichts Männer von nun an nach Berlin, um in den ihnen zugeteilten Bezirken scheinbar überparteiliche, in Wirklichkeit jedoch kommunistisch dominierte Bezirksämter aufzubauen. Von der ersten Fahrt erzählte Leonhard: »Es war ein infernalisches Bild. Alle denken nur an die zerstörten Häuser, die Ruinen. Das war gar nicht mal das Schlimmste. Das Schlimmste war der Rauch. Es war unglaublich schlimmer Rauch. Über den Alexanderplatz konnte man kaum gehen vor Rauch. Die überschwemmten U-Bahnschächte und dann die deutschen Soldaten, die vollkommen wirr blickten und umhergingen und überhaupt nicht mehr verstanden, was nun los war. Einige jubelnde Sowjetsoldaten. Und das eindringlichste Bild: die Schlangen vor den Pumpen. Man hatte natürlich kein Wasser, kein Licht, kein Gas, es gab ja nichts, aber Wasser brauchte man unbedingt. Abgehärmte Menschen standen vor den Pumpen. Ja, dann sah man sich um und sah fast überall weiße Fahnen aus den Fenstern. Nach dem Motto: Wir kapitulieren, unabhängig wer wann was kapituliert, wir wollen nicht mehr! Und man sah, viele hatten auch weiße Armbinden: Ich kapituliere.«[3]

In Bruchmühle begann die unheilvolle Zusammenarbeit zwischen deutschen Kommunisten und sowjetischen Geheimdienstlern in Berlin, die bis 1989 anhielt. Denn das brandenburgische Dorf war nicht zufällig als erster Standort der »Gruppe Ulbricht« ausgewählt worden: Hier hatte die politische Hauptverwaltung der Ersten Weißrussischen Front unter

^ *Ausnehmend gut sah Wolfgang Leonhard aus, als er in der »Gruppe Ulbricht« seine ersten Parteiaufträge erfüllte. Er sollte sogar Gattinnen skeptischer SPD-Funktionäre becircen.*

Marschall Georgi Schukow während der Schlacht um Berlin ihr Hauptquartier aufgeschlagen. Und entsprechend standen neben dem Hauptauftrag der eingeflogenen Kommunisten von Anfang an kleinere, aber aus Sicht der Sowjets wichtige geheimdienstliche Aufgaben. Einmal zum Beispiel musste Leonhard alles stehen und liegen lassen, weil gerüchteweise bekannt geworden war, dass in Berlin-Reinickendorf eine trotzkistische Gruppe gegründet worden sei: »So mussten wir, wenige Tage nach dem Zusammenbruch des Dritten Reiches, in dem zerstörten, hungernden Berlin Trotzkisten suchen – eine groteske Situation!«[4] Echte oder angebliche »Trotzkisten«, in Wirklichkeit ein Sammelbegriff für möglicherweise unangepasste Kommunisten, die sich der absoluten Befehlsgewalt der Parteiführung nicht unterwerfen mochten, waren innerhalb und außerhalb Russlands seit Ende der zwanziger Jahre eines der Hauptziele der verschiedenen stalinistischen Geheimdienste. Ein zweiter besonders wichtiger Geheimauftrag der »Gruppe Ulbricht« war, zum Haus des Rundfunks in der Masurenallee in Charlottenburg zu fahren, um dort im Archiv Aufnahmen über die Gespräche des sowjetischen Außenministers Wjatscheslaw Molotow mit den Naziführern vom Oktober 1940 sicherzustellen. Sie sollten nicht in die Hände der westlichen Alliierten fallen. Als Leonhard und seine Begleiter ankamen, war die Aufgabe allerdings bereits erledigt – von einer nicht genannten sowjetischen Institution.

Nach sechs Tagen in Bruchmühle verlegte Ulbricht den Sitz seiner Geheimtruppe nach Lichtenberg, in die Prinzenallee 80 (heute Einbeckerstraße 41). Von hier aus ging die Arbeit weiter; nach den Bezirksämtern stand nun die Besetzung des Magistrats an, natürlich nach denselben Kriterien der konspirati-

^ *Walter Ulbricht war ein treuer Schüler Stalins. Als Apparatschik brachte er alles auf Parteilinie, was sonst Eigenleben hätte entwickeln können.*

ven Machtübernahme. Innerhalb einer guten Woche erledigte die »Gruppe Ulbricht« auch diesen Auftrag. Zum Oberbürgermeister wurde der parteilose Ingenieur Arthur Werner ernannt, der zwar von Verwaltung keine Ahnung hatte, aber »von seinen Manieren und seinem Aussehen her« als »typischer Bürgerlicher« erschien, wie Ulbricht später höhnte: »Natürlich haben wir uns oft darüber amüsiert.«[5] Gleich drei von Werners vier Stellvertretern waren Kommunisten, außerdem unterstanden fünf der 15 Magistratsabteilung früheren KPD-Mitgliedern: die Referate für Personal, für Finanzen und für Volksbildung sowie die besonders wichtigen Abteilungen Sozialfürsorge und Arbeitseinsatz. Wichtigstes Kriterium bei der Personalauswahl war die Verlässlichkeit in der machtpolitischen Auseinandersetzung, weshalb Ulbricht gleich zwei Männer seiner Gruppe in den Magistrat eintreten ließ.

Wie sie nahm Stalins Statthalter in Deutschland auch alle nicht aus dem Exil heimgekommenen Kommunisten von Beginn hart an die Kandarre. Wenn Ulbricht in den ersten zwei Maiwochen 1945 in Berlin früheren KPD-Mitgliedern begegnete, von denen viele während der Nazizeit für ihre Überzeugung im Gefängnis oder sogar im KZ gelitten hatten, entsprachen die Treffen nicht einem freundlichen Wiedersehen mit politischen Freunden, sondern eher dem Termin eines Chefs mit seinen Untergebenen: Ulbricht gab kurz, nüchtern und hart Befehle, denen unmittelbar Folge zu leisten war. Deshalb lehnte er auch die von Hitler-Gegnern nach dem Ende der Kämpfe in fast allen Bezirken eingerichteten »Antifa-Büros« ab. Das waren Selbsthilfe-Initiativen, die dringende Sofortmaßnahmen wie das Löschen noch brennender Häuser, die Säuberung der Straßen, die vorläufige medizinische Versorgung und ähnliches organisierten. Als Nebenzweck beabsichtigten die Nazi-Gegner, ihre Nachbarn politisch aufzuklären und in ihrem Sinne zu beeinflussen. Wolfgang Leonhard erwartete, die »Gruppe Ulbricht« würde mit diesen eindeutig KPD-dominierten Komitees freundschaftlich zusammenarbeiten, doch er irrte sich: »Unnachgiebig forderte Ulbricht von uns, diese Komitees aufzulösen.« Erst viel später, nach seiner inneren Lösung vom Kadersozialismus nach SED-Art, begriff Leonhard den Grund: »Ulbrichts tiefes Misstrauen gegenüber allen selbstständigen Richtungen und Initiativen, gegenüber allem, was er nicht genau kontrollieren konnte.«[6]

DER KAMPF UM DIE POLIZEI BEGINNT

WARUM KARL HEINRICH »VERSCHWAND«

Fast genauso wichtig wie die Verwaltung war zur Beherrschung der Stadt die Polizei. Die sowjetische Besatzungsmacht, noch bis zum plangemäßen Einmarsch der Westalliierten in Berlin Anfang Juli allein verantwortlich für die Sicherheit in der Reichshauptstadt, stellte rasch wieder eine deutsche Polizei auf, als deren oberster Chef am 19. Mai 1945 der frühere Regimentskommandeur der Wehrmacht und Ritterkreuzträger Paul Markgraf eingesetzt wurde. Diese Ernennung war eine der ersten Amtshandlungen des neuen Magistrats, in Wirklichkeit aber war der neue Polizeipräsident direkt dem sowjetischen Stadtkommandanten unterstellt. Markgraf war nach der Schlacht um Stalingrad Anfang 1943 in Kriegsgefangenschaft geraten und hatte sich entschieden, dem »Nationalkomitee Freies Deutschland« beizutreten, einer kommunistisch dominierten, dennoch dem Widerstand gegen den Nationalsozialismus zuzurechnenden Gruppe in der Sowjetunion. Nach mehreren Umschulungslehrgängen wurde der Geheimdienst NKWD auf Markgraf aufmerksam, der angesichts seiner in kommunistischen Kreisen sehr seltenen Qualifikation für wichtige Aufgaben im künftigen Sowjet-Deutschland prädestiniert war. Kurz nach der »Gruppe Ulbricht« wurden Markgraf und neun weitere umgeschulte Kriegsgefangene aus Moskau nach Berlin geflogen. Die Aufgabe des neuen Polizeipräsidenten war zunächst, die seit Anfang Mai in verschiedenen Bezirken von den jeweiligen sowjetischen Kommandanten vor Ort eingerichteten deutschen Polizeikräfte unter ein gemeinsames Kommando zu bringen.

In Spandau hatte sich besonders Karl Heinrich um die rasche Wiederherstellung geordneter Verhältnisse bemüht. Der Sozialdemokrat, bis 1932 als Polizeimajor ein engagierter Verteidiger von Demokratie und Rechtsstaat, hatte im Dritten Reich acht Jahre in Gefängnissen und verschiedenen KZs gesessen. Im Herbst 1942 war er wegen ärztlich attestierter Haftunfähigkeit freigelassen worden und hatte insgeheim wieder Kontakte zu sozialdemokratischen Widerstandskreisen geknüpft. Sofort nach dem Ende der Kämpfe begann er, vertrauenswürdige Polizisten zu sammeln und mit ihnen unter Aufsicht des Ortskommandanten für öffentliche Sicherheit zu sorgen. Heinrich stieg innerhalb weniger Tage zum Reviervorsteher auf, was er schon 1926/27 in Dortmund gewesen war, und wurde Ende Mai 1945 zum Kommandeur der Berliner Schutzpolizei ernannt, also de facto zum zweiten Mann nach Polizeipräsident Markgraf. Diese Karriere war überraschend, denn Heinrich hatte zwischen 1929 und 1932 als Chef der uniformierten Polizei im Regierungsviertel mehrfach sowohl ungenehmigte NSDAP- wie KPD-Demonstrationen mit massivem Druck unterbunden, was ihm den Schmähnamen »Knüppelheinrich« eingebracht hatte.[7] Trotzdem wurde das bekennende Mitglied der wiederbegründeten SPD auf die wichtige Position des Schutzpolizeichefs berufen, der 180 Reviere und alle uniformierten Einsatzkräfte befehligte. Allerdings wurde Heinrich in geheimdiensttypischer Weise überwacht: Sein Personalreferent Hans Seidel und seine Sekretärin Hildegard Tepper waren Spitzel des NKWD, möglicherweise auch Heinrichs Stellvertreter Rudolf Wagner.

Die Informanten hatten einiges zu berichten, denn »Heinrich sammelte Material über Korruptionsfälle, an denen Polizisten beteiligt waren, die der KPD angehörten«.[8] Er war unzu-

^ *Acht Jahre Haft in Gefängnissen und KZs der Nazis haben in Karl Heinrichs Gesicht Spuren hinterlassen. Umso strikter stellt er sich gegen die KPD.*

frieden mit den zahlreichen Kommunisten, die auf Druck des Polizeipräsidenten in die Reihen der Schutzpolizei aufgenommen wurden. Heinrich wollte diese politische Ausrichtung der Polizei verändern. Offenbar versuchten einige betroffene kommunistische Polizisten, sich durch Denunziationen zu wehren: Sie beschwerten sich bei NKWD-Offizieren über »Knüppelheinrich«. Doch noch hatte der sowjetische Stadtkommandant kein Interesse, Karl Heinrich loszuwerden, auch weil die inzwischen in Berlin eingetroffenen britischen Besatzungsoffiziere den Kommandeur der Schutzpolizei offensichtlich schätzten. Eine Verschärfung trat ein, als im Juli 1945 Erich Mielke am Schutzpolizei-Chef vorbei zum Leiter der Polizeiinspektion Lichtenberg ernannt wurde. Es ist wahrscheinlich, dass Heinrich ein brisantes Detail aus dem Vorleben des neuen Inspektionschefs bekannt war: Mielke hatte am 9. August 1931 zusammen mit einem anderen Angehörigen des »Parteiselbstschutzes« der KPD die beiden Polizeioffiziere Paul Anlauf und Franz Lenk erschossen; seit September 1933 waren die Namen der Mörder bekannt, und es wäre sehr merkwürdig gewesen, wenn der hervorragend vernetzte Heinrich davon nichts mitbekommen hätte. Dennoch muss es Spekulation bleiben, ob Karl Heinrich tatsächlich die Absetzung Mielkes vorbereitete.[9]

Jedenfalls endete seine Karriere bei der Berliner Polizei nun schnell und in typischer Geheimdienstmanier: durch spurloses »Verschwinden«. Am 2. August 1945 wurde Heinrich zu einer Besprechung zu Markgraf ins Polizeipräsidium bestellt. Mitten in diesen Termin platzte ein sowjetischer Major und bat den Schutzpolizei-Chef, ihn zum Berliner NKWD-Quartier zu begleiten. Heinrich dachte sich nichts Böses; er vergaß seine Brille auf dem Tisch in Markgrafs Büro und ließ seine Aktentasche im Vorzimmer des Polizeipräsidenten stehen. Darin fand man später eine Pistole und drei geladene Magazine, was nachträglich den willkommenen Vorwand für die Festnahme lieferte. Heinrich wurde im NKWD-Quartier in der Elsässer Straße in eine Kellerzelle gesperrt, verhört und offensichtlich auch gefoltert. Man warf ihm illegalen Waffenbesitz vor, denn im Sommer 1945 durften deutsche Polizisten in Berlin nicht einmal einen Schlagstock haben, geschweige denn eine Schusswaffe. Offiziell bestätigt wurde Heinrichs Verhaftung durch den sowjetischen Geheimdienst zunächst nicht. Doch weil der Schupo-Chef einer der bekanntesten Sozialdemokraten der Stadt war, mussten die Sowjets schließlich doch auf eine Anfrage des US-Stadtkommandanten Floyd Parks antworten. Sechs Tage nach Heinrichs Verschwinden begründeten sie die Festnahme mit dem Verdacht, der Schupo-Chef sei ein Agent der Gestapo gewesen; das hätten inzwischen mehrere ehemalige Häftlinge jener KZs ausgesagt, in denen auch Heinrich gesessen hatte – angesichts der Biografie Karl Heinrichs eine leicht durchschaubare Diffamierung. Trotzdem schlug der Vernehmer des NKWD vor, den verhafteten Polizei-Offizier anzuklagen, wegen bewaffnetem Widerstand gegen die UdSSR und wegen konterrevolutionärer Sabotage. Beide Vorwürfe waren laut Artikel 58 des gültigen Strafgesetzbuches der Russischen Sowjetrepublik mit der Todesstrafe bedroht. Doch zum Prozess kam es nicht mehr: Heinrichs Gesundheitszustand verschlechterte sich in der erneuten Folterhaft nach acht Jahren Qualen unter den Nazis rapide. Er wurde ins Krankenrevier des NKWD-Speziallagers Nr. 3 in Hohenschönhausen verlegt, wo er am 3. November 1945 starb. „Beerdigt wurde er sang- und klanglos wie alle übrigen verstorbenen Insassen in den Karbidkalkgruben in der Höhe des Güterbahnhofs, etwa 600 bis 800 Meter von den Gleisen entfernt“, berichtete ein anonymer Informant, möglicherweise ein überlebender Mithäftling, in einem Brief an die West-Berliner Zeitung »Telegraf«.[10]

Von Karl Heinrichs Tod erfuhren zunächst weder die Öffentlichkeit noch die Familie etwas; statt dessen ordnete der KPD-Handlanger Markgraf lediglich zynisch an: »Für die Dauer der Verhinderung des bisherigen Kommandeurs der Schutzpolizei wird gemäß Anordnung der alliierten Stadtkommandantur vom 10. Januar 1946 Herr Johannes Kanig mit der Wahrnehmung der Geschäfte beauftragt.«[11] Selbst diesen Zynismus vermochte die SED noch zu steigern: Im Juni 1947 veröffentlichte die kommunistische Presse Auszüge aus zwei Gnadengesuchen, die Karl Heinrich 1940/41 gestellt hatte – an den Reichsjustizminister und an Adolf Hitler. Zwar gab es eindeutige ablehnende Bescheide der Gestapo, doch das verschwiegen das »Neue Deutschland« und die »Berliner Zeitung«. In ihrer vorsätzlich verkürzten Darstellung erschien der Hitler-Gegner Karl Heinrich als Nazi-Kollaborateur. Die Reaktion der Berliner Sozialdemokraten war eher verhalten; zu schwer wog der Verdacht, auch wenn er auf manipulierten Beweisen beruhte.

DIE MENSCHENFALLE DES HANS KEMRITZ

DOPPELAGENT IN DER SCHADOWSTRASSE

Das Angebot klang zu verlockend, um es nicht wenigstens einmal genau zu prüfen. Das jedenfalls dachte sich Erich Klose, ein ehemaliger deutscher Offizier. Im Winter 1945/46, kaum ein halbes Jahr nach Kriegsende, hatte er einen Brief von Hans Kemritz erhalten, einem Kollegen aus gemeinsamen Tagen beim Oberkommando des Heeres. Klose war dort offiziell als Zivilangestellter Mitarbeiter der Personalabteilung, tatsächlich aber im Geheimdienst der Wehrmacht tätig gewesen, dem »Amt Abwehr«. Das Schreiben war eine Einladung: Klose solle doch einmal zu Kemritz' Kanzlei in die Schadowstraße in Mitte kommen, denn der jetzt als Anwalt zugelassene frühere Major könne ihm ein interessantes Arbeitsangebot machen. Klose, der zu diesem Zeitpunkt erwerbslos war, freute sich und suchte seinen Kameraden bei Gelegenheit ohne Anmeldung auf. Doch Kemritz fertigte ihn kurz ab und bat, einen Termin zu vereinbaren. Klose schöpfte keinen Verdacht, sondern tat wie erbeten und zog sich zum erneuten Treffen sogar seinen besten Anzug an, um einen guten Eindruck zu machen. Doch als er von dem offenbar wenig ergiebigen Gespräch zurückging zum Boulevard Unter den Linden, traten zwei Männer auf ihn zu und verhafteten ihn. Wenige Meter entfernt stand ein Lastwagen mit geschlossenem Aufbau bereit, in den Klose einsteigen musste. Dann geschah – nichts. Erst nach längerer Zeit kam ein weiterer Festgenommener hinzu, der wie Klose während des Krieges im Dunstkreis des deutschen Geheimdienstes gearbeitet hatte. Nun war offenbar das Soll für diesen Tag erfüllt; der Lastwagen rumpelte zu einem Keller des sowjetischen NKWD in Weißensee. Erich Klose wurde nie wieder gesehen; er soll am 10. Februar 1946 im Speziallager Hohenschönhausen an Tuberkulose gestorben sein – so jedenfalls lautete die Information, die seine Frau ein Vierteljahr später von den Sowjets erhielt. Wie fast alles am Fall Kemritz ist auch das Verschwinden Erich Kloses nicht aufgeklärt; das beginnt schon mit dem genauen Datum: Nach einigen Quellen soll die Festnahme am 16. November 1945 stattgefunden haben, nach anderen erst im Januar 1946.[12]

Ebenfalls ist völlig unklar, wie viele weitere Menschen und aus welchen Gründen in die Menschenfalle des Dr. Hans Kemritz geraten sind: Waren es tatsächlich nur sieben, und zwar durchweg ehemalige Mitarbeiter der »Abwehr«? Das behaupteten Jahre später hohe US-Beamte in einer vertraulichen Besprechung mit Vertretern der Bundesregierung.[13] Oder waren es mindestens 23 Opfer, darunter neben früheren Generalstabsoffizieren auch der Lehrer Heinrich Wöhlert, ein Amtsgerichtsrat Kossak und ein Fräulein Berg? Im November 1945 verschwand ein Fräulein Flehr nach einem Termin bei Kemritz, wenige Wochen später wurde das Ehepaar Gollert auf die gleiche Weise festgenommen. Ebenfalls verschwunden blieb Martin Rieckenberg, der Anfang Dezember 1945 eine Verabredung mit dem Anwalt hatte. Angeblich sollte es um die Möglichkeit gehen, dass Rieckenberg die Verwaltung für 40 Mietshäuser übernehmen könnte. Ob er diesen Termin wahrgenommen hat, ist unbekannt; jedenfalls tauchte er nie wieder auf. Einen Physiker namens Klarett hatte Kemritz im Dezember 1945 auf eine Weihnachtsfeier eingeladen; der Wissenschaftler saß wenig später im Smoking in einem sowjetischen Kellergefängnis. Nicht einmal gute Bekannte verschonte Kemritz: Walter Wiegand suchte ihn am 24. Januar 1946 in seinem Büro auf und kehrte nicht mehr nach West-Berlin zurück; er saß noch Jahre später in einem Gefängnis in der Sowjetischen Besatzungszone. Moritz Becker, ehemaliger Oberstleutnant der »Abwehr«, verschwand im März 1946 nach einem Besuch in der Schadowstraße und soll im November 1948 in Bautzen verstorben sein. Etwa zur gleichen Zeit suchte der ehemalige Geschäftsmann Hans-Jürgen von Hake Kemritz auf. Er hatte seit 1933 in Dänemark gelebt, dort offenbar für die »Abwehr« Informationen gesammelt und in der Besatzungsverwaltung 1940 bis 1945 als Hauptmann eine untergeordnete Funktion gehabt, stand aber als mutmaßlicher Kriegsverbrecher auf der Fahndungsliste der dänischen Behörden. Hake kehrte nie zurück; seine Frau bekam lediglich im April 1946 einen Brief von ihm, in dem er in dürren Worten mitteilte, ein sowjetisches Militärgericht habe ihn der Spionage für schuldig befunden und zu zehn Jahren Haft verurteilt. Kurz darauf erfuhr sie von einem aus dem Internierungslager Sachsenhausen entlassenen deutschen Häftling, dass Hans-Jürgen von Hake erzählt habe, Kemritz habe ihm eine Falle gestellt. Erst vier Jahre später erreichte ein zweiter Brief Elly von Hake: Ihr Mann teilte ihr mit, er sei nunmehr in ein Gefängnis in Luckau verlegt worden. Hier starb der Gefangene nach Aktenlage am 4. Juli 1950. Ein weiteres Kemritz-Opfer war offenbar der Diplomingenieur Reinhard Danneberg, der im Juni 1946 aus amerikanischer Internierung entlassen worden war, in seiner Wohnung einen Brief von Hans Kemritz vorgefunden und ihn absprachegemäß am 2. Juli in der Schadowstraße aufgesucht hatte. Als Danneberg von diesem Termin nicht zu seiner Verlobten zurückkehrte, wandte sich die junge Frau am folgenden Tag an den Rechtsanwalt, der ihr knapp mitteilte: »Ich nehme zu 95 Prozent an, dass Herr Danneberg bei den Russen ist.« Als die konsternierte Frau nachfragte, woher er das denn wisse, beschied sie Kemritz verlegen: »Herrn Danneberg sieht man den früheren Offizier an. Allein schon an seiner Erscheinung.«[14] Tatsächlich war bekannt, dass im ersten Halbjahr 1946 tausende Offiziere, die aus der Internierung bei den westlichen Siegermächten frei gelassen worden waren und an ihre Wohnorte im sowjetisch besetzten Teil Deutschlands zurückkehrten, hier sofort erneut festgenommen und in das Lager Sachsenhausen eingeliefert worden waren. Danneberg allerdings hatte im Westteil Berlins gewohnt.

Einige Monate später allerdings hörte die Menschenfalle in der Schadowstraße schlagartig auf zu existieren: Am 28. Oktober 1946 suchten mehrere sowjetische Offiziere das Büro auf – gewöhnlich hatte Kemritz vor allem mit einer Dolmetscherin des NKWD Kontakt gehabt. Mehr als drei Stunden dauerte die Befragung, und anschließend nahmen die Geheimdienstler eine Menge Akten mit auf ihre Dienststelle. Der Anwalt wusste, dass er jetzt rasch handeln musste: Er raffte die verbliebenen Papiere zusammen und machte sich so schnell wie möglich auf in sein Haus in Dahlem, eine stattliche Villa am Kiebitzweg (heute Otto-von-Simson-Straße). Er suchte sein

Büro in Mitte nie wieder auf, denn bereits einen Tag später bekam er von der amerikanischen Besatzungsmacht einen militärischen Marschbefehl Richtung Westdeutschland. Anfang November 1946 holten US-Offiziere seine Frau und ihn mit einem Dienstjeep ab, brachten die beiden nach Tempelhof und setzten sie dort in ein Flugzeug nach Heidelberg. Schon bald fand Kemritz in Bad Homburg eine neue Bleibe, bekam eine Zulassung als Rechtsanwalt und ließ sich 1948 ein komfortables Haus bauen – für den enormen Betrag von 80.000 DM, der kurz zuvor eingeführten neuen Währung.[15]

Hans Kemritz war schon immer geschickt darin gewesen, seinen eigenen Vorteil zu suchen. Geboren 1888 als Sohn eines höheren Beamten des Berliner Polizeipräsidiums, absolvierte Kemritz ein Studium der Rechte, das er mit den ordentlichen Noten »gut« im ersten und »fast gut« im zweiten Staatsexamen abschloss. Zuvor war er an der Friedrich-Wilhelms-Universität mit einer Dissertation zum Thema »Welche Ansprüche hat der elterliche Gewalthaber bei Entführung oder Verletzung seines minderjährigen Kindes?« promoviert worden. Im Ersten Weltkrieg diente Kemritz an der Front, allerdings nicht als Freiwilliger wie viele seiner Altersgenossen, sondern als normal eingezogener Wehrpflichtiger. Zu Weihnachten 1918 konnte er das Heer verlassen, arbeitete kurz für den Magistrat der damals noch eigenständigen Gemeinde Neukölln, eröffnete dann aber 1919 ein Büro als Rechtsanwalt. Er spezialisierte sich auf gewerblichen Rechtsschutz, also auf die Durchsetzung von Patenten, und verdiente damit sehr gut; seit 1930 logierte seine Kanzlei in der Schadowstraße und wenig später bezog er die Villa im Kiebitzweg. Im August 1939 wurde Kemritz als Leutnant reaktiviert, mit seinen 51 Jahren aber einem Verwaltungsposten zugewiesen, dem Wehrkreiskommando Berlin. Offensichtlich war Kemritz in dieser Funktion ausgesprochen geschickt, denn er stieg zum Leiter der für diesen Teil der Militärverwaltung zuständigen Filiale der »Abwehr« auf, die er als Major bis ins Frühjahr 1945 hinein leitete. Als die Rote Armee zum Sturm auf die Reichshauptstadt ansetzte, musste auch Hans Kemritz den aussichtslosen Abwehrkampf führen. So geriet er am 1. Mai 1945 in sowjetische Kriegsgefangenschaft. Doch obwohl er als ehemaliger Geheimdienstoffizier eigentlich auf der Liste der automatisch zu verhaftenden Personen stehen musste, ließen die Sowjets ihn schon im Oktober 1945 aus dem Lager in Landsberg an der Warthe frei und gestatteten ihm sogar, seine Tätigkeit als Rechtsanwalt in der Schadowstraße wieder aufzunehmen.

Vorangegangen war ein Gespräch mit einem Offizier des sowjetischen Abwehrdienstes GPU, der ihn vor eine klare Alternative stellte: Entweder weiter Gefangenschaft oder Agententätigkeit für die Sowjets. Von Anfang an war Kemritz offenbar die Funktion zugedacht, ehemalige »Abwehr«-Mitarbeiter sowie andere potenziell interessante Deutsche in die Hände der Besatzungsmacht zu spielen. Für systematische Fahndungen hatte der NKWD zu diesem Zeitpunkt noch nicht genügend Mitarbeiter in Deutschland; außerdem konnte man anders als bei der Jagd nach Kriegsverbrechern nicht mit den anderen Alliierten kooperieren, denn es ging den Sowjets vor allem darum, Experten in ihre Dienste zu pressen. Kemritz war mit seinem großen Bekanntenkreis dank seiner Dienstzeit in der Berliner Abteilung der »Abwehr« und seinem Vertrauen erweckenden Auftreten optimal geeignet, den Erstkontakt herzustellen. Meist folgte sein Vorgehen offenbar dem gleichen Schema: Er bekam Listen von möglicherweise interessanten Personen, die der NKWD zusammenstellte; sie lebten meist in West-Berlin und mussten deshalb in den sowjetischen Sektor der ehemaligen Reichshauptstadt gelockt werden. Kemritz informierte sich über sie, schrieb sie dann an und machte ihnen für ihre jeweilige Situation interessante Angebote. Eine Einladung in sein Büro in der Schadowstraße folgte, und hier kam es dann zu einem weiteren tastenden Gespräch. Zu solchen Terminen stand stets ein sowjetisches Festnahmekommando mit einem Wagen bereit. Beim Abschied gab Kemritz, einem allerdings sensationsheischenden Illustriertenartikel[16] zufolge, den NKWD-Männern ein Zeichen: Wem er lange die Hand

^ *Einziges bekanntes, nicht datiertes Foto von Hans Kemritz, dem »Menschenfänger« des sowjetischen Geheimdienstes in Berlin und Doppelagenten des amerikanischen CIC.*

schüttelte und sogar noch hinterher winkte, der wurde sofort nach Verlassen des Büros festgenommen wie Erich Klose. Wie viele weitere Besucher seiner Kanzlei nicht festgenommen wurden, weil sie sich entweder als für die Sowjets uninteressant erwiesen hatten oder weil sie möglicherweise aufgeschlossen auf einen Anwerbeversuch reagiert hatten, ist reine Spekulation; kein einziger solcher Fall ist eindeutig belegt.

Hans Kemritz war 1945/46 sicher einer der wichtigsten Deutschen im Dienst des NKWD. Allerdings war er sich der Gefährlichkeit seiner eigenen Tätigkeit voll bewusst und versuchte sich abzusichern. Schon im Dezember 1945 nahm er Kontakt zu amerikanischen Offizieren auf und traf sich im Januar 1946 in seinem Haus in Dahlem mit einigen Vertretern des CIC. Was genau Kemritz seinen Gesprächspartnern anbot, ist unklar; auf jeden Fall leitete er fortan die Listen jener Personen weiter, die er für den NKWD nach Ost-Berlin locken sollte. Die amerikanischen Geheimdienstler konnten daraus auf die Absichten der Sowjets schließen. Nun entschied das CIC, wer von den Angeschriebenen rechtzeitig vor dem Termin in der Schadowstraße einen Wink bekam, lieber nicht in den Ostteil der Stadt zu fahren. Natürlich mussten trotzdem weiterhin Deutsche in die Menschenfalle tappen, denn sonst wäre der NKWD binnen kürzester Zeit misstrauisch geworden. Indirekt sanktionierten die US-Offiziere damit die Verschleppung einer unbekannten Anzahl von Menschen durch die Sowjets.

Doch schlechtes Gewissen deswegen reicht nicht aus, um die eiserne Treue zu erklären, mit der die USA bis in die Spitze der Regierung hinein wenige Jahre später zu ihrem Doppelagenten hielten. Ende 1950 kam die Affäre Kemritz ans Licht, denn Elly von Hake hatte nach der Nachricht vom Tode ihres Mannes ein Zivilverfahren gegen den Anwalt angestrengt und damit eine Strafverfolgung ausgelöst. Ihr Vorwurf: Kemritz hätte ihren Mann gezielt nach Ost-Berlin gelockt, um den Sowjets die Möglichkeit zu verschaffen, ihn zu verschleppen. Juristisch betrachtet wäre das schwere Freiheitsberaubung, ein gewichtiger Vorwurf, und so stellte die Frankfurter Generalstaatsanwaltschaft binnen kurzem einen Haftbefehl für den ordentlich in Bad Homburg gemeldeten Rechtsanwalt Hans Kemritz aus, der auch vollstreckt wurde. Doch umgehend griff der Hohe Kommissar der USA für Deutschland, John McCloy ein: Er ließ das Strafverfahren einstellen, sorgte für die Entlas-

sung des Verhafteten und entzog den Fall der deutschen Gerichtsbarkeit; aufgrund des damals geltenden Besatzungsstatuts war das ohne weiteres möglich. Sicher aber hatte sich McCloy nicht träumen lassen, was aus dieser Maßnahme folgte: In der zunehmend selbstbewussten freien Presse der jungen Bundesrepublik erhob sich breiter Protest, der Bundestag debattierte, es kam zu einer ganzen Reihe von hochvertraulichen und extrem peinlichen Verhandlungen zwischen deutschen und amerikanischen Juristen, sogar zu persönlichen Gesprächen McCloys mit Bundeskanzler Konrad Adenauer und seines politischen Chefberaters mit Bundesjustizminister Thomas Dehler. Mitte Juni 1951 kommentierten die meisten deutschen Zeitungen den amerikanischen Eingriff in die unabhängige deutsche Justiz scharf; im Bundestag forderte der Sozialdemokrat Otto Greve pathetisch: »Meine Damen und Herren, wir warten noch heute auf die Fakten im Fall Kemritz!«[17] Zu diesem Zeitpunkt wohnte das Ehepaar Kemritz schon längst nicht mehr in ihrem Haus in Bad Homburg, sondern auf einem US-Militärgelände. Doch die westdeutsche Presse und auch die Bundesregierung ließen nicht locker; im Frühjahr 1952 bohrten sie abermals nach und verlangten eine Aufklärung der Vorwürfe vor einem deutschen Gericht. Doch McCloy schaffte mit voller Rückendeckung aus Washington – selbst Außenminister Dean Acheson beschäftigte sich wiederholt mit dem Fall Kemritz – vollendete Tatsachen: Ende März 1952 wurde der enttarnte Doppelagent mit seiner Frau in die USA ausgeflogen; hier verliert sich seine Spur.

Warum riskierte die US-Regierung mitten in den Verhandlungen über die von ihr gewünschte Wiederbewaffnung der Bundesrepublik wegen Hans Kemritz eine schwerwiegende Belastung der deutsch-amerikanischen Beziehungen? Gewiss hätte er als Angeklagter unangenehme Details über sein Arrangement mit dem CIC verraten können, doch nicht ohne sich selbst massiv zu belasten, denn es stand nie in Frage, dass er seine Tätigkeit als Lockvogel für den NKWD begonnen hatte,

^ *Dem US-Chefdiplomaten John J. McCloy war Hans Kemritz so wichtig, dass er Bundeskanzler Konrad Adenauer offen brüskierte.*

bevor er Kontakt zu US-Diensten aufnahm. Der amerikanische Historiker Arthur L. Smith, der die Kemritz-Affäre erforscht hat, kommt zu einem anderen, zwar unbelegten, aber doch gut vorstellbaren Schluss: »Es ist schwer zu akzeptieren, dass ein eher rangniedriger deutscher Ex-Major der ›Abwehr‹ so hochsensible Informationen besitzen konnte, dass die Vereinigten Staaten bereit waren, ihn um jeden Preis zu schützen. Eine logische Erklärungsmöglichkeit tauchte allerdings in der Debatte im Bundestag auf: Dort wurde einmal angedeutet, Kemritz habe den Amerikanern bei der Überwachung des sowjetischen Atomprogramms in Ostdeutschland geholfen. Wenn man alle Fakten der Affäre Kemritz einbezieht, erscheint diese Vermutung schlüssig.«[18] Es könnte sein, dass der Doppelagent für das CIC einen Informantenring in den Uranbergwerken im Erzgebirge unterhielt. Das hätte ihn in der Tat Anfang 1946 ausreichend interessant gemacht, um ihn in seiner prekären Funktion als Menschenfänger des NKWD zu belassen, und das würde die Eile erklären, mit der er nach dem ersten Verdacht der Sowjets aus West-Berlin abgezogen wurde. Jedoch ist es kaum zu erwarten, dass noch jemals genauere Informationen darüber auftauchen. Wenn Smith Recht hat, so wäre die Affäre Kemritz, nicht einmal ein Jahr nach Kriegsende, die erste ganz große Geheimdienstoperation des Kalten Krieges – natürlich in Berlin.

DIE POLIZEI WIRD GETEILT

ERICH MIELKES AUFSTIEG BEGINNT

Schon seit dem Verschwinden von Karl Heinrich hatten die Westmächte jedes Vertrauen in den Willen der Sowjets verloren, gemeinsam eine funktionierende Polizei in Berlin aufzubauen. Am 18. Mai 1946 wies der US-Stadtkommandant den Polizeipräsidenten Paul Markgraf in der ungewöhnlichen Form eines formalen Befehls darauf hin, dass im amerikanischen Sektor ständig Polizeibeamte im Dienst parteipolitisch tätig seien. Das sei sofort abzustellen, insbesondere die Unterstützung einer bestimmten Partei – gemeint war die wenige Wochen zuvor im Ostteil Berlins durch die Zwangsvereinigung von KPD und SPD gegründete SED. Offensichtlich kam Markgraf dieser Aufforderung nicht nach, denn fünf Monate später beschloss die noch gemeinsam tagende Kommandantura aller vier Besatzungsmächte in Berlin eine Neuordnung der Polizei: In jeder Zone der früheren Reichshauptstadt wurde ein »Polizeisektorleiter« ernannt. Die vier waren einerseits als »Assistenten« dem Polizeipräsidenten und seinen Stellvertretern unterstellt, andererseits aber den für die öffentliche Sicherheit zuständigen Offizieren der jeweiligen Siegermacht.19 Da die drei Polizeisektorleiter in den westlichen Sektoren zudem über begrenzte Personalkompetenz verfügten, auch wenn sie alle Entscheidungen mit der jeweiligen Besatzungsmacht abstimmen mussten, war dies ein wesentlicher Schritt zur faktischen Teilung der Berliner Polizei. Der Grund waren die fortwährenden und systematischen Versuche des kommunistisch dominierten Präsidiums, Polizisten in ihrem Sinne politisch einzusetzen. Dabei griffen offene Bevorzugung von Kommunisten und geheimdienstliche Methoden untrennbar ineinander, zum Beispiel die Denunziation unliebsamer Beamter als – angeblich oder tatsächlich belastete – Kriegsverbrecher. Da im Oktober 1946 die ersten (und bis 1990 einzigen) freien Wahlen zu einem Gesamtberliner Parlament anstanden, war die mal subtile, mal offen brutale Instrumentalisierung der Berliner Polizei im Sinne der SED und der sowjetischen Besatzungsmacht ein Politikum.

Mit dem für die Kommunisten enttäuschenden Wahlergebnis – die SPD hatte 48,7 Prozent der Wählerstimmen bekommen, die anderen demokratischen Parteien CDU und LDP zusammen 31,5 Prozent, die SED aber nur 19,8 Prozent – war klar, dass die Spaltung der Stadt sich nun beschleunigen würde. Paul Markgraf versuchte erneut, durch gezielte Personalpolitik die Berliner Polizei auf SED-Linie zu bringen. SPD-Chef Franz Neumann hielt eine Rede in der Stadtverordnetenversammlung, in der er Markgrafs Taktik massiv angriff. Seinen Recherchen zufolge hatte es der Polizeipräsident geschafft, trotz der Polizeisektorenleiter 15 der 21 Dezernentenstellen der Kriminalpolizei mit SED-Mitgliedern zu besetzen. Fast alle Kriminalkommissare gehörten der Ulbricht-Partei an, außerdem 14 von 21 Inspektionsleitern und zwei Drittel aller Reviervorsteher.[20] Im Gegensatz zu den nichtkommunistischen Beamten nutzten diese Kader ihre Kompetenz stets im Sinne ihrer parteilichen Überzeugung aus – sie erfüllten damit die Erwartungen des Polizeipräsidenten.

Den probaten Rahmen bildete die Entnazifizierung Deutschlands, die alle Siegermächte gemeinsam beschlossen hatten, jedoch sehr unterschiedlich umsetzen. Während in der amerikanischen und britischen Zone mit dem Instrument des »automatic arrest« alle NS- und Staatsfunktionäre oberhalb einer relativ niedrig angesetzten Schwelle interniert wurden, interessierte die Sowjetunion von Beginn an mehr die radikale Umgestaltung ihrer Zone nach dem eigenen Gesellschaftsmodell. Wer sich dem Willen der KPD und ab April 1946 der SED vollständig unterordnete, hatte beste Aussichten auf eine neue Karriere; wer sich dagegen dem Machtanspruch der Kommunisten widersetzte, geriet als angeblicher »Faschist« in die Fänge des NKWD. Der sowjetische Dienst setzte dabei oft auf Deutsche als Vertrauensleute und Zuträger; 1946 soll ihre Zahl auf dem gesamten Areal der SBZ rund

2300 betragen haben und bis 1949 auf etwa 3000 angestiegen sein. Festgenommen wurden ebenso aufmüpfige Jugendliche, meist unter dem hilflos konstruierten Vorwurf, sie hätten zur schimärenhaften NS-Guerillaorganisation »Werwolf« gehört, aus westlicher Kriegsgefangenschaft heimgekehrte Wehrmachtsoffiziere und Sozialdemokraten, die sich der Zwangsvereinigung mit der KPD widersetzt hatten. In fast allen Fällen lautete der Vorwurf entweder Kriegsverbrechen oder Spionage, doch fast nie gab es ernsthafte Ermittlungen gegen die Festgenommenen oder gar ordentliche Prozesse. Statt dessen verschwanden die Festgenommenen oft auf Jahre in den Speziallagern, reaktivierten KZs wie Buchenwald und Sachsenhausen oder anderen NS-Haftstätten, etwa früheren Zwangsarbeits- und Kriegsgefangenenlagern. Im Gegensatz dazu veranlassten die Amerikaner und Briten in ihren Internierungslagern umfangreiche Ermittlungen und führten zahlreiche militärgerichtliche Verfahren durch – an deren Ende allerdings parallel mit den zunehmenden Spannungen zwischen den einstigen Verbündeten immer öfter Freisprüche oder Entlassungen selbst schwer belasteter Personen standen.

In den fünf neu eingerichteten Ländern der SBZ waren schon ab Ende 1945 wieder politische Kommissariate bei der Kriminalpolizei eingerichtet worden, die bald allgemein als »K5« bekannt waren. Sie unterstützten die sowjetischen Dienststellen bei ihrer vermeintlich »antifaschistischen«, in Wirklichkeit jedoch prostalinistischen Säuberung, indem sie das relativ wenige Personal des NKWD in Ostdeutschland verstärkten, Vernehmer stellten und Verwaltungsaufgaben übernahmen. Zur Koordination der rasch wachsenden Polizei in der SBZ wurde am 30. Juli 1946 die Deutsche Verwaltung des Inneren gegründet, deren erster Präsident der Kommunist und ehemalige Buchenwald-Häftling Erich Reschke wurde; als einer seiner Stellvertreter amtierte Erich Mielke. Teil dieser zentralen Abteilung war der »Ausschuss zum Schutze der Volkswirtschaft«, de facto der erste Geheimdienst Ostdeutschlands. Nach sowjetischem Recht verfolgten seine Mitarbeiter echte oder vermeintliche Spione und Saboteure. Der »Ausschuss« unter Mielkes direkter Leitung hatte seinen Sitz in Wilhelmsruh.

In einem Referat am 30. Oktober 1946 vor den Chefs der Polizei aller fünf ostdeutschen Länder benannte Mielke die Aufgaben seiner neuen Abteilung: »1.) einheitliche demokratisch zuverlässige Organe zu schaffen, 2.) mit diesen Organen den demokratischen Aufbau und die friedliche Weiterentwicklung zu sichern, die faschistischen Überreste zu liquidieren und niederzuhalten. Die zweite Aufgabe wird nur zu lösen sein, wenn die erste Aufgabe erfüllt wird. Die Liquidierung der faschistischen Überreste wird erreicht 1.) durch die Umerziehung der Massen, 2.) durch physische Liquidierung und Bestrafung aktiver Faschisten und ihrer Helfershelfer und 3.) indem an die Stelle des Alten etwas Besseres gesetzt wird.« Deutlicher wurde Mielke gegen Ende seines Referates: »Trotz der grundsätzlichen politischen und sozialen Veränderungen in der Sowjetzone sind doch eine ganze Menge Menschen untergekrochen, faschistische Feinde des demokratischen Aufbaus, die wir erst durch Schaffung eines wirksamen Organs liquidieren können. Alle Banden und Verbrecher gehen zum großen Teil organisiert vor. Diese Banden, die den demokratischen Aufbau stören, tragen politischen Charakter, wenn man bedenkt, dass die Bandenchefs Hitler-Leute sind, die alle Gelegenheiten benutzen um zu beweisen, dass die heutigen neuen Menschen nicht in der Lage sind, Sicherheit und Ordnung herzustellen und zu garantieren.«[21] Ganz in kommunistischer Tradition beruhten Mielkes Ausführungen auf einer eigenwilligen Wahrnehmung der Realität: Wenn er von »demokratisch« sprach, meinte er stets die absolute Herrschaft der SED, während er zu den »Banden« auch die West-Berliner Sozialdemokraten rechnete, die sich der Vereinigung mit der KPD vehement und erfolgreich widersetzt hatten.

Anders als in der SBZ konnte Mielke in Ost-Berlin aber vorerst nicht schalten und walten, wie es seinem Vorhaben entsprach, saß doch im Polizeipräsidium an der Keibelstraße neben Paul Markgraf noch der Sozialdemokrat Johannes Stumm, der bis 1932/33 führenden Funktionen der Berliner Polizei gearbeitet hatte, dann aber erst degradiert und anschließend von den Nazis seines Postens enthoben worden war. Im Januar 1947 wurde er von der Stadtverordnetenversammlung beauftragt, ein »Dezernat zur Sicherung der Demokratie« zu übernehmen, doch die alliierte Kommandantura lehnte es auf sowjetischen Druck ab, diese Wahl zu bestätigen; es sei nicht hinreichend klar, gegen wen die neue Abteilung die Demokratie schützen solle. Damit war der Versuch der von SPD, CDU und LDP dominierten Stadtverordnetenversammlung gescheitert, ein Gegengewicht zu Paul Markgraf zu etablieren.[22] Nach einigem Hin und Her verzichtete Stumm im Oktober 1947 endgültig auf die ohnehin nicht durchdachte Funktion und kehrte in sein Amt als Abteilungsleiter im Polizeipräsidium zurück. Die drei westlichen Polizeisektorenleiter beschränkten sich derweil darauf, die normale Tätigkeit von Schutz- und Kriminalpolizei zu organisieren, so gut es eben ging.

Als die Sowjetunion in der Nacht zum 24. Juni 1948 die Stromversorgung der westlichen Sektoren Berlins abstellte und am nächsten Morgen den Güterzugverkehr, die Binnenschifffahrt sowie die Fernstraßen gen Westen unterbrach, wurde die Stadt endgültig gespalten. Für die folgenden 322 Tage, bis zum 12. Mai 1949, blieb der Waren- und Personenverkehr von Westdeutschland in die westlichen Sektoren Berlins unterbunden. Die Blockade wurde die »erste Schlacht des Kalten Krieges«, denn die USA, Großbritannien und Frankreich entschieden sich, in einer einzigartigen Kraftanstrengung nicht nur ihre eigenen Truppen in der eingeschlossenen Teilstadt per Flugzeug zu versorgen, sondern die rund zwei Millionen Einwohner gleich mit. Zwar waren die drei West-Sektoren vom Umland und dem sowjetischen Sektor keineswegs komplett abgesperrt; es gab Kontrollen, aber keine Zäune oder gar Mauern wie nach 1961. Dennoch setzten die Sowjets und ihre Handlanger in der SED die West-Berliner massiv unter Druck. Ihr Ziel war, die Alliierten zum Abzug zu zwingen – indem die Bevölkerung gegen sie aufgehetzt wurde. Wegen der immensen logistischen Leistung der Briten und Amerikaner, die nun aus Besatzungs- zu Schutzmächten wurden, ging Stalins Kalkül nicht auf.

In dieser höchst gespannten Lage fehlte nun nur noch ein Anlass, die Teilung der Polizei zu vollziehen. Er kam in Form der Wiedereinsetzung des ehemaligen Personalreferenten der Schutzpolizei unter Karl Heinrich, Hans Seidel, der im März 1947 wegen fortgesetzter parteipolitischer Aktivität seines Amtes enthoben worden war. Ungeachtet dieser Anweisung berief Markgraf ihn mit Rückendeckung der Sowjets im Juli 1948 erneut in eine Führungsposition. Daraufhin suspendierte der immer noch von der SPD dominierte Magistrat den Polizeipräsidenten und setzte, nachdem der sowjetische Stadtkommandant diese Entscheidung abgelehnt hatte, als neuen Polizeipräsidenten für die drei westlichen Sektoren Johannes Stumm ein. Der SPD-Mann richtete sein neues Polizeipräsidium in einer ehemaligen Kaserne in der Kreuzberger Friesenstraße ein. Hier etablierte sich auch erstmals ein demokratisch legitimierter polizeilicher Staatsschutz im Nachkriegs-Berlin, die Vorform eines auch mit geheimdienstlichen Mitteln arbeitenden Verfassungsschutzes. Doch verglichen mit den gleichzeitig bereits in Ost-Berlin etablierten geheimdienstlichen Strukturen waren die Ansätze in den freien Sektoren der nun unübersehbar geteilten Stadt marginal.

166

MIELKES MANNEN

EIN GEHEIMDIENST FÜR DIE SED

WALTER ULBRICHT ERZIELT EINEN HALBEN ERFOLG

Im Juli 1948 hatte das Versteckspiel für die ostdeutschen Kommunisten ein Ende. Die sowjetische Besatzungsmacht verfügte, nunmehr die führende Position der SED durchzusetzen. Mit der offenen Konfrontation seit der Blockade West-Berlins und der Luftbrücke als so unerwarteter wie kreativer Antwort war jeder Grund entfallen, auf die einstigen Verbündeten der Anti-Hitler-Koalition noch Rücksicht zu nehmen. Auf einer »Staatspolitischen Konferenz« Ende Juli verkündete Walter Ulbricht die neue Parteilinie: »Wir haben hundertprozentig gemeinsame Interessen mit der Sowjetunion!« Was das praktisch bedeutete, führte im Anschluss Erich Mielke aus: »Der Staatsapparat muss frei gemacht werden, insbesondere von Agenten, Schumacher-Leuten, Spionen und Saboteuren, die sich eingeschlichen haben. (...) Um die Reinigung richtig vornehmen zu können, müssen wir auch die unfähigen Bürokraten herausfinden, also jene, die die Aufgaben, die durch den Zweijahresplan an uns gestellt sind, verwässern, indem sie die Arbeit hemmen und alle möglichen objektiven Schwierigkeiten anführen. (...) Schließlich müssen wir auch solche Menschen entfernen, die zwar nicht unsere Feinde sind, die auch den ehrlichen Willen haben, aber den ihnen gestellten Aufgaben nicht gewachsen sind. Dabei ist darauf zu achten, dass diese Leute nicht wie so häufig die Treppe hinauffallen.«[1]

Doch mit der Aufgabe, den eben erst eingerichteten Staatsapparat bereits wieder zu säubern, insbesondere von nicht völlig anpassungswilligen Sozialdemokraten, den angeblichen »Schumacher-Leuten«, war die bestehende Geheimpolizei in

< DDR-Grenzer (in Uniform) und Stasi-Spezialisten (in Zivil) öffnen im Oktober 1962 in der Heidelberger Straße einen gescheiterten Fluchttunnel.

Ostdeutschland überfordert. Konsequent begann Walter Ulbricht im zweiten Halbjahr 1948, in Moskau um die Erlaubnis für einen eigenständigen, von der SED direkt kontrollierten Geheimdienst zu werben. Grundlage sollten die inzwischen in allen ostdeutschen Landespolizeien massiv aufgestockten politischen Kommissariate »K5« sein sowie der »Ausschuss zum Schutze der Volkswirtschaft«. Obwohl sich der sowjetische Minister für Staatssicherheit Viktor Abakumow bei Stalin dagegen aussprach, genehmigte das Politbüro der KPdSU am 28. Dezember 1948 das von Wilhelm Pieck in Moskau offiziell vorgetragene Begehren. Abakumow wurde verdonnert, zusätzliche Spezialisten nach Ostdeutschland zu schicken, um den Aufbau des neuen Geheimdienstes zu unterstützen. Mit rund 700 Mitarbeitern des »Ausschusses« in Ost-Berlin sowie den regional verteilten etwa 1600 Angehörigen der »K5« gab es eine personelle Basis für die neue Einrichtung; hinzu kamen mehr als 4000 politisch bewährte Altkommunisten oder Nachwuchskader im normalen Polizeidienst. Im Mai 1949 bekam der nun »Hauptverwaltung zum Schutz der Volkswirtschaft« genannte Geheimdienst einen Interims-Chef – Erich Mielke. Der machte sich sofort daran, zusammen mit sowjetischen Offizieren vertrauenswürdiges Personal auszuwählen. Dabei erwies er sich als durchaus wählerisch: von insgesamt 6670 in Frage kommenden Personen wurden zunächst nur 772 als geeignet begutachtet. Nur etwa zehn Prozent der vormaligen »K5«-Mitarbeiter durften der neuen Einrichtung beitreten.[2] Die Personalauswahl forderte Mielke voll, denn allein bis zum Herbst 1949 waren 2950 Mitarbeiter einzustellen. In der späteren MfS-eigenen Geschichtsschreibung heißt es über diese Phase: »Unter Leitung des Genossen Erich Mielke wurde im Laufe des Jahres 1949 ein Apparat aufgebaut, der sich nach der Gründung der DDR zunächst als Hauptverwaltung zum Schutz des Volkseigentums konstituierte.«[3]

Obwohl der Ulbricht-Vertraute aufgrund seiner bisherigen Leistungen beim Aufbau der ostdeutschen Polizei prädestiniert erschien, auch offiziell Chef des SED-eigenen Geheimdienstes zu werden, kam es anders. Die beiden höchsten Repräsentanten Moskaus in der gerade gegründeten DDR, Wassili Tschuikow als Chef der Sowjetischen Kontrollkommission und Wladimir Semjonow als Chefdiplomat, warnten in einem Brief an Stalin am 7. Januar 1950 vor einer Berufung Mielkes. Vor allem die

Unklarheit, was er nach seiner Zeit als KPD-Geheimdienstler während des Spanischen Bürgerkriegs getan hatte, und die – zutreffenden – Spekulationen über seine Tätigkeit für die NS-»Organisation Todt« in Frankreich bis 1944 erschienen Tschuikow und Semjonow fragwürdig. Ebenso wichtig dürfte gewesen sein, dass Mielke eindeutig ein Mann des SED-Chefs war, nicht ein im Zweifel Moskauhöriger Funktionär. Darauf jedenfalls lässt die von Stalin getroffene Entscheidung schließen, der als ersten Minister für Staatssicherheit persönlich Wilhelm Zaisser auswählte. Kommunist seit 1919, war er bereits seit 1920 als Agent für die KPD und bald auch für die Sowjets tätig gewesen. Als »General Gómez« gehörte Zaisser 1936 bis 1938 zu den wichtigsten Kommandeuren der KPdSU im Spanischen Bürgerkrieg; danach hatte er sich in verschiedenen Leitungsfunktionen in der Sowjetunion bewährt. Seine Treue zu Stalin stand außerhalb jedes Zweifels. Der Amtseinführung Zaissers folgte unmittelbar seine Aufnahme in Parteivorstand und Politbüro, also in die innersten Führungszirkel der SED. Damit hatte Ulbricht zwar einen ostdeutschen Geheimdienst durchgesetzt, dessen Chef aber völlig unabhängig vom starken Mann der Staatspartei agieren konnte.

^ *Erich Mielke in den Fünfzigern. Seine Hoffnung, DDR-Geheimdienstchef zu werden, erfüllte sich vorerst nicht – selbst den Sowjets war der Doppelmörder zunächst suspekt.*

HOLPRIGER ANFANG

DIE STASI IN DER AUFBAUPHASE

Formal beschloss die Ost-Berliner Volkskammer die Einrichtung des Ministeriums für Staatssicherheit; damit vollzog das DDR-Scheinparlament am 8. Februar 1950 eine entsprechende Entscheidung des Politbüros nach. Das Parteiblatt »Neues Deutschland« machte den Parlamentsbeschluss am folgenden Tag mit lapidaren Worten bekannt: »Das Gesetz wurde, seiner großen Bedeutung und Wichtigkeit entsprechend, ohne vorhergehende Überweisung an den Ausschuss in erster und zweiter Lesung ohne Diskussion unter großem Beifall des Hauses einstimmig verabschiedet.«[4] Der Kürze dieser Entscheidung entsprach der Umfang des beschlossenen Textes; das gesamte Gesetz umfasste nicht einmal 50 Wörter: »§1 Die bisher dem Ministerium des Innern unterstellte Hauptverwaltung zum Schutze der Volkswirtschaft wird zu einem selbstständigen Ministerium für Staatssicherheit umgebildet. Das Gesetz vom 7. Oktober 1949 über die Provisorische Regierung der Deutschen Demokratischen Republik (Gesetzblatt S. 2) wird entsprechend geändert. § 2 Dieses Gesetz tritt mit seiner Verkündung in Kraft. Berlin, den 8. Februar 1950.«[5] Rechtsgrundlage für die Arbeit des MfS war der Artikel 6 der DDR-Verfassung vom 7. Oktober 1949; dieser zweite Abschnitt im Kapitel »Rechte des Bürgers« legte fest: »Boykotthetze gegen demokratische Einrichtungen und Organisationen, Mordhetze gegen demokratische Politiker, Bekundung von Glaubens-, Rassen-, Völkerhass, militärischer Propaganda sowie Kriegshetze und alle sonstigen Handlungen, die sich gegen die Gleichberechtigung richten, sind Verbrechen im Sinne des

Strafgesetzbuches. Ausübung demokratischer Rechte im Sinne der Verfassung ist keine Boykotthetze.«[6] Da »Demokratie« in der DDR stets absolute Herrschaft der SED-Führung bedeutete, gab dieser Grundsatz der Stasi alle Möglichkeiten, Opposition oder auch nur parteiinterne Abweichler zu kriminalisieren.

Die Personalie Zaisser war nicht nur für Ulbricht, sondern mehr noch für Erich Mielke eine herbe Niederlage – hatte er doch seit 1945 zielstrebig an seinem Aufstieg zum Geheimdienstchef gearbeitet. Als Trost blieb ihm die Ernennung zum Staatssekretär im neu eingerichteten Ministerium – ein Posten, der für ihn allerdings alles andere als ein »wichtiges politisches Etappenziel« war.[7] So stürzte er sich erst einmal in die aktive Arbeit als zweithöchster Geheimpolizist der DDR. Am 23. März 1950 ließ Mielke den Bundestagsabgeordneten Kurt Müller festnehmen. Am Tag zuvor war Müller, immerhin stellvertretender Vorsitzender der westdeutschen KPD, nach einem eigens arrangierten Gespräch mit Walter Ulbricht im ZK-Gebäude an der Ost-Berliner Torstraße verschleppt und ins Untersuchungsgefängnis Magdalenenstraße direkt gegenüber dem Dienstgebäude des MfS in Lichtenberg gebracht worden. Die Verhöre übernahm Mielke persönlich. Ausweislich des Protokolls ging es dem Staatssekretär darum, Müller Abweichungen von der Parteilinie nachzuweisen: »Wir wissen, dass Sie Mitglied einer trotzkistischen Organisation sind.« Müller bestritt, doch sein Vernehmer bestand darauf. So entspann sich eine Konversation über zwei Jahrzehnte zurück liegende Kontakte Müllers zu einer Gruppe innerhalb der damaligen KPD-Führung, die sich gegen Parteichef Ernst Thälmann ausgesprochen hatte und daher im Nachhinein als abweichlerisch gebrandmarkt worden war. Doch der Vernommene blieb standhaft bei seiner Darstellung, nie zu einer »trotzkistischen« Gruppe gehört zu haben.[8] Jahre später, nach einer Odyssee durch verschiedene Gefängnisse und Straflager, kam Müller zurück in die Bundesrepublik

^ *Wilhelm Zaisser; erster Minister für Staatssicherheit. Als treuer Gefolgsmann Stalins und dessen direkter Vertreter im SED-Politbüro fiel er nach dessen Tod und dem 17. Juni in Ungnade.*

und berichtete: »Schon bei einer der ersten ›Vernehmungen‹, die Mielke persönlich gegen mich durchführte, erklärte er mir, dass er in höherem Moskauer Auftrage und mit Billigung der SED-Führung handele. Er brüstete sich, dass er ein alter Tschekist und Schüler Berijas sei, früher in der Lubjanka gearbeitet habe und ich nicht der erste sei, den er fertig machen würde.« Der Staatssekretär setzte Müller zufolge auf rabiate Methoden: »Mielke hat seine ›Verhöre‹ in der Zeit von Ende März bis Mitte August 1950 stets nur nachts durchgeführt. Sie begannen täglich immer um 22 Uhr abends und endeten zwischen vier und sechs Uhr morgens. Dabei musste ich bei allen ›Verhören‹ während der ganzen fünf Monate immer die ganze Nacht über stehen. Tagsüber aber durfte ich nach sechs Uhr morgens nicht mehr schlafen.«[9] Immer wieder wurde Müller über Wochen hinweg mit totalem Schlafentzug gequält, außerdem stand in seiner Zelle nicht ganz zufällig stets Wasser auf dem Boden, was ebenfalls den Tatbestand der Folter erfüllte. In die Wand einer Kellerzelle des Gefängnisses in der Dircksenstraße, in die Müller einmal zum Absitzen von drei Tagen Strafarrest aus seiner normalen Zelle eingeliefert worden war, ritzte der ehemalige KP-Funktionär ein Zitat von Josef Stalin ein: »Terror ist ein Zeichen von Schwäche.«[10]

Sieben Wochen nach Müllers Verhaftung fiel sein Verschwinden in Bonn auf. Heinz Renner, der KPD-Fraktionschef im Bundestag, erklärte daraufhin, seine Partei habe Beweise dafür, dass Müller als Agent der Engländer gearbeitet und laufend »Verbindung zum Geheimdienst einer ausländischen Macht« unterhalten habe – als ob das eine Rechtfertigung für seine Verschleppung wäre.[11] Die SED dagegen verlautbarte, der Abgeordnete habe Kontakte zum Lenin-Bund gepflegt, einer allerdings schon seit 1930 nicht mehr existierenden kommunistischen Oppositionsgruppe; immerhin bestätigte »Zaissers Sicherheitsministerium amtlich«, dass Müller in der DDR festgenommen worden war.[12] Am nächsten Tag erreichte ein angeblich von Müller selbst geschriebener Brief Bundestagspräsident Erich Köhler, in dem der Abgeordnete auf sein Mandat verzichtete. Doch es handelte sich um eine Fälschung, hergestellt mit einem blanko unterschriebenen Briefbogen. Die Entführung Müllers verschärfte die wegen des Angriffs des kommunistischen Regimes in Nordkorea auf Südkorea gespannte politische Lage im Sommer 1950. Unter großem

Beifall erklärte der prominente SPD-Abgeordnete Heinrich Ritzel vor dem Bundestag: »Ich glaube, das Hohe Haus hat gewiss nichts dagegen einzuwenden, wenn vom Osten her eine Art von Teildemontage der kommunistischen Fraktion vorgenommen wird.«[13] Schließlich beschäftigte sich sogar die UN-Kommission für Menschenrechte mit der Affäre – allerdings ohne Ergebnis. Ein sowjetisches Militärtribunal verurteilte Müller zu 25 Jahren Haft wegen Spionage; er durfte erst im Oktober 1955 in die Bundesrepublik zurückkehren. Ob sich Erich Mielke mit seinem persönlichen Einsatz bei der Misshandlung Kurt Müllers gegenüber seinem Vorgesetzten Zaisser profilieren wollte oder ob gerade umgekehrt der westdeutsche Kommunist das Opfer wurde, an dem der Staatssekretär seine Frustation auslebte, muss Spekulation bleiben.

Eigentlich hätte der zweite Mann der Staatssicherheit zu dieser Zeit weitaus Wichtigeres zu tun gehabt, denn der Apparat expandierte: Bis Ende 1952 verdreifachte sich die Zahl der hauptamtlichen Mitarbeiter. Von diesem starken Ausbau profitierten viele Personen, die nach den Maßstäben Mielkes eigentlich ungeeignet waren; die Folge war, dass von den 1953 beim MfS Beschäftigen bis 1957 ungefähr jeder dritte meist unfreiwillig ausscheiden musste. Eine zweite Zahl illustriert das »bemerkenswerte Maß an innerem Chaos«[14] noch deutlicher: Allein zwischen 1950 und 1953 liefen 44 aktive und 38 bereits ausgeschiedene Stasi-Leute in den Westen über – das war ein Prozent aller MfS-Beschäftigten. Für einen Geheimdienst eine verheerende Bilanz; Zaisser und Mielke versuchten mit drakonischen Maßnahmen gegenzusteuern: Sie ließen 26 der Geflohenen aus West-Berlin oder Westdeutschland entführen und hart bestrafen, teilweise mit dem Tode. Das sorgte für eine Atmosphäre der Unsicherheit im Apparat, nicht aber für Effizienz im Sinne der Aufgabe, die der Stasi gestellt worden war.

So versagte das MfS beim Volksaufstand in der DDR total. Weder hatten ihre Spitzel rechtzeitig die Parteioberen vom Kippen der Stimmung in der Arbeiterschaft informiert, noch konnten sich die Geheimdienstler Mitte Juni 1953 bewähren. Im Gegenteil: Wütende Arbeiter jagten an einigen Stellen Ost-Berlins Offiziere der Staatssicherheit geradezu. Rudolf Gutsche zum Beispiel, Abteilungsleiter für Beobachtung und Ermittlung des MfS, hatte am Vormittag des 17. Juni 1953 ohne

Zögern seinen weinroten BMW bestiegen. Zusammen mit einem anderen Stasi-Offizier fuhr der 34-jährige Funktionär in die Innenstadt. Doch das war keine gute Idee, denn das Kennzeichen wies seinen Wagen eindeutig als Regierungsfahrzeug aus. Auf dem Alexanderplatz hatten sich zahlreiche Menschen versammelt, um gegen die SED-Diktatur zu protestieren. An der Ecke Rathausstraße rammte ein Lastwagen den BMW. Sofort umringten Bauarbeiter das Fahrzeug, schlugen die Scheiben ein und zerrten beide Insassen heraus. Dabei hätte es Tote geben können, denn die Stasi-Offiziere zogen ihre Dienstwaffen und einer schoss. Doch zum Glück traf er nicht, und die Arbeiter lynchten die beiden Funktionäre nicht. Sie wurden aber entwaffnet und verprügelt, ihr Auto angezündet. Ähnlich erging es anderen höheren Offizieren – offenbar hatten Zaisser und Mielke alle verfügbaren Mitarbeiter auf die Straße geschickt. Josef Kiefel, verantwortlich für Spionage im Westen, bekam die Wut der Arbeiter zu spüren: An der Stalinallee wurde er mit Steinen beworfen und am Kopf schwer verletzt. Noch übler erwischte es Heinz Kairies, den Referatsleiter für die Überwachung der Hochschulen. Ihm wurde sein sächsischer Dialekt zum Verhängnis. Nach dem Ausruf eines Demonstranten: »Wat, Sachsenkripo?«, wurden Kairies und drei Stasi-Mitarbeiter bedrängt. Der Offizier floh in eine Seitenstraße, gab einen Schuss ab und hetzte zu einem Hauseingang, den er fälschlich für einen Durchgang hielt. Als er seinen Irrtum bemerkte, rannte er die Treppen hoch und fand in einer Wohnung Unterschlupf. Die Verfolger brachen jedoch die Tür auf und jagten Kairies wieder die Treppe herunter, wo er mit Bierflaschen, Eisenstangen und Holzlatten verprügelt wurde. Der Offizier überlebte wie durch ein Wunder. Die Diagnose lautete: Schädelbruch, Prellung der Wirbelsäule und mehrere Knochenbrüche.[15]

Das MfS konnte die SED-Diktatur vor dem eigenen Volk nicht schützen. Nur die Verhängung des Kriegsrechtes über die DDR, beschlossen in Moskau am Abend des 16. Juni 1953 und am folgenden Mittag gegen 13 Uhr umgesetzt, verhinderte den Zusammenbruch der kommunistischen Herrschaft. Nun walzten sowjetische Panzer binnen weniger Stunden jeden Widerstand nieder; es kamen mindestens 55 Menschen ums Leben. Otto Grotewohl, formal zweiter Mann der DDR, wenn auch in Wirklichkeit weitgehend machtlos, stellte vor dem ZK unverblümt fest: »Unsere Organe des Ministeriums für Staatssicherheit haben versagt.«[16] Die gleiche Meinung vertrat der starke Mann der SED: »Das Politbüro hat festgestellt, dass die Führung des MfS versagt hat«, sagte Ulbricht. Natürlich nicht ohne Hintergedanken, denn für ihn erwies sich die knapp vermiedene Revolution gegen sein Regime im Nachhinein als Geschenk. Ulbricht schob Wilhelm Zaisser die Hauptverantwortung für den Volksaufstand zu. Seit Stalins Tod war die Position des Ministers ohnehin geschwächt, und nun hatte sein Apparat offensichtlich versagt. Zudem versuchte Zaisser, zusammen mit dem Chefredakteur des »Neuen Deutschlands« Rudolf Herrnstadt, Ulbricht zu stürzen. Doch der starke Mann der SED setzte sich durch und fand Unterstützung in Moskau. Die Absetzung des kurz zuvor noch fast allmächtigen Geheimdienst-Chefs Zaisser war die logische Konsequenz – zumal nun auch auffiel, dass er sich unberechtigterweise Zahlungen und Kredite in einer Gesamthöhe von etwa 230 000 Mark genehmigt hatte. Die Staatssicherheit verlor zudem ihren Status als eigenständiges Ministerium, wurde zum Staatssekretariat zurückgestuft und ins Ministerium des Inneren eingegliedert. Erich Mielke, für das Versagen des Apparates genauso verantwortlich wie Zaisser und zudem ebenfalls der Untreue überführt (wenn auch »nur« in Höhe von 63 000 Mark), übte sich in kommunistischer Selbstkritik: »Ohne Einschränkung und Rückhalt möchte ich offen und ehrlich der Partei gegenüber erklären, dass ich für diese Schwächen und ernsten Fehler mitverantwortlich bin.«[17]

Das Politbüro der KPdSU suchte einen neuen Stasi-Chef aus: Ernst Wollweber hatte in den dreißiger Jahren von Skandinavien aus eine gegen Hitler-Deutschland und das faschistische Italien gerichtete Sabotageorganisation aufgebaut. Er sollte die Staatssicherheit zum schlagkräftigen Apparat umbauen;

^ *Als Saboteur war Wollweber erfahren aus der Zeit des Widerstands gegen Hitler. Als zweiter Stasi-Chef scheiterte er wegen Missachtung der Regeln des Geheimdienstes.*

Zaissers Vorgehen galt nun als zu abwartend. Ein Verantwortlicher der US-Spionageabwehr CIC sagte zu den zynischerweise durchaus positiven Folgen dieser Umbesetzung für die eigene Arbeit: »Bei Zaisser wussten wir nie, woran wir waren, seine Theorie hieß: Feindliche Agentennetze zerschlägt man nicht, man überwacht sie und beginnt dann mit einer allmählichen Durchsetzung, bis sie für den Gegner wertlos werden. Wollweber dagegen lässt jeden Agenten sofort hochgehen, auch wenn er noch nicht sicher ist, dass der Verdächtige auch wirklich Spionage treibt. An den Verhaftungsmeldungen können wir minutiös ablesen, was der SSD weiß. Bei Zaisser wusste man das nie.«[18] An Wollwebers Seite trat, das konnte Walter Ulbricht in Moskau durchsetzen, als Stellvertreter abermals Erich Mielke.

TRIUMPH EINES DOPPELMÖRDERS

ERICH MIELKES AUFSTIEG ZUM MINISTER

Der 17. Juni 1953 blieb das Trauma der Staatssicherheit. Pünktlich zum ersten Jahrestag ließ DDR-Präsident Wilhelm Pieck besorgt bei Wollweber anfragen: »Na, wird morgen was sein?«[19] Hermann Matern, neben Ulbricht einer der mächtigsten SED-Funktionäre, gab die Linie vor: »Wir müssen hart und rücksichtslos zuschlagen. Für knieweiche Pazifisten und Mondgucker ist in unseren Reihen kein Platz. Genosse Ulbricht hat einmal auf einer ZK-Sitzung erklärt: ›Wir müssen die DDR zu einer Hölle für die feindlichen Agenten machen.‹ Genossen, das ist im Wesentlichen Eure Aufgabe!«[20] Mit drei Großaktionen wollte Wollweber den Zweiflern in der SED und Moskau die Einsatzfähigkeit seines Apparates beweisen; die Operationen leitete Erich Mielke persönlich.[21] Der erste dieser »konzentrierten Schläge« trug den Tarnnamen »Aktion Feuerwerk« und richtete sich Ende Oktober 1953 gegen echte und vermeintliche Agenten der Organisation Gehlen in der DDR. Möglich wurde er durch die Anwerbung des stellvertretenden Chefs einer Gehlen-Filiale in West-Berlin namens Hans-Joachim Geyer. Er wurde, als er auf einer Kurierfahrt in Dresden unterwegs war, festgenommen, verhört und »umgedreht«. Fortan lieferte Geyer zahlreiche Details über die Arbeit seiner Unterorganisation und bekam dafür ein fürstliches Salär von 10 000 West-Mark. Als dem Gehlen-Mitarbeiter die Enttarnung drohte, entschied sich Wollweber zum Losschlagen. Über hundert Festnahmen wurden dem Politbüro gemeldet, überwiegend allerdings eher unbedeutende Informanten, die zum Beispiel sowjetische Kasernen überwacht, Panzer nach Typen aufgeschlüsselt gezählt und Flugplätze beobachtet hatten. Trotzdem verkündete das »Neue Deutschland« einen großen Sieg: »Feindliche Spionage-Agenturen in der DDR zerschlagen!«[22] Geyer selbst wechselte in die DDR und geißelte bei einer Pressekonferenz öffentlich die angebliche »Vorbereitung eines neuen Eroberungskrieges« durch die Westmächte und die Bundesrepublik. Später trat er nur noch einmal in Erscheinung – mit einem Spionageroman unter dem seltsamen Titel »Am Anfang stand das Ende…«, der 1954 erschien.

Im August dieses Jahres folgte dem »Feuerwerk« die »Aktion Pfeil« mit angeblich sogar 547 verhafteten Agenten westlicher Geheimdienste in der gesamten DDR; angeblich hatten 277 davon für Gehlen, 176 für US-Dienste und 94 für die Franzosen spioniert. Unter den Verhafteten waren einige höhere Funktionäre, zum Beispiel ein Abteilungsleiter im Ministerium für Schwerindustrie, ein Direktor der Wasserstraßendirektion und sogar der Vorsitzende der Betriebgewerkschaftsgruppe des Bahnhofs Berlin-Lichtenberg vis-à-vis der Stasi-Zentrale. Entgegen der üblichen Gleichung »früher Faschisten, heute Spione des Imperialismus« waren nur 33 der Festgenommenen vor 1945 Mitglieder der NSDAP gewesen und acht weitere hatten als Offiziere in der Wehrmacht gedient. Dagegen gehörten 48 der angeblichen »Agenten« zur SED.[23] Entsprechend fiel die Pressekampagne nach der »Aktion Pfeil« zurückhaltender aus.

Für Wollweber und Mielke war die »Aktion Pfeil« höchstens ein kleiner Erfolg, dem sie baldmöglichst einen weiteren »konzentrierten Schlag« folgen lassen wollten. Die Federführung hatte diesmal nicht die Spionageabwehr, sondern die Abteilung »Politischer Untergrund«. Die »Aktion Blitz« richtete sich weniger gegen Informanten von Geheimdiensten und mehr gegen Kontaktpersonen SED-kritischer Organisationen vor allem in West-Berlin. Die Operation sollte pünktlich zum 8. Februar 1955, dem fünften Jahrestag der offiziellen Gründung der Stasi, abgeschlossen sein. Doch das ließ sich aufgrund der langwierigen Vorbereitungen einzelner Vorhaben nicht umsetzen; geplant war die Verschleppung von mehr als einem Dutzend DDR-Kritiker aus West-Berlin, darunter dem Journalisten Karl-Wilhelm Fricke und der Publizistin Carola Stern. Vor allem aber wurden im Verlauf der »Aktion Blitz« nahezu beliebig unangepasste DDR-Bürger festgenommen und unter Spionageverdacht verhört. Auf diese Weise sollte wohl einerseits eine möglichst hohe Zahl an Verhaftungen generiert werden, die man vermelden konnte; andererseits war schiere Einschüchterung das Ziel. Von 521 inhaftierten »Agenten« berichtete Mielke in seinem Abschlussbericht, von denen 56 Kontakte zur Kampfgruppe gegen Unmenschlichkeit, 32 zum Untersuchungsausschuss freiheitlicher Juristen und 17 zum Ostbüro der SPD gehabt haben sollten. Sogar 188 der Festgenommenen hätten für verschiedene US-Dienste gearbeitet, hieß es. Doch als Beleg dafür reichte, einmal den West-Berliner Radiosender Rias aufgesucht zu haben. Der Schwerpunkt lag in Ost-Berlin mit 159 Festnahmen. Zwar kamen viele der Verdächtigten binnen kurzem wieder frei, weil die Vorwürfe sich als so unbegründet erwiesen hatten, dass nicht einmal die SED-gesteuerten Gerichte sie ahnden konnten. Dennoch feierte die Stasi ihre Aktion und zahlte an gut 200 besonders verdiente Mitarbeiter Boni zwischen 100 und 1000 Mark der DDR – insgesamt über 63 000 Mark. Auch bekam die zum unselbstständigen Staatssekretariat herabgestufte Stasi Ende November 1955 ihren Status als eigenständiges Ministerium zurück. Minister wurde Wollweber, sein erster Stellvertreter Erich Mielke.

Trotz dieses Erfolges konnte sich Ernst Wollweber nicht mehr lange halten. Das hing ausgerechnet mit der Entstalinisierung zusammen. Am letzten Tag des 20. KPdSU-Parteitages, dem 25. Februar 1956, hatten sich im Großen Saal des Kreml in Moskau rund 1400 Delegierte zu einer geschlossenen Veranstaltung versammelt. Parteichef Nikita Chruschtschow sprach über die »Haltung der Sowjetunion zum Personenkult«, der zu »einer ganzen Reihe äußerst ernster Entstellungen der Parteiprinzipien, der innerparteilichen Demokratie und der revolutionären Gesetzmäßigkeit« geführt habe. Schon diese Distanzierung vom kommunistischen Gottvater Stalin wäre eine Sensation gewesen – doch Chruschtschow ging noch weiter: Offen attackierte er die Methoden, mit denen der Diktator seit 1934 geherrscht hatte: »Dieser Terror war faktisch gegen ehrliche Kader der Partei gerichtet.«[24] Für Walter Ulbricht war das äußerst gefährlich, denn kein führender Kommunist im Ostblock hatte den Stalin-Kult so verinnerlicht wie der SED-Generalsekretär. Das nun beginnende Tauwetter gefährdete seine Machtposition, und ausgerechnet Wollweber, der moskautreue Geheimdienstchef, wurde zum Hoffnungsträger parteiinterner

Reformer. Doch nachdem Chruschtschow mit Panzern den ungarischen Volksaufstand brutal hatte niederwerfen lassen, sah Ulbricht seine Chance gekommen. Am 5. November 1956 wandte sich der Generalsekretär in einem Brief direkt an die Mitarbeiter der Stasi: »Die ob der Niederlage der ungarischen Konterrevolution enttäuschten und vor Wut schäumenden Militaristen und Monopolisten in Westdeutschland werden in der nächsten Zeit nichts unversucht lassen, um durch Provokationen in der DDR von der Niederlage abzulenken. Deshalb, Genossen der Staatssicherheit, steigert in den nächsten Tagen und Wochen Eure revolutionäre Wachsamkeit und Kampffähigkeit. Lasst keine Schwankungen in Euren eigenen Reihen zu und schlagt überall den Feind, wo er anzutreffen ist.«[25]

Nun ging Mielke auf offenen Konfrontationskurs mit Wollweber, und diesmal hielt sich Moskau heraus, zumal den Stasi-Minister seine angeschlagene Gesundheit behinderte: Schon 1956 war er monatelang ausgefallen, und im Juli 1957 musste er sich wegen eines Herzinfarktes in den Erholungsurlaub verabschieden. Der letzte Schlag folgte Mitte Oktober 1957: Ulbricht ließ Wollweber vor dem SED-Zentralkomitee des »Revisionismus« beschuldigen; der Standardvorwurf gegen jeden angeblichen oder tatsächlichen Abweichler von der Parteilinie. Der Minister verstand das Signal und trat am 1. November 1957 zurück; sein Nachfolger wurde Mielke, der nun mit fast acht Jahren Verzögerung am Ziel war. Westliche Medien registrierten die Personalie interessiert und stellten den neuen Minister für Staatssicherheit ihren Lesern vor. Zu lesen war unter anderem, dass er seit 1931 und erneut seit 1947 mit Haftbefehl gesucht wurde.[26] »Die Zeit« stellte knapp fest: »In der Pankower Regierung sitzt also auf einem Ministersessel ein Doppelmörder.«[27] Tatsächlich wurde Mielke Jahrzehnte später trotz nicht weniger als 30 Ermittlungsverfahren ausschließlich wegen dieses Verbrechens rechtskräftig verurteilt.[28]

STAAT IM STAATE

DIE STASI WUCHERT, DIE SED HERRSCHT

Als Erich Mielke endlich Minister wurde, hatte die Staatssicherheit bereits eine gewaltige Größe: Rund 17 000 hauptamtliche Mitarbeiter zählte der in ganz Ost-Berlin, aber auch in der übrigen DDR bis hinab in einzelne Kreise vertretende Geheimdienst. Dennoch ging das Wachstum nicht nur ungebremst weiter, es beschleunigte sich sogar noch: In Mielkes fast genau 32-jähriger Amtszeit verdoppelte sich der Personalbestand durchschnittlich alle zehn Jahre; 1989 standen schließlich mehr als 90 000 voll bezahlte MfS-Mitarbeiter auf der Lohnrolle. Entsprechend wuchs auch der Etat nahezu Jahr für Jahr – von deutlich unter 500 Millionen Ost-Mark 1957 auf mehr als 3,5 Milliarden Ost-Mark 1988. Da die Preise in der Mangelwirtschaft DDR gedeckelt waren und durch ökonomisch völlig verrückte Subventionen scheinbar stabil gehalten wurden, spielte die nominelle Geldentwertung in der DDR kaum eine Rolle. In der Amtszeit Mielkes nahm der Aufwand der SED-Diktatur zum Kampf gegen tatsächliche oder vermeintliche innere und äußere Feinde effektiv, also bereinigt um die geringfügige Inflation, um 700 Prozent zu. Allein daran ist das ungeheure Wuchern des MfS ablesbar. Unmittelbar vor dem Untergang der SED-Diktatur war rein rechnerisch ein MfS-Mitarbeiter für etwa 170 DDR-Bürger zuständig; zum selben Zeitpunkt und nach annährend identischen Kriterien berechnet kamen auf einen Mitarbeiter der im Gegensatz zum MfS rechtsstaatlich legitimierten bundesdeutschen Geheimdienste (Verfassungsschutz, Bundesnachrichtendienst, polizeilicher Staatsschutz, Militärischer Abschirmdienst und entsprechender Dienststellen) etwa 4000 Bundesbürger. Mangels Entsprechung unvergleichbar mit Westdeutschland war die Fülle von freiwilligen, gedungenen oder erpressten Spitzeln, den »Inoffiziellen Mitarbeitern«. 1989 war eine sechsstellige Zahl von IM aktiv, gesteuert von MfS-Offizieren. Mit den »V-Leuten« des bundesdeutschen Verfassungsschutzes hatten die IM der Stasi kaum etwas gemein, zumal deren Zahl zu keiner Zeit über wenige tausend hinaus ging.

Im selben Umfang wie Personal und Etat nahmen unter Mielke die dem Ministerium zugewiesenen Aufgaben zu. Ein klassischer Nachrichten- und Gegenspionagedienst war das MfS ohnehin nie gewesen, da von Beginn an die geheimpolizeiliche Verfolgung aller Gegner der SED-Herrschaft zu seinem Auftrag gehört hatte – ganz entsprechend seinen direkten Vorbildern, den auseinander hervorgehenden sowjetischen Diensten NKWD, MGB und KGB. Hatte in den fünfziger Jahren jedoch immer noch die Abwehr tatsächlicher, wenn auch maßlos übertriebener Aktivitäten westlicher Agenten sowie die Unterdrückung jeder potenziellen einheimischen Opposition im Vordergrund gestanden, wandelte sich mit dem Bau der Berliner Mauer 1961 das Aufgabenspektrum entscheidend: Die Stasi war nun auch für die Verhinderung möglicher »Angriffe auf die Staatsgrenze West« zuständig; zudem garantierte das Ministerium als »Schild und Schwert der Partei« der SED ihre Macht. Viel spricht dafür, in der wuchernden Struktur des MfS eine »neuartige Form der vorbeugenden Sozialsteuerung«[29] zu sehen, in der konspirativ arbeitende Geheimdienstler an die Stelle des natürlichen Ausgleichs der Interessen in einer offenen Gesellschaft und auf einem – mehr oder weniger regulierten – Markt traten. In jedem Fall entwickelte sich der Geheimdienst zum regelrechten Staat im Staate, in dem es Abteilungen für nahezu alle potenziell sicherheitsrelevanten Einrichtungen der Gesellschaft gab. Naturwissenschaftler, zuständig für die Überwachung der eigenen Forscher wie für die Spionage gegen deren westliche Kollegen, gehörten ebenso zu den Mitarbeitern wie Mediziner. Nahezu jeder Bereich der ostdeutschen Gesellschaft wurde in der Stasi nachgebildet, mit Schwerpunkten auf den für besonders wichtig gehaltenen Bereichen: Überdurchschnittlich stark waren etwa die Abteilungen zur Kontrolle der »bewaffneten Organe« und der potenziellen Opposition in Staatsapparat, Kirchen, Kultur und sonstigem »Untergrund« besetzt.

Allerdings bedeutete diese Parallelstruktur nicht, dass sich die Stasi abgekoppelt hätte von der SED, im Gegenteil: Zu allen Zeiten waren Staatspartei und Staatssicherheit äußerst eng verknüpft. Genau diese Tatsache versuchte Egon Krenz, der gescheiterte »Retter« des SED-Regimes, zu Beginn der Friedlichen Revolution 1989/90 um jeden Preis zu verschleiern. Es war sein letzter Dienst an der Partei, der er alles zu verdanken hatte. Denn nur die Strategie der Schuldzuweisung an die Stasi erlaubte es der nun in PDS umbenannten Staatspartei, den Umbruch zu überstehen. Zwar war Krenz zuvor bereits formell aus ihr ausgeschlossen worden, dennoch reichte seine Loyalität zu einer mit Vehemenz vorgetragenen Lüge: »In Wirklichkeit entwickelte sich das Ministerium für Staatssicherheit zunehmend zu einem nach außen hin abgeschirmten Staat im Staate, der selbst Mitglieder der Partei unter Kontrolle nahm (...) Die Entwicklung war verhängnisvoll. Unter Verletzung jedes demokratischen Prinzips wurden Fragen der staatlichen Sicherheit, der konkreten operativen Arbeit des Ministeriums für Staatssicherheit mit Ausnahme von Kaderentscheidungen und Investitionen zwischen dem Vorsitzenden des Nationalen Verteidigungsrates und dem Minister für Staatssicherheit beraten und entschieden.«[30] Egon Krenz, selbst seit 1986 vom XI. SED-Parteitag »gewählter« Sekretär des Zentralkomitees für Sicherheitsfragen, beschwerte sich also darüber, dass Erich Honecker und Erich Mielke alle wesentlichen Fragen seines eigenen Zuständigkeitsbereiches gesteuert hätten. Einerseits erstaunt an dieser Darstellung, dass Krenz sich während seiner aktiven Zeit nicht dagegen gewehrt haben soll, wenn er es tatsächlich so empfunden hätte – immerhin war er unbestritten der »Kronprinz« Honeckers. Andererseits zeigen die Unterlagen der SED und der DDR-Regierung, die im Bundesarchiv zugänglich sind, dass seine eigene Funktion bei weitem nicht so eingeschränkt war, wie er es im Januar 1990 behauptete. Die Stasi war gewiss ein »Staat im Staate« DDR, aber diese Feststellung taugt nicht zur Entlastung der Staatspartei SED, die immer die entscheidende Kraft innerhalb der Diktatur war und blieb.

In seiner Frühzeit hatte das MfS noch ein erhebliches Personalproblem gehabt – es drückte sich in großer Fluktuation der Stasi-Mitarbeiter und der hohen Zahl der Überläufer aus. Dieses Problem bekam Erich Mielke zwar nach dem Bau der Mauer unter Kontrolle, indem er konsequent auf eine Kombination von Anpassungsdruck und systematischer Auswahl möglicher Mitarbeiter setzte, denen zudem Karrierechancen winkten, die sie außerhalb des MfS nie gehabt hätten. Doch ebenso wichtig waren für die Stabilisierung der Stasi als Herrschaftsgaranten der SED zwei weitere Faktoren: überdurchschnittliche Bezahlung und das Gefühl besonderer Macht. Ausweislich der letzten überlieferten, nahezu vollständigen Gehaltsliste lagen die Jahreseinkünfte der MfS-Mitarbeiter zwischen selbst nach DDR-Maßstäben bescheidenen 2795 Ost-Mark für jeden der insgesamt 1636 Wehrpflichtigen der Jahrgänge 1969 bis 1971, die im Stasi-eigenen »Wachregiment Feliks E. Dzierzynski« Dienst taten, und einem Spitzengehalt von 71 250 Ost-Mark für den wichtigsten stellvertretenden Minister, Generaloberst Rudi Mittig. Unter den 90 597 mit ihrem jeweiligen Gehalt verzeichneten MfS-Mitarbeitern fehlt nur ein einziger Prominenter – Erich Mielke selbst, dessen Gehalt offenbar so geheim war, dass es nicht einmal die besonders vertrauenswürdigen Stasi-Leute in der Personalverwaltung wissen sollten.[31]

Die über 3500 Seiten lange Liste mit vollständigen Namen, Geburtsdaten, Dienstabteilungen und eben dem Jahresgehalt verrät aber noch mehr über die Personalstruktur des Geheimdienstes: Es gab ganze Familien, die in Diensten Mielkes standen – der Vater als höherer Offizier, die Mutter als Verwaltungsangestellte, die Söhne im Wachregiment, der Sicherungskompanie, den »Passkontrolleinheiten« an den Grenzübergängen oder in der für Observation und Festnahmen zuständigen Hauptabteilung VIII, die Töchter oder auch Schwiegertöchter gemessen an ihrem Jahresgehalt in offenbar untergeordneten Funktionen, vermutlich als Schreibkräfte oder im Archiv. Aus Gründen des Persönlichkeitsschutzes dürfen die Namen »gewöhnlicher«, also nicht besonders herausgehobener MfS-Mitarbeiter heute nicht mehr veröffentlicht werden; ihnen kommt der Schutz des Rechtsstaates zugute, den sie bis 1989 mit allen Mitteln aktiv bekämpft haben. Doch mit etwas Suchen findet sich eine Datei dieses »Stasi-Gehaltsprojektes« problemlos im Internet. Grundsätzlich gilt: Die Gehälter der hauptamtlichen MfS-Mitarbeiter lagen deutlich über dem entsprechenden Durchschnitt normaler DDR-Bürger. Der Geheimdienst band sein Personal durch ungewöhnlich hohe Bezahlung an sich; kurz gesagt: Mielke kaufte sich Loyalität. Hinzu kamen weitere

Elemente: Privilegien wie die bevorzugte Versorgung mit Konsumgütern durch Umgehung der Mangelwirtschaft und ein intensives soziales Gefüge, dass entsprechend anderen Großbetrieben organisiert war, jedoch die einzelnen Mitglieder unter einen noch viel größeren Anpassungsdruck setzte. Die MfS-Mitarbeiter wurden auf diese Weise zu fast immer problemlos funktionierenden Zahnrädchen in einem gewaltigen Getriebe. Für Eigensinn oder gar abweichendes Verhalten sollte es keinen und gab es in der Realität tatsächlich kaum Raum. Der durchaus zu Recht mit einem Oscar gekrönte Spielfilm »Das Leben der Anderen« ist in dieser Hinsicht pure Fiktion: »Wir kennen keinen einzigen Fall, in dem ein Vernehmer sich heimlich auf die Seite seines Opfers gestellt hat«, sagte Hubertus Knabe, der Leiter der Stasiopfer-Gedenkstätte Hohenschönhausen.[32]

Gleichzeitig war das MfS auf verschiedenen Ebenen eine kriminelle Vereinigung; drei Bände haben der Journalist Klaus Behling und der Schriftsteller Helmut Eikermann alias Jan Eik der »Kriminalität in der Stasi« gewidmet. Dabei gehen zwar Straftaten im Auftrag der SED, beispielsweise Entführungen von westdeutschen SED-Kritikern, wild durcheinander mit individuellen Verbrechen einzelner Stasi-Mitarbeiter, die den Vorteil der von keiner juristischen und erst recht keiner öffentlichen Kontrolle »bedrohten« Machtposition zu ihren Gunsten ausnutzten. Wichtig ist jedoch an den Büchern von Behling und Eikermann etwas anderes: Sie zeigen, dass die Stasi eben kein »Geheimdienst wie jeder andere« war.[33] Nun ist die Grauzone der Geheimdienste in jedem politischen System, im demokratischen Rechtsstaat ebenso wie in der Diktatur, anfällig für persönliche Bereicherung einzelner Mitarbeiter. Doch in offenen Gesellschaften kommen solche Fehltritte früher oder später ans Licht, wie die Berichterstattung über Geheimdienstskandale in der Bundesrepublik oder den USA belegt; zuletzt die enorme, allerdings größtenteils gespielte Erregung über die vermeintlichen „Enthüllungen" des NSA-Verräters Edward Snowden ab 2013. In der DDR geschah ähnliches nie; erst nach dem Untergang des SED-Regimes begann die Aufarbeitung. In der früheren Sowjetunion, seit inzwischen anderthalb Jahrzehnten fest in der Hand einer verschworenen Gruppe von ehemaligen KGB-Offizieren, gibt es bis heute keinerlei Aufklärung; die wenigen Ansätze dazu wurden und werden systematisch unterbunden.

»FEINE TSCHEKISTEN«

MARKUS WOLF UND SEINE HAUPTVERWALTUNG AUFKLÄRUNG

In der Ost-Berliner Stasi-Zentrale soll es kräftig gerumst haben am 5. März 1979. Stinksauer sei Erich Mielke gewesen, berichtete später ein Insider. Denn an diesem Montag schaute den Minister vom Titelbild des Magazins »Der Spiegel« einer seiner wichtigsten Mitarbeiter an: Markus Wolf, der Chef der DDR-Auslandsspionage »Hauptverwaltung Aufklärung« (HVA). Mehr als zwei Jahrzehnte hatte es im Westen kein aktuelles Foto von ihm mehr gegeben. Doch dann wurde er, ohne es zu merken, bei einer streng geheimen Reise nach Stockholm – selbstverständlich unter falschem Namen – von einem Fotografen aufgenommen; ein Überläufer identifizierte ihn. Ob Mielke seinen Generalleutnant tatsächlich »geröstet« hat an diesem Morgen, wie der Insider weiter behauptete, ist mindestens fraglich: Nach 1990 dürften Stasi-Funktionäre viele Gründe gesehen haben, das Verhältnis zwischen Minister und Stellvertreter schlecht zu reden. Wolf selbst hat es seit der Einheit stets getan, zum Beispiel in den erst posthum erschienenen »Letzten Gesprächen« mit dem PDS-Journalisten Hans-Dieter Schütt: »Ich habe heute, bevor Sie zum Gespräch kamen, wieder in meinen Tagebüchern gelesen, zufällig geriet ich ins Jahr 1974, und da kommen in monatlicher Regelmäßigkeit Konflikte zur Sprache, die ich mit Minister Mielke hatte. Diesen Eintragungen – immer an der Grenze zum Entschluss, schon damals alles hinzuwerfen – merkt man noch heute die große Schwierigkeit an, die Situation mit diesem Mann auszuhalten.«[34] Glaubhaft ist diese Selbstdarstellung nicht, arbeitete Wolf doch noch bis 1986 unter Mielke. Doch nur wenn er die völlig normalen Konflikte zwischen dem herrischen Minister und sich selbst im Nachhinein übertrieb, konnte der DDR-Chefspion sein so wichtiges Selbstbild vom »feinen Tschekisten« im Gegensatz zum primitiven Mielke aufrechterhalten.

Ohne Zweifel gehörte Markus Wolf zu den intelligentesten Köpfen, die der deutsche Kommunismus hervorgebracht hat. 1923 als Sohn des Arztes und Dramatikers Friedrich Wolf in Hechingen geboren, musste der kleine Markus mit zehn Jahren mit der gesamten Familie Deutschland verlassen. Friedrich Wolf war seit 1928 KPD-Mitglied und für die Nazis als »jüdischer Kommunist« ein doppelter Todfeind. 1934 kamen die Wolfs im Exil in Moskau an. Hier verbrachten Markus und sein jüngerer Bruder Konrad, der als Filmregisseur bekannt werden sollte, ihre Jugend. Sie bekamen die beste denkbare Ausbildung, Markus zuletzt an einer elitären Komintern-Schule. Mit 19 Jahren wurde er Mitglied der Exil-KPD. Damit galt sein Lebensweg als vorbestimmt: Markus Wolf würde in einem kommunistisch dominierten Nachkriegs-Deutschland Parteifunktionär werden. Entsprechend kam er Ende Mai 1945 zurück nach Deutschland – allerdings nicht mit der »Gruppe Ulbricht«, wie oft kolportiert wird und wie Wolf gelegentlich auch selbst kokettierte.[35] Hier begann er seine »Aufbauarbeit« im Sinne der Kommunistischen Partei als Journalist. Seine Berichte vom Nürnberger Hauptkriegsverbrecherprozess sind bekannt, doch das verdanken sie weniger ihrer Brillanz und mehr dem Namen ihres Verfassers. »Agitation und Propaganda«, so der SED-eigene Begriff, genügte Markus Wolf schon bald nicht mehr. Ihn zog es in einen anderen zentralen Bereich des kommunistischen Regimes: die Spionage. 1951 wechselte er zum »Institut für wirtschaftswissenschaft-

^ *Katastrophe am Montagmorgen: Als der »Spiegel« 1979 das Äußere von Markus Wolf enthüllte, war das eine schwere Niederlage für den Stasi-Apparat.*

liche Forschung«, einer Tarnorganisation, die zur Keimzelle der HVA wurde. Binnen weniger Monate intrigierte sich Wolf hier an die Spitze. Aus den fünfziger Jahren datiert auch das bis 1979 letzte Foto, das von Wolf im Westen veröffentlicht wurde.

Von 1952 bis 1986 stand Wolf an der Spitze der DDR-Auslandsspionage. Er kontrollierte den letztlich aussichtslosen Kampf der Stasi gegen das westliche, vor allem das westdeutsche System – und setzte dabei alle, auch menschenrechtswidrige Mittel bedenkenlos ein: Erpressung, Menschenraub und die Todesstrafe für abtrünnige Agenten. Zu den Spezialitäten der HVA gehörte das »Romeo-Prinzip«, das Aushorchen und Abschöpfen einsamer Sekretärinnen in Bonner Ministerien durch Playboys in Stasi-Diensten. Aber auch mit viel Geld köderten Wolf und seine Agentenführer Verräter im Westen, und – wahrscheinlich am liebsten – jene Köpfe, die sich einredeten, der real existierende Sozialismus sei letztlich doch das bessere System. Unter seiner Führung wuchs der anfangs nur wenige hundert Mann starke Dienst zum gewaltigen Apparat mit insgesamt mehr als 3800 offiziellen Mitarbeitern, davon immerhin 1369 hauptamtlichen Angestellten, die unter falscher Identität arbeiteten. Die wesentliche Aufgabe der HVA war es, Agenten im Westen zu »führen«. Wie viele das insgesamt waren, ist unbekannt und wird wohl wegen der Aktenvernichtung 1989/90 nie geklärt werden können. In jedem Fall müssen es insgesamt zehntausende gewesen sein, aus ganz unterschiedlichen Bereichen: Die Sicherheitsdienste der Bundesrepublik wurden ebenso infiltriert wie die Ministerien in Bonn, aber mindestens genauso wichtig waren Spione in der westdeutschen Wirtschaft, die Know-how verrieten, das dann in der DDR benutzt wurde,

^ *Das bis 1979 einzige bekannte Foto des Spionagechefs zeigt Markus Wolf bei einer Militärparade. Da hatte er sich schon an die Spitze des Auslandsnachrichtendienstes der SED intrigiert.*

um die eigene Produktion zu modernisieren – meist allerdings mit bescheidenem Erfolg. Westliche Medien gehörten zu den bevorzugten Zielen der HVA, das traf gleichermaßen die ARD und das ZDF, den Axel-Springer-Verlag und den »Spiegel«, bei dem der später ausgerechnet als DDR-Forscher in Mannheim tätige Redakteur Dietrich Staritz als IM »Erich« spitzelte.[36]

Viel Energie investierte die HVA in den Bundestag. Zwar sperrte sich das Parlament lange gegen eine Untersuchung, gab sie dann 2010 doch in Auftrag, allerdings beschränkt auf Abgeordnete, also ohne die erkennbar für einen Geheimdienst wie die Stasi viel spannenderen Mitarbeiter. Dennoch steht fest, dass der Bundestag ein Schwerpunkt der Spitzeltätigkeit war. Mindestens einmal beeinflusste die Stasi die bundesdeutsche Politik sogar direkt. Am 27. April 1972 erlebte die Volksvertretung in Bonn eine Premiere: Erstmals sollte ein amtierender Bundeskanzler gestürzt werden. Willy Brandt hatte, so schien es, seine ohnehin knappe Mehrheit verloren, und CDU-Chef Rainer Barzel wollte sich in einem konstruktiven Misstrauensvotum zu seinem Nachfolger wählen lassen. Um 13.22 Uhr verlas Bundestagspräsident Kai-Uwe von Hassel das Ergebnis der geheimen Abstimmung. Da sich die Koalitionsfraktionen von SPD und FDP fast geschlossen enthalten hatten, waren nur 260 gültige Stimmen abgegeben worden. Die Kanzlermehrheit lag bei 249 Stimmen – Barzel glaubte, nach dem Wechsel mehrerer ehemaliger SPD- und FDP-Parlamentarier zur CDU/CSU so viele Stimmen sicher zu haben. Doch tatsächlich stimmten nur 247 Abgeordnete für den CDU-Chef, zwei weniger als erforderlich. Der unterlegene Barzel ging zur Regierungsbank und gratulierte Brandt. Bei dieser Abstimmung hatte die Stasi ihre Hände im Spiel. Zwei Unions-Abgeordnete waren mit Geld aus Ost-Berlin bestochen worden, sich zu enthalten, faktisch also gegen ihren eigenen Vorsitzenden zu stimmen. Julius Steiner aus Baden-Württemberg bezichtigte sich bereits 1973 selbst, seine Stimme für 50 000 Mark verkauft zu haben; das bestätigten nach 1990 ehemalige Stasi-Offiziere und Akten des MfS. Der zweite gekaufte Abgeordnete war höchstwahrscheinlich der CSU-Parlamentarier Leo Wagner. Auch wenn er das bis zu seinem Tod vehement bestritt, so belegen erhaltene Unterlagen der HVA doch: Ein der CSU nahe stehender West-Journalist namens Georg F., der unter dem Decknamen »Dürer« seit 1966 für Ost-Berlin arbeitete, sprach Wagner an, der damals in einer finanziellen Notlage war. Später kam heraus, dass Wagner kurz nach der Abstimmung im Bundestag 50 000 Mark aus einer unbekannten Quelle erhalten hatte. Zwar gab ein befreundeter CSU-Politiker an, Wagner diese Summe geliehen zu haben – doch glaubhaft war das nicht.[37] Durch die Manipulation des konstruktiven Misstrauensvotums rettete die Stasi Brandts Kanzlerschaft.

Die Spitzeltätigkeit im Westen kostete allerdings viel Geld. Markus Wolfs Nachfolger als Chef der HVA, Werner Großmann, bezifferte 1998 in einer Zeugenaussage vor dem Untersuchungsausschuss des Bundestages zur Tätigkeit von Alexander Schalck-Golodkowski den Finanzbedarf »für operative Zwecke« auf jährlich etwa 17,5 Millionen Mark der DDR und – viel wichtiger – rund 13,5 Millionen DM.[38] Offen ist allerdings, ob dieses Geld im Sinne der SED »gut angelegt«, wie erfolgreich die Spionage der HVA also letztlich war. Die Ausspähung westlicher Industriegeheimnisse und die Beeinflussung der westdeutschen Linken hat das Überleben der DDR jedenfalls nicht wesentlich verlängert. Als die Sowjetunion der ostdeutschen Diktatur die Garantie entzog, notfalls militärisch gegen die Opposition vorzugehen, war der marode »real existierende Sozialismus« nicht mehr zu retten. Daran änderte die Tätigkeit der »feinen Tschekisten« nichts.

DAS MFS IN BERLIN

SPERRGEBIETE UND WOHNVIERTEL DES GEHEIMDIENSTES

Ein Apparat mit annähernd 100 000 fest angestellten Mitarbeitern braucht riesige Immobilien, um zu funktionieren. Da die DDR ein streng zentralistischer Staat war, lag der unbestrittene Mittelpunkt des Stasi-Systems in Ost-Berlin, genauer gesagt in einem 22 Hektar großen Sperrgebiet im Bezirk Lichtenberg. Doch selbst dieses gewaltige Areal war nur ein kleiner Teil der Stasi-Liegenschaften. In jeder Bezirksstadt der DDR gab es eine Bezirksverwaltung des MfS, oft ein hermetisch abgeschlossener Komplex mit eigenem Untersuchungsgefängnis für echte oder vermeintliche Regimegegner; zusätzlich hatten praktisch alle Kreisstädte der DDR eigene Bürogebäude für die örtlichen Stasi-Dienststellen, die einen Großteil der Überwachung vor Ort übernahmen. Für Berlin bedeutet das: Neben dem Komplex Normannenstraße, der heute auch über Deutschland hinaus als Stasi-Zentrale bekannt ist, und zusätzlich zu dem großen Sperrgebiet des MfS in Hohenschönhausen mit weiteren zentralen Abteilungen gab es eine ebenfalls raumgreifende Bezirksverwaltung, zunächst mehrere Gebäude in einem früheren Krankenhaus-Komplex in Prenzlauer Berg und anschließend in den letzten Jahren der DDR in einem neu errichteten Plattenbau am Ost-Berliner Tierpark in Friedrichsfelde. Weiterhin belegte das MfS zahlreiche kleinere Immobilien für ihre Kreisdienststellen mit Beschlag, wurden mehrere tausende Wohnungen für »konspirative Treffs« mit IM benutzt. Nicht vergessen darf man die nahezu ausschließlich von Stasi-Mitarbeitern genutzten Mietwohnungsanlagen, vor allem in Lichtenberg und Hohenschönhausen. Eine Karte, auf der alle oder auch nur die meisten derartigen Berliner MfS-Objekte markiert sind, gibt es nicht; unter anderem sprechen Gründe des Datenschutzes dagegen. Dabei würde nur eine solche Karte illustrieren können, wie sehr die Krake MfS tatsächlich die »Hauptstadt der DDR« überwuchert hatte.

Im Mittelpunkt der Aufmerksamkeit steht immer die Stasi-Zentrale an der Normannenstraße. In der Auswahl dieses Standortes zeigt sich die persönliche Bedeutung von Erich Mielke für das Unterdrückungssystem des SED-Regimes: Seinen ersten Dienstsitz nämlich nahm das MfS Anfang 1950 im Gebäude des ehemaligen Finanzamtes Lichtenberg an der Kreuzung Magdalenen- und Normannenstraße, gegenüber dem Roedeliusplatz. In genau diesem Bürogebäude hatte Erich Mielke am 15. Juli 1945 seinen Dienst als Leiter der Polizei-Inspektion Lichtenberg angetreten.[39] Ab April 1947 nutzten hier mehrere Abteilungen offiziell des sowjetischen »Informationsministeriums«, in Wirklichkeit des NKWD 32 Räume. Praktischerweise genau gegenüber, am Südrand des Roedeliusplatzes, lag das vormalige Amtsgericht Lichtenberg, in dem ab Juni 1945 das Sowjetische Militärtribunal 48 240 amtierte, das fast alle Todesurteile in der Sowjetischen Besatzungszone Deutschlands fällte. Der anschließende Zellenbau, bereits vor dem Amtsgericht erbaut, diente seit 1945 den Sowjets als zentrales, aber nicht einziges Gefängnis in Ost-Berlin. Hier wurden vor allem jene politischen Häftlinge eingesperrt, gegen die bereits ein Schauprozess lief oder die in die UdSSR deportiert werden sollten.

Mit seiner offiziellen Gründung 1950 nahm das Ministerium für Staatssicherheit den früheren Sitz von Mielkes Lichtenberger Polizei-Inspektion in Besitz. Das hatte unter anderem den Vorteil, dass die sowjetischen »Berater« nicht umziehen mussten und der Komplex bereits gesichert war. Allerdings nach Ansicht der Stasi nicht genügend: Schon nach kurzer Zeit beklagten sich MfS-Mitarbeiter, die Bewohner der gegenüber gelegenen Mietshäuser Normannenstraße 23 bis 25d könnten ihnen bei der Arbeit zusehen. Die Konsequenz war klar: Die Häuser wurden, Wohnungsmangel hin oder her, geräumt und das MfS übernahm diese Immobilien ebenfalls. Doch auch das reichte nicht: Ab 1955 wurde in nur einem Jahr ein großer L-förmiger Neubau in neoklassizistischen Formen errichtet, der zwischen einem behelfsmäßigen Anbau an das ehemalige

Finanzamt und der Helmutstraße lag. Das sechsgeschossige Gebäude, MfS-intern später »Haus 7« genannt, wurde direkt über der wenig später aus allen Stadtplänen verschwundenen Helmutstraße gebaut, die allerdings eher »den Eindruck eines leidlich befestigten Weges als den einer Straße vermittelte«, so der Historiker Christian Halbrock.[40] Dem Projekt mussten einige Kleingartenparzellen weichen. Spätestens mit diesem Neubau war klar, dass das MfS sich auf Dauer in Lichtenberg einzurichten gedachte. Konsequent wurde der niedrige Behelfsbau zwischen »Haus 7« und dem früheren Finanzamt 1961/62 durch einen Neubau ersetzt, das »Haus 1«; es wurde offizieller Sitz des Ministers Erich Mielke. Innerhalb seines Apparates war er unanfechtbar, so dass die für DDR-Verhältnisse opulente Ausstattung des Ministerappartments ohne Widerspruch blieb. Im inzwischen aufwendig sanierten »Haus 1« residierten bis in den Januar 1990 der Stasi-Chef, seine wichtigsten Stellvertreter, die »Arbeitsgruppe des Ministers« und das »Büro der Leitung«, also alle zentralen Führungsabteilungen.

In den vier Jahrzehnten ihrer Existenz baute die Stasi ihren Standort Lichtenberg immer weiter aus: Nach und nach übernahm sie sämtliche Gebäude innerhalb des Straßengevierts Frankfurter Allee, Rusche-, Magdalenen- und Normannenstraße, das zum absoluten Sperrgebiet für Nicht-MfS-Mitarbeiter

^ *In diesem ehemaligen Finanzamt am Roedeliusplatz begann Erich Mielke seinen Aufstieg im SED-Staat. Dieses Gebäude gehörte bis 1990 zur Stasi-Zentrale.*

wurde. Alte Wohngebäude vor allem entlang der Frankfurter Allee und der Magdalenenstraße baute der VEB Spezialhochbau Berlin zu Büros um, ein dem MfS zugeordneter Betrieb mit strenger Sicherheitsüberprüfung. Neubauten wurden ab Anfang der siebziger Jahre bis auf einige Spezialgebäude meistens im Plattenbau-System WBS-70 errichtet. Doch auch Liegenschaften außerhalb des direkten Sperrgebiets gehörten zur MfS-Zentrale: Das ehemalige Amtgerichts- und spätere sowjetische Geheimdienstgefängnis Magdalenenstraße blieb bis 1989 als Untersuchungshaftanstalt der Stasi in Benutzung; hier fanden die meisten Gesprächstermine zwischen politischen Gefangenen und ihren meist von der Stasi gesteuerten »Verteidigern«, Diplomaten ausländischer Botschaften oder der Ständigen Vertretung der Bundesrepublik statt, wenn es sich bei den Festgenommenen nicht um Staatsangehörige der DDR handelte. Nördlich der eigentlichen Zentrale, jenseits des Hans-Zschoke-Stadions, beanspruchte das MfS ab den siebziger Jahren eine zunehmende Fläche. Wo bis dahin Kleingartenkolonien lagen, wuchs nun ein halbes Dutzend sechs- bis 13-geschossiger Plattenbauten in die Höhe, außerdem vier weitere Großbauten. Die Anlage wurde ebenfalls Sperrgebiet, allerdings nicht direkt verbunden mit dem Sperrgebiet Normannenstraße – das kleine Stadion des Fußballvereins Lichtenberg 47 lag dazwischen. Das störte die MfS-Planer schon früh: »Die Existenz eines öffentlichen Sportplatzes mit Punktspielbe-

^ *Das »Haus 1« des großen Blocks, der nach und nach für die Stasi-Zentrale vereinnahmt worden war: Es war der Sitz Mielkes und seiner direkten Mitarbeiter.*

trieb neben bzw. zwischen Dienstobjekten des MfS ist ein nicht länger vertretbarer Faktor.«[41] Dennoch kam es nicht mehr zur Verlegung des Stadions und zur Vereinigung der beiden Sperrgebiete. Heute ist die Vergangenheit des Areals an der Gotlindestraße praktisch vergessen; das Areal zwischen Frankfurter Allee und Normannenstraße dagegen beherbergt bis heute das zentrale Archiv der Stasiunterlagen-Behörde sowie im inzwischen aufwendig sanierten »Haus 1« Ausstellungen und mehrere zivilgesellschaftliche Aufarbeitungsinstitutionen, die auch die Raumflucht des Ministerappartments erhalten. Mittelfristig soll daraus ein »Campus der Demokratie« entstehen.

Das zweitgrößte MfS-Objekt lag in Hohenschönhausen, in einem ehemaligen Industriegebiet am nordöstlichen Rand Berlins. Hier richtete der NKWD 1945 eines seiner insgesamt zehn »Speziallager« ein; es lag in einer Großküche aus der Nazi-Zeit und bezog zwei ehemalige Zwangsarbeitslager ein. Das MfS übernahm die von den Sowjets im Kellergeschoss der Küche eingebauten Zellen 1951 und nutzte sie zehn Jahre lang als zentrale Untersuchungshaftanstalt; ersetzt wurden sie durch ein neues, moderneres Zellengebäude, das die Insassen des als Strafarbeitslagers weiter betriebenen »Speziallagers« hatten errichten müssen. Es sollte für die folgenden Jahrzehnte das neben Bautzen II berüchtigtste Stasi-Gefängnis sein. Die Haftbedingungen waren in beiden Gefängnissen absolut inakzeptabel; in der Zellen des von Häftlingen »U-Boot« genannten Kellergefängnisses gab es anfangs noch physische Folter, während sich die Stasi-Bewacher im neuen Gefängnisbau auf psychologische Methoden verlegten, zum Beispiel die totale Isolation der Gefangenen über Monate, manchmal über Jahre hinweg. Anwälte bekamen die Häftlinge nur in seltenen Ausnahmefällen zu sehen. Das Wachpersonal sprach die Gefangenen konsequent nur mit Nummern an; auf den Gängen war eine Ampelanlage installiert, mit der jeder Kontakt von Häftlingen untereinander auf dem Weg vom oder zum Verhör verhindert wurde: Leuchtete ein rotes Licht auf, musste sich der von einem Wächter begleitete Gefangene sofort mit dem Gesicht zur Wand drehen. Auf diese Weise sahen die Insassen praktisch ausschließlich die Gesichter der unnahbaren Wachen sowie der Vernehmungsoffiziere.

Doch der Stasi-Komplex Hohenschönhausen umfasste noch viel mehr Einrichtungen als das Gefängnis. Hier lag, in einem Wohn- und Bürogebäude aus dem Jahr 1911, das Sonderarchiv des MfS für Unterlagen aus der Nazizeit. Seit 1954 sammelte die Stasi Akten mit personenbezogenen Informationen. Die 4,5 laufenden Kilometer Papier waren für die Öffentlichkeit unzugänglich und galten bis Anfang 1990 als verschollen. Aufgabe der Stasi-Offiziere war es, westliche Politiker zu diffamieren sowie belastete Personen in der Bundesrepublik und der DDR durch Erpressung gefügig zu machen; dabei blieb die Strafverfolgung von NS-Verbrechern meistens auf der Strecke. Dieses NS-Archiv war die historisch-politisch brisanteste Einrichtung auf dem Stasi-Areal Hohenschönhausen; die größte Einrichtung aber war der »Operativ-Technische Sektor« (OTS), mit Ende 1989 insgesamt 1085 hauptamtlichen Mitarbeitern. Ihre Aufgabe war, die Spezialausrüstungen für die Spionageeinsätze des MfS zu entwickeln. Dazu gehörten Abhöranlagen und versteckte Kameras, aber auch die Geräte, auf denen die Stasi-Abteilung M als »Untermieter« in zahlreichen Postdienststellen jeden Tag zehntausende Briefe öffnete. Das diente einerseits der Kontrolle der privaten Kommunikation innerhalb der DDR, aber auch mit der Bundesrepublik und dem Ausland; andererseits wurden systematisch Bargeld und andere Wertsachen aus den Briefen gestohlen. Auf diese Weise flossen Jahr für Jahr Millionen Westmark in die Etats von Stasi und SED. Außerdem entwickelte und pflegte der OTS die aufwendige Überwachungstechnik, mit der das MfS die Richtfunkstrecken zwischen West-Berlin und Westdeutschland abhörte sowie Telefongespräche innerhalb der Bundesrepublik mitschnitt. Die Labors in Hohenschönhausen, überwiegend innerhalb des Sperrgebietes gelegen, waren der wohl modernste Teil des Spionagemolochs MfS.

Ein dritter großer Stasi-Komplex in der »Hauptstadt der DDR« lag von 1950 bis 1985 im Bezirk Prenzlauer Berg. Die ursprünglich als Hospital und Siechenhaus errichteten Backsteingebäude an der Ecke Prenzlauer Allee/Fröbelstraße hatten von 1934 bis 1945 das Bezirksamt Prenzlauer Berg beherbergt, standen also nach Ende des Krieges wegen der Auflösung der staatlichen Einrichtungen aus der NS-Zeit leer. Schon am 3. Mai 1945 bezog die sowjetische Kommandantur Prenzlauer Berg die wenig beschädigten Bauten; im Keller des Hauses 3 wurde umgehend ein Gefängnis des NKWD eingerichtet. Zahlreiche Gegner der Zwangsvereinigung von SPD und KPD wurden hier eingesperrt. Häufig lautete der Vorwurf »Spionage«, doch in aller Regel handelte es sich vielmehr um allgemeine Gegnerschaft zur kommunistischen Gewaltherrschaft. Echte NS-Täter fanden sich, anders lautenden Behauptungen der SED damals und der Linkspartei heute zum Trotz, nur selten unter den Gefangenen. Die mit einer Ausnahme fensterlosen Zellen im Keller waren berüchtigt, weil hier vielfach nicht nur psychische, sondern auch körperliche Gewalt eingesetzt wurde.

Nach Gründung der DDR wurde die sowjetische Kommandantur Prenzlauer Berg wie andere entsprechende Einrichtungen aufgelöst; die frei werdenden Räumlichkeiten übernahm nun die neu eingerichtete Bezirksverwaltung des MfS für »Großberlin«. Obwohl seit der Blockade klar war, dass der Westteil der Stadt unter dem Schutz der Alliierten stand und die Stasi dort keinerlei Befugnisse hatte, interessierten sich die Mitarbeiter im ehemaligen Krankenhaus besonders für West-Berlin. In diesen Räumen wurden zahlreiche Maßnahmen gegen DDR-Kritiker im Westen vorbereitet. Bruno Beater, der besonders brutale Chef der für Gegnerbekämpfung zuständigen Hauptabteilung V, machte hier Karriere bis zum 1. Stellvertreter Mielkes. Das Kellergefängnis wurde ab Januar 1951 vom MfS genutzt und diente als Verhörzentrum. Stasi-Vize Mielke hatte im September 1950 »Richtlinien über die Erfassung von Personen, die eine feindliche Tätigkeit durchführen« erlassen. Als »feindlich« galt danach eine Tätigkeit, wenn sie »auf die Untergrabung der Grundlagen der DDR gerichtet« war. »Ferner« sollten »aktive Anhänger des ehemaligen Hitlerstaates« vom MfS erfasst werden. Als Feinde galten: »Agenten ausländischer Spionageorganisationen, Terroristen, Diversanten, Schädlinge, Saboteure, Teilnehmer an der Schumacherschen illegalen Arbeit, Trotzkisten« und »Angehörige religiöser Sekten und andere Personen.« Mit den »Teilnehmern an der Schumacherschen illegalen Arbeit« waren Sozialdemokraten in der DDR gemeint. Als »Angehörige religiöser Sekten« bezeichnete man unter anderem die Zeugen Jehovas.[42] Da die Wärter im Untergeschoss von Haus 3 Diensthunde hatten, nannten ehemalige Insassen dieses Stasi-Gefängnis den »Hundekeller«. In den Zellen befand sich auch ab 1951 außer einer Schlafpritsche nur ein Kübel. Zeitzeugen wie Hans-Eberhard Zahn überliefern, dass sie während der Dauer- und Nachtverhöre stundenlang still stehen mussten. Manchmal erhielten sie Tritte in die Kniekehlen, wurden geschüttelt und gestoßen. Wer gegen die strengen Gefängnisregeln verstieß, konnte tagelang in eine Stehzelle gesperrt werden, teilweise gefesselt an eingemauerte Handschellen. Solche physische Folter ging nach Stalins Tod 1953 stark zurück. Für die Zeit nach 1954 liegen keine Berichte von Zeitzeugen über die Benutzung des Stehkarzers in Haus 3 mehr vor. Zwei Jahre später wurde der »Hundekeller« geschlossen; die Gefangenen verlegte man in ein Gefängnis in der Kissingenstraße in Pankow.

Sitz der Bezirksverwaltung für Berlin blieb der Gebäudekomplex aber. Bis 1985 wurden von hier aus zahlreiche Überwachungs- und Zersetzungsmaßnahmen gegen Oppositionelle geplant. Zu den wichtigsten Zielpersonen, die von hier aus »bekämpft« wurden, gehörte der Friedrichshainer Pfarrer Rainer Eppelmann. Er hatte zusammen mit dem SED-Dissidenten Robert Havemann 1982 den »Berliner Appell« verfasst und in Umlauf gebracht; seither galt er als einer der wichtigsten »Staatsfeinde« der DDR. Offenbar plante die MfS-Bezirksverwaltung Berlin sogar einen Mordanschlag auf Eppelmann. In einem undatierten Bericht eines IM »Hoffmann« über »operative Arbeit« heißt es: »Kurz nach dem Tod von Havemann sollte der Umstand genutzt werden, dass Eppelmann häufig mit hoher Geschwindigkeit spät abends von Grünheide nach Berlin zurückfuhr. Ziel der geplanten Maßnahme war es, einen Unfall herbei zu führen, Verletzungen bzw. physische Vernichtung von Eppelmann wurden einkalkuliert. Hierzu wurden mehrere Varianten geprüft (Radmuttern lockern, in der Kurve Scheibe zerstören, vor der Kurve Spiegel aufstellen). Die Aktion wurde durch die Abteilungsleitung abgelehnt, da das Zuschadenkommen von unbeteiligten Personen nicht ausgeschlossen werden konnte.«[43] Das MfS war also durchaus bereit, den oppositionellen Pfarrer umzubringen; nur sollte dabei nicht auch seine Frau, die als einzige mit ihm fuhr, ums Leben kommen.

Als die Maßnahmen gegen Eppelmann erwogen wurden, war der Bezirksverwaltung das innerstädtische Areal schon lange zu eng geworden. Seit 1976 trugen sich die Verantwortlichen mit Umzugsplänen; vor allem der Karriere-Geheimdienstler Wolfgang Schwanitz setzte sich dafür ein. Er hatte seit 1951 in der Berliner Bezirksverwaltung Karriere gemacht und war vom schlichten Sachbearbeiter in der Kreisdienststelle Lichtenberg 1951 aufgestiegen zum Chef der Bezirksverwaltung, die er 1974 bis 1986 leitete. Mit seiner Arbeit war Mielke offenkundig so zufrieden, dass Schwanitz als Stellvertretender Minister in die MfS-Zentrale nach Lichtenberg berufen wurde; schließlich wurde er sogar noch, allerdings für gerade einmal drei Wochen als »Leiter des Amtes für Nationale Sicherheit« Mielkes Nachfolger. Schwanitz wurde nach der Deutschen Einheit einer der lautstärksten Geschichtsfälscher, was die Tätigkeit des MfS angeht, das seiner Ansicht nach »juristisch rehabilitiert« sei.[44] Mitte der siebziger Jahre begann Schwanitz, den Umzug seiner Bezirksverwaltung in ein wesentlich größeres Objekt zu betreiben. Als künftiger Standort stand relativ schnell ein Areal weiter im Osten fest, nahe des Tierparks Friedrichsfelde, an der »Straße der Befreiung«. Mit Sinn für die Symbolik von Daten fand die Grundsteinlegung am 8. Mai 1978 statt. Doch bald stockte das Neubauvorhaben; es fehlten sowohl Geld als auch die notwendigen Materialien. Statt angestrebter Ausgaben von 150 Millionen DDR-Mark standen nun nur noch 107 Millionen zur Verfügung. Deshalb blieb auch über den Zeitpunkt des Umzugs der Bezirksverwaltung hinaus eine Dienststelle am Standort in Prenzlauer Berg: In den ehemaligen Kellerzellen war eine Abhöranlage eingebaut worden, die Gespräche von und mit Ost-Berliner Anschlüssen überwachte. Sie ebenfalls nach Friedrichsfelde zu verlagern, erschien technisch unnötig; daher nutzten Stasi-Offiziere die Anlage bis in den Spätherbst 1989. Die übrigen Abteilungen der Bezirksverwaltung zogen im Oktober 1985 nach Friedrichsfelde in den trotz Etatkürzung auf Zuwachs berechneten neuen Komplex um.

Neben den verschiedenen Dienstgebäuden verfügte die Stasi in Berlin über fast ausschließlich von MfS-Mitarbeitern bewohnte Miethäuser. Die Abschottung vom Rest der Bevölkerung war gewollt; so ließ sich der soziale Zusammenhalt besser organisieren und vor allem kontrollieren; außerdem fielen die Privilegien, die Stasi-Mitarbeiter genossen, auf diese Weise weniger auf. Die wichtigsten derartigen Komplexe lagen nahe der beiden großen Sperrgebiete in Lichtenberg und in Hohenschönhausen; sogar eine eigene Wohnungsverwaltung baute das MfS auf. Gegenüber der Stasi-Zentrale galten zwei Hochhäuser (Frankfurter Allee 172 und 174) als »Wohnobjekte des MfS«, außerdem der elfgeschossige Wohnungsriegel mit den Hausnummern Frankfurter Allee 178 bis 192. Auch das Hochhaus in der Harro-Schulze-Boysen-Straße 37 und in der benachbarten Harnackstraße die Aufgänge mit den Nummern 24 bis 28 standen Stasi-Mitarbeitern zur Verfügung. Die Vorsicht war begründet; aus den oberen Stockwerken dieser Gebäude konnte man problemlos ins Innere des Sperrgebietes schauen. Weil damit jedenfalls theoretisch die Möglichkeit von Anschlägen gegeben war, wurde vor dem »Haus 1« ein Sichtschutz aus Betonwerksteinen errichtet, unter dem fortan die MfS-Spitze aus ihren chauffierten Autos stieg. Von Attentatsabsichten westlicher Geheimdienste auf die Stasi-Zentrale ist allerdings nie etwas bekannt geworden.

In Hohenschönhausen entstanden für unverheiratete MfS-Mitarbeiter zwei Plattenbau-Wohnblöcke als »Ledigenheim«; heute bieten dort einfache Hotels ihre vollständig sanierten Zimmer vor allem Tagungsgästen an. Außerdem durften in einige Komplexe an der Kreuzung Freienwalder und Große-Leegen-Straße ausschließlich Stasi-Angestellte ziehen; diese Wohnungen blieben ihnen bis 1990 vorbehalten. Die umliegenden älteren Einfamilienhäuser nutzten vorwiegend höhere Stasi-Offiziere; manche von ihnen leben dort noch bis heute. Rund um die heutige Stasiopfer-Gedenkstätte Hohenschönhausen dürfte auch fast drei Jahrzehnte nach der Friedlichen Revolution der größte noch politisch aktive Kreis früherer MfS-Mitarbeiter leben – es handelt sich überwiegend um ehemals höhere Offiziere, die im Januar 1990 aus dem Staatsdienst entlassen wurden und schon zu alt waren, um noch einmal etwas Neues anzufangen. Sie bekommen oft üppige Renten, die sie allen Versuchen der Kürzung zum Trotz vor Gericht erstritten haben – mit freundlicher Unterstützung erst der PDS, dann der Linkspartei. Trotzdem trauern die meisten dieser früheren Stasi-Oberen ihrem verlorenen sozialen Status nach. Es ist kein Zufall, dass gerade in Lichtenberg und Hohenschönhausen die in Ost-Berlin ohnehin überdurchschnittlich hohen Wahlergebnisse der Linken besonders gut ausfallen.

»FRAUENSPEZIFISCHE VERWENDUNG«

VOLLER KÖRPEREINSATZ FÜR DIE STASI

Spionage und Prostitution liegen in einem keineswegs ehrenvollen Clinch, welches der beiden Gewerbe das »älteste der Welt« sei. Geklärt werden wird diese Frage wohl nie; doch immerhin steht fest, dass die beiden Beschäftigungen seit Jahrtausenden in einem engen Zusammenhang stehen. Auch die Stasi machte sich Sex zunutze, um an geheime Informationen zu kommen oder um potenziell interessante Gegner zu erpressen. Allerdings ist dieses Thema stets von zahllosen Legenden umrankt; man kann kaum unterscheiden zwischen voyeuristischen Erfindungen oder Gerüchten einerseits und tatsächlichen Einsätzen von Sex-Spioninnen. Warnendes Beispiel ist das Wohnungsbordell »Salon Kitty« in der Charlottenburger Giesebrechtstraße, das in der Nazizeit viele ausländische Diplomaten sowie Entscheidungsträger aus Staat und Wehrmacht zu seinen Kunden zählte. In unzähligen Zeitungsartikeln, einigen Filmen und dem gleichnamigen Kolportageroman des Journalisten Peter Norden wurde der »Salon« zur Hightech-Abhörzentrale stilisiert. In Wirklichkeit horchten die Prostituierten 1939 bis 1942 wohl im Auftrag der SS ihre Freier aus, gab es vielleicht auch Versuche mit Raummikrofonen, die freilich an technischen Schwierigkeiten gescheitert sein dürften. Jedenfalls ist nie eine einzige Tonaufzeichnung aus dem »Salon Kitty« aufgetaucht, ebenso wenig auch nur ein Blatt mit abgeschriebenen Sex-Geständnissen. Trotzdem fasziniert das »Spionagebordell« bis heute.[45]

Ebenso wie die Gestapo setzte auch die Stasi Prostituierte als Spioninnen ein. Begonnen haben soll diese ganz speziel-

le Form der »human intelligence« Anfang 1954. Markus Wolf schrieb in seinen Memoiren, damals habe ein »sowjetischer Berater« des DDR-Geheimdienstes empfohlen, aus Anlass der Berliner Außenministerkonferenz ein ganz spezielles Etablissement einzurichten: »Wir sollten also ein Bordell fingieren, um dort Konferenzteilnehmer auszuhorchen und zu kontaktieren.« Das allerdings sei leichter gesagt als getan gewesen, »denn in diesem Zweig des Spionagegewerbes hatten wir nicht die geringste Erfahrung. In aller Eile richteten wir ein Häuschen im Berliner Vorort Rauchfangswerder als Liebesnest her; unten das Wohnzimmer mit Seeblick und von uns installierter Abhörvorrichtung; oben unter der Dachschräge ein winziges Schlafzimmer mit in der Deckenbeleuchtung eingebautem Fotoapparat samt Blitzlicht hinter infraroten Scheiben.« Der Stasi-Mann, der die Apparatur bediente, musste sich in ein »enges Verlies von einem Wandschrank zwängen« und dann solange ausharren, bis Nutte und Freier fertig waren. Noch schwieriger als die technische Einrichtung war laut Wolf das Engagement williger Frauen. Prostituierte vom illegalen Straßenstrich im Berliner Scheunenviertel kamen nicht in Frage, weil sie den mutmaßlich hohen Ansprüchen der internationalen Kundschaft kaum entsprachen. Daraufhin heuerte ein Mitarbeiter Wolfs »in einem Café attraktive und abenteuerlustige Mädchen an, die nicht abgeneigt waren, dem sozialistischen Vaterland einen Gefallen zu tun und sich ein bisschen Geld

^ *Sex ist eine der schärfsten Waffen im geheimen Krieg. Systematisch setzte die Stasi Prostituierte und eigene Mitarbeiterinnen ein, um so an Informationen zu kommen.*

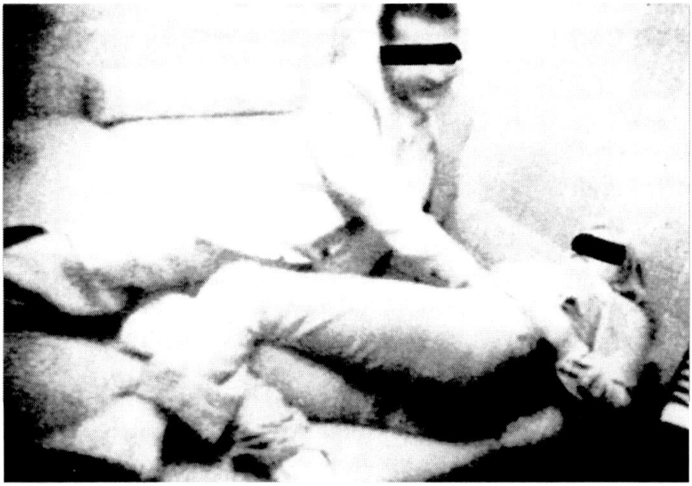

dazu zu verdienen«. IM der Stasi schwärmten nun zum Ort der Konferenz aus und versuchten, westliche Teilnehmer oder wenigstens gut vernetzte Beobachter für einen Abend mit Damenbegleitung im Osten zu interessieren. Doch laut Wolf ging nur ein einziger potenzieller Freier auf das Angebot ein, ein Reporter. Der erwischte versehentlich auch noch den falschen Aperitif – das Glas ohne Aphrodisiakum. Schließlich zog er sich zu einem Plausch mit der Haushälterin in die Küche zurück, zeigte an den anwesenden Damen allerdings kein Interesse.[46] Ob Wolfs Geschichte stimmt, muss offen bleiben; das Täuschen, Tricksen und Lügen war dem jahrzehntelangen Spionagechef der DDR längst ins Blut übergegangen, als er in den neunziger Jahren seine Memoiren schrieb. Deshalb sind seine Erinnerungen mit Vorsicht zu lesen.

In jedem Fall gehörte Sex spätestens ab den sechziger Jahren zu den regelmäßig eingesetzten Mitteln des MfS, um an begehrte Informationen zu kommen. In Ost-Berliner Hotels mit Gästen aus dem Westen warteten Prostituierte auf Kundschaft – und zwar sowohl geduldete »Hobbynutten« als auch von der Stasi als IM oder sogar hauptamtlich beschäftigte Frauen. Da Prostitution in der DDR offiziell nicht existierte, konnten auch an sich nicht dem MfS verpflichtete »leichte Mädchen« (Stasi-Sprachgebrauch) leicht zur Zusammenarbeit gedrängt werden. Sogar eine Diplomarbeit an der »Juristischen Hochschule« des MfS in Potsdam, der intellektuell bescheidenen Kaderschmie-

^ *Entweder horchten die Sexagentinnen ihre Freier im Bett aus oder die Männer wurden fotografiert und später erpresst.*

de des Geheimdienstes, beschäftigte sich mit dem Einsatz weiblicher »Inoffizieller Mitarbeiter im besonderen Einsatz« (IME). Der Autor, der Stasi-Offizier Günther Harnisch (letztes Jahresgehalt 1989: 21 911,29 DDR-Mark) redete in seiner Abschlussarbeit bemüht um offensichtliche Tatsachen herum. Bei der Überwachung »bevorrechteter Personen« aus dem Westen in Ost-Berlin müsse eine »durchgängige Beobachtung« gewährleistet werden. »Je nach den objektiven Erfordernissen der einzelnen örtlichen Gegebenheiten ist dabei insbesondere der Einsatz weiblicher IME notwendig, da diese in ihren Verhaltensweisen den gestellten Forderungen nach Erhöhung der Konspiration entsprechen.«[47]

Auch mancher Politiker ging offenbar in die Falle. Von dem unter mysteriösen Umständen umgekommenen ehemaligen Ministerpräsidenten Uwe Barschel ist behauptet, jedoch nie bewiesen worden, dass er mit Stasi-Prostituierten Kontakt gehabt habe. Fest steht dagegen, dass die Stasi mit Erfolg versuchte, den West-Berliner Abgeordneten Heinrich Lummer in eine Affäre zu verwickeln. 1973, Lummer hatte sich gerade von seiner Ehefrau getrennt, begann er eine Beziehung zu der damals 25jährigen Ost-Berlinerin Susanne Rau. Sie sei ledig und im »staatlichen Kunsthandel der DDR« tätig, erklärte sie ihrem mehr als 15 Jahre älteren Geliebten, der zu dieser Zeit schon CDU-Fraktionschef im Abgeordnetenhaus war. Die Affäre währte rund acht Jahre lang, doch erst im März 1981 will Lummer erfahren haben, dass er zur Zielperson des MfS geworden war – inzwischen zum Präsidenten des Berliner Abgeordnetenhauses aufgestiegen, war er eine interessante »Beute«. Telefonisch bat seine Freundin ihn um einen Besuch in Ost-Berlin; als Treffpunkt wurde das Hotel Metropol verabredet. Doch statt dort zu bleiben, überredete Susanne Rau Lummer, mit in ihre Wohnung zu kommen. Doch schon nach kurzer Zeit wurde das Tête-à-tête im Plattenbau in Marzahn gestört: Zwei Männer, angeblich »Wagner« und »Lindner«, klingelten, stellten sich als »Beauftragte der DDR-Regierung« vor und baten Lummer um »ein politisches Gespräch«. Der höchste Repräsentant West-Berlins akzeptierte den Vorschlag, und man fuhr in die Karl-Marx-Allee – nicht in ein Lokal, sondern in eine konspirative Wohnung, in der ein Essen vorbereitet war. Das Anbahnungsgespräch, dessen genauer Inhalt unbekannt ist, wurde einige Wochen später wiederholt, doch dann entschied sich Lummer, inzwischen als Innensenator in der Regierungsmannschaft Richard von Weizsäckers, Ost-Berlin künftig zu meiden. Doch die Erpressungsversuche gingen weiter – diskret, aber regelmäßig. Zu seinem 50. Geburtstag Ende 1982 bekam Lummer neben vielen anderen Geschenken auch einen Blumenstrauß aus Ost-Berlin, dem eine Glückwunschkarte von »Susanne, Micha und W. Lindner« beigefügt war. Sie hofften »auf ein persönliches Wiedersehen in Nah und Fern« und wünschten »Gesundheit und Mut für unsere weitere Partnerschaft«. Lummer allein wusste, was der vermeintliche Glückwunsch in Wahrheit bedeutete. Die wenigen Worte sollten ihm klarmachen, dass die DDR ihn in der Hand habe. Aufgeklärt worden ist die Affäre Lummer niemals; jedenfalls ist nichts darüber bekannt geworden, dass der stramm rechte Politiker der Stasi je zu Diensten gewesen wäre.[48]

Niemand weiß, wie viele Frauen das MfS zur Prostitution im Dienste des Sozialismus drängte oder zwang. Nach allerdings stark voyeuristisch gefärbten Magazinberichten aus den frühen neunziger Jahren wurden wohl nicht nur gepresste oder freiwillige weibliche IM und professionelle Nutten zur »frauenspezifischen Verwendung« (so ein Stasi-Offizier) heran gezogen, sondern auch ganz normale Büroangestellte des MfS selbst. Manches spricht jedenfalls dafür, dass Erich Mielke auch der größte Zuhälter der deutschen Geschichte war. Im Ost-Berliner Palast-Hotel direkt an der Spree lag einer der diskreten Treffpunkte von westlichen Freiern und Ost-Berliner Prostituierten. »Mindestens die Hälfte der Kolleginnen«, erklärte eine dort tätige Sexarbeiterin namens Barbara, »verkehrten im Auftrag der Stasi.« Auch den anderen Angestellten war selbstverständlich klar, was um sie herum vorging: »Ohne Kontakt zum MfS«, erinnerte sich ein Barkeeper, »ging in dem Gewerbe doch gar nichts.«[49]

IM »DSCHUNGEL DER SPIONAGE«

DAS FEINDBILD DER SED

WEST-BERLIN IN DER DDR-PROPAGANDA

Scheinbar unverdächtig war die Meldung, die der Allgemeine Deutsche Nachrichtendienst am Abend des 23. Juni 1948 herausgab. Die von der SED beherrschte Nachrichtenagentur teilte mit: »Die Transportabteilung der sowjetischen Militärverwaltung sah sich gezwungen, aufgrund technischer Schwierigkeiten den Verkehr aller Güter- und Personenzüge von und nach Berlin morgen früh, sechs Uhr, einzustellen.« Doch in den Hauptquartieren der amerikanischen, britischen und französischen Truppen in Westdeutschland und den westlichen Sektoren der ehemaligen Reichshauptstadt schlug die knappe Mitteilung ein wie eine Bombe. Noch in derselben Nacht wurde die Stromversorgung West-Berlins unterbrochen; am nächsten Morgen blockierten sowjetische Pioniere die Gleise und Straßen zwischen den westlichen Besatzungszonen Deutschlands und der Großstadt inmitten der sowjetischen Zone. Nun stellte sich den drei westlichen Siegermächten eine einfache Frage: Berlin aufgeben? Oder aushalten? Für Stalin und seine deutschen Helfershelfer waren die drei westlichen Sektoren der Stadt ein Pflock im eigenen Fleisch. Entsprechend den Absprachen aus den Zeiten der Anti-Hitler-Koalition hatten die Alliierten das Recht, in Berlin eigene Truppen zu stationieren. Eigentlich sollte das die gemeinsame Kontrolle über den einstigen Feindstaat garantieren; doch binnen weniger Monate nach Kriegsende erwies sich, dass West-Berlin zum Vorposten von Demokratie und vor allem Freiheit inmitten der rasch zur kommunistischen Diktatur ausgebauten SBZ wurde.

< *In dieser SED-Propaganda-Grafik von 1961 erscheint ganz West-Berlin als eine einzige Ansammlung von »Feindzentralen«. Selbst SFB und Rias galten als Spionageorganisationen.*

Zweimal riskierte der Ostblock große politische Krisen, um die Alliierten zum Abzug aus West-Berlin zu zwingen: zuerst 1948/49 die Blockade, die Amerikaner und Briten durch die unerwartete Lösung der Versorgung einer Millionenstadt aus der Luft umgingen; dann 1958/59 das Chruschtschow-Ultimatum. Diplomatisch verbrämt hatte der Kreml-Chef am 27. November 1958 in Moskau verkündet: »Die sowjetische Regierung beabsichtigt, im Laufe eines halben Jahres keine Änderung des gegenwärtig bestehenden Modus für militärische Transporte der USA, Großbritanniens und Frankreichs aus West-Berlin in die Bundesrepublik vorzunehmen. Sie erachtet diese Frist als vollkommen ausreichend, um eine gewisse Grundlage für die Regelung der Fragen, die mit der Änderung der Lage Berlins zusammenhängen, zu finden.«[1] Sollte jedoch in den sechs Monaten keine Übereinkunft erzielt werden, würde die Sowjetunion der DDR die Regelung des Zugangs zu West-Berlin vollständig übertragen. Alliierte Sonderrechte könnten dann nicht mehr akzeptiert werden. Das war eine klare Drohung, die auch zum Atomkrieg hätte führen können – die Existenz des freien West-Berlin war für die Ostblock-Führung tatsächlich sehr schmerzhaft.

Noch während die Frist des Chruschtschow-Ultimatums lief, veröffentlichte der »Ausschuss für Deutsche Einheit«, eine Propagandaeinrichtung der SED, im März 1959 eine Broschüre mit dem Titel »Spionage-Dschungel Westberlin«. Schon die Schreibweise war ein eindeutiges Bekenntnis: Die ostdeutschen Kommunisten schrieben stets »Westberlin«, als seien die drei westlichen Sektoren eine »eigenständige politische Einheit«; im Gegensatz dazu nannten sie den sowjetischen Sektor konsequent »Berlin, Hauptstadt der DDR«. Im Westen dagegen setzte sich eine andere Schreibweise durch, die durch Bindestriche die Zusammengehörigkeit der beiden Stadthälften betonte: West-Berlin und Ost-Berlin. Die Broschüre mit dem eindeutigen Titel sollte Stimmung machen: »In der Tat stellt das Treiben der vielen Dutzend Spionage- und Sabotageorganisationen, die von West-Berlin aus ihre verbrecherische Tätigkeit entfalten, eine ernste Gefahr für den Frieden dar. Im Auftrag der westlichen Besatzungsmächte und der militaristischen Adenauer-Regierung führen sie den Kalten Krieg gegen die DDR und die anderen sozialistischen Staaten und bereiten in Übereinstimmung mit dem Nato-Plan ›Outline‹ den Revanchekrieg des deutschen Imperialismus vor.«[2]

Ähnliche Beschuldigungen veröffentlichte die SED immer wieder. Schon vor der Blockade erschienen solche Attacken im »Neuen Deutschland« und in der »Berliner Zeitung«; auch die Defa-Wochenschau »Der Augenzeuge« griff zu aggressiven Tönen. Nach dem Volksaufstand am 17. Juni 1953 überschlug sich der Chefkommentator des DDR-Rundfunks, Karl-Eduard von Schnitzler, in seinen Hasstiraden: »Es ging nicht um Normen, nicht um freie Wahlen, nicht um die Verbesserung des Lebensstandards, nicht um eine – wie immer geartete – Freiheit; sondern unter Missbrauch des guten Glaubens eines Teils der Berliner Arbeiter und Angestellten, gegen grobe Fehler bei der Normerhöhung mit Arbeitsniederlegung und Demonstrationen antworten zu müssen, wurde von bezahlten Provokateuren, vom gekauften Abschaum der West-Berliner Unterwelt ein Anschlag auf die Freiheit, ein Anschlag auf die Existenz, auf die Arbeitsplätze, auf die Familien unserer Werktätigen versucht.« Schnitzler nannte auch die angeblich Verantwortlichen beim Namen: »Von langer Hand vorbereitet, nachweislich in den Hauptquartieren des BDJ in West-Berlin und anderer faschistischer Organisationen unter Mitwirkung von Jakob Kaiser und seinen so genannten Dienststellen organisiert und geleitet, mit der Absicht, diese Provokation bis zum Ende anzuwenden, das heißt aufs Ganze zu gehen, ist das anderthalbtägige Abenteuer das Werk des so genannten Regierenden Bürgermeisters von West-Berlin, Ernst Reuter. Auch sein Versuch, sich durch seine Abwesenheit von West-Berlin in dem Augenblick, da er die von ihm gelegten Minen sprengen ließ, ein Alibi zu verschaffen, rettet Reuter nicht vor der mit den Aussagen von Zeugen und verhafteten Provokateuren bewiesenen Anklage, der Inspirator, der Anstifter dieses Verbrechens gegen die Berliner Bevölkerung zu sein.«[3] Allerdings hatte der von Schnitzler angesprochene »Bund Deutscher Jugend«, eine tatsächlich zeitweise von US-Geheimdiensten unterstützte, rechtsextreme Organisation, mit dem 17. Juni 1953 gar nichts zu tun. Im Gegenteil plante diese Gruppe Attentate gegen westdeutsche SPD-Politiker und war deshalb bereits im Januar 1953 verboten worden.

Bis in die achtziger Jahre hinein änderte sich die Haltung Schnitzlers ebenso wenig wie die SED-Agitation gegen West-Berlin insgesamt. Den Mauerbau kommentierte der prominenteste Propagandist Ulbrichts 1961 so: »Es handelt sich um Maßnahmen, die wir, kraft unserer Souveränität, auf unserem

Territorium zu ergreifen für nötig befunden haben. [...] Betroffen sind jene famosen Organisationen in West-Berlin, deren unfriedliche Mitarbeiter nun eingezäunt sind und durch Volkspolizei und Volksarmee an ihrer ›menschenfreundlichen‹ Tätigkeit in der DDR und anderen sozialistischen Staaten gehindert werden. Betroffen sind auch solche Agenten, die überrascht wurden und nicht mehr ins rettende West-Berlin zurück können und aufgestöbert werden. [...] Ja und betroffen sind natürlich und vor allem jene Politiker, deren ›Falltür West-Berlin‹ nun dichtgemacht wurde. Deren ›aufs Herz der Zone‹ zielende Lanzenspitze verbogen ist. Deren ›Pfahl im Fleische‹ der DDR abgebrochen wurde. Die sind betroffen.«[4] Noch Ende September 1989 hetzte »Der Schwarze Kanal« gegen vermeintlich in West-Berlin ansässige »Menschenhändlerorganisationen«, die DDR-Bürger mit Geld zur Flucht brächten oder gleich »entführten«.[5] Wenige Wochen später, während der Friedlichen Revolution, gestand der »Kronzeuge«, dass seine Geschichte frei erfunden gewesen war.

In mehreren Varianten publizierten DDR-Verlage eine Grafik, die dokumentieren sollte, wie sehr »Feindzentralen« West-Berlin durchsetzt hätten. Auf einer Version dieser Zeichnung aus dem Jahr 1961, veröffentlicht kurz nach dem Mauerbau als Begründung für den radikalen Schritt, sind zum Beispiel 25 »Geheimdienst- und Wühlorganisationen« verzeichnet, außerdem 16 »revanchistische bzw. militaristische Organisationen« und 14 Kasernen oder andere Anlagen der Westalliierten. Doch in Wirklichkeit, so vermerkt es die Legende, habe es noch viel mehr solcher Einrichtungen gegeben: »über 80 Niederlassungen von Spionage- und Terrororganisationen sowie von 66 revanchistischen und militaristischen Verbänden«. Zwar kam keine einzige bekannte Aufstellung der DDR tatsächlich auf so unglaublich viele »Feindzentralen«, doch verzeichnet zum Beispiel die Broschüre »Spionage-Dschungel Westberlin«

^ *Karl Eduard von Schnitzler war seit 1948 Chefpropagandist der DDR-Medien. In seiner Sendung »Der Schwarze Kanal« kommentiert er polemisch Ausschnitte aus westlichen Sendungen.*

immerhin die Anschriften von 26 Einrichtungen in West-Berlin, die nach SED-Sicht geheimdienstlich gegen die DDR arbeiteten. Darunter zählten die Dependancen westalliierter und westdeutscher Geheimdienste, aber auch Einrichtungen wie die »Kampfgruppe gegen Unmenschlichkeit« oder der »Untersuchungsausschuss freiheitlicher Juristen«, die »Ostbüros« der großen Parteien CDU, SPD und FDP, mehrere kleinere Organisationen sowie der Rias, der US-Hörfunksender in Berlin-Schöneberg.

ZWISCHEN AUFKLÄRUNG UND TERROR

DIE »KAMPFGRUPPE GEGEN UNMENSCHLICHKEIT«

Hauptfeind in ungezählten Veröffentlichungen der SED-Propaganda war die »Kampfgruppe gegen Unmenschlichkeit« (KgU).[6] Für die DDR war diese Gruppe ein Geschenk, denn sie organisierte tatsächlich einige Aktionen, die der wilden Agitation gegen die »West-Berliner Feindzentralen« eine gewisse Grundlage zu geben vermochten. Die Verwirrung dauert an; noch im Jahr 2008 sorgte eine qualitativ fragwürdige Studie über die KgU für einige öffentliche Aufmerksamkeit. Der DDR-Forscher Jochen Staadt attestierte der Studie: »Wo die Fakten nicht ausreichen, müssen Konstruktionen herhalten, die sogar über die seinerzeitige SED-Propaganda hinausgehen.«[7] Dabei waren die Anfänge der KgU unverdächtig. Gegründet hatte sie Rainer Hildebrandt, der eher ein Intellektueller war als der Leiter einer Spionagezelle. Während des Zweiten Weltkriegs hatte Hildebrandt, damals schon in Kontakt mit anderen Hitler-Gegnern, Proviant in Lager für russische Kriegsgefangene geschmuggelt. Er fiel der Gestapo in die Hände und wurde nach dem 20. Juli 1944 verhaftet; bis Kriegsende saß er im Gefängnis. Mit Glück erlebte Hildebrandt 1945 die Befreiung und schrieb seine Erlebnisse im Dritten Reich in einem Buch mit dem Titel »Wir sind die Letzten« nieder. Dabei gewann er die Überzeugung, dass Schweigen über gewisse Vorgänge in der Ostzone nicht nur schuldig mache, sondern Mord sei. Er drängte zu Kundgebungen gegen die sowjetischen Internierungslager, die er die »neuen KZ« nannte.

1948 gründete Rainer Hildebrandt zusammen mit mehreren Bekannten, darunter dem Vorsitzenden der Berliner

Jungen Union Ernst Benda, die »Kampfgruppe gegen Unmenschlichkeit«. Ihr Ziel sollte sein, bei »ungesetzlichen Verhaftungen und Verschleppungen in Berlin und der Ostzone Nachforschungen nach dem Verbleib der Vermissten anzustellen und die Angehörigen zu benachrichtigen«.[8] Rasch wuchsen die Karteien – für Verschollene, für eigene Vertrauensleute sowie für Personen, die als Handlanger der SED galten. Auch die Namen von NKWD-Offizieren wurden erfasst sowie Pläne von Lagern, Folterkellern und anderen Haftstätten. Die gesammelten Informationen beruhten allerdings vielfach auf puren Gerüchten und waren nicht besonders vertrauenswürdig – so gab es im sowjetischen Internierungslager Sachsenhausen bei allen Untaten, die dort begangen wurden, niemals eine »luftdicht abgeschlossene Todeskammer«, in der Häftlinge durch Ersticken ermordet worden wären. Brisant war die Arbeit der KgU für die SED trotzdem. So strahlte der Rias regelmäßig eine Sendung mit dem Titel »Wir warnen vor …« aus, in der Namen von tatsächlichen oder auch nur vermuteten Spitzeln genannt wurden. Das Material kam von Hildebrandt, dessen Gruppe ein dichtes Netz von Informanten geknüpft hatte und vor allem an Schulen und Universitäten in der DDR über zahlreiche Unterstützer verfügte. Ihre guten Kontakte in die DDR machte die Gruppe für westliche Dienste interessant, und so übernahm nach kurzer Zeit der amerikanische CIC die Finanzierung der Arbeit. Aus dem Suchdienst war die Filiale eines Geheimdienstes geworden – mit einer Kartei von angeblich 380 000 Namen. Parallel entstand eine Beratungsstelle für geflüchtete Volkspolizisten, die ausgiebig über militärische Strukturen befragt wurden. Die KgU bestritt zwar öffentlich, dass die Ergebnisse solcher Gespräche an »außerdeutsche Stellen« weitergeleitet würden; genau das war aber der Fall.

Doch 1949/50 standen noch die Dokumentation von Verbrechen der SED sowie die Aufklärung der ostdeutschen Be-

^ *Schon die Nazis hatten Rainer Hildebrandt eingesperrt. Der SED galt der Begründer der »Kampfgruppe gegen Unmenschlichkeit« als Todfeind.*

völkerung im Vordergrund. Dabei gab es Misserfolge wie die »Tage des Schweigens«. Zweimal rief die KgU in Flugblättern dazu auf. An diesen Tagen sollten die Ostzonenbewohner demonstrativ weder ein Kino noch ein Theater noch irgendeine andere Veranstaltung in der Sowjetzone besuchen. Das Ergebnis war absehbar kontraproduktiv: Alle ohnehin politisch verdächtigen Personen mussten an beiden Tagen Theater und Kinos besuchen, um sich nicht zu verraten. Selten soll es so gut besuchte Veranstaltungen in der DDR gegeben haben wie an diesen beiden Tagen. Erfolgreich dagegen verlief die Kampagne »F – wie Freiheit«. Hunderttausendfach schmuggelte die KgU Handzettel mit einem einfachen großen »F« in die DDR. Sie wurden an stark frequentierten Plätzen ausgelegt, teilweise mit Kleister an Wänden verklebt oder in Städten aus fahrenden Zügen geworfen; der Rias berichtete über diese Kampagne. Die Konsequenz war, dass in kürzester Zeit das »F« zum Symbol des Widerstandes gegen die kommunistische Diktatur wurde – mit allerdings mitunter mörderischen Folgen. So wurde der 18-jährige Ludwig Hayne am 20. Juli 1950 beim Verteilen von KgU- und »F«-Flugblättern auf dem Potsdamer Platz verhaftet. Das sowjetische Militärgericht Nr. 48 240 verurteilte ihn wegen »Spionage« zum Tode; das Präsidium des Obersten Sowjet lehnte eine Begnadigung ab: Hayne wurde Ende April 1951 in Moskau erschossen. Ein ähnliches Schicksal erlitt der etwas ältere Günther Malkowski, der während der Leipziger Frühjahrsmesse 1951 Flugblätter verteilt hatte. Die DDR-Volkspolizei verhaftete den Studenten, das Militärgericht Nr. 48 240 verurteilte ihn wegen »Spionage«, aber auch wegen »antisowjetischer Tätigkeit« und Mitgliedschaft in einer »konterrevolutionären Organisation« zum Tode. Im Juli 1952 wurde Malkowski im Keller des Moskauer Gefängnisses Botyrka hingerichtet.[9] Allein im Frühjahr 1951 gerieten mehrere hundert KgU-Informanten in die Fänge der sowjetischen und ostdeutschen Behörden; bis zu 45 davon wurden hingerichtet.

Solche maßlosen Strafen führten zu einer Radikalisierung der Organisation. Maßgeblich verantwortlich dafür war Ernst Tillich, der wie Hildebrandt in der Nazi-Zeit im Gefängnis gesessen hatte und wahrscheinlich auf Wunsch des CIC Anfang 1950 in die Leitung der KgU eingetreten war. Tillich, Mitglied der SPD, machte aus der KgU eine militante Organisation. Er nutzte das Netzwerk von überwiegend jungen, desillusionierten und teilweise wütenden Ostdeutschen, um kleinere Sabotageakte verüben zu lassen. Mit Brandsätzen wurden Propagandaplakate in Ost-Berlin in Brand gesetzt und die Stahlgerüste mit Säure unbrauchbar gemacht. KgU-Anhänger schütteten Zucker in die Tanks von SED- und Stasi-Autos, der in kurzer Zeit die Motoren zerstörte. Nachts streuten Unbekannte so genannte Reifentöter aus KgU-Beständen auf Ausfallstraßen rund um Berlin; diese Stahlnägel führten zu zahlreichen Platten und auch zu einigen teilweise schweren Autounfällen. Bei den »Weltjugendfestspielen« und anderen öffentlichen Veranstaltungen der SED wurden Stinkbomben geworfen. Besonders fragwürdig waren die Anschläge auf die ohnehin äußerst knappe Lebensmittelversorgung in Ostdeutschland: Im Mai und Juni 1951 versetzten Tillichs Leute Milchpulver mit Seife. Mehrfach wurden Züge mit verderblicher Ladung durch Austauschen der Schilder an Waggons in die Irre geschickt, wodurch hunderte Tonnen Fleisch, Obst und Gemüse vergammelten. Im September 1951 verübten Unbekannte, die aber wahrscheinlich zur KgU gehörten, nachts Brandanschläge auf Lebensmittelläden im Umland von Berlin. Brot und viele andere Nahrungsmittel wurden zerstört. Diese Attacken schädigten die ganz normale Bevölkerung – Tillich unterstützte sie trotzdem. Rainer Hildebrandt distanzierte sich von diesem Vorgehen und schied 1952 aus der KgU aus.

Wohl nicht im direkten Auftrag Tillichs, aber mit Unterstützung durch die KgU beging der ehemalige DDR-Häftling Johann Burianek 1951/52 zahlreiche Anschläge. Doch das war ihm nicht genug. Er wollte eine eigene Geheimorganisation aufbauen, die »Partisanen der Freiheit«, die er unter der Oberleitung der KgU selbst anführen wollte. Gerd Baitz, unter Tillich verantwortlich für derlei »direkte Aktionen« gegen die DDR, war nicht begeistert. Dennoch hatte er noch Aufträge für Burianek, zum Beispiel sollte er aus einem Posten der Volkspolizei an der Berliner Stadtgrenze das aktuelle Fahndungsbuch rauben. Das misslang, weil das Revier zum geplanten Zeitpunkt stärker besetzt war als erwartet. Nun wollte Burianek den ganz großen Schlag wagen. Er plante, eine Eisenbahnbrücke östlich von Berlin in dem Augenblick zu sprengen, in dem der »Blaue Express« darüber fuhr, der Zug nach Moskau. Die KgU lieferte Burianek offenbar den notwendigen Sprengstoff, stellte aber keine weitere Unterstützung; ob Tillich und Baitz wussten, was der Attentäter vorhatte, ist unklar. Auch die Amerikaner lehnten eine Unterstützung wohl ab; sie waren an Spionage interessiert, nicht aber an Sabotage. Anfang 1952 erfuhr die KgU, dass Burianek überwacht werde. Statt ihn zu warnen und in die Sicherheit West-Berlins zurück zu beordern, entschieden sich die KgU-Chefs aber, ihn nur »abzuschalten«, also jeden Kontakt abzubrechen. Dennoch wollte Burianek seine Pläne umsetzen, scheiterte aber Ende Februar 1952 zweimal. Wenige Tage später wurde er verhaftet und seine gesamte kleine Sabotagegruppe festgesetzt. Die DDR machte kurzen Prozess: Am 23. Mai 1952 wurden alle vor Gericht gestellt; Burianek erhielt die Todesstrafe, seine sechs Freunde bekamen Zuchthaus zwischen zehn Jahren und lebenslänglich. Der Verlauf des Prozesses war im Vorhinein zwischen den Richtern und dem SED-Apparat abgesprochen worden.[10] Der Hauptangeklagte wurde Anfang August 1952 hingerichtet. Da er ein Opfer der Unrechtsjustiz war, wurde Burianek im Jahr 2005 formell rehabilitiert. Eine gründliche Untersuchung seiner Taten fehlt bisher allerdings – ebenso wie eine seriöse Untersuchung, die den Ort der KgU zwischen Aufklärung und Terror zeigt.

AUFTRAG AUSSPÄHUNG

ORGANISATION GEHLEN UND BND IN WEST-BERLIN

Eindeutig eine Spionageorganisation, die gegen die DDR arbeitete und daher der Propaganda gegen West-Berlin eine gewisse Berechtigung gab, war die »Organisation Gehlen«, 1956 umbenannt in Bundesnachrichtendienst (BND). Ihr Chef, der frühere Generalstabsoffizier Reinhard Gehlen, hatte im Oberkommando des Heeres Karriere gemacht und war zuletzt als Leiter der Abteilung »Fremde Heere Ost« einer der wichtigsten Köpfe der militärischen Aufklärung in Hitlers Wehrmacht. Im Frühjahr 1945 brachte er seine wichtigsten Mitarbeiter, seine Akten und sich selbst in die Sicherheit der Alpen, um dann so rasch wie möglich dem US-Militärgeheimdienst seine Dienste als Sowjet-Experte anzubieten. Nach einigem Hin und Her nahmen die USA an, denn inzwischen war offensichtlich geworden, dass es bald zu heftigen Spannungen mit Stalin kommen würde. Gehlen durfte in Pullach bei München, ironischerweise auf dem Areal eines nur selten genutzten »Führerhauptquartiers«, einen neuen Geheimdienst aufbauen, der vor allem durch seine Kontakte zu ehemaligen Wehrmachtssoldaten in der SBZ an militärisch interessante Informationen gelangte. Schon während der Berliner Blockade 1948/49 funktionierte dieses Netz überraschend gut.

Zu den wichtigsten Standorten des BND gehörte West-Berlin. Hier lagen gleich mehrere Filialen, die eigene Kontaktleute in Ostdeutschland lenkten; die übermittelten Fakten waren allerdings in der Regel recht unspektakulär. So verzeichneten die so genannten Standortüberwacher bevorzugt die Einheitsbezeichnungen sowjetischer und ostdeutscher Militärfahrzeuge, bei Dienstautos auch die Kennzeichen. Diese an sich wertlosen Angaben konnten Aufschlüsse über Gliederung und Stärke der Truppen in der DDR geben, wenn sie sorgfältig analysiert wurden; dies geschah in aller Regel nicht in West-Berlin. Hier lag vielmehr der wichtigste Treffpunkt von Informanten und Geheimdienstmitarbeitern; zwei ehemalige Stasi-Offiziere schrieben rückblickend in einem Rechtfertigungsbuch: »Militärspione aus entfernter gelegenen Orten (Bezirke Rostock, Erfurt, Dresden) nutzten in der Regel ›Früh-Züge‹, um zum Treff nach West-Berlin zu fahren.« Doch die Stasi hielt nach Kräften dagegen: »In den Zügen reisten auch Observationskräfte des MfS mit, die nach bestimmten Kriterien ausgewählte und von den Transportpolizei-Angehörigen benannte Personen ab Zielbahnhof bis nach Westberlin beobachteten.« Zeigten sie dann in der geteilten Stadt die »typischen Verhaltensweisen eines Spions«, also etwa Anrufe aus Telefonzellen oder die Abholung mit Autos, »in nicht wenigen Fällen sogar mit USA-Besatzer-Kennzeichen«, begann die Spionageabwehr des MfS am Heimatort der observierten Personen zu ermitteln.[11]

Anfangs die sowjetischen Behörden und bald auch das MfS gaben fantastische Zahlen der angeblich enttarnten »Spione« an. Allein 1947 wollte der sowjetische Militärgeheimdienst etwa 1100 »Agenten der amerikanischen Aufklärung« verhaftet haben, dazu immerhin 703 britische »Agenten«. Im Jahr 1948 summierte sich die Zahl der gemeldeten Verhaftungen auf mehr als 3000, und 1949 sollen es allein 1607 vom Londoner Nachrichtendienst bezahlte Informanten gewesen sein. Zwischen 1950 und 1955 verhängten sowjetische und DDR-Gerichte gegen 1061 ostdeutsche Angeklagte meist wegen angeblicher Spionage die Todesstrafe, die oft auch vollstreckt wurde. Nur in den wenigsten Fällen dürfte tatsächlich Spionage vorgelegen haben; viel häufiger war der Vorwurf wohl ein Mittel zum Zweck, um die Höchststrafe verhängen zu können. Wie erfolgreich der BND von West-Berlin aus in der DDR agierte, ist unklar; Mitte der fünfziger Jahre soll er immerhin ein Netz von rund 4000 Kontaktleuten gesteuert haben, allerdings im gesamten Ostblock.[12] Dazu gehörten auch tragische Fälle; wiederholt ist überliefert, dass BND-Kontaktleute halbwüchsige Schüler mit kleinen Summen von zum Beispiel 80 West-Mark zur Überwachung sowjetischer Militärkonvois brachten. Das war verantwortungslos und führte in einer nicht bekannten

Zahl von Fällen zur Verurteilung halber Kinder zu hohen Haftstrafen.

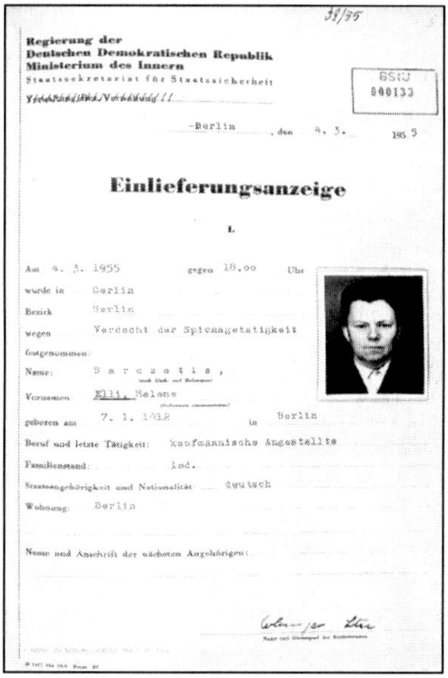

31/55

Regierung der
Deutschen Demokratischen Republik
Ministerium des Innern
Staatssekretariat für Staatssicherheit

BStU
000133

Berlin, den 4. 3. 1955

Einlieferungsanzeige

I.

Am 4. 3. 1955 gegen 18.00 Uhr
wurde in Berlin
Bezirk Berlin
wegen Verdacht der Spionagetätigkeit
festgenommen:
Name: B a r c z a t i s ,
Vorname: Elli, Helene
geboren am 7. 1. 1912 in Berlin
Beruf und letzte Tätigkeit: kaufmännische Angestellte
Familienstand: led.
Staatsangehörigkeit und Nationalität: deutsch
Wohnung: Berlin

Name und Anschrift der nächsten Angehörigen:

Der »Dienst«, wie Gehlen seine Organisation intern nannte, erzielte jedoch neben der Kärrnearbeit der Militärüberwachung auch spektakuläre Erfolge. Dazu gehörte die von West-Berlin aus geführte Spionin mit dem Decknamen »Gänseblümchen«, die eigentlich Helene »Ellie« Barczatis hieß und als Chefsekretärin bei DDR-Ministerpräsident Otto Grotewohl arbeitete.[13] Sie wurde offenbar bereits denunziert und auch observiert, bevor sie aktiv für den westdeutschen Geheimdienst arbeitete. Mehr als vier Jahre lang beobachtete die Stasi die Frau, die dennoch zusammen mit einem Freund vertrauliche Dokumente nach West-Berlin schleusen konnte. Erst im März 1955 schlug das MfS zu und verhaftete die beiden. Nach psychisch und physisch an Folter grenzenden Vernehmungen über Monate hinweg und ohne jeden Kontakt mit der Außenwelt oder gar Unterstützung durch Anwälte wurden sie in einem eintägigen Prozess zum Tode verurteilt; in der Urteilsbegründung hieß es über den BND: »Im Interesse der amerikanischen Imperialisten und des deutschen Monopolkapitals versucht diese Organisation, alle Geschehnisse auf politischem, wirtschaftlichem und kulturellem Gebiet der DDR auszuspähen. Die auf diese Weise zur Kenntnis gelangten Tatsachen übermittelt sie ihren amerikanischen und westdeutschen Auftraggebern, die diese Nachrichten dazu ausnutzen, eine wilde Hetze gegen die DDR zu entfalten, zeitweise auftretende Schwierigkeiten in der Versorgung der Bevölkerung der DDR zu vergrößern und andere Maßnahmen gegen den Aufbau unserer Wirtschaft einzuleiten. Ihr Ziel ist es, die kapitalistischen Verhältnisse in Westdeutschland aufrechtzuerhalten und das Gebiet der Deutschen Demokrati-

^ *Ellie Barczatis, die Sekretärin des DDR-Ministerpräsidenten, ist die höchste Agentin des BND in Ost-Berlin. Hier das Formular ihrer Einlieferung in die Haft.*

schen Republik ebenfalls unter den Einfluss des Monopolkapitals zu bringen. Alle Bestrebungen der friedliebenden Völker, insbesondere der Sowjetunion und der Deutschen Demokratischen Republik, die einer Entspannung der politischen Lage und einer friedlichen Koexistenz zwischen den Ländern des Fortschritts und den kapitalistischen Ländern dienen, versucht diese Organisation zu durchkreuzen.«[14]

Tatsächlich arbeitete Gehlens Dienst mit vielen geheimdienstlichen Methoden gegen die DDR – doch einen Weltkrieg zu provozieren war gerade das Gegenteil dessen, was er anstrebte. Konkrete Attentate sind nicht überliefert, ebenso wenig Sabotageanschläge; auch sonstige Maßnahmen über das – selbstverständlich illegale und von der DDR scharf, ja überscharf bestrafte – Sammeln von Informationen hinaus nicht. Entsprechend hilflos und erkennbar konstruiert waren die Vorwürfe, die in der SED-Agitation verbreitet wurden. So beschränkte sich der »Ausschuss für Deutsche Einheit« in seiner Hetzbroschüre »Spionage-Dschungel Westberlin« vom Frühjahr 1959 auf wenig konkrete Vorwürfe. Ein Agent namens Weigel habe »im Auftrag der Organisation Gehlen« versucht, »mit Hilfe von Sprengstoff-Ampullen einen Dampfer zu zerstören und den Mast einer Hochspannungsleitung zu sprengen, um die Bezirke Rostock und Schwerin von der Stromversorgung abzuschneiden«; irgendwelche Belege dafür gab nicht. Manchmal immerhin lässt sich rekonstruieren, welchen Zweck über die allgemeine Propaganda hinaus die Berichte über angebliche Untaten der »Gehlen-Agenten« hatten. So diente die freie Erfindung, westdeutsche Spione hätten in der DDR in »Wäldern, Scheunen und Getreidefeldern« Brände gelegt sowie Viehseuchen »künstlich hervorgerufen«, dem Zweck, die Mängel der ineffizienten DDR-Landwirtschaft gegenüber der eigenen Bevölkerung zu verschleiern.[15] Ähnliches hatte die SED schon 1950/51 mit dem Gerücht versucht, US-Flugzeuge hätten Kartoffelkäfer in großer Zahl über Feldern abgeworfen. Es setzte sich im Bewusstsein vieler Ostdeutscher fest.[16]

Besonders West-Berliner BND-Leute lebten im Fadenkreuz des MfS. Sie wurden mit allen Mitteln bekämpft – sei es, indem man sie zu Doppelagenten im Dienste der DDR machte, sei es, indem man sie entführte. Zu den großen Niederlagen der Organisation Gehlen gehörte die Affäre um den früheren Wehrmachts-Major Wolfgang Höher. Er war 1949 aus sowje-

tischer Kriegsgefangenschaft freigekommen, nach West-Berlin gegangen und hier bald in Kontakt mit der Organisation Gehlen gekommen, die ihn als Agentenführer einstellte. Doch Höher arbeitete insgeheim für das MfS; ab 1951 verriet er seine eigenen V-Leute in der DDR reihenweise an Ost-Berlin. Es kam noch schlimmer, denn bald stieg der fleißige Mitarbeiter zum Verantwortlichen für Spionageabwehr im Berliner Gehlen-Büro auf. Leider berichtete Höher weniger über DDR-Spione nach Pullach und mehr über Mitarbeiter der Organisation Gehlen nach Ost-Berlin. Vor allem am Vorleben der Gehlen-Leute in der NS-Zeit zeigte sich Markus Wolf interessiert – Informationen darüber passten in seine Abwehrstrategie gegen die westlichen Spione. Ein Ergebnis geschickt gestreuter Informationen veröffentlichte der Londoner »Daily Express« am 17. März 1952. Unter der Überschrift »Hitler-General spioniert jetzt für Dollar« schrieb der britische Starreporter Sefton Delmer: »Achten Sie auf einen Namen, der Schlimmes verheißt. [...] Er steht für den meiner Meinung nach gefährlichsten politischen Sprengstoff im heutigen Westeuropa. Dieser Name lautet Gehlen. [...] Vor zehn Jahren war dies der Name eines der fähigsten Stabsoffiziere von Hitler. [...] Heute ist Gehlen der Name einer Geheimorganisation von gewaltiger und zunehmend größerer Macht. [...] Während er seine Organisation immer weiter ausbaute, krochen jede Menge frühere Nazis, SS- und SD-Leute (des Himmlerschen Geheimdienstes) in seiner Organisation

^ *Reinhard Gehlen als Wehrmachtsoffizier und in den fünfziger Jahren in geheimer Mission unterwegs. Er nutzt den Kalten Krieg zu seinem Vorteil und schafft den BND.*

unter, wo sie vollen Schutz genossen. Heute ist Gehlen der Kopf einer Spionageorganisation, die ihre Agenten in allen Teilen der Erde hat. [...] Die Gefahr, die von dieser Organisation ausgeht, liegt in der Zukunft. Denn Gehlens Agentennetz ist schon heute in Deutschland zu einer immensen Untergrund-Macht geworden.«[17] Das war maßlos übertrieben, lenkte aber die Aufmerksamkeit der westlichen Öffentlichkeit auf Gehlens »Dienst«, so dass er zeitweise kaum mehr arbeiten konnte. Anfang 1953 spürte Höher, dass er unter Verdacht geriet. Er meldete sich bei Wolf in Ost-Berlin und bat darum, abgezogen zu werden. Das MfS folgte seinem Wunsch: Am 18. Februar 1953 inszenierte man eine Entführung am Wittenbergplatz und legte so viele falsche Fährten, dass selbst gut informierte westliche Journalisten wie Wolfgang Zolling und Heinz Höhne noch 1971 glaubten, Höher sei tatsächlich entführt worden.[18] In MfS-Gewahrsam plauderte er noch sehr ergiebig und ließ dann ein Propaganda-Pamphlet mit dem Titel »Agent 2996 enthüllt« erscheinen, das die wildesten Spekulationen über die Arbeit der Organisation Gehlen gegen die DDR enthielt.

Ein zweites Mal gelang ein solcher Coup mit dem Umdrehen Hans-Joachim Geyers. Doch vor allem an zwei weitere besonders wichtige West-Berliner Gehlen-Mitarbeiter kam das MfS nicht heran: an Werner Haase und Wilhelm van Ackern. Werner Haase, ein hoch dekorierter Wehrmachtsmajor, leitete unter dem Decknamen »Heister« eine Filiale der Organisation in West-Berlin. Kurz nach dem Seitenwechsel von Geyer, der zahlreiche V-Leute verraten und so Unruhe unter den Kontaktleuten verursacht hatte, plante Haase eine Innovation: Um eine Alternative zu den immer riskanten persönlichen Kontakten zwischen Agentenführer und Agent zu schaffen, wollte er ein eigenes Telefonkabel vom Westsektor in den Ostsektor verlegen als »sichere« Verbindung. Diese »Drahtschleuse« sollte durch den Heidekampgraben, der hier die Sektorengrenze zwischen Treptow und Neukölln markierte, zwei Lauben miteinander verbinden. Doch ausgerechnet der V-Mann, der die leere Laube auf Ost-Berliner Seite ausgewählt hatte, war durch Geyers Verrat enttarnt und umgedreht worden. Bei einer »Generalprobe« hatte Haase das Kabelende an ein Spielzeugboot geknüpft und das Boot über den Heidkampgraben schwimmen lassen, an dessen östlichem Ufer der Agent das Kabel entgegennehmen sollte. Als Haase dann das echte Kabel verlegen wollte, war sein Kontaktmann verabredungsgemäß am anderen Ufer zur Stelle. Doch just als der Gehlen-Mitarbeiter am Abend des 13. November 1953 sein Schiffchen ins Wasser setzte, überwältigten ihn Männer des MfS auf westlicher Seite des Grabens und entführten Haase in den Ostsektor. Fünf Wochen später erhielt er eine lebenslange Haftstrafe wegen Spionage, wurde aber 1956 gegen einen DDR-Spion ausgetauscht.

Weniger Glück hatte Wilhelm van Ackern, der seit 1952 in West-Berlin für die Organisation Gehlen in ähnlicher Funktion wie Haase gearbeitet hatte. Da er prinzipiell nicht das Gebiet der DDR betrat, sich von der Sektorengrenze fernhielt und auch nicht per Auto oder Zug in die Bundesrepublik fuhr, sondern immer flog, hatte das MfS nur die Chance, ihn mitten in West-Berlin zu entführen. Über Monate hinweg bereitete das MfS seine Entführung vor; mehrere »Maßnahmepläne« wurden ausgearbeitet, mussten aber verworfen werden. Am 22. März 1955 erstellte die Abteilung II der Bezirksverwaltung Magdeburg einen weiteren »Festnahmeplan«, den Erich Mielke am Abend des 23. März handschriftlich absegnete. Schon am folgenden Tag setzte MfS-Major Helmut Träger den Plan um. Der auf van Ackern angesetzte Spitzel mit dem Decknamen GM »Schütte« (Klarname: Fritz Weidemann) lockte ihn in eine Wohnung in der Gneisenaustraße 93 in Kreuzberg. Hier wollte er ihm eine angeblich auf dem Bahnhof Rathenow gefundene Meldetasche eines sowjetischen Offiziers mit Kartenmaterial und militärischen Unterlagen zeigen. Wilhelm van Ackern kannte die ausgewählte Wohnung bereits, hatte also keinen Grund, misstrauisch zu sein.

In dem Plan heißt es: »Da Wilhelm van Ackern etwas russisch spricht und auch lesen kann, wird die Durchsicht des in der Meldetasche befindlichen Materials in der Wohnung des Freundes längere Zeit in Anspruch nehmen. Während des Treffs wird der GM ›Schütte‹ dem Wilhelm van Ackern wie bei den vorangegangenen Treffs Alkohol anbieten. Zur Ernüchte-

^ *Der Gehlen-Mitarbeiter Wilhelm van Ackern wird von der Stasi 1955 in die DDR verschleppt und sitzt neun Jahre hinter Gittern, unter anderem im berüchtigten Gefängnis Bautzen II.*

rung wird der GM Bohnenkaffee aufbrühen und dem Wilhelm van Ackern verabreichen.« Als »Zeitdauer des Treffs« waren 90 bis 120 Minuten angesetzt: »Nach Einnahme des Kaffees werden GM ›Schütte‹ und Wilhelm van Ackern den Nachhauseweg antreten. Vor der Haustür wird van Ackern von der Operativgruppe übernommen.«[19] Einige Minuten, nachdem das Opfer den mit Schlafmittel versetzten Kaffee getrunken hatte, wurde ihm schummerig vor Augen; ohne größeren Widerstand ließ sich van Ackern in die Gewalt des Entführungskommandos bringen, das ihn sofort über die Sektorengrenze ins Stasi-Gefängnis Hohenschönhausen brachte. Der West-Agent kam vor das Oberste Gericht der DDR; Mielke persönlich hatte ihm angedroht, er würde zum Tode verurteilt, wenn er dort über seine Entführung sprach. Wilhelm van Ackern wurde zu lebenslangem Zuchthaus verurteilt, kam nach Bautzen II und durfte erst im Jahr 1964 als einer der ersten freigekauften Häftlinge in die Bundesrepublik zurückkehren. Bis zu seiner Pensionierung 1978 arbeitete er beim Berliner Senat.

Trotz solcher Schläge blieb West-Berlin ein wichtiger Standort für den BND – auch nach dem Bau der Mauer 1961. Übrigens hatte der Nachrichtendienst durchaus zutreffend einzelne Informationen über diese radikale Maßnahme an die Bundesregierung weiter geleitet. Am 19. Juli 1961 gab es einen Bericht über die Aufstellung von Sicherungseinheiten in Ost-Berlin und über die Festlegung von Alarmplänen, zwei Wochen später sogar konkrete Hinweise auf die bevorstehende Sperrung der Sektorengrenze einschließlich des U- und S-Bahn-Verkehrs. Damit stießen die Aufklärer jedoch weder in Bonn noch im Schöneberger Rathaus auf Glauben, denn schon im Januar 1953 hatte die Organisation die völlige Abriegelung West-Berlins als unmittelbar bevorstehend gemeldet. Ähnliche Spekulationen brachte die CIA 1957 in Umlauf. Angesichts solcher Meldungen erschien Franz Josef Strauß der Bau einer Mauer um West-Berlin eine »nur bedingt wahrscheinliche Entwicklung«.[20] Vorbereitet war der BND jedenfalls nicht auf diese Aktion der SED; dennoch verfehlte die Absperrung den angeblichen Hauptzweck, Spionen den Weg in die DDR zu erschweren. »Das fortgesetzte Informationsaufkommen des BND nach dem 13. August zeigt, dass die Verbindung zu den eigenen Quellen durch die physische Trennung Berlins nicht plötzlich abbrach«, urteilen die BND-Experten Armin Wagner und Matthias Uhl.[21]

»SPIONAGE« IN ALLER ÖFFENTLICHKEIT

DER RIAS, DER UFJ UND ANDERE ORGANISATIONEN

Während die KgU und der BND aktiv und teilweise offensiv von West-Berlin aus Spionage gegen die DDR betrieben, traf das für eine Reihe weiterer Einrichtungen nicht zu, denen die SED-Propaganda dasselbe vorwarf. Es wäre ja auch eine seltsame »Spionage«, die vor aller Augen und Ohren stattfand. Dennoch beschuldigten die Agitatoren des »Ausschusses für deutsche Einheit« zum Beispiel den Radiosender Rias in harschen Worten: »Der Rias ist nicht nur ein Instrument der Hetze gegen die DDR und die sozialistischen Länder, sondern befasst sich direkt mit Spionagetätigkeit gegen die DDR.« Dazu zählte laut SED die »Agentenwerbung über den Äther«. Dazu veranstaltete der Rias vor dem Bau der Mauer angeblich manipulierte Quizspiele, bei denen besonders ostdeutsche Jugendliche gewannen. Um ihre Gewinne abzuholen, müssten sie ins Funkhaus in Schöneberg gehen. Dort würden sie von »erprobten Agenten ausgehorcht«, mit »Drohungen und Erpressungen zur ständigen Spionagetätigkeit« geworben und »im Falle ihrer Bereitschaft für Agententätigkeit dem Leiter des CIC-Kontaktbüros« übergeben. Den Rias-Journalisten würden dafür »Kopfprämien« gezahlt.[22] Außerdem habe der Rias zum Beispiel den Volksaufstand am 17. Juni 1953, von der SED-Propaganda stets »faschistischer Putsch« genannt, angezettelt.

Tatsächlich machte der Rias, finanziert vom US-Außenministerium und kontrolliert von US-Bürgern, aus seiner Ablehnung der SED-Politik nie einen Hehl. Mit geheimdienstlichen Methoden arbeitete der Sender, dessen Programm in deutschen Händen lag, aber nicht. Er war zwar tatsächlich das

wichtigste Medium für unabhängige Informationen in die DDR hinein, doch an den Verschwörungstheorien stimmte nicht einmal ein Bruchteil. Das zeigt das gut dokumentierte Beispiel des Volksaufstandes 1953: Obwohl es schon seit dem 13. Juni, einem Samstag, unter den Baubrigaden der Ost-Berliner Stalinallee rumorte und am Morgen des 15. Juni die ersten spontanen Sitzstreiks auf der Baustelle des Krankenhauses Friedrichshain begannen, nahm der Rias das Thema erst am 16. Juni 1953 gegen 16.30 Uhr auf. Da war die erste antisozialistische Massendemonstration vor dem Haus der Ministerien, dem früheren Reichsluftfahrtministerium, schon vorüber. Der Rias berichtete: »Im Sowjetsektor Berlins ist es heute zu großen Massendemonstrationen der Arbeiter gekommen, die vor dem Gebäude der Zonenregierung gegen die Normenerhöhung, die Zustände im sowjetisch besetzten Gebiet Deutschlands und die Politik der Regierung selbst demonstrierten. (...) Der Platz vor dem Regierungsgebäude war bald mit einer dichten Menschenmenge bevölkert, die in lauten Sprechchören rief: ›Wir fordern höhere Löhne und niedrigere Preise. Wir verlangen die Beseitigung der Normen. Weg mit der Regierung. Wir wollen freie Wahlen!‹«[23] Dieser sachliche Bericht war nicht gerade ein offener Aufruf zum Aufstand.

Ganz im Gegenteil zur bald darauf von der SED in die Welt gesetzten Behauptung über die Rolle des Rias beim 17. Juni bremsten sowohl die deutschen Programmgestalter um Chefredakteur Egon Bahr als auch ihre US-Vorgesetzen. Fünfzig

^ *Zeichnung aus einer Propagandabroschüre der SED, Anfang der fünfziger Jahre. Die Vorwürfe gegen den Rias beruhen größtenteils auf reinen Fiktionen ostdeutscher Funktionäre.*

Jahre später erinnerte Bahr sich an den spontanen Besuch dreier junger Bauarbeiter im Funkhaus an der Kufsteiner Straße: »Als eine Abordnung der Streikenden plötzlich vor meinem Schreibtisch im Rias stand, war das auch nicht erwartet. Natürlich war auch nicht erwartet, dass sie an den Rias die Forderung stellen würden, wir sollten aufrufen zum Generalstreik in der Zone. Die haben noch Zone gesagt. Und natürlich konnten wir nicht. Ein amerikanisch gelenkter Sender konnte nicht zum Generalstreik in der sowjetisch besetzten Zone, also der einer anderen Besatzungsmacht, aufrufen. Ich sehe die leuchtenden begeisterten Augen dieser Leute vor mir und ihre Enttäuschung, als ich ihnen gesagt habe, das gehe nicht. Eigentlich nur, um sie ein bisschen zu befriedigen, haben wir dann gefragt: ›Was sind denn Ihre Forderungen?‹ Die haben sie dann aufgezählt. Und dann haben wir uns an den Tisch gesetzt und haben die in ein vernünftiges Deutsch gebracht und diese fünf Punkte aufgeschrieben und haben ihnen dann zugesagt, die werden wir senden. Das haben wir auch getan. Wir haben erst zehn Tage später realisiert, durch die Berichte, die wir bekamen, was da und dort und in jener Stadt passiert war, dass eben nicht nur Berlin und nicht nur Brandenburg, sondern praktisch die gesamte Zone hochgegangen war, dass überall dieselben Punkte in derselben Reihenfolge, in demselben Wortlaut verlangt worden waren. Das heißt, der Rias war, ohne es zu wollen und ohne es zu wissen, zum Katalysator des Aufstandes geworden.«[24]

Als der Rias am Abend des 16. Juni 1953 tatsächlich etwas sendete, was man als einen verklausulierten Aufruf zur Beteiligung an Demonstrationen verstehen konnte, schritten die Amerikaner sofort ein, wie Bahr berichtet: »Ich erinnere mich

^ *Großdemonstration am Ost-Berliner »Haus der Ministerien« am 16. Juni 1953. Der Rias hat entgegen einem verbreiteten Glauben den Volksaufstand nicht gefördert.*

genau, dass ich zum ersten Mal in meiner Rias-Zeit eine Weisung von unserem amerikanischen Controller, unserem Direktor Gordon Ewing, bekommen habe, einem fabelhaften Mann. Das geschah, als wir anfingen, die Erklärung der Streikenden zu senden, dass man sich am nächsten Morgen, am 17. Juni um sieben Uhr früh, am Strausberger Platz treffen solle. Wir hatten Angst, da kämen nur ein paar Leutchen, und die würden verhaftet werden. Und deshalb haben wir gesendet, damit da ein bisschen mehr sind als nur ein paar.« Das hörten auch die Verantwortlichen in der US-Botschaft und waren sofort alarmiert, wie Bahr alsbald mitbekam: »Dieser amerikanische Freund stürzte mit bebendem Bärtchen in mein Büro und sagte, der Hochkommissar, der Botschafter James B. Conant, habe angerufen, ob denn der Rias den Dritten Weltkrieg beginnen wolle. Ich sagte: Natürlich nicht. Ja, aber was ist, wenn die Russen eingreifen? Und was ist, wenn die Russen dann weiter marschieren oder ihre Panzer gleich nach West-Berlin rollen lassen? Ich sagte, das geht gar nicht. Ewing daraufhin: Können Sie das garantieren? Natürlich kann ich das nicht garantieren, entgegnete ich. Es gab keine weitere Diskussion; Ewing wies mich an, die Ausstrahlung der Erklärung sofort zu unterlassen.« Bahr war völlig überrascht, sowohl vom Eingreifen seines Vorgesetzten als auch von der Brisanz, die der Sache beigemessen wurde. »Was wir nicht realisiert haben, war, dass schon damals die Amerikaner überaus vorsichtig gewesen sind, die Russen erst recht, und dass alle daran interessiert waren, den Status quo zu erhalten. Es durfte nichts passieren. Es sollte keinen Krieg geben wegen Berlin.«[25] Damit waren dem Rias deutlich engere Zügel angelegt als etwa der »Berliner Morgenpost«, die in ihrer Ausgabe vom 17. Juni 1953 schärfere Töne anschlug. Doch es nutzte nichts, denn in Moskau war längst entschieden worden, dass die SED um keinen Preis gestürzt werden dürfte. Also rollten am Mittag dieses Mittwochs im Juni sowjetische Panzer in Berlins Innenstadt auf.

Ähnlich verhasst wie der Rias war in Ost-Berlin der Untersuchungsausschuss freiheitlicher Juristen (UfJ). Wie sehr die Arbeit dieser Einrichtung die SED erregte, ist an ihren verbalen Attacken abzulesen: »Die Tätigkeit dieser mit Unterstützung des West-Berliner Senates offiziell als ›Rechtsauskunftsstelle‹ getarnten Spionagezentrale ist besonders niederträchtig und empörend. Der Untersuchungsausschuss freiheitlicher

BERLINER MORGENPOST

15 Pf.

MITTWOCH, 17. JUNI 1953

56. Jahrgang — Nummer 138

Offene Rebellion in Ostberlin

Aufruf zum Generalstreik
SED-Regierung soll abtreten

„Wir wollen keine Sklaven sein“

Das ist eine Volkserhebung

Die SED kapituliert

„Verschwindet, ihr Bonzen!“

Erste Reaktion des Westens
Heute Sympathiekundgebung der Westberliner Bevölkerung

Juristen lockt Bürger der DDR und aus dem Demokratischen Sektor unter der Vorspiegelung nach West-Berlin, kostenlos ›Rechtsauskünfte‹ zu erteilen und presst sie dann zu Agentendiensten.«[26] Zur selben Zeit brachte der Ost-Berliner Kongress-Verlag eine 196 Seiten starke Hetzschrift über den UfJ mit dem Titel »... im Dienste der Unterwelt« heraus. Im Klappentext heißt es im Stile eines Kolportageromans: »Wohl gekleidete Herren mit feinen Manieren und einem juristischen Vokabular bieten sich an, unentgeltlich Rechtsauskünfte zu erteilen. Wer

^ *Im Gegensatz zum Rias ergriffen die West-Berliner Zeitungen klar Position für die Aufständischen. Hier eine scharfe SED-Attacke der »Berliner Morgenpost«.*

sich von ihrem feinen Gebaren täuschen lässt und ihnen ins Garn geht, beschreitet unweigerlich den Weg des Verbrechens. Und die hinterhältigen Menschenfänger in der Zehlendorfer Limastraße 29 haben schon zahlreiche gutgläubige Menschen ins Unglück gestürzt. Den Verfassern dieses Dokumentarberichts ist es gelungen, trotz der umfangreichen ›Sicherungs‹- und ›Abschirm‹-Maßnahmen der ›freiheitlichen Juristen‹ der Öffentlichkeit unwiderlegbare Beweisstücke aus der Zentrale in der Limastraße vorzulegen. Diese Dokumente ziehen das lichtscheue Treiben der sich ach so seriös gebenden ›Juristen‹ klar an den Tag. Sie bezeugen: Diese ›Streiter für Recht und Freiheit‹ sind nichts anderes als eine mit Spionage- und Zersetzungsaufgaben betraute Spezialtruppe, die unseren sozialistischen Aufbau stören will.«[27]

Naturgemäß ganz anders sah sich der UfJ selbst: »Die Erkenntnis, dass schlimmer und niederdrückender als alle materielle Not auf der Bevölkerung Mitteldeutschlands das Wissen lastet, einer Willkürherrschaft nahezu wehrlos ausgeliefert zu sein, führte im Jahre 1949 in der Sowjetzone Deutschlands zur Gründung des Untersuchungsausschusses freiheitlicher Juristen. Nicht mit Terror sollte dem bolschewistisch-kommunistischen Unrechtssystem entgegengetreten werden, sondern mit der Drohung des Rechts und der Forderung, der mitteldeutschen Bevölkerung die allgemeinen, auch von der Sowjetunion anerkannten Menschenrechte nicht länger vorzuenthalten und die in der Verfassung der ›Deutschen Demokratischen Republik‹ garantierten Grundrechte zu achten«, heißt es in einer 1959 erschienenen Broschüre. Hier waren auch die vier Hauptaufgaben des UfJ festgelegt: »1. Rechtshilfe für die mitteldeutsche Bevölkerung, um deren Freiheitsraum zu erweitern, 2. Rechtserziehung, um in der Sowjetzone das Gefühl für die allgemeingültigen Rechtsprinzipien wach zu halten, 3. Aufklärung der freien Welt über das sowjetzonale Unrechtssystem, 4. Gutachtertätigkeit für Dienststellen der Bundesrepublik und West-Berlins.«[28] Einer der wichtigsten Mitarbeiter des UfJ, der Jurist Siegfried Mampel (für die SED ein »Hauptagent«[29]), fasste rückblickend die Tätigkeit des Untersuchungsausschusses zusammen: »Nach heutigem Sprachgebrauch war der UfJ eine Menschenrechtsorganisation wie – wesentlich später gegründet – ›Amnesty International‹ oder die ›Internationale Gesellschaft für Menschenrechte‹. Was jetzt eine Selbstverständlichkeit ist, war damals etwas grundlegend Neues.« Schlüssig begründete Mampel die für eine Menschenrechtsorganisation etwas seltsam anmutenden Sicherheitsmaßnahmen: »Die Verwendung von Decknamen für haupt- und ehrenamtliche Mitarbeiter, besondere Sicherheitsvorkehrungen für die Besucher des UfJ aus dem sowjetisch besetzten Teil Deutschlands, die Rat und Hilfe suchten, und die Abschottung der einzelnen Arbeitsbereiche gaben dem UfJ Ähnlichkeiten mit einem Geheimdienst. Er war aber alles andere als das, sondern in aller Öffentlichkeit tätig und legte sogar größten Wert darauf, dass seine Tätigkeit und Anschrift möglichst weit, besonders aber im kommunistisch beherrschten Teil Deutschlands, bekannt wurde. Fast täglich war von ihm im Sender Rias Berlin zu hören.«[30] Tatsächlich schaltete der UfJ auch Anzeigen in Zeitungen, um auf sein Angebot hinzuweisen – ebenfalls eine für Geheimdienste eher untypische Methode.

Der Untersuchungsausschuss freiheitlicher Juristen war eine Organisation, wie sie nur der Kalte Krieg hervorbringen konnte. Seine wichtigste Aufgabe war die Dokumentation von Unrecht auf dem Gebiet der DDR und Ost-Berlins. Dazu wurden in großem Umfang Informationen gesammelt, sowohl aus frei zugänglichen Quellen und dem UfJ zugespielten Gerichtsurteilen, Korrespondenzen und ähnlichem als auch durch Gespräche mit Zeugen. Die SED gab viel Anlass für die Arbeit des UfJ; bis 1962 erschienen vier dicke Bände mit ausgewählten Dokumenten unter dem Titel »Unrecht als System«. Sie handelten vom Missbrauch des Rechts in allen Formen – bei

^ *Mit diffamierenden Büchern versuchte die SED-Propaganda den ihr verhassten »UfJ« zu diskreditieren. Titelbild eines Pamphlets von 1959.*

politisch motivierten Urteilen gegen unbescholtene, aber nicht im Sinne der SED angepassten Menschen ebenso wie bei Eingriffen ins Zivilrecht, also Enteignungen oder der Instrumentalisierung des Steuerrechts als »Mittel des Klassenkampfes gegen die private Wirtschaft«.[31] Entsprechend groß war das Bedürfnis ostdeutscher Bürger nach Information: »An das große Publikum wandte sich der UfJ mit rechtlichen Hinweisen und Ratschlägen vor allem über die elektronischen Massenmedien, besonders den Sender Rias, aber auch mit Hilfe von Flugblättern, die, so weit möglich, in der SBZ/DDR verbreitet wurden. Individuelle Ratschläge wurden in der Zentrale, Berlin-Zehlendorf, aber auch in ständigen und zeitweiligen Außenstellen erteilt. Es hat Zeiten gegeben, in denen der UfJ täglich von etwa 150 Personen aufgesucht wurde. In diesen Jahren hatte er, einschließlich des technischen Personals, fast 80 hauptamtliche Mitarbeiter.«[32]

Natürlich waren die in Zehlendorf gesammelten Informationen auch für Geheimdienste interessant – allerdings nur in begrenztem Umfang. Erkenntnisse über militärische Einrichtungen gab es beim UfJ nur ausnahmsweise; Bitten um zusätzliches Material, was man im weitesten Sinne vielleicht in die Nähe von Spionageaufträgen bringen konnte, bildeten die Ausnahme. Viel wichtiger war den Mitarbeitern die Aufklärung der westlichen Welt über die Zustände in der DDR. Eine weitere Aufgabe war die Unterstützung politischer Häftlinge und ihrer Angehörigen. Ein entsprechendes Hilfskomitee beim UfJ unterstützte sie materiell, weil sie vielfach ihre Wohnung räumen mussten und ihren Arbeitsplatz verloren. Mit Hilfe privater Spenden sollte hier ein gewisser Ausgleich geschaffen werden. Eine wichtige Funktion hatte das Hilfskomitee des UfJ zudem bei der Aufnahme von Flüchtlingen im Lager Marienfelde; hier befand sich eine Filiale des Ausschusses. Sehr viele DDR-Flüchtlinge machten geltend, sie seien vor politischer Verfolgung geflüchtet – nur dann nämlich kamen sie in den Genuss staatlicher Leistungen und besonderer Vergünstigungen. Der UfJ prüfte im Auftrag des Senates die Angaben der Antragsteller mithilfe seiner Kartei; abgefragt wurden zum Beispiel Details über Haftzeiten, das Innere von Gefängnissen oder Polizeirevieren, Eigenheiten von Vernehmern und ähnliches. Nur wer den UfJ-Mitarbeitern glaubhaft machen konnte, tatsächlich politisch verfolgt worden zu sein, erhielt eine »Häftlingsbescheinigung« und damit die volle Unterstützung durch West-Berliner Behörden. Zwar wurde auch von den übrigen Flüchtlingen niemand zurückgeschickt, aber der materielle Anreiz zur Flucht wurde reduziert, denn abgelehnte Flüchtlinge mussten mindestens einige Zeit »am Rande der bundesrepublikanischen Gesellschaft« leben.[33]

Der UfJ war der Stasi derartig verhasst, dass sie mit allen Mitteln gegen die Juristen vorging. Öffentliche Diffamierungskampagnen waren ohnehin selbstverständlich; nur ausnahmsweise beruhten sie auf Fakten wie im Falle des UfJ-Gründers Horst Erdmann, der tatsächlich ein Hochstapler war. Schlimmer war der systematische Psychoterror, den das MfS gegen wichtige UfJ-Mitarbeiter, im MfS-Deutsch »Hauptagenten« genannt, einsetzte. 1956 zum Beispiel hielt ein Stasi-Mitarbeiter fest: »Der GM ›Mücke‹ wird beauftragt, laufend bei Hauptagenten anzurufen. Hierdurch sollen die Hauptagenten sowie deren Ehefrauen in Angst und Schrecken versetzt werden.« Tatsächlich bekamen Frauen nicht nur Anrufe, sondern auch anonyme Briefe, in denen die Tätigkeit ihrer Männer als »friedensgefährdend« beschrieben wurde. In einem Schreiben an die Frau von Siegfried Mampel hieß es zum Beispiel am Ende drohend: »Versuchen Sie Ihren Mann zu beeinflussen, einer ehrlichen Arbeit nachzugehen. Gelingt Ihnen das nicht, so werde ich Mittel und Wege finden, mich an entsprechende Stellen zu wenden, die der Tätigkeit Ihres Mannes Einhalt gebieten.« Die Privatadressen von UfJ-Mitarbeitern wurden durch Aushänge öffentlich gemacht und angekündigt, dort sei eine neue Beratungsstelle für DDR-Bürger eingerichtet worden. Spitzel (»Geheime Mitarbeiter«) gaben sich als Angestellte des UfJ aus und bestellten Waren oder Handwerker. Ende 1958 bekam ein Partyservice den Auftrag, eine Feier beim UfJ auszurichten, die es überhaupt nicht gab; Mitfahrerzentralen, Kammerjäger, ein Heizungsingenieur und Speditionen kamen besten Willens bei den angegeben Adressen vorbei, um bestellte, aber gar nicht nötige Tätigkeiten zu verrichten. In Zeitungsannoncen wurden besonders preiswerte Büromöbel angeboten, abzuholen beim UfJ, was zu einiger Verwirrung führte; regelmäßig kamen Lieferungen von Versandhäusern, die niemand angefordert hatte. In Annoncenkästen wurden Angebote zum Wohnungstausch aufgehängt, angeblich im Namen von UfJ-Mitarbeitern. In einer Aktion wurden für gleich mehrere »Hauptagenten« Umzüge von West-Berlin in die Bundesrepublik bestellt. Als Ziel solcher Maßnahmen hielt ein MfS-Papier fest: »Alle angeführten Maßnahmen sollen dazu beitragen, die Hauptagenten und Angestellten des UfJ in eine Lage zu bringen, wo sie weder aus noch ein wissen. Hinzu kommt, dass auch die Angehörigen von diesen Maßnahmen Kenntnis bekommen und ihnen ebenfalls Angst und Schrecken eingejagt werden. Ein weiteres Ziel dieser Maßnahmen besteht selbstverständlich auch darin, die Tätigkeit des UfJ zu lähmen, indem sie sich mehr mit persönlichen Dingen beschäftigten.«[34]

Doch das war nur eine untere Stufe der Zersetzungsarbeit. Gefährlicher waren geplante Anschläge auf UfJ-Mitarbeiter. So sollte ein stark kurzsichtiger Abteilungsleiter ausgekundschaftet werden, um auf dessen Weg zur Arbeit eine günstige Gelegenheit für einen inszenierten »Unfall« zu finden. Gleich mehrere »Hauptagenten« sollte ein Plan treffen, den ein Stasi-Offizier am 1. Juli 1961 abzeichnete: »An jedem Morgen werden einige Angestellte der Zentrale durch einen PKW von ihren Wohnungen abgeholt. Hierzu wird aufgeklärt, ob die früher bekannte Fahrtroute noch eingehalten wird. Nach ihrer Überprüfung wird eine geeignete Stelle festgelegt, von der aus ein Gegenstand gegen die Sichtscheibe des Fahrzeuges geworfen wird.«[35] Zwei führende Mitarbeiter des UfJ, Walter Linse und Erwin Neumann, wurden von der Stasi entführt; beide kamen in der Haft ums Leben. Weitere Entführungen wurden geplant, aber offenbar nicht ausgeführt. Die Gefahr, verschleppt zu werden, prägte allerdings das Leben aller mehr oder weniger wichtigen UfJ-Angestellten; sie mussten sich stets vorsehen, weil viele Freunde, jeder flüchtige Bekannte oder auch völlig Fremde in Wirklichkeit Häscher des MfS sein konnten. Im Fall Linse setzte die Stasi zudem nicht auf eigenes Personal, sondern auf angeworbene Kriminelle, bediente sich also der Unterweltt – genau das, was gleichzeitig die SED-Propaganda dem UfJ vorwarf.

Die Arbeit des UfJ wurde von solchen Zersetzungsmaßnahmen zwar massiv gestört, aber nicht unterbunden. Ähnlich war es beim Kampf des MfS gegen andere angebliche »Feindzentralen«. Dazu zählten nach SED-Verständnis zum Beispiel die »Ostbüros« der demokratischen Parteien CDU, SPD und FDP, das Gesamtdeutsche Ministerium, das Informationsbüro West, der Volksbund für Frieden und Freiheit e.V., die Vereinigung der Opfer des Stalinismus und einige weitere Einrichtungen. Sie alle dokumentierten einerseits Verbrechen und sonstige rechtsstaatswidrige Maßnahmen in der DDR, andererseits schmuggelten sie Flugblätter und ähnliches Material nach Ostdeutschland. Nur in sehr seltenen Ausnahmefällen gab es darüber hinaus gehende Aktionen; selbst die Propagandabroschüre »Spionage-Dschungel Westberlin« führte für diese Einrichtungen lediglich allgemeine »Wühltätigkeit gegen die DDR« als Vorwurf auf. Systematische Attacken, wie sie die Stasi gegen den UfJ und andere Einrichtungen plante und umsetzte, sind von keiner dieser DDR-kritischen Institutionen bekannt. Nicht einmal in dem Hetzbuch »Befehdet seit dem ersten Tag. Über drei Jahrzehnte Attentate gegen die DDR« von 1981 fanden sich konkrete Vorwürfe über die gegen KgU und BND seit 1959 bekannten Anklagen hinaus; an ihre Stelle traten vage Formulierungen und pauschale Verdächtigungen.[36] So wurde dem Fluchthelfer Rudolf Müller, der einen Tunnel von Mitte nach Kreuzberg gegraben und in Notwehr den DDR-Grenzsoldaten Reinhold Huhn erschossen hatte, alles Mögliche angedichtet. In Wirklichkeit hatte er ohne jede Unterstützung von öffentlichen Stellen und lediglich mit freundlichem Wegsehen des Verlegers Axel Springer seine Familie in die Freiheit geholt.[37]

»MENSCHENHANDEL«?

WEST-BERLIN – HAUPTSTADT DER FLUCHTHILFE

Trotz der militärisch gesicherten Grenze quer durch die Stadt blieb West-Berlin für die DDR eine stete Herausforderung: Als »Schaufenster der freien Welt« verhinderte die eingemauerte Teilstadt den Übergang zur scheinbaren Normalität und damit zur alternativlosen Anpassung nahezu aller Ostdeutschen an das SED-Regime. Die systembedingt destabilisierende Wirkung West-Berlins hatte größere Auswirkungen auf die Diktatur als alle von hier ausgehenden Aktivitäten. Die gab es allerdings auch: West-Berlin war die Hauptstadt der Fluchthilfe. Hier hatten fast alle altruistischen Fluchthelfergruppen der sechziger Jahre ihren Sitz, etwa die unter dem Kunstnamen »Unternehmen Reisebüro« bekannt gewordene Organisation um Detlev Girrmann, Bodo Köhler und Dieter Thieme im Dahlemer Studentenwerk der Freien Universität, oder die Gruppe um den Arzt Burkhart Veigel, die bis Ende der sechziger Jahre viele hundert DDR-Bürger mit trickreichen Passtäuschereien, bestochenen Diplomaten und umgebauten Autos in die Freiheit holte. Auch Hasso Herschel, der wohl erfolgreichste Fluchthelfer, agierte von West-Berlin aus.

Anfang der siebziger Jahre verschob sich der Schwerpunkt der Fluchthilfe von der Grenze um die eingemauerte Stadt auf die Autobahnen zwischen der Bundesrepublik und West-Berlin. Dank des Transitabkommens konnten die Passkontrolleure auf den Grenzübergängen, die durchweg dem MfS angehörten, obwohl sie Uniformen der Grenztruppen trugen, nicht mehr ganz so willkürlich Autos überprüfen. Trotzdem blieb ein hohes Risiko, denn wo ein begründeter Verdacht auf eine mögliche

»Schleusung« bestand, griffen die Posten weiter erbarmungslos zu. An die Stelle der vor allem altruistisch motivierten Fluchthilfe der ersten Jahre nach dem Mauerbau, als Studenten ihren Kommilitonen, junge Männer ihren Freundinnen und Söhne ihren Eltern halfen, die DDR zu verlassen, gab es jetzt immer öfter kommerziell motivierte Fluchthelfer. Allerdings war nicht jeder, der für seine Dienstleistung Geld nahm, ein Geschäftemacher; bei den meisten »Touren« entstanden tatsächlich erhebliche Kosten sowie hoher Zeitaufwand. Insgesamt handelte es sich nicht um ein Massenphänomen, sondern in den siebziger Jahren um durchschnittlich 200 bis 300 erfolgreich in den Westen gebrachte DDR-Bürger pro Jahr; nur 1973 wurde dieser Durchschnitt erheblich übertroffen, weil nach dem Transitabkommen die Kontrollen der Stasi entlang der Autobahnen noch nicht gut funktionierten. Gemessen an den relativ niedrigen Zahlen war der Aufwand, mit dem das MfS Fluchthelfer verfolgte, enorm.[38] Übrigens durchaus mit gewissem Erfolg: Bis 1975 hatte ein gutes Viertel aller Ausschleusungsversuche zur Verhaftung des potenziellen »Republikflüchtlings« und seines Helfers geführt. Die intensivere Überwachung der Transitstrecken ließ diese Quote auf 50 Prozent steigen. Bald darauf scheiterten sogar 65 bis 75 Prozent aller mit Fluchthelfern unternommenen Fluchtversuche; jedenfalls lassen Stasi-Akten diesen Schluss zu. Damit wurde Fluchthilfe zum marginalen Phänomen. Zudem ergaben sich mit der Ausreisewelle der achtziger Jahre und dem von manchen DDR-Bürgern zielbewusst eingesetzten Prinzip, die DDR als freigekaufter politischer Häftling zu verlassen, andere, immer noch unangenehme bis stark belastende, aber nicht mehr lebensgefährliche Wege in den Westen.[39]

Ganz gleich, ob der potenziell hohe Gewinn für den Fluchthelfer das wesentliche Motiv war oder der Wunsch, Freunde oder Verwandte in den Westen zu holen: Für die SED war jeder Fluchthelfer Mitglied einer »kriminellen Menschenhändlerbande«. So vernebelte die Propaganda ihre eigene Wahrnehmung, traten Verschwörungstheorien an die Stelle möglicher sachlicher Analyse. In einer 1982 veröffentlichten Kampfschrift über »Bosse, Gangster, Kopfgeldjäger« heißt es zum Beispiel: »In Wirklichkeit ist die Branche des staatsfeindlichen, gegen die sozialistische DDR gerichteten Menschenschmuggels jedoch eine eng verfilzte Kombination von politischem Dunkelmännertum und krimineller Unterwelt, eine auf Geldschneiderei wie subversive Einwirkung gerichtete Interessengemeinschaft, ein Kooperationsunternehmen, bei dem ›seriöse‹ Politiker mit primitivsten Ganoven zusammenwirken.«[40]

In Wirklichkeit gab es unter den Fluchthelfern in West-Berlin sehr unterschiedliche Charaktere. Hartmut Richter zum Beispiel, der 1966 als 18-Jähriger selbst durch den Teltowkanal geschwommen war, um die DDR zu verlassen, brachte nach dem Transitabkommen insgesamt 33 Freunde und Verwandte im Kofferraum in die Freiheit. Er arbeitete nicht mit einer Organisation zusammen, sondern allein. Bei einer letzten Fahrt wollte er im März 1975 seine Schwester und ihren Freund in die Bundesrepublik schaffen – diesmal aber wurde er ertappt. Ein Jahr lang saß Richter in Untersuchungshaft, dann wurde er wegen 18 ihm nachgewiesener »Schleusungen« zur Höchststrafe von 15 Jahren verurteilt. Richter blieb unbeugsam; zweimal versuchte er, mit Hungerstreiks eine Verbesserung seiner unhaltbaren Haftbedingungen zu erzwingen. Schließlich kam er nach Bautzen. Sein Motiv für die gefährliche Fluchthilfe war politisch; in einer Stasi-Aktennotiz über ihn heißt es: »Richter ist ein Feind der DDR. Seine feindliche Einstellung bringt er offen zum Ausdruck.«[41]

Der Fluchthelfer blieb auch in Haft unbeugsam: Im Gefängnis Rummelsburg lehnte er es ab, für Spitzeldienste in den Genuss von Vergünstigungen zu kommen. Stattdessen ließ er eine monatelange Informations- und Kontaktsperre über sich ergehen. Das gezielt gestreute Gerücht, er arbeite für die Stasi, saß er aus. Drei Mal trat er in Hungerstreik, einmal verweigerte er 21 Tage lang die Nahrungsaufnahme. Seine Freiheit konnte er dadurch nicht erzwingen, aber schließlich durften seine Eltern ihn besuchen. Den Hungerstreik begründete er in Flugblättern über das DDR-Regime, die er im Gefängnis verteilen wollte: »Aus Protest gegen die ständigen Schikanen seiner Handlanger trete ich in einen unbefristeten Hungerstreik. Freiheit allen Fluchthelfern, Freiheit allen Ausreisewilligen, Freiheit allen politischen Gefangenen.« Die Blätter wurden gefunden und Richter kam wegen »negativer Beeinflussung seiner Mitgefangenen« zum Haftvollzug ins Stasi-Sondergefängnis Bautzen II. Auch hier widersetzte er sich der Hausordnung und rebellierte weiter. Nach gut fünfeinhalb Jahren Haft kaufte die Bundesrepublik ihn im Oktober 1980 frei; knapp vier Jahre hatte Hartmut Richter in Einzelhaft verbracht.

Auch Rainer Schubert begann seine Tätigkeit als Fluchthelfer, um Bekannte aus der DDR zu holen. Nach dem ersten Erfolg professionalisierte er diese Tätigkeit, arbeitete zunächst mit dem zwielichtigen Schweizer Fluchthelfer Hans Ulrich Lenzlinger zusammen, der sich mit seinen Erfolgen wie seinem Reichtum brüstete und eine geradezu aggressive Öffentlichkeitsarbeit betrieb. 1974 trennte sich Schubert von ihm und zog mit mehreren umgebauten Autos sowie bis zu 13 Mitarbeitern ein eigenes Fluchthilfe-Unternehmen auf. Insgesamt brachte er fast hundert DDR-Bürger in die Freiheit, für bis zu 25 000 Mark pro Person. Doch das Geld war nicht sein Hauptmotiv, zumal der größte Teil ohnehin für Spesen und Honorare gebraucht wurde. Einige Flüchtlinge holte Schubert eigenen Angaben zufolge ohne Bezahlung aus der DDR; immer wieder versuchte er dabei, die Stasi auszutricksen: Im Gegensatz zu den meisten anderen Leitern von Fluchthilfeorganisationen reiste er selbst oft unter falschem Namen nach Ost-Berlin, um seine »Kunden« selbst zu treffen – bis er im Januar 1975 in eine Falle tappte: Ein vermeintlich fluchtwilliger DDR-Bürger, Hans-Christian Sch., hatte Kontakt mit Schubert aufgenommen und ein Treffen in Ost-Berlin verabredet. Doch in Wirklichkeit war der angebliche Republikflüchtling von der Stasi in zweiwöchiger Haft »umgedreht« und zum IM »Fischer« gemacht worden. Schubert wurde auf dem Weg zum Treffpunkt in einem Hotel am Alexanderplatz von Stasi-Leuten festgenommen und verschwand zunächst für ein Jahr in Hohenschönhausen. Man versuchte, Schubert ebenfalls umzudrehen; dafür durfte sogar seine Freundin aus dem Westen mit freiem Geleit in die Stasi-Zentrale an der Normannenstraße kommen. Doch Schubert lehnte ab und wurde in einem Schauprozess wegen »kriminellen Menschenhandels« zu 15 Jahren verurteilt. Das Strafmaß war direkt mit der SED-Spitze abgestimmt; der Staatsanwalt forderte zwar lebenslänglich, doch mit dem niedrigeren Schuldspruch sollte die vermeintliche Unabhängigkeit des Gerichtes dokumentiert werden. Insgesamt 106 Monate musste Schubert absitzen, bis die Bundesrepublik ihn Ende 1983 freikaufen durfte.

Nicht in die Fänge der Stasi geriet Kay Mierendorff, der in den siebziger Jahren mit verschiedenen Methoden DDR-Bürger in den Westen holte. Er setzte unter anderem auf Lastwagen, in deren Laderäumen Verstecke eingebaut waren. Sie fuhren auf den Transitstraßen, waren vom Zoll versiegelt und wurden nach dem Zustieg der Fluchtwilligen mit gefälschten Zangen neu verplombt. Außerdem arbeitete er mit bestochenen alliierten Soldaten, in der Regel Amerikanern, sowie mit Diplomaten anderer Staaten zusammen, die unkontrolliert über den Grenzübergang Checkpoint Charlie von Ost- nach West-Berlin fahren konnten. Auch Fluchtwege über andere Staaten des Ostblocks sowie mit Pässen benutzte der offiziell als Immobilienverwalter tätige Mierendorff. 1974 zog er aus West-Berlin nach Schleswig-Holstein und machte die Fluchthilfe zu seinem Hauptgeschäft; zeitweise soll er bis zu 150 Mitarbeiter beschäftigt haben. Zwar blieb das Risiko dieser »Tätigkeit« enorm, konnte die Stasi einige Fluchthelfer der Mierendorff-Organisation festnehmen, die fast immer zu hohen Haftstrafen verurteilt wurden. Doch an den Chef kamen Mielkes Mannen lange Zeit nicht heran; ihnen blieb nur hasserfüllte Propaganda, die sie zur Abschreckung potenzieller »Kunden« auch in der DDR verbreiteten: »Als wohlbestallter Firmenchef entfaltete Mierendorff nunmehr das, was man im Kapitalismus unter Privatinitiative versteht. Skrupel kennt er dabei nicht im Geringsten. Das verdeutlichen Aussagen seiner ›Mitarbeiter‹, die auf frischer Tat gestellt wurden und vor den Untersuchungsorganen aussagten. ›Der Chef‹, so berichteten sie, duldet keinerlei Widerspruch. Aufbegehrenden Komplizen pflegt er – nach eigener Ausdrucksweise – ›eine Patrone zukommen zu lassen‹. Im Mierendorff-Clan wird dieses Verfahren mit der Jargonredewendung ›Kay hat eine Kugel gesetzt‹ bezeichnet. Zum ›Kugelsetzen‹ hält Mierendorff auch seine Bandenmitglieder bei ihren verbrecherischen Unternehmungen in der DDR an. Er ist nicht bloß bemüht, sie mit Schusswaffen auszurüsten, sondern versieht sie zugleich mit der Weisung, im Bedarfsfall – also bei Entdeckung der Menschenhändleraktion – rücksichtslos das Feuer zu eröffnen.«[42] Fast alles an diesen Ausführungen war frei erfunden; Fluchthelfer, die wild um sich schossen, gab es nie. Wer entdeckt wurde, war zum Beispiel an Grenzübergängen fast immer von Männern mit automatischen Waffen im Anschlag umstellt; in einer solchen Situation zu schießen, wäre Suizid gewesen. In aller Regel ließen sich ertappte Fluchthelfer widerstandslos festnehmen.

Wirksamer als solche hilflose Agitation war die systematische Diffamierung Mierendorffs in westlichen Medien, zum Beispiel im »Spiegel«. Gegen einen offensichtlich aus trü-

ben DDR-Quellen inspirierten Artikel unter der prägnanten Überschrift »Altes Schwein, wir knallen Dich ab«, erwirkte Mierendorff 1978 eine Gegendarstellung mit nicht weniger als zehn einzelnen Punkten. Die Redaktion setzte über diese Gegendarstellung die Worte »Altes Schwein« – ohne Anführungszeichen.[43] Haften blieben die Vorwürfe gegen Mierendorff, die weitgehend der Darstellung der Stasi folgten. Auch die Transitkommission, ein Gremium aus bundesdeutschen und DDR-Verkehrsexperten, wurde gegen den Fluchthelfer instrumentalisiert. Zeitweise gab es Überlegungen, auch in der Bundesrepublik eine »Anti-Fluchthilfe-Gesetzgebung« zu schaffen.[44]

Als das misslang, setzte die Stasi auf »wirksamere« Methoden. Nur mit viel Glück überlebten Mierendorff und seine Frau Antje am 9. Februar 1981 die Explosion einer Briefbombe. Seine rechte Hand wurde dabei zerfetzt, das Gesicht war mit Wunden übersät, Bauchdecke, Leber und Darm aufgerissen. Angesichts dessen war verständlich, dass der Fluchthelfer im letzten Interview vor seinem Krebstod mit 66 Jahren sagte: »Ich bin Überzeugungstäter. Meine Fluchthilfe war kein Abenteuer, es war oft ein Kampf um Leben und Tod.« Mierendorff stellte klar, dass es ihm nie primär um das Geld ging: »Gezahlt wurde auch nur nach erfolgreicher Flucht.«[45]

Hatten Fluchthelfer schon seit 1964 in der linksliberalen Presse überwiegend einen schlechten Leumund gehabt, wur-

^ *Fluchthelfer Mierendorff auf einer inszenierten Aufnahme vor der Berliner Mauer, abgedruckt in einer DDR-Broschüre. Die Stasi bekämpft ihn mit mörderischen Mitteln.*

den die kommerziellen Fluchthelfer ab den siebziger Jahren geradezu gleichgesetzt mit Kriminellen. Tatsächlich gab es solche, etwa den Schweizer Zuhälter Lenzlinger, und ab etwa 1976 dürften die aus altruistischen oder politischen Motiven organisierten »Schleusungen« nur noch einen kleinen Teil aller Fluchtversuche ausgemacht haben. Dennoch war der Grund für Fluchthilfe immer das verbrecherische Grenzregiment der DDR, das den Untertanen der SED-Diktatur grundlegende Menschenrechte vorenthielt. Fluchthilfe war deshalb kein »Menschenhandel«, sondern in sehr vielen, wenngleich nicht in allen Fällen Widerstand gegen die SED-Diktatur.[46]

Fluchthelfer arbeiteten grundsätzlich verdeckt und oft mit dem Geheimdienstmilieu entlehnten Methoden. Allerdings hatten sie spätestens ab Ende der sechziger Jahre so gut wie keine Unterstützung von offiziellen bundesdeutschen Stellen mehr; schon zu Silvester 1963/64 hatte die West-Berliner Polizei eine Massenflucht durch einen fertig gestellten Tunnel unter der Bernauer Straße verhindert, um nicht das erste Passierscheinabkommen zu gefährden; daher konnten durch den in monatelanger Arbeit gegrabenen Stollen nur drei Mädchen fliehen.[47] Professionelle Fluchthilfe als »geheimdienstliche Tätigkeit« zu bezeichnen, führt in die Irre. Ganz im Gegensatz zu den vermeintlichen »Menschenhändlern« selbst, so sehr einige von ihnen zweifelhafte Charaktere gewesen sein mögen, setzte die Stasi alle geheimdienstlichen Tricks ein, um dieses »Problems« Herr zu werden. Dazu gehörten auch Mordanschläge: Neben Mierendorff traf das auch den Fluchthelfer Wolfgang Welsch. Er hatte innerhalb von zehn Jahren mehr als 220 Menschen, darunter über 100 Ärzte, teilweise mit Frauen und Kindern, über Drittländer des Ostblocks und mit diplomatischer Hilfe in die Freiheit geholt. Deshalb verabreichte ein IM vergiftete Buletten; der »Staatsfeind Nr. 1«, so seine Selbstbezeichnung, überlebte nur knapp.[48] Daher bestätigt auch die Rolle West-Berlins als »Hauptstadt der Fluchthilfe« nicht den Vorwurf, die eingemauerte Stadt sei in Wirklichkeit ein »Spionage-Dschungel« gewesen.

PRAXIS DES KALTEN KRIEGES

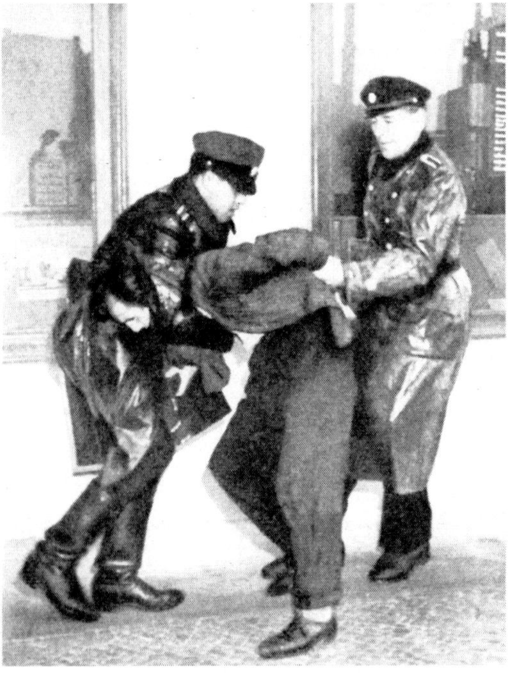

EIN ECHTES SCHURKENSTÜCK

WALTER LINSE WIRD VERSCHLEPPT

Der 8. Juli 1952 war ein ganz normaler Dienstagmorgen im Sommer – bis gegen 7.22 Uhr. Um diese Zeit verließ der Jurist Walter Linse wie üblich sein Wohnhaus in der ruhigen Gerichtsstraße, um zum nahe gelegenen S-Bahnhof Lichterfelde-West zu gehen. Da sprach ein Mann auf dem Bürgersteig Linse an und bat ihn um Feuer. Der 49-Jährige schaute in seine Aktenmappe, doch bevor er der Bitte nachkommen konnte, trafen ihn mehrere Faustschläge. Ein zweiter Mann packte Linse von hinten und zog ihn in einen Opel mit Taxischild, obwohl sich das Opfer heftig wehrte. Um den Widerstand zu brechen, schossen die Entführer ihrer Zielperson ins Bein und rasten los. Mehrere Nachbarn von Linse wurden Zeugen der Entführung: Ein Mann, der seinen Dackel ausführte, pfiff ohrenbetäubend laut in eine Trillerpfeife, mehrere Frauen auf beiden Straßenseiten schrien auf, der Fahrer eines VW hupte laut und versuchte, den Fluchtwagen zu rammen. Doch ohne Erfolg: Der Opel fuhr mit mehr als 120 Stundenkilometern durch den engen Durchlass im Schlagbaum der DDR-Posten über die Sektorengrenze nach Teltow. Walter Linse wurde einmal rund um West-Berlin nach Hohenschönhausen gefahren, in der Untersuchungshaftanstalt des MfS eingesperrt und sofort in verschärftes Verhör genommen.[1]

Als Leiter der Wirtschaftsabteilung beim Untersuchungsausschuss Freiheitlicher Juristen (UfJ) gehörte Linse zu den meistgehassten Zielpersonen der Stasi. Der Grund war sein entschiedenes antikommunistisches Engagement; zwar hatte Linse zwischen 1938 und 1945 in Chemnitz an zahlreichen

< *»Festnahme an der Sektorengrenze« aus den fünfziger Jahren. In dieser Zeit sind brutale Übergriffe von DDR-Behörden gegen West-Berliner an der Tagesordnung.*

Arisierungen mitgewirkt, doch mit dem Entschluss, ihn zu entführen, hatte diese Verstrickung nichts zu tun.[2] Der Anlass war vielmehr, dass der UfJ gerade einen Internationalen Juristenkongress in West-Berlin vorbereitete, der zu einem Tribunal gegen den Unrechtsstaat DDR werden sollte. Deshalb gab die Residentur des sowjetischen Geheimdienstes in Karlshorst den Auftrag, ihn zu entführen. Eigentliches Ziel hätte Linses Chef Horst Erdmann sein sollen, doch der ließ sich stets von einem Fahrer von seinem Wohnhaus in Büro bringen, während der sparsame Linse die S-Bahn benutzte. Ein auf den 22. Juli 1952 datierter Bericht der Stasi beschrieb die Vorbereitung der Entführung genau. Danach wurde am 14. Juni der »Auftrag zur Festnahme erteilt«.[3] Schon einen Tag später fuhr das Entführungsteam, mehrere gerichtsbekannte Kriminelle ohne politischen Hintergrund, den vorgesehenen Tatort »erstmalig zum Kennenlernen« ab. Doch die ersten Entführungsversuche misslangen: Am 16. Juni verspäteten sich die Entführer, Linse war bereits unterwegs zur S-Bahn. Am folgenden Tag erschien das Opfer gar nicht, ebenso am 20. und 24. Juni. Den nächsten Versuch unternahmen die Stasi-Handlanger am 4. Juli – und scheiterten erneut. Doch vier Tage später hatten sie Erfolg.

Der sowjetische Geheimdienst berichtete am 10. Juli 1952, Linse habe im MfS-Verhör »Berichte über antisowjetische Aktivitäten seiner Organisation und die Existenz von Spionagenetzen auf DDR-Territorium« bestätigt.[4] Das war nun allerdings wenig überraschend, denn dass der UfJ strikt antikommunistisch, also antisowjetisch war und über zahlreiche Informanten in der DDR verfügte, war offenkundig. Zwar vermeldeten die östlichen Geheimdienste, sie hätten aufgrund von Linses Angaben umgehend 24 »Agenten« verhaftet, doch wahrscheinlicher ist, dass diese Verdächtigen schon länger unter Beobachtung standen und die Entführung zum Anlass genommen wurde, sie festzunehmen. Denn alles deutet darauf hin, dass Linse nichts verriet.

Am selben 10. Juli fand auf dem Platz vor dem Schöneberger Rathaus eine große Protestkundgebung gegen die Entführung Linses statt, zu der alle West-Berliner Parteien und der DGB aufgerufen hatten, außerdem verschiedene antikommunistische Einrichtungen. Zwischen 20 000 und 30 000 Menschen kamen, darunter selbstverständlich auch Spitzel, von denen einer dem MfS folgenden Bericht lieferte: »Vier Mikrofone auf

dem Rednerpult am Haupteingang flankiert von den Fahnenabordnungen der Parteien und der Organisationen. Auf dem Balkon die üblichen Ehrengäste (die Feinde von gestern, die Alliierten von heute), hohe Polizei mit Dr. Stumm an der Spitze und die sonstige Komparserie. Über der Menge lag verbissenes Schweigen. Einige Minuten dröhnte die Freiheitsglocke über den Platz. Ein Sprecher eröffnete die Kundgebung mit der Schilderung der Entführung Dr. Linses. Sofort zeigte sich, dass hier nicht die Redner, sondern die Massen die Akteure sind. Fanatische Wut loderte aus der Menge auf. Die Raserei der Menschen entlud sich in wild applaudierten Zwischenrufen, die sich gegen die SED richten.« Mit viel Fantasie schilderte der Spitzel die Reaktion des Publikums zum Beispiel auf die Rede des Regierenden Bürgermeisters: »Reuter ist an der Reihe. Er beginnt massiv, schildert aufgeregt seine Empörung, erklärt: Das Maß ist nun voll. Die Menge tobt. Viel zu spät. Reuter verkündet Maßnahmen: Schlagbäume, Kontrollen, Maßnahmen gegen die SED in West-Berlin, Maßnahmen gegen die SED-Mitglieder, Verlust des Arbeitsplatzes, Sperre der Unterstützung, evtl. Verhaftung bzw. Ausweisung. Die West-Berliner Justiz wird in ihrer Urteilsfindung umlernen müssen. Der Platz wird zum Hexenkessel: ›Sperrt sie in Zuchthäuser, sperrt sie in Lager! Wir zünden ihnen die Buden an. Jeder SED' ist ein Ostagent, darum Tod den Verrätern!‹«[5] In Wirklichkeit versuchten einige Anhänger des SED-Regimes, die Kundgebung

^ *Walter Linse als Mitarbeiter des UfJ und wenig später in sowjetischer Haft. Er ist das letzte deutsche Hinrichtungsopfer im Moskauer Gefängnis Butyrka.*

zu stören, was den Unwillen der überwiegenden Menge der Teilnehmer erregte und zu einem kurzen Polizeieinsatz führte: »Die aufgestaute Empörung über den kommunistischen Gewaltakt entlud sich daraufhin mit solcher Heftigkeit gegen die Störer, dass sie zur Vermeidung eines Lynchaktes von der Polizei in Schutzhaft genommen werden mussten«, berichtete der »Spiegel«.[6] Nach weniger als einer Stunde waren die SED-Anhänger wieder auf freiem Fuß. Trotzdem fabulierte das »Neue Deutschland« am nächsten Tag über »faschistische Pogrome« nach der Protestkundgebung. Zynisch hieß es in dem Artikel über Linse, West-Berlin sei »ein Agent verloren gegangen«. Je eher alle »Gangster« aus den drei westlichen Sektoren der Stadt verschwunden seien, desto früher werden dort »normale Zustände« einkehren. Das Interesse der West-Berliner müsse es sein, »alle Banditen einschließlich Reuter zum Teufel zu jagen«.[7] Laut Siegfried Mampel war die ND-Meldung »das einzige Mal, dass in der DDR und darüber hinaus im Ostblock von dem Verbrechen Notiz genommen wurde«.[8] Das stimmt nur zum Teil, denn Stasi-Chef Wilhelm Zaisser räumte Anfang August 1952 vor dem SED-Zentralkomitee ein, dass sich Linse in den Händen der DDR-Behörden befände. Allerdings sei er, so sagte der Minister, »im Sowjetsektor auf der S-Bahn« von zwei Volkspolizisten »erkannt und verhaftet worden«. Er habe seine Aktentasche bei sich gehabt, in der sich »umfangreiche Unterlagen über seine Spionagetätigkeit« befunden hätten.[9] Der UfJ erfuhr von dieser Mitteilung im ZK und machte sie öffentlich. Wohl daraufhin änderte die SED ihre Strategie erneut und ging zu völligem Schweigen über.

Die Großdemonstration vor dem Schöneberger Rathaus half Linse in der Stasi-Haft ebenso wenig wie ein Telegramm seiner Frau an den DDR-Ministerpräsidenten Otto Grotewohl: »Erwarte umgehend Freilassung meines Mannes, wenn Sie nicht selbst als Verbrecher gelten wollen.«[10] Statt zu antworten, übergab der SED-Regierungschef Helga Linses Nachricht im Original der Stasi, in deren Akten sie vier Jahrzehnte später wieder auftauchte. Auch Bundestag und Bundesregierung protestierten, und der Internationale Juristenkongress fasste eine Resolution gegen die Entführung. Fast 150 Juristen aus 43 Ländern waren sich darüber einig, dass die Untätigkeit der DDR-Behörden den Verdacht nährten, an dem Verbrechen mitschuldig zu sein. Sie forderten »geeignete Maßnahmen zur unverzüglichen Freilassung des Opfers dieser Entführung« zu treffen.[11] Natürlich nützte das nichts, denn die DDR und die sowjetische Besatzungsmacht stellten sich dumm und wichen sämtlichen Anfragen über den Entführten konsequent aus. In West-Berlin kam es zu einem unschönen Nachspiel: Helga Linse bekam Dutzende von Vorschlägen für die Rettung ihres Mannes. Der UfJ überprüfte die einzelnen Projekte, stellte aber fest, dass es sich in den meisten Fällen um Betrugsmanöver handelte. Die meisten der vermeintlichen »Befreier« hatten Vorschüsse in vierstelliger Höhe verlangt. Der »Spiegel« berichtete: »Der Untersuchungsausschuss erbot sich daraufhin, einen hohen Geldbetrag als Belohnung bei einem West-Berliner Notar zu hinterlegen für den Fall, dass Dr. Linse durch eine von einer Privatperson empfohlene Maßnahme wieder frei wird. Auf dieses Angebot ist bis jetzt niemand eingegangen.«[12]

Nach dem Fall der Mauer und der Öffnung der Stasi-Archive konnte rekonstruiert werden, was nach dem 8. Juli 1952 mit Walter Linse geschah. Bis Dezember 1952 blieb er in Hohenschönhausen inhaftiert; hier zeichnete man mit versteckten Mikrofonen seine Selbstgespräche und Gebete auf, schickte ihm gelegentlich auch Spitzel in die Zelle. Dann übergab die Stasi Linse an die Sowjets. Durch monatelange Verhöre gebrochen, gestand Linse nun Spionage und Subversion gegen die DDR, und wurde am 23. September 1953 vom sowjetischen Militärgericht Nr. 48 240 in Lichtenberg in einem Geheimprozess wegen Spionage, antisowjetischer Propaganda und Bildung einer antisowjetischen Organisation zum Tode verurteilt. Linse wurde nach Moskau gebracht, wo das Präsidium des Obersten Sowjets routinemäßig am 2. Dezember 1953 sein Gnadengesuch ablehnte. Im Keller des Gefängnis Botyrka wurde Walter Linse am 15. Dezember 1953 erschossen, sein Leichnam im Krematorium auf dem zum Friedhof umfunktionierten Areal des Donskoje-Klosters eingeäschert und die Überreste verscharrt. Er war das letzte von fast tausend deutschen Opfern, die 1950 bis 1953 in Moskau hingerichtet wurden. Erst 1996 rehabilitierte die Militärstaatsanwaltschaft Russlands Walter Linse.[13]

VERFASSUNGSSCHÜTZER AUF ABWEGEN

DAS RÄTSEL UM OTTO JOHN

Konrad Adenauer blieb ruhig, obwohl seine Sekretärin ihm am 22. Juli 1954 morgens die »unglaublichste Nachricht seit Bestehen der Bundesrepublik«[14] mitteilte: Der Präsident des Bundesamtes für Verfassungsschutz, Otto John, sei in West-Berlin spurlos verschwunden. Der Bundeskanzler hielt sich, vor der geplanten Abfahrt in den Sommerurlaub auf die Bühlerhöhe im Schwarzwald, gerade in seinem Rosengarten in Rhöndorf auf, als er die Nachricht bekam. Nach kurzem Nachdenken gab er lakonisch sein Einverständnis, eine zurückhaltend formulierte Mitteilung im Bulletin des Presse- und Informationsamtes zu veröffentlichen. Immerhin war John der oberste Chef des innenpolitischen Nachrichtendienstes; wenn ein solcher Mann »verschwand«, konnte das erhebliche Brisanz entfalten. Danach fuhr Adenauer ungerührt in den Urlaub.[15]

Der 45 Jahre alte John war mit seiner Frau nach West-Berlin geflogen, um an den Gedenkfeiern für die Opfer des 20. Juli 1944 teilzunehmen. John hatte zum weiteren Kreis der Verschwörer gezählt, war am Tag des versuchten Staatsstreiches sogar im Bendlerblock gewesen und hatte sich nach dessen Scheitern absetzen können; sein Bruder Hans jedoch war der Gestapo in die Hände gefallen und hingerichtet worden. Also hatte Otto John Grund, am Festakt teilzunehmen, dem ersten, bei dem Bundespräsident Theodor Heuss eine offizielle Gedenkansprache hielt. Doch schon im Flugzeug nach Berlin, so meinten sich Mitreisende später zu erinnern, hätte Otto John nervös gewirkt. Beim Aussteigen auf dem Flughafen Tempelhof ließ er, obgleich er neben der Flugzeugtür saß, erst alle anderen Passagiere aussteigen. Dabei drehte er ihnen den Rücken zu, als sie an ihm vorbei gingen – ein Verhalten, mit dem er mehr auf sich aufmerksam machte als unauffällig zu wirken. Nach der verspäteten Begrüßung durch seine Berliner Mitarbeiter auf dem Flugfeld lehnte John dann alle Sicherungsmaßnahmen ab. Er sei »Manns genug, selbst auf sich aufzupassen«, gab der »Spiegel« die Begründung des Verfassungsschutzchefs wieder.[16] Auch auf dem Empfang, den der West-Berliner Senat am Vorabend des 20. Juli für die Angehörigen der Hingerichteten gab, fiel Otto John wieder auf: Gute Bekannte erlebten, dass er sie entweder gar nicht begrüßte oder bei den Unterhaltungen durch sie hindurch zu schauen schien; einen Kollegen stellte er an diesem Abend gleich dreimal seiner Frau vor. Am nächsten Morgen fiel John, sonst eher als kühl bekannt, bei der Andacht für die Opfer der Verschwörung durch seine rotgeränderten, verweinten Augen auf. Bei einer weiteren Gedenkfeier in der Hinrichtungsstätte Plötzensee erregte der Verfassungsschützer mit seinem Schluchzen dann erneut Aufsehen. »Einige Damen, die hinter ihm saßen, hatten den Eindruck, die Quelle dieses Schmerzes könne nach so langer Zeit doch unmöglich Trauer um des Bruders Tod sein. Sie meinten, Otto John müsse wohl simulieren.«[17]

Am Abend des 20. Juli 1954 verließ John gegen 19.40 Uhr sein Hotel; bei sich hatte er nur einen Ausweis auf einen falschen Namen und immerhin 750 Mark Bargeld. Zu seiner Frau, die sich nicht wohl fühlte, hatte er zuvor nur gesagt, er wolle sich noch mit Bekannten treffen. Tatsächlich war er verabredet mit zwei britischen Offizieren, doch zu dem Termin erschien er nicht. Als sich die beiden Nachrichtendienstler ernsthafte Sorgen zu machen begannen und bei Frau John im Hotel anriefen,

^ *Otto Johns öffentlicher Auftritt in Ost-Berlin am 11. August 1954. Sein Wechsel in die DDR war der größte politische Skandal in der BRD der fünfziger Jahre.*

konnte sie ihnen auch nicht mehr mitteilen, als dass ihr Mann einen »Bekannten aus der Sowjetzone« habe treffen wollen. In Wirklichkeit suchte der Verfassungsschutzchef offenbar in der Uhlandstraße seinen alten Freund Wolfgang Wohlgemuth auf, einen Gynäkologen und Chirurgen, den er fast immer zu besuchen pflegte, wenn er in West-Berlin war. Doch an diesem Abend machten die beiden einen ungewöhnlichen Ausflug: Kurz nach 21 Uhr passierten Wohlgemuth und John die Sektorengrenze an der Invalidenstraße. Der diensthabende West-Berliner Zöllner machte die beiden Autoinsassen, die auf ihn ganz normal wirkten, routinemäßig aufmerksam, dass sie jetzt in den Sowjetsektor führen. »Ja, da wollen wir auch hin. Wir müssen zur Charité«, bekam er aus dem Wagen zur Antwort, der dann Richtung Osten verschwand.[18] Der Zöllner merkte sich instinktiv die letzten drei Ziffern des Nummernschildes. Doch noch in derselben Nacht kam Wohlgemuth allein zurück, parkte gegen Mitternacht in der Uhlandstraße und brach schon um fünf Uhr morgens erneut auf. Seine Sprechstundenhilfe fand an diesem Morgen, als sie wie gewohnt zur Arbeit kam, eine rätselhafte Notiz vor: »Ein bestimmter Vorfall, der eventuell einen falschen Verdacht auf mich lenken könnte, veranlasst mich, heute in die Charité zu gehen. Der Rechtsanwalt Y. erhält hiermit die Vollmacht über mein Eigentum. Setz Dich mit Z. in Verbindung. Es handelt sich darum, dass Herr John nicht mehr nach dem Westsektor zurückkehren will. Er hatte in der Charité anlässlich einer Besichtigung ein Gespräch mit Ost-Berliner Kollegen geführt. Nun könnte ich dadurch in Verdacht geraten, ich hätte ihn beeinflusst. Bis zur Klärung werde ich abwarten. Auf Wiedersehen, eventuell in der Charité.«[19]

Schon wenige Stunden nach Johns Verschwinden glaubte bei der West-Berliner Polizei niemand mehr an eine Entführung des Verfassungsschützers nach Ost-Berlin – obwohl Verschleppungen durch die Stasi gerade 1954 fast an der Tagesordnung waren. Der Zöllner hatte John auf Fotos eindeutig identifiziert und bestand auf seinem Eindruck, der Mann hätte freiwillig in dem Wagen gesessen. Angesichts dessen wurden die Dienstbezüge von John noch am Abend des 21. Juli 1954 ausgesetzt, und am nächsten Morgen informierten die Ermittler die Bundesregierung. Doch Innenminister Gerhard Schröder war zu den Bayreuther Festspielen gefahren, der Staatssekretär im Bundeskanzleramt, Hans Globke, befand sich zur Kur in Bad

Gastein, und den Bundeskanzler selbst zog es auf die Bühlerhöhe. Unter Bonner Journalisten setzten wilde Spekulationen ein, die bald durch eine Mitteilung des DDR-Hörfunks angeheizt wurden: »Der Präsident des Bundesverfassungsschutzamtes, Herr Dr. Otto John, hat am 20. Juli im Anschluss an die Heuss-Rede anlässlich des 10. Jahrestages des 20. Juli 1944 mit verantwortlichen Persönlichkeiten der DDR eine Aussprache im demokratischen Sektor geführt. Herr Dr. John entschloss sich, sich aus politischen Erwägungen den Behörden der DDR zur Verfügung zu stellen. Das Staatssekretariat für Staatssicherheit untersucht zur Zeit die näheren Beweggründe, die Herrn John veranlasst haben, mit Vertretern der Staatsmacht der DDR Verbindung aufzunehmen. Dr. Otto John befand sich in Begleitung von Herrn Dr. Wolfgang Wohlgemuth, wohnhaft Berlin-Charlottenburg.« Weiter hieß es, der Verfassungsschutzchef protestiere gegen die Reaktivierung von Nationalsozialisten im öffentlichen Dienst der Bundesrepublik. Er vollziehe den Übertritt in die DDR jetzt, weil absehbar sei, dass Adenauers Politik sich verschärfen werde. Dabei seien Möglichkeiten zur Wiedervereinigung vorhanden, wie der Kirchentag in Leipzig gezeigt habe, allerdings würden sie nicht entschlossen genutzt. Hinzu kam eine Erklärung, die angeblich Otto John persönlich formuliert hatte: »Deutschland ist in Gefahr, durch die Auseinandersetzung zwischen Ost und West auf ewig zerrissen zu werden. Es bedarf einer demonstrativen Aktion, um alle Deutschen zum Einsatz für die Wiedervereinigung aufzurufen. Deshalb habe ich am Jahrestag des 20. Juli einen entschlossenen Schritt getan und Verbindung mit den Deutschen im Osten aufgenommen.«[20] Die Sensation war perfekt: Einer der höchsten Beamten des Bundesrepublik, noch dazu aus dem sensiblem Geheimdienstmilieu, hatte die Seiten gewechselt!

Ganz überzeugt waren allerdings noch nicht alle Funktionsträger. Bundespräsident Theodor Heuss, der John vor 1945 im Hause des NS-Gegners Klaus Bonhoeffer kennen gelernt hatte, schrieb zwei Wochen nach dem Verschwinden des Verfassungsschutzchefs an Adenauer: »Es hat mir leid getan, dass diese böse Geschichte John, die mir selbst in mancher Hinsicht noch völlig rätselhaft ist, Ihnen den so wohlverdienten Urlaub belastet. Ich selber dachte, die Freiwilligkeit des Übertritts vorausgesetzt, zunächst an die Affäre Rudolf Hess, dann denke ich an den Fall Gereke, der ja völlig wirkungslos blieb, und halte es auch nicht für ausgeschlossen, dass in ein paar Monaten John eine peinliche Anekdote geworden sein wird. Aber ich bitte, mich auf diese Prophetie nicht festzulegen.« Der Bundeskanzler antwortete zwei Tage später, er habe »auf vielfaches Verlangen« eine Radioansprache zum Fall John gehalten, »die Sache aber eingepackt in eine Reihe anderer Ausführungen, weil es mir nicht für richtig erschien, wenn der Bundeskanzler nur über diese Angelegenheit sprechen wird«. Es handele sich um eine »dumme Sache«, die ihn »wirklich sehr belästigt« habe durch ständige Telefonate sowie durch Besuche von Ministern und Staatssekretären.[21]

Die Hoffnung von Heuss und Adenauer, die Angelegenheit werde sich beruhigen, erfüllte sich nicht. Denn am 11. August 1954, drei Wochen nach seinem Verschwinden, trat Otto John in Ost-Berlin vor die Presse und wiederholte in etwa das, was in der in seinem Namen veröffentlichten Erklärung vom 22. Juli gestanden hatte. »Ich habe mich nach reiflicher Überlegung entschlossen, in die DDR zu gehen und hier zu bleiben, weil ich hier die besten Möglichkeiten sehe, für die Wiedervereinigung Deutschlands und gegen die Bedrohung durch einen neuen Krieg tätig zu sein. Selbst viele kluge und aufrichtige Menschen in Westdeutschland sehen die Gefahren, die uns bedrohen, nicht, weil sie durch Propaganda der Bundesregierung verblendet sind.«[22] Als direkten Anlass seines Übertritts gab John die Planungen für eine Europäische Verteidigungsgemeinschaft (EVG) an. Adenauer und seine Vertrauten sähen darin nur ein Mittel, wieder eine »starke Wehrmacht« zu schaffen. Sie solle früher oder später die anderen Kontingente in der EVG »absorbieren«, um erneut Europa zu dominieren. Für den Bundeskanzler sei die Verteidigungsgemeinschaft die Maske, um auch den deutschen Militarismus zu restaurieren.[23] Auf Fragen von Journalisten nach der Rolle seines Freundes Wolfgang Wohlgemuth bei dem Übertritt antwortete John, der Arzt habe nur eine »untergeordnete Rolle« gespielt. Nach der großen Pressekonferenz gab Otto John noch einem britischen und zwei amerikanischen Korrespondenten persönliche Interviews. Das Bundesinnenministerium, das inzwischen für die Aufklärung des Falles John die astronomische Summe von 500 000 Mark als Belohnung ausgesetzt hatte, teilte nach der Pressekonferenz lakonisch mit, nun habe sich der frühere Ver-

fassungsschutzchef »eindeutig in den Dienst der kommunistischen Propaganda gestellt und damit als Verräter erwiesen«.[24]

Für die DDR war der »Fall John« ein großer Sieg in der innerdeutschen Propagandaschlacht; für die Bundesrepublik dagegen, so Innenminister Gerhard Schröder, eine schwere »Schlappe im Kalten Krieg«.[25] Historiker sprechen gar von der »tiefsten Krise der knapp fünf Jahre alten Bundesrepublik«.[26] Selbst der Bundespräsident kritisierte Schröder, weil er eine so hohe Prämie ausgesetzt hatte; das sei »im Volke überhaupt nicht verstanden worden«. Der Innenminister musste sich im Bundestag einem Misstrauensantrag stellen, den Adenauers Koalitionspartner FDP eingebracht hatte. Nur dank der Stimmenthaltung der SPD überstand der von Adenauer als »jung, eitel und unbeliebt« bezeichnete Minister, immerhin eines der größten politischen Talente der CDU, diese Abstimmung. [27]

Die Affäre nahm anderthalb Jahre später eine weitere, völlig unvermutete Wendung: Am 11. Dezember 1955 fuhr um 16.32 Uhr ein Ford von Unter den Linden kommend zwischen den mächtigen Pfeilern des Brandenburger Tores hindurch und rollte auf die West-Berliner Zollgrenzkontrolle zu, die ein Stück westlich am Beginn der Straße des 17. Juni stand. Die westlichen Zollbeamten erkannten den Wagen mit der dänischen Flagge als Fahrzeug des regelmäßig zwischen Ost- und West-Berlin wechselnden Korrespondenten Henrik Bonde-Henriksen, winkten freundlich und ließen das Auto unkontrolliert passieren. In diesem Moment guckte der dänische Journalist

^ *Otto John (Mitte) auf der Terrasse eines Restaurants an der Stalinallee Ecke Straße der Pariser Kommune. Er eckt in der DDR immer wieder an.*

am Steuer nach rechts und sah, dass der Mann neben ihm weinte: Nach 510 Tagen Aufenthalt in Ost-Berlin und der Sowjetunion kehrte Otto John in den Westen zurück. Die beiden fuhren zu Bonde-Henriksens Wohnung in Lichterfelde, informierten die West-Berliner Behörden und wurden am nächsten Tag gegen 18 Uhr in die Bundesrepublik ausgeflogen – obwohl John wusste, dass er wegen Landesverrates gesucht wurde. Die Bundesregierung ließ nach seiner Ankunft verlautbaren, der zurückgekehrte Spitzenbeamte werde noch vernommen; die Ost-Berliner Nachrichtenagentur ADN dagegen vermeldete nur knapp, John habe die DDR verlassen, um den Kampf gegen den »Neofaschismus in Westdeutschland fortzuführen«.[28]

In seinen Vernehmungen gab Otto John Überraschendes von sich: Er sei gegen seinen Willen nach Ost-Berlin gebracht worden. In der Wohnung von Wohlgemuth habe man ihn betäubt und dann in die DDR verschleppt; erst dort habe er sich unter Druck zur Kooperation entschlossen, aber stets nach einer Möglichkeit gesucht, in den Westen zurückzukehren. Der Bundesgerichtshof glaubte seinen Erklärungen nicht und verurteilte ihn 1956 zu vier Jahren Haft. Nach Verbüßung von zwei Dritteln seiner Strafe begnadigte Bundespräsident Heuss Otto John Ende Juli 1958; seine Entscheidung hatte eine »Nebenwirkung«, mit der das Staatsoberhaupt nicht gerechnet hatte: »Doch die Strafe – für mich! – blieb nicht aus. Telegrafisch und in vielen, vielen Briefen werde ich von Verkehrssündern, Päderasten, Defraudanten, Urkundenfälschern, die natürlich fast alle mehr oder weniger unschuldig verurteilt waren, um einen Gnadenerweis gebeten.« Doch Adenauer beruhigte Heuss: »Unsere Zeit vergisst sehr schnell.«[29] Nicht vergessen konnte Otto John. Bis zu seinem Tod 1997 hielt er an seiner Version fest. Gelöst werden konnte das Rätsel, was am Abend des 20. Juli 1954 tatsächlich geschah, bis heute nicht. Doch die Öffnung der Stasi-Archive und Aussagen wichtiger Beteiligter lassen heute eine dritte Version neben der Verrats- und der Entführungstheorie als die wahrscheinlichste erscheinen: Otto John, der sich als Gegner der Wiederbewaffnung seit Adenauers triumphalem Wahlsieg 1953 zunehmend isoliert fühlte und vom Bundeskanzleramt sowie von seinem Konkurrenten Reinhard Gehlen unter Druck gesetzt empfand, war möglicherweise um die Jahreswende 1953/54 unter falscher Flagge vom sowjetischen Geheimdienst kontaktiert worden. Die Affäre könnte folgendermaßen abgelaufen sein:

John wurde versprochen, in Ost-Berlin eine »wichtige politische Persönlichkeit« treffen zu können, um mit ihr über »die Frage fortschrittlicher Gruppen in Westdeutschland, die fähig sind, in einem vereinigten Deutschland tätig zu werden«, zu sprechen. Der Verfassungsschutzchef sagte zu. Als Termin einigte man sich auf den 20. Juli 1954, da John dann ohnehin in Berlin sein würde. Doch die beiden Seiten machten sich augenscheinlich unterschiedliche Vorstellungen: John wollte wohl wirklich ein geheimes Gespräch, das in einer Initiative für die Wiedervereinigung enden sollte und ihm damit erhebliches politisches Gewicht geben würde. Deshalb kam John mit seinem Bekannten Wohlgemuth freiwillig nach Ost-Berlin. Doch der KGB hatte anderes vor: »Wir wollten ihn überreden, nicht nach Westdeutschland zurückzukehren, sondern offen mit Adenauer zu brechen und eine entsprechende politische Erklärung abzugeben.«[30]

Als John klar wurde, dass sein Plan eine Illusion gewesen war, weigerte er sich, weiter mitzumachen. Darauf wurde er in einer Villa in Karlshorst mit Tabletten ruhig gestellt. Da nun klar war, dass rasch Wolfgang Wohlgemuth ins Visier der West-Berliner Ermittler kommen würde, fuhr er zurück und hinterließ seiner Sprechstundenhilfe die rätselhafte Nachricht. Als John wieder wach wurde, befand er sich tatsächlich gegen eigenen Willen in der DDR. Immer wieder hat er selbst behauptet, von dem Moment seines Erwachens an Theater gespielt zu haben und zum Schein auf die Wünsche der östlichen Geheimdienste eingegangen zu sein. Zwar machte er umfangreiche Aussagen, doch zugleich fiel er im Verlauf des Jahres 1955 in Ost-Berlin durch für einen Überläufer seltsam unangepasstes Verhalten auf: Öffentlich kritisierte er Funktionsträger des SED-Regimes und sang amerikanische Schlager. So war es konsequent, dass er in die Bundesrepublik zurückkehrte, auch wenn ihn hier das Gefängnis erwartete.

^ *Dieses undatierte Foto zeigt Otto John nach seiner Rückkehr in die Bundesrepublik.*

VIER JAHRE FÜR DEN KRITIKER

DIE ENTFÜHRUNG VON KARL-WILHELM FRICKE

Einen ganz schlechten Scherz erlaubte sich die Stasi am 1. April 1955. Das Opfer war Karl-Wilhelm Fricke, ein junger West-Berliner Journalist, der sich kritisch mit der SED auseinandersetzte. Ein Kontaktmann namens »Maurer« hatte ihn angerufen und gesagt, er habe jetzt ein dringend erwartetes Lehrbuch aus der DDR beschaffen können. Ob Fricke zu ihm kommen könne? Er konnte, schrieb aber, bevor er aufbrach, noch in seinen Kalender: »Maurer 15 Uhr / Geisbergstraße links / Postamt W 30«. Von dort gingen der Journalist und sein vermeintlicher Informant in eine nahe gelegene Wohnung, wo auch Frau »Maurer« wartete. Die Frau bot ihrem Gast Zigaretten an und ein Gläschen Weinbrand, dann unterhielt man sich eine halbe Stunde lang. Doch Fricke wurde nun unruhig, war er doch am Nachmittag mit seiner Verlobten verabredet. Zum Abschied reichte Frau »Maurer« noch ein letztes Gläschen, doch diesmal schmeckte der Weinbrand seltsam. Als Fricke schwindelig wurde, schob er das noch auf die ungewohnte Menge Alkohol am frühen Nachmittag. Er spürte Übelkeit, stemmte sich hoch und schaffte es bis zur Toilette. Als sein Brechreiz nachließ, kehrte der Journalist zurück zu seinen Gastgebern, entschuldigte sich und bat sie, ihm ein Taxi zu rufen. Unmittelbar danach, es war kurz nach 16 Uhr am 1. April 1955, verlor Karl Wilhelm Fricke das Bewusstsein.[31]

Eine Mischung aus Atropin und Scopolamin im dritten Gläschen Weinbrand hatte ihn außer Gefecht gesetzt. Ohne Aufsehen wurde er in den Abendstunden nach Ost-Berlin geschafft – wahrscheinlich als »Paket« verschnürt in einem

Schlafsack. Erst gut sieben Stunden später kam Fricke wieder zu Bewusstsein; es war ein böses Erwachen: Er saß in einem ziemlich großen Raum vor einem runden Tisch, um ihn herum vier bis fünf Männer teils in Zivil, teils in Uniform. Einer der Männer schlug ihn ins Gesicht. Erst jetzt wurde dem Entführten klar, dass er sich in einer feindlichen Umgebung befand; dass es sich um das Stasi-Gefängnis Hohenschönhausen handelte, konnte er aber nur vermuten. Fricke wankte zur Tür, wurde zurückgestoßen, schrie nach Hilfe, schlug um sich, verlor erneut das Bewusstsein. Nackt unter einer kalten Dusche wurde er kurz wieder wach, dann aber durfte er erst einmal schlafen, in einer fensterlosen Zelle auf einer kalten Holzpritsche. Am kommenden Morgen war Fricke einigermaßen beisammen und wurde in ein tristes Büro geführt. Um sieben Uhr morgens am 2. April 1955 begann laut Protokoll das erste Verhör Frickes durch die Staatssicherheit. Wieder und wieder fragte der Vernehmer, woher der Journalist seine Informationen bekommen habe, und jedes Mal antwortete der Beschuldigte, dass er »keinerlei Verbindungen verbrecherischen Charakters zu Personen« in der DDR unterhalten habe.[32] So verging Tag um Tag, doch die Taktik, den Entführten gezielt zu übermü-

^ *Verdächtig unverdächtig geben sich Herr und Frau »Maurer« alias Rittwangen hier. Sie inszenieren die Entführung ihres Bekannten »Karl Wilhelm Fricke«.*

den, verfing nicht. Hilflos hielt die Stasi fest: »Fricke steht in dringendem Verdacht, im Gebiet der DDR als Resident Agentengruppen im Auftrage West-Berliner Spionageagenturen unterhalten zu haben. Als Journalist hat Fricke Kriegs- und Boykotthetze betrieben.« Letzteres freilich war keine Erkenntnis, für die man ihn hätte entführen und verhören müssen, denn Fricke hatte seine Kritik an der SED-Diktatur immer offen und unter eigenem Namen in westlichen Medien veröffentlicht – das Gegenteil einer geheimdienstlichen Tätigkeit.

Die Verschleppung entwickelte sich doppelt anders als geplant: Erstens verriet Fricke keine Informanten im Osten, denn er hatte gar keine; zweitens misslang auch die vorbereitete Verschleierung der Entführung. Frickes Freundin Friedelind Möhring nämlich hatte sich sehr gewundert, als er nicht wie verabredet am 1. April 1955 nachmittags zu Hause war. Sie schlug sofort Alarm. Zur selben Zeit, zu der Fricke zum ersten Mal »vernommen« wurde, durchsuchten Beamte sein Zimmer in Friedenau – und stießen auf die Notiz »Maurer 15 Uhr / Geisbergstraße links / Postamt W 30«. Am selben Abend kam bei Frickes Vermieterin ein Telegramm aus Hannover an: »Musste zu einer dringenden Besprechung, konnte Sie leider vorher nicht verständigen. Sollte Friedelinde fragen, so sagen Sie ihr, dass ich sie nach meiner Rückkehr sofort anrufe. Rückkehr vielleicht schon morgen. Fricke.«[33] Was als Ablenkung gedacht war, erwies sich als Rohrkrepierer. Denn in der Wohnung hatte die Kriminalpolizei Frickes Ausweis gefunden – ohne Papiere aber konnte man West-Berlin 1955 nicht verlassen. Jetzt war klar, dass Karl Wilhelm Fricke tatsächlich entführt worden sein musste. Und nun wurde »Kurt Maurer« befragt, der laut Kalendernotiz der letzte war, mit dem sich der Vermisste getroffen hatte. Der ersten Vernehmung folgte nach wenigen Stunden die vorläufige Festnahme; doch ein West-Berliner Richter setzte ihn nach gut 24 Stunden wieder auf freien Fuß: Während Fricke ohne Anwalt verhört wurde, genoss sein Entführer die Segnungen des Rechtsstaates. Kaum entlassen, setzte »Maurer« sich ab nach Ost-Berlin.

Fricke blieb trotz Psychofolter standhaft. Auch nach 19 Wochen Verhören wusste die Stasi nicht mehr, als sich ihre Offiziere von Anfang an eingeredet haben: »Der Beschuldigte hat (...) unter dem Decknamen ›Student‹ umfangreiche Verbrechen gegen die Deutsche Demokratische Republik durch-

5730 HANNOVER/1 37 2 1813

= 832044 = MARGOT
KREUZNACHERSTR 9
BLNFRIEDENAU =

Fernamt Berlin

MUSSTE ZU EINER DRINGEND BESPRECHUNG KONNTE SIE LEIDER
VORHER NICHT VERSTAENDIGEN. SOLLTE FRIEDELINDE FRAGEN ,
SO SAGEN SIE IHR, DASS ICH SIE NACH MEINER RUECKKEHR SOFORT
… . RUECKKEHR VIELLEICHT SCHON MORGEN = FRICKE +

Bereits angesprochen.

832044 9 +

geführt.« Dafür allerdings hatten weder die Verhöre noch die sonstigen Ermittlungen irgendeinen Beleg ergeben. Zufrieden war auch die SED nicht. Für einen Schauprozess eignete sich das »Belastungsmaterial« nämlich nicht. Zwischen der DDR-Generalstaatsanwaltschaft, Stasi und SED-Zentrale wurde nun hin und her besprochen, wie man weitergehen sollte. Offiziell blieb Fricke verschwunden; seine Verlobte, seine Redaktionen und die westdeutsche Öffentlichkeit erfuhren kein Wort. Einen Anwalt hatte Fricke noch nicht zu Gesicht bekommen – einen frei gewählten Verteidiger aus West-Berlin ohnehin nicht, aber auch keinen Pflichtverteidiger aus der DDR. Erst vier Tage vor Prozessbeginn änderte sich das: Friedrich Wolff kam zu ihm, ein handzahmer Rechtsanwalt der SED. Fricke bat ihn, die Zulassung West-Berliner Journalisten zum Verfahren zu beantragen. Doch der »Verteidiger« lehnte diese Bitte als »völlig aussichtslos« ab. Wolff weigerte sich sogar, die Verschleppung seines Mandanten vor Gericht zur Sprache zu bringen. Wenig überraschend, dass nach nur fünfeinhalb Stunden Geheimverhandlung ein Urteil gegen den Entführten fiel – vier Jahre Zuchthaus für Karl Wilhelm Fricke. Grundlage der Verurteilung seien »Verbrechen gegen Artikel 6 der Verfassung der DDR«. Das entsprach, welch Wunder, exakt der »Empfehlung«, die zuvor das Zentralkomitee der SED dem Staatsanwalt mitgeteilt hatte.

^ *Mit diesem gefälschten Telegramm will die Stasi Zeit gewinnen. Doch das Kalkül geht nicht auf: Die West-Berliner Polizei durchschaut die falsche Fährte.*

Der Verurteilte wurde zunächst in das Zuchthaus Brandenburg-Görden und nach kurzer Zeit nach Bautzen II verlegt. 963 Tage saß er hier in Einzelhaft. Immerhin: Nun erfuhren seine Angehörigen, dass er noch am Leben war. Nach zwei Dritteln seiner Strafe beantragte Fricke die Aussetzung des Restes zur Bewährung, was die DDR-Justiz ablehnte. Zwar sei sein »Verhalten gegenüber den Aufsichtsbeamten gut«, schrieb der Anstaltsleiter von Bautzen II genau am dritten Jahrestag der Entführung. Aber: »Seine Einstellung zum Staat der Arbeiter und Bauern, überhaupt zur DDR ist undurchsichtig.«[34] Man hätte es auch klarer sagen können: Karl Wilhelm Fricke blieb trotz Einzelhaft ein Demokrat und ein Gegner der kommunistischen Diktatur, kompromisslos und konsequent. So bekam er seinen Entlassungsschein erst am 31. März 1959 – exakt drei Jahre und 364 Tage nach seiner Verschleppung. Bürokratisch korrekt wurde auf dem Schein vermerkt, er werde nach Berlin-Steglitz entlassen, an seinen letzten offiziellen Wohnsitz. Die Fahrkarte und fünf DDR-Mark gab ihm die Stasi noch mit – und einen Rat, dessen es nicht bedurft hätte: »Der Inhaber dieses Entlassungsscheins wurde darüber belehrt, dass er auf der ihm vorgeschriebenen Fahrtstrecke auf kürzestem Weg das Gebiet der DDR zu verlassen hat.«[35] In West-Berlin erwarteten ihn, wie brieflich vereinbart, seine Verlobte und ein Freund: Nach vier Jahren war Karl Wilhelm Frickes Odyssee durch die Segnungen des Sozialismus vorüber.

^ *Karl Wilhelm Fricke in Haft in Bautzen II und 50 Jahre später in seinem Haus in Köln. Er kritisiert die SED bis zur Wiedervereinigung 1990 engagiert.*

GEWARNT UND DENNOCH KALT ERWISCHT

CIA, NSA, BND UND DER MAUERBAU

Hinterher war man schlauer. Ab dem 13. August 1961 wusste jeder in Berlin ebenso wie in der gesamten Welt, dass die SED bereit war, eine militärisch gesicherte Grenze mitten durch die Viermächtestadt zu ziehen. Bis zu jener Nacht, in der auf einmal die Lichter rund um das Brandenburger Tor ausgingen, DDR-Uniformierte entlang der Sektorengrenze Stacheldraht ausrollten und die meisten S-Bahnen stehenblieben, hatte man sich derlei schlicht nicht vorstellen können – oder vorstellen wollen.

Deshalb schenkten die Politiker in den Hauptstädten der Nato-Staaten ebenso wie die Menschen in West-Berlin den vielfältigen Hinweisen vergleichsweise wenig Glauben, die bereits seit Ende Juni 1961 kursierten. Verschiedene Geheimdienste hatten nämlich längst Informationssplitter gemeldet, die sich nach der Abrieglung der drei freien Sektoren der Stadt ins Bild fügten. Aber eben erst danach.

Zum Beispiel der US-Abhördienst NSA. Der Geheimdienst hatte offenbar vier Tage vor dem Mauerbau einen handfesten Hinweis auf die bevorstehende Grenzsperrung bekommen. »Am 9. August 1961 berichtete die Abteilung Comint über eine Information aus der ostdeutschen Kommunistischen Partei, in der es um Pläne ging, jeden Grenzverkehr zu Fuß zurückzulenken.«[36] Das könnte der erste Schritt eines Planes sein, die innerstädtische Grenze zu schließen, schlossen die Auswerter.

Die Information stammte aus dem Bereich »Comint«, was im US-Geheimdienstjargon für »Communication Intelligence« stand, also Nachrichtengewinnung durch das Abschöpfen gegnerischer Kommunikation. Hatte die NSA in den ersten Augusttagen 1961 ein Telefongespräch zwischen DDR-Funktionären abgehört, in dem über die bevorstehende Grenzsperrung geredet wurde? Wer da mit wem gesprochen hatte, wusste der Dienst freilich nicht. Oder handelte es sich lediglich um eine Mitteilung aus zweiter Hand, deren Quellen selbst gegenüber der Regierung in Washington verschleiert werden sollten oder verschleiert werden mussten? Da die Originalnotiz offenbar nicht erhalten ist, sondern nur die Zusammenfassung in einem ehemals streng geheimen NSA-Bericht, wird sich das wohl nie mit Sicherheit klären lassen.

SED-Chef Walter Ulbricht wusste im Sommer 1961, dass er den einigermaßen sicheren Fluchtweg aus der DDR über West-Berlin in die Freiheit schnellstmöglich verstopfen musste, wenn seine Diktatur über Ostdeutschland nicht zusammenbrechen sollte. Die Sperrung der bis dahin im Wesentlichen offenen innerstädtischen Sektorengrenze war das Eingeständnis der größten denkbaren politischen Niederlage für die SED: Der lauthals verkündeter Anspruch, die Überlegenheit einer sozialistischen Alternative bei offener Grenze zur Bundesrepublik zu beweisen, erwies sich als falsch. Zugleich markierte die Abriegelung West-Berlins den vorläufigen Endpunkt eines jahrelangen Politikpokers, mit dem der sowjetische Partei- und Staatschef Nikita Chruschtschow versuchte, die Westmächte zum Abschluss eines Friedensvertrages, zur Aufkündigung des Vier-Mächte-Status und zum Abzug aus ihren Sektoren zu zwingen.

Jedes Durchsickern des konkreten Planes hätte die Abwanderung von DDR-Bürgern weiter verstärkt und mögliche Gegenmaßnahmen der Westalliierten heraufbeschworen. In der SED wurde das gesamte Vorhaben deshalb unter strengster Geheimhaltung vorbereitet; verantwortlich war Erich Honecker. Der ZK-Sekretär für Sicherheit galt als der Kronprinz von Ulbricht. Aber natürlich waren Dutzende weitere Funktionäre der Staatspartei informiert, dazu wenige hundert NVA-, Grenztruppen- und Stasioffiziere. Falls die NSA-Information vom 9. August 1961 tatsächlich auf einem abgehörten Gespräch beruhte und nicht durch einen Spion in Erfahrung gebracht worden war, mussten zwei dieser eingeweihten hohen DDR-Verantwortlichen entgegen allen Anweisungen am Telefon über die Grenzsperrung gesprochen haben.

Denn die NSA konzentrierte sich praktisch ausschließlich auf diese Art der elektronische Aufklärung; alle anderen Arten von Informationsgewinnung, also durch Menschen („Human intelligence“ oder „Humint“) war Sache der CIA. Der größere und bekanntere US-Auslandsgeheimdienst allerdings wurde völlig überrascht von den Ereignissen des 13. August 1961.

Der junge CIA-Mitarbeiter John Kenney war in jener Nacht noch lange wach. Um 3.24 Uhr morgens hatte er im Rias die Eilmitteilung gehört: »Starke Verbände der kommunistischen Volkspolizei haben in der Nacht zu Sonntag die Sektorengrenze zwischen Ost- und West-Berlin abgeriegelt.« Kenney machte sich sofort auf den Weg zu seinem Büro in Berlin-Dahlem. Doch er fand die CIA-Filiale in völliger Ruhe vor; nur der Pförtner und jemand von der Nachtschicht im Funkraum waren anwesend – und die hatten kein Radio gehört. Der wichtigste US-Geheimdienst war faktisch ahnungslos.[37]

Das traf allerdings nicht auf alle westlichen Dienste zu. Neben der NSA hatte auch der BND eigene Informationen über seltsame Vorgänge in der DDR. Zum Beispiel lag in Pullach bei München, der BND-Zentrale, schon am 29. Juni 1961 eine besorgniserregende Mitteilung vor: Ein Agent teilte mit, dass die DDR-Grenztruppen rund um die Viermächtestadt Berlin neu gruppiert würden.

»Die in Berlin-Rummelsburg stationierte 2. Bereitschaft der Volkspolizei, bestehend aus sieben Kompanien und einer

^ *Um den 15. August 1961 begannen DDR-Bauarbeiter, aus Betonfertigteilen eine Mauer durch Berlin zu ziehen. Bis dahin hatte die Sperre aus Stacheldraht bestanden.*

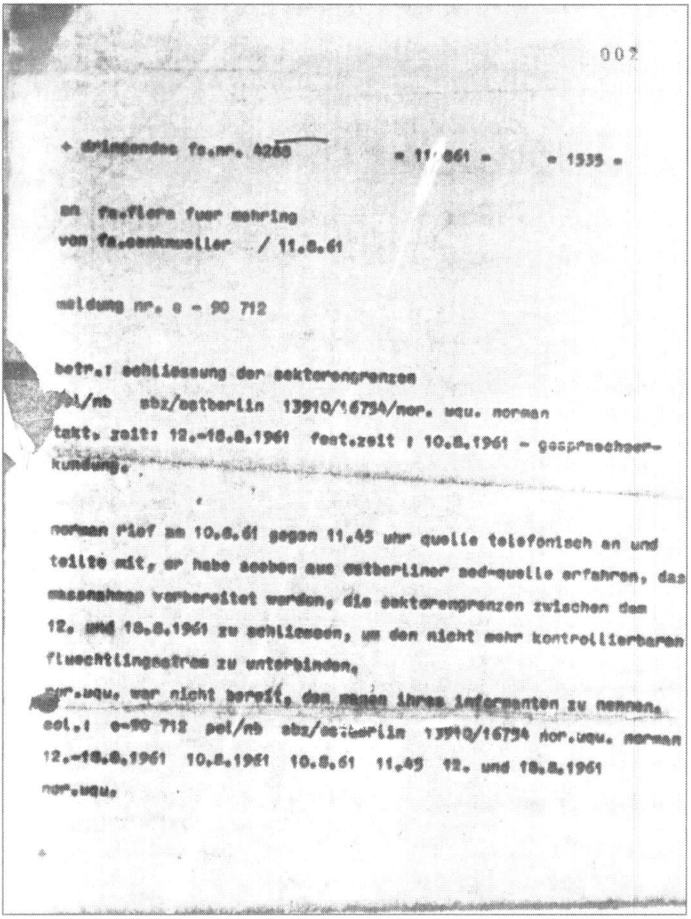

002

+ dringendes fs.nr. 4260 = 11/061 = = 1335 =

an fa.flora fuer mehring
von fa.sankmueller / 11.8.61

meldung nr. e - 90 712

betr.: schliessung der sektorengrenzen
pol/mb sbz/ostberlin 13910/16734/nor. wqu. normen
takt. zeit: 12.-18.8.1961 fest.zeit : 10.8.1961 - gespraechserkundung.

normen rief am 10.8.61 gegen 11.45 uhr quelle telefonisch an und teilte mit, er habe soeben aus ostberliner sed-quelle erfahren, dass massnahmen vorbereitet werden, die sektorengrenzen zwischen dem 12. und 18.8.1961 zu schliessen, um den nicht mehr kontrollierbaren fluechtlingsstrom zu unterbinden.
nor.wqu. war nicht bereit, den namen ihres informanten zu nennen.
sol.: e-90 712 pol/mb sbz/ostberlin 13910/16734 nor.wqu. normen 12.-18.8.1961 10.8.1961 10.8.61 11.45 12. und 18.8.1961
nor.wqu.

technischen Kompanie, soll in Kürze ihre Unterkünfte räumen und in Privatquartieren untergebracht werden. In die geräumten Unterkünfte soll die VP-Bereitschaft Basdorf verlegt werde.« Laut der Einzelmeldung der Quelle wolle »die Regierung der DDR mehr Volkspolizisten in Berlin zur Verfügung haben«. Diese Mitteilung hatte der Kommandeur der 2. Bereitschaft in einer Ansprache während eines Appells seiner Einheit gemacht. Offenbar ein Fehler: »Aus der Truppe wurde hierzu bemerkt, diese Äußerungen hätte der Kommandeur nicht machen dürfen, da die angeführten Maßnahmen unter besonderer Geheimhaltung stünden.«[38]

^ *Zwei Tage vor der Grenzschließung erhielt der BND in Pullach dieses Fernschreiben eines Agenten in West-Berlin.*

Das war allerdings nur ein Indiz. Deutlich konkreter wurde die Ahnung des BND erst am 10. August 1961, einen Tag nach der Information der NSA und drei Tage vor der Grenzsperrung. Gegen 11.45 Uhr an diesem sommerlichen Donnerstag rief ein BND-Agent mit dem Decknamen »Norman« eine seiner Quellen an. Von dem nicht genauer benannten SED-Funktionär in Ost-Berlin erfuhr er, »dass Maßnahmen vorbereitet werden, die Sektorengrenzen zwischen dem 12. und 18. August 1961 zu schließen, um den nicht mehr kontrollierbaren Flüchtlingsstrom zu unterbinden«. Weil aber »Norman« nicht bereit war, seinen Kontaktpersonen beim BND den Klarnamen seiner Quelle zu nennen, wurde die Verlässlichkeit der Information zunächst nicht sehr hoch eingeschätzt. Zwar ging die Information als dringendes Fernschreiben nach Pullach, doch nicht weiter an die Regierung in Bonn.[39]

Auch den Verantwortlichen bei der NSA schien ihre Information aus SED-Kreisen nur begrenzt vertrauenswürdig. Jedenfalls wurde die Nachricht nicht ins Weiße Haus weitergegeben. Später zeigte sich US-Präsident John F. Kennedy erbost, dass er zu wenig informiert worden sei über die Pläne der DDR zur Abrieglung West-Berlins. Der Grund dafür war allerdings sicher keine Verschwörung, sondern einfach mangelndes Vorstellungsvermögen der zuständigen Analytiker: Sie konnten nicht glauben, dass die SED tatsächlich so weit gehen würden, eine innerstädtische Todesgrenze zu errichten. Deshalb blieb die NSA-Information mehrere Tage praktisch unbeachtet liegen – bis es am frühen Morgen des 13. August 1961 zu spät war.

Übrigens hätten auch alle West-Berliner spätestens zwei Tage vor dem Schock der Grenzsperrung wissen können, was auf ihre Stadt zukam. Am Freitag, dem 11. August 1961, nämlich titelte die Berliner Morgenpost: »SED will Fluchtwege versperren. Vor dem Höhepunkt des Terrors?«[40] Doch bis tatsächlich DDR-Grenzer und Betriebskampfgruppen an der innerstädtischen Sektorenlinie aufzogen, schien das völlig undenkbar. Hinterher war man schlauer, in Berlin und der ganzen Welt.

AGENT AUF ABWEGEN

DER TODESSCHÜTZE VOM 2. JUNI 1967 VERRIET WEST-BERLINS POLIZEI

Vorsicht ist die wichtigste Tugend jedes Spions. Angezogen mit eigens gekaufter Kleidung, mit Hut auf dem Kopf und Brille auf der Nase, stieg Karl-Heinz Kurras am 12. Juni 1964 in die S-Bahn. Der bei der Stasi als Geheimer Mitarbeiter (GM) »Otto Bohl« geführte 37-Jährige wollte keinesfalls erkannt werden. Denn sein Ziel war der Bahnhof Friedrichstraße in Ost-Berlin – für einen Kripo-Beamten, der sich um seine Versetzung in die Abteilung I des West-Berliner Polizeipräsidiums, den Staatsschutz, bemühte, mindestens erklärungsbedürftig. Auf dem S-Bahnsteig stellte Kurras an diesem Freitag kurz nach 14 Uhr »Sichtkontakt« zu seinem MfS-Führungsoffizier Oberleutnant Werner Eiserbeck her, der ihn zu einer als »Diensteingang« gekennzeichneten Tür lotste – einem Durchgang vom S-Bahnsteig nach Ost-Berlin vorbei an der üblichen Grenzkontrolle mit ihren mitunter langwierigen, schikanösen Überprüfungen, der eigentlich für Reichsbahnmitarbeiter gedacht war, die auf beiden Seiten des intern streng getrennten Bahnhofs zu arbeiten hatten.

Unabhängig voneinander gingen die beiden Männer zur Ecke Universitätsstraße/Unter den Linden, wo Eiserbeck seinen Dienstwagen abgestellt hatte. Erst im Auto sprachen sie miteinander, auf dem Weg zur »konspirativen Wohnung« (KW) mit dem Decknamen »Kies«. Kurras nannte Eiserbeck »Werner Beck«, seinen wirklichen Namen kannte er nicht. Auch die Mieter der KW »Kies« waren dem Spion unbekannt. Als »zuverlässige IM« der Stasi hatten sie ihre Bleibe zur Verfügung gestellt, als sie kurz zuvor für die DDR nach Nordvietnam umzogen, um dort die Wirtschaftsbeziehungen anzukurbeln. Für das Treffen hatte sich Eiserbeck Zeit genommen. Zuerst gab es eine »Nachschulung« im Chiffrieren. Dann bekam Kurras neue Codeunterlagen, da seine bisherigen beschädigt worden waren. Anschließend berichtete der Polizist ausführlich über die vergangenen Monate, seit dem letzten Treffen in Ost-Berlin. Eiserbeck nahm das Gespräch auf und ließ daraus später mehrere schriftliche Berichte fertigen.

Wichtig war dem Agenten, dass er von einem sehr speziellen Auftrag entbunden wurde: Er hatte sich an die Sekretärin des Staatsschutzleiters heranmachen sollen. Mehrfach versuchte er das, sowohl bei ihr privat als auch im Polizeipräsidium. »Trotz dieser Mühe ist es ihm nicht gelungen, die P. anzutreffen!«, heißt es in Eiserbecks »Treffbericht«. Kurras spürte, dass er sich verdächtig machte, falls er der Sekretärin weiter nachstellte. Eiserbeck zeigte Einsicht: »Der Bitte des GM wurde stattgegeben.« Danach begann der Stasi-Offizier noch ein »ausführliches politisches Gespräch«. Befriedigt notiert Eiserbeck, dass sein Spion sich »mit den aktuellen Tagesfragen beschäftigt und eine positive Meinung vertritt«. »Positiv« – das bedeutete: im Sinne der SED. Nach mehr als sieben Stunden brachte der Oberleutnant seinen Agenten zurück nach Mitte und setzte ihn in der Nähe des Bahnhofs Friedrichstraße ab. Kurras ging zum »Tränenpalast« und ließ sich dort für die Ausreise abfertigen. Eiserbeck hatte seine Kollegen vorgewarnt. Natürlich ging alles glatt: »Während des Passierens der Kontrolle durch den GM waren keine Personen anwesend. Vorkommnisse bei der Schleusung gab es nicht«, heißt es in Eiserbecks Bericht.[41]

^ *Karl-Heinz Kurras bei der Eröffnung des ersten Prozesses am 3. November 1967. Er gilt als die »hässliche Fratze des Faschismus« – und ist doch ein Stasi-Spitzel.*

Das konspirative Treffen von Kurras mit dem Stasi-Offizier in Ost-Berlin am 12. Juni 1964 war nur einer von vielen Dutzend ähnlichen Kontakten. Noch öfter traf sich der Kriminalpolizist mit Kurieren des MfS in West-Berlin, meist in der Kneipe »Schleusenkrug« zwischen Zoo und Tiergarten. Dabei übergab der fleißige Agent zwischen 1955 und 1967 zahlreiche Originalmaterialien; er schrieb oder diktierte dem MfS mindestens 152 verschiedene Berichte. Hinzu kamen Abfragen im West-Berliner Melderegister und der Autokennzeichen-Kartei, die er im direkten Auftrag der Stasi machte. Kurras verriet offenbar alles an das MfS, was ihm in die Finger kam. Am Anfang seiner Agententätigkeit waren es eher nebensächliche Informationen – eine Aufstellung der Revierhundertschaften etwa oder ein Bericht über Manöver der britischen und US-Truppen im Grunewald. Doch schon zu seiner Zeit als Schutzpolizist zwischen 1955 und 1960 lieferte er auch brisante Materialien, etwa eine Abschrift des Decknamenverzeichnisses der West-Berliner Polizei für den »Fernsprechverkehr«. Damit konnte die Stasi bei abgehörten Telefonaten feststellen, wer mit wem gesprochen hatte – eine wesentliche Information für die Geheimdienstarbeit. Auch brachte Kurras in Erfahrung, welche seiner Kollegen in der »Förderkartei« verzeichnet waren. Mit einer solchen Information konnten West-Berliner Polizisten mit Karriereaussichten ent-weder gezielt von der Stasi »abgeschöpft« oder auch diffamiert werden. Zur Topquelle wurde Kurras dann mit seiner Abordnung zur West-Berliner Kripo Mitte 1960. Er berichtete über Interna des Landeskriminalamtes, verriet »personelle Probleme« seiner Kollegen und informierte über polizeiliche Maßnahmen an der Berliner Mauer. Nochmals wichtiger waren die Ergebnisse, als dem Spitzel Kurras die bewusst im Auftrag der Stasi angestrebte Versetzung zum Staatsschutz gelungen war. Ab Anfang 1965 lieferte er allein »fünf Leitz-Ordner« mit Geheimdokumenten, unter anderem über festgenommene IM der Stasi, über »desertierte MfS-Angehörige« und über Fluchthelfer.[42]

Solche Spitzeltätigkeit war durchaus riskant, denn auch die West-Berliner Polizei verfügte über eine Abteilung für Gegenspionage – allerdings war sie angesiedelt eben beim Staatsschutz, also in unmittelbarer Nähe des Spitzels. Kurras wusste so frühzeitig Bescheid, wenn ein Verdacht auf einen Polizisten

fallen sollte. Dennoch entging er 1965 nur knapp der Enttarnung: »Wir hatten konkrete Anhaltspunkte, dass bestimmte Informationen durchsickerten und Leute, die wir festnehmen wollten, vorher gewarnt wurden«, erinnerte sich mehr als vier Jahrzehnte später Wilfried Kunoth, damals ein Kollege von Kurras beim Staatsschutz.[43] Die Sonderermittlung lief unter dem Decknamen »Abendroth«. Zunächst wurden Dienst- und Urlaubspläne abgeglichen; auf diese Weise konnte man feststellen, welche Kriminalpolizisten von bestimmten Vorhaben Kenntnis haben konnten. Nachdem so der Kreis der Verdächtigen eingegrenzt worden war, setzten Kunoth und seine Kollegen das gesamte Repertoire an geheimdienstlichen Methoden ein, dass ihnen zur Verfügung stand: Telefone wurden abgehört, Tachostände von Privat- und Dienstautos überprüft, sogar Observationen angeordnet. Am 3. November 1965 konnte die Gruppe »Abendroth« einen ersten Erfolg verzeichnen: Der West-Berliner Kriminalmeister Hans Weiß und dessen Ehefrau gingen ins Netz. Er hielt dicht, doch sie fing an zu erzählen – und enttarnte damit eine der wichtigsten Kurierinnen des MfS zur West-Berliner Polizei. Diese Frau mit dem wenig freundlichen Spitznamen »Pummel« versorgte auch Kurras regelmäßig mit Aufträgen und Informationen aus Ost-Berlin, die

^ *Kurras' SED-Mitgliedsbuch liegt im Original in seinen im Mai 2009 aufgetauchten Stasi-Akten. Sein Führungsoffizier bei der Stasi bürgt für seinen Beitritt.*

Eiserbeck dem verschlüsselten Funk nicht anvertrauen konnte oder wollte. Gegenüber seinem Führungsoffizier wütete Kurras beim nächsten Treffen: »Die würde ich umbringen, so eine Verräterin!«[44]

Die Stasi-Offiziere nahmen diese Ankündigung durchaus ernst, denn sie wussten, dass Karl-Heinz Kurras vor allem eine Leidenschaft hatte: das Schießen. Pro Monat verfeuerte der Polizist Munition im Wert von bis zu 400 Mark – bei einem monatlichen Durchschnitts-Nettolohn in West-Berlin von 668 Mark eine erhebliche Summe. Finanzieren konnte er sich sein teures Hobby nur durch die Honorare aus Ost-Berlin: Im Jahr 1966 bekam er insgesamt mindestens 4500 Mark, doch er war der Stasi noch mehr wert: In den ersten beiden Monaten des Jahres 1967 stiegen die Zahlungen auf 1000 Mark pro Monat.[45] Nicht nur mit Geld machten sich Mielkes Mannen ihren Topspion gefügig; sie halfen ihm auch, begehrte oder seltene Waffen für seine Sammlung zu beschaffen. Kurras selbst erschien sein Verhalten völlig unauffällig; einmal beruhigte er den Führungsoffizier sogar, das Geld aus Ost-Berlin werde nicht zu seiner Enttarnung führen, weil er das meiste davon ohnehin verfeuere. Intern bewertete die Stasi seinen Hang zur Gewalttätigkeit als »charakterliche Schwäche«.[46] Doch solange der Agent im Staatsschutz verlässliche Informationen lieferte, durfte er weitermachen, wie er wollte.

Doch Karl-Heinz Kurras war nicht nur ein gekaufter Spitzel. Offenbar arbeitete er aus innerer Überzeugung für die Kommunisten. Bereits als 17-Jähriger war Kurras im Herbst 1944 zur Wehrmacht eingezogen worden. Schon vorher hatte er eine enge Beziehung zu Waffen und Uniformen gehabt; wahrscheinlich also fühlte sich der Junge in der Armee durchaus wohl. Doch eine Leidenschaft für Pistolen konnte im besetzten Deutschland nach Kriegsende gefährlich sein. Im Dezember 1946 nahm der damalige sowjetische Geheimdienst MGB den halbwüchsigen Waffennarren fest – weil er illegal eine Waffe hatte. Gerade einmal vier Wochen später stand Kurras vor dem Militärtribunal der sowjetischen Garnison in Berlin. Da nur relativ kurze Zeit zwischen Verhaftung und Verurteilung lagen, dürfte der Festgenommene das ihm vorgelegte, auf Russisch abgefasste »Geständnis« rasch unterschrieben haben. Auf diese Weise blieben ihm wohl die schier endlosen Vernehmungen durch russische Geheimpolizisten erspart. Ob andere »harsche Verhörmethoden« angewandt wurden, verraten die wenigen zugänglichen Unterlagen aus Moskauer Archiven nicht. Fest steht immerhin, dass der damals gerade 19 Jahre junge Angeklagte nach Artikel 58 Abs. 14 des Strafgesetzbuches der Russischen Sozialistischen Föderativen Sowjetrepublik wegen »gegenrevolutionärer Sabotage« zu zehn Jahren Straflager verurteilt wurde. Er wurde nach dem Urteil ins ehemalige NS-Konzentrationslager Sachsenhausen eingeliefert; dieses Lager hatten die Sowjets am 16. August 1945 wieder in Betrieb genommen Mit seinem Urteil und seinem Strafmaß stand Kurras unter den Häftlingen im »Speziallager Nr. 7« nicht allein: Rund 3500 Insassen waren wegen illegalen Waffenbesitzes inhaftiert. Wegen der Haftbedingungen starb im Speziallager Sachsenhausen jeder fünfte der insgesamt 60 000 Gefangenen.

Kurras hingegen kam davon: Gegenüber Stasi-Offizieren bemerkte er später, sich über die Bedingungen seiner Haftzeit nicht beschweren zu können. Das lag wohl daran, dass er dem Lagerkommandnaten als »Helfer« zur Hand ging, wie er selbst in einem Lebenslauf bekundete.[47] Außerdem war Kurras schon vor seiner Festnahme offenbar Kommunist geworden. Darauf jedenfalls deuten Akten des MWD: Im Herbst 1949 stellte dieser Dienst Listen mit »kompromittierendem Material« gegen Deutsche zusammen, die in den Speziallagern einsaßen – eine Vorbereitung auf die geplante Auflösung der Lager. Auf der »Liste Nr. 4 der von sowjetischen Militärtribunalen verurteilten Deutschen, die freigelassen werden sollen«, findet sich unter der Nummer 976 der Name Kurras. Ergänzend ist vermerkt, der Gefangene sei seit 1945 Mitglied der SED gewesen. Das war unpräzise, denn die SED entstand erst im April 1946 durch die Zwangsvereinigung von KPD und SPD. Daher ist der Eintrag wohl so zu verstehen, dass Kurras 1945 KPD-Mitglied geworden war. Denn wäre er über die SPD zur SED gekommen, hätten die Geheimdienstoffiziere das wahrscheinlich als »kompromittierend« vermerkt. Wie Kurras auf diese Liste kam, ist unklar; mindestens zwei Gründe erscheinen denkbar: Erstens sprach der SED-Vorsitzende Wilhelm Pieck schon 1948 einmal Stalin darauf an, dass nach Denunziationen auch »sozialistisch eingestellte Jugendliche verhaftet« worden seien und »ebenfalls politisch hoffnungsvolle Leute der SED«. Gut möglich, dass damit auch der Fall Kurras gemeint war. Eine zweite Möglichkeit ist, dass der junge Mann schon in

Berliner Morgenpost | Montag, 25. Mai 2009

THEMA | 3

Fall Ohnesorg Neue Details aus der IM-Akte zeigen, wie viele wichtige Informationen der ehemalige West-Berliner Polizist dem MfS lieferte

Während des Besuchs des iranischen Schahs und seiner Ehefrau 1967 in Berlin demonstrierten Studenten. Die Fotos zeigen, wie Polizisten auf Studenten einprügelten. Benno Ohnesorg wurde von dem Beamten Kurras erschossen (2. Foto v.l.)

Kurras war für die Stasi eine Top-Quelle

Der frühere Stasi-Spitzel Karl-Heinz Kurras gestern auf dem Fahrrad in Spandau

Kurras bei seiner Aussage vor Gericht im November 1967

Forscher kritisieren die Birthler-Behörde

Weitere Aufklärung im Fall Benno Ohnesorg verlangt. Bundesbeauftragte weist Kritik zurück

„Jeder, der die Möglichkeit hat zu forschen, kann forschen"
Marianne Birthler, BStU-Leiterin

Wie das MfS die Bundesrepublik beeinflusste

Unterstützung auch für RAF-Terroristen

^ *Mehr als 5000 Blatt umfassen die 17 Bände der Spitzelakte Kurras. Er war eine Topquelle. Seiner Enttarnung folgen große Zeitungsberichte in den deutschen Medien.*

Sachsenhausen Spitzeldienste gegen Mitgefangene geleistet haben könnte. Hinweise konkret zu Kurras gibt es zwar nicht; Historiker können sich aber vorstellen, dass er schon vor 1950 vom sowjetischen Geheimdienst angeworben wurde. Klären könnten diese Frage aber nur, wenn überhaupt, bislang absolut gesperrte Akten in Moskau. Die SED-eigene Mitgliederkartei ist Anfang 1990 von der in PDS umbenannten ehemaligen Staatspartei ungehindert verfeuert worden.

Jedenfalls kam Karl-Heinz Kurras im Februar 1950 aus dem Speziallager Sachsenhausen frei – und bewarb sich umgehend bei der Volkspolizei in Ost-Berlin. Für jemanden, der gerade erst mehr als vier Jahre in sowjetischer Haft gesessen hatte, war das mindestens eine überraschende Entscheidung. Der Bewerber fiel jedoch durch; welche Rolle seine Vorstrafe dabei spielte, ist unklar. Jedoch gab es in Berlin eine Alternative – die andere Polizei in der geteilten Stadt. Nach seiner Ablehnung bei der Volkspolizei ging Karl-Heinz Kurras tatsächlich schnurstracks zur Tempelhofer Friesenstraße. Was genau er im West-Berliner Präsidium über seine Verurteilung und die anschließende Haft im sowjetischen Internierungslager erzählte, ist unbekannt. Den wahren Grund für seine Haft dürfte er aber verschwiegen und stattdessen gesagt haben, er sei wegen »antisowjetischer Propaganda« eingesperrt worden. So jedenfalls argumentierte er 1967 vor Gericht. Der Erfolg gab ihm Recht: »Am 16. März 1950 ging ich dann zur Stummpolizei. Hier wurde ich angestellt und kam zum Polizeirevier 124. Nach einigen Wochen kam ich zur Einsatzleitung Charlottenburg.«[48] Kurras erfüllte scheinbar die wichtigsten Kriterien für einen Polizisten in der Frontstadt des Kalten Krieges: Er hatte ein bestimmtes, selbstbewusstes Auftreten, schätzte Ordnung um ihrer selbst willen, und er war, vermeintlich belegt durch seine Haft in Sachsenhausen, strikt antikommunistisch eingestellt. Dass ein junger Mann, der nachweislich drei Jahre in einem sowjetischen Lager gesessen hatte, etwas anderes hätte sein können, wäre der West-Berliner Polizei nie in den Sinn gekommen. Die Verantwortlichen in der Friesenstraße dürften froh gewesen sein, einen Mitarbeiter zu gewinnen, der ganz offen sagte, dass er den »Polizeidienst als Lebensberuf wählen« wolle.[49]

Der nächste dokumentierte Kontakt von Karl-Heinz Kurras und einem östlichen Geheimdienst fand fünf Jahre später statt: Inzwischen Wachtmeister bei der West-Berliner Polizei, tauchte er im April 1955 auf einmal in der Wache des ZK-Gebäudes in Mitte auf und verlangte, einen Mitarbeiter der Stasi zu sprechen. Der herbei gerufene Offizier nahm zur Kenntnis, dass Kurras in die DDR übersiedeln wollte, doch er konnte ihn überzeugen, dass er der Sache des Kommunismus mehr dienen könnte, wenn er bei der West-Berliner Polizei Karriere mache – und gleichzeitig die Stasi über alles Wichtige unterrichte, was er erfuhr. Am 26. April 1955 schrieb Kurras eigenhändig eine Verpflichtungserklärung, an der er auch 54 Jahre später noch festhielt, indem er zunächst seine Spitzeltätigkeit bestritt.

Nach dem konspirativen Treffen in Ost-Berlin am 12. Juni 1964 übrigens vernichtete Kriminalmeister Kurras wahrscheinlich die eigens gekaufte Kleidung, die er beim Grenzübertritt getragen hatte. Der Topspion war vorsichtig – bis zum tödlichen Schuss auf Benno Ohnesorg am 2. Juni 1967. Wie es dazu kam, wird wohl für immer ein Rätsel bleiben. Der Historiker Helmut Müller-Enbergs, der die Brisanz der Akte Kurras als erster erkannte und sie 2009 öffentlich machte, stellte fest, die 17 Bände seien »bis in das Frühjahr 1967 überwiegend vorbildlich geführt, danach aber erkennbar ausgedünnt« worden.[50] Beim letzten dokumentierten Treff vorher, am 17. Mai 1967, berichtete Kurras ausführlich über die Planungen der Polizei. Man kann spekulieren, ob sein Führungsoffizier ihm dabei bedeutet habe, dass eine Eskalation beim bevorstehenden Staatsbesuch des Schahs von Persien für die DDR nützlich sein könnte, doch Belege dafür gibt es nicht.

Fest steht allein, dass an diesem lauen Freitagabend um 20.07 Uhr die West-Berliner Polizisten vor der Deutschen Oper von ihren Vorgesetzten den Befehl bekamen, die unangemeldete und gewalttätige Demonstration einiger hundert Schah-Gegner aufzulösen. Die Beamten wollten das letzte Tageslicht nutzen, weil im Dunklen eher Panik aufkommen konnte. Einige der vor allem jungen Bereitschaftspolizisten halfen noch einer Schwangeren über die Absperrung, dann drängten sie gegen die Demonstranten vor. Sie setzten teilweise hemmungslos Schlagstöcke ein; außerdem sollten »Greiftrupps« in Zivil gezielt »Rädelsführer« verhaften. Die Lage eskalierte. Kurras gehörte zu einem der »Greiftrupps«. Gegen 20.25 Uhr drängten sich flüchtende Demonstranten zusammen mit einigen Reportern und Polizisten im Hof des Hauses Krumme Straße 66/67. Auch hier kam es zu Prügelorgien erregter

Beamter gegen wehrlose Demonstranten; inmitten der Aufregung stand Karl-Heinz Kurras. Aus seiner Waffe löste sich kurz nach 20.30 Uhr ein Schuss, der den Studenten Benno Ohnesorg in den Hinterkopf traf. Ein uniformierter Beamter herrschte unmittelbar danach Kurras an: »Bist Du wahnsinnig, hier zu schießen?« Auf einem Foto, dass Sekundenbruchteile nach dem Schuss entstanden sein muss, ist Kurras mit völlig überraschtem Gesicht zu sehen – ob wegen des Schusses oder wegen der Reaktion seines Kollegen, ist unklar. Mehrere Zeugen und Polizisten kümmerten sich sofort um den Schwerverletzten; vier Fotografen machten Bilder, darunter auch Jürgen Henschel vom West-Berliner SED-Blatt »Wahrheit«. Ihm gelang ein symbolisches Foto von ungeheuerer Eindringlichkeit, dass zur Ikone der bundesdeutschen Geschichte wurde.[51]

Der Todesschütze Karl-Heinz Kurras fand erschreckend viel Unterstützung bei seinen West-Berliner Kollegen, eine Folge falsch verstandenen Korpsgeistes und der sofort einsetzenden Propaganda linker und linksextremer Kreise, die zu einem Schulterschluss der attackierten Kameradschaft Polizei führte. Was passiert wäre, wenn schon damals die Tätigkeit von Karl-Heinz Kurras als Topspion der Stasi bekannt geworden wäre, muss Spekulation bleiben. Das MfS jedenfalls brach die Zusammenarbeit mit IM »Otto Bohl« umgehend ab. Nach den überlieferten Akten gab es noch einige vorsichtige Kontakte, die jedoch zu nichts Erkennbarem führten.[52] Immerhin war das Thema der Stasi noch so wichtig, dass 1987 der Stellvertreter von Minister Mielke Gerhard Neiber noch einmal mit dem Fall befasst wurde. Der Vorgang wurde unter einem neuen Decknamen, »Vorstoß«, abgelegt; Details sind unbekannt. Im Dezember 1989 schien die Angelegenheit immer noch so wichtig, dass die Unterlagen zur sofortigen Vernichtung vorgesehen wurden. Das unterblieb aus unbekanntem Grund.[53] So tauchte der Fall zu Pfingsten 2009 überraschend wieder auf und sorgte wochenlang für erregte Diskussionen in der Öffentlichkeit. Mitte Dezember 2014 starb Karl-Heinz Kurras, ohne sich noch einmal sachdienlich zu den Vorgängen geäußert zu haben; bei verschiedenen Vernehmungen zeigte er sich verwirrt. Ob das gespielt war oder echt, konnte nicht geklärt werden.

FEST IM GRIFF

VIER FÜNFTEL DER WEST-BERLINER POLIZEI WURDEN ÜBERWACHT

Einen zweiten Spion vom Kaliber Karl-Heinz Kurras' in der West-Berliner Polizei zu installieren, schaffte die Stasi allerdings nicht – das kann man sagen, wenn auch mehr als die Hälfte der bis 1972 für das MfS tätigen etwa 190 Spitzel in den westlichen Sicherheitsbehörden nicht identifiziert werden konnte. In diesem Jahr wechselte die Zuständigkeit für die West-Berliner Polizei: Hatte bis dahin die Abteilung VII der MfS-Bezirksverwaltung Berlin die Federführug gehabt und entsprechend auch Kurras geführt, wurde nun die für die Volkspolizei und die Nationale Volksarmee der DDR verantwortliche Hauptabteilung I zuständig. Unabhängig von der Zuständigkeit aber hatte die Stasi die West-Berliner Polizei recht gut im Griff.

Bis 1972 hatte es stets zwischen zehn und zwanzig verschiedene Spitzel gleichzeitig gegeben, die aus verschiedensten Bereichen des Polizeiapparates oder aus seiner unmittelbaren Nähe berichteten. Die Dauer dieser Tätigkeit war sehr unterschiedlich – zwischen wenigen Monaten und über einem Jahrzehnt wie bei Kurras selbst. Das Hauptinteresse des MfS war stets die Organisation der West-Berliner Polizei, ihre Ausstattung mit Waffen und ihre Vorbereitungen auf einen eventuellen militärischen Konflikt um West-Berlin. Die Gesamtzahl der insgesamt bis 1972 für das MfS tätigen Personen konnte bisher nicht festgestellt werden, da viele Decknamen nicht aufgelöst werden konnten und daher nicht auszuschließen ist, dass sich dieselbe Person hinter mehreren Tarnungen verbarg.

In den rund 180 Bänden MfS-Unterlagen zur West-Berliner Polizei aus Beständen der Bezirksverwaltung wurden auch Gehaltslisten von West-Berliner Beamten gefunden; Telefonverzeichnisse und Grundrisse von Polizeidienststellen ohnehin. Sogar Schlüssel zu manchen Revieren hatte das MfS sich für den Tag X organisiert. Aus den Unterlagen wurde nicht ganz klar, ob die Stasi tatsächlich einen Angriff von West-Berlin aus erwartete, der in Wirklichkeit ja nie zur Debatte stand; sicher ist dagegen, dass sie sich ihrerseits intensiv darauf vorbereitete, selbst die Kontrolle über West-Berlin zu übernehmen. Dazu wurden alle Polizeireviere fotografiert, Autokennzeichen von Polizisten festgehalten, teilweise ihre Privatwohnungen observiert. Werner Eiserbeck, bis 1967 Führungsoffizier von Karl-Heinz Kurras, sollte zum Beispiel im Falle einer Besetzung der westlichen Sektoren Berlins die neu einzurichtende Stasi-Kreisdienststelle im Bezirk Schöneberg leiten. Einige Bereiche der West-Berliner Polizei waren stärker durchsetzt als andere. Ein ganzes Netzwerk von Spitzel gab es im Bezirk Spandau, auch Reinickendorf war besonders anfällig für den Verrat. Dagegen verfügte das MfS in Kreuzberg nie über nennenswerte Quellen.

Die Motive der Spitzel veränderten sich mit der Zeit deutlich. Kurz nach der Spaltung der Berliner Polizei in West und Ost gab es im Westen noch viele Sympathisanten der SED, die im Polizeidienst weitermachten und insgeheim vertrauliche Erkenntnisse nach Ost-Berlin meldeten. Später standen dann materielle Anreize im Vordergrund. So gab es etwa einen älteren Polizisten, dessen Sohn, ebenfalls auf einem Revier tätig, sich gerade ein Haus baute. Der Vater beschaffte aus unbekannter Quelle Geld – und führte seinen Sohn langsam an die Erkenntnis heran, dass Ost-Berlin für sein Eigenheim bezahlte. Die Summen, die gezahlt wurden, waren für damalige Verhältnisse erheblich und gingen in die hunderttausende West-Mark – für die devisenschwache DDR ein erheblicher Aufwand, der illustriert, wie groß die Bedeutung war, die der Überwachung der West-Berliner Polizei zugestanden wurde.

In den siebziger Jahren veränderte sich parallel zur neuen Zuständigkeit auch der Kampf der Stasi gegen West-Berlins Polizei. Die Zahl der IM innerhalb des Apparates nahm stark ab; dafür wurde in einem viel größeren Umfang versucht, über Verwandte und Bekannte West-Berliner Polizisten »abzuschöpfen«. Die Stasi versuchte alle aktiven Beamten zu erfassen, möglichst mit Foto, Name, Adresse und Informationen über persönliche Lebensumstände. So konnten Erpressungsmaterialien gesammelt, aber auch persönliche Schwächen ausgenutzt werden. Schon 1972 waren 7209 West-Berliner Polizisten im Visier der Stasi, gegen Ende der DDR traf das sogar auf rund 80 Prozent der inzwischen etwa 22 000 Beamten zu.

Zu den wenigen aktiven Spitzeln im Polizeidienst gehörte in den achtziger Jahren offenbar ein Präzisionsschütze, der das MfS mit Informationen unter anderem über den Schutz West-Berliner Politiker versorgte. Sein Deckname lautete nach seiner bevorzugten Automarke IM »Opel«. Insgesamt 229.190 Mark Agentenlohn bekam der Beamte Hans H. alias IM »Walter«. Dafür lieferte er Meldungen aus der Polizeiwache auf dem Flughafen Tegel. Er dürfte »wohl der teuerste Polizeiinformant des MfS gewesen sein.«[54] Ähnlich aufwendig, aber für die Stasi mutmaßlich ertragreicher war die »elektronische Kampfführung« gegen die West-Berliner Polizei. Das MfS hörte nämlich nahezu ihren gesamten Funk- und Telefonverkehr ab, bekam außerdem Zugang zum internen Ermittlungssystem. Informationen zu 200 000 Personen, 30 000 Autos und 1000 Gebäuden oder anderen Objekten, die im Zusammenhang mit Fahndungen der West-Berliner Polizei registriert wurden, fanden den Weg in MfS-Akten. In den Achtzigern lief keine aktuelle Fahndung ab, von der die Stasi nicht erfuhr. Politiker im freiem Teil der Stadt und wichtige Senatsangestellte wurde ohnehin routinemäßig abgehört, ebenso Journalisten. Ziel war gleichermaßen, Material für eventuelle Erpressungen zu sichern wie unbemerkt Informationen zu sammeln.

DER MANN, DER »DR. LUTTER« HIESS

EIN TOPAGENT DES MFS IM FLÜCHTLINGSLAGER MARIENFELDE

Götz Schlicht war ein Mann mit Verdiensten. Im Oktober 1991 verlieh Bundespräsident Richard von Weizsäcker dem 83-Jährigen das Bundesverdienstkreuz 1. Klasse. Es war bereits der zweite bundesdeutsche Orden für ihn, nachdem er schon 1985 das Verdienstkreuz am Bande erhalten hatte. Doch diese beiden Auszeichnungen waren nicht die einzigen Ehrungen, auf die Schlicht stolz sein konnte: Insgeheim war ihm zum 80. Geburtstag im März 1988 auf Befehl von Erich Mielke die »Verdienstmedaille der DDR« zuerkannt worden, zuvor schon hatte der »verdiente Mitarbeiter der Staatssicherheit« den »Kampforden für Verdienste um Volk und Vaterland« in der höchsten Stufe Gold bekommen. Als Begründung für den dritten und letzten DDR-Orden führte der zuständige Stasi-Oberst unter anderem an: »Besonderes Verdienst erwarb er sich bei der Entlarvung und Liquidierung von Agenten des UfJ in der DDR. In den sechziger und siebziger Jahren leitete er einen entscheidenden Beitrag bei der Aufklärung des Gesamtdeutschen Instituts. Bei dem IMB ›Dr. Lutter‹ handelt es sich um einen dem MfS treu ergebenen Kundschafter.«[55] Dieses Vertrauen seiner Stasi-Vorgesetzten hatte Götz Schlicht offensichtlich verdient: Noch am 8. November 1989, drei Wochen nach dem Sturz Erich Honeckers, traf er sich mit seinem Führungsoffizier. Der »Inoffizieller Mitarbeiter mit Feindberührung« übergab ein letztes Mal wie seit mehr als drei Jahrzehnten einen Spitzelbericht – und machte sogar für Februar 1990 einen weiteren Treff aus. Zu diesem kam es nicht mehr, denn am 15. Januar 1990 stürmten DDR-Bürger die Geheimdienstzentrale in der Lichtenberger Normannenstraße.

Götz Schlicht, Jahrgang 1908, hatte in Berlin Rechtswissenschaft studiert, war von 1930 bis 1933 Referendar am Kammergericht, musste dann aber wegen angeblich »nichtarischer« Abstammung den Justizdienst verlassen und in einem Verlag arbeiten. Nachdem er sich in einem bürokratischen Verfahren hatte »arisieren« lassen können, wurde er 1940 zum Polizeidienst eingezogen. Nach der Entlassung aus der Kriegsgefangenschaft amtierte er ab 1946 als Richter am Landgericht Potsdam und als Regierungsrat im Justizministerium des Landes Brandenburg und Lehrer an der Richterschule, wo er »Volksrichter« ausbildete. Dort lernte er einen Mann kennen und schätzen, der für sein weiteres Schicksal sehr wichtig werden sollte: Walther Rosenthal. Sein Kollege flüchtete nämlich bald nach West-Berlin und arbeitete dort für den Untersuchungsausschuss Freiheitlicher Juristen. Über Rosenthal kam auch Schlicht in Kontakt mit dem UfJ. Er übermittelte Informationen und erhielt Druckschriften sowie Flugblätter, die er weitergab und in Potsdamer Briefkästen steckte.

»Hetze gegen unsere Ordnung« nannte das die DDR-Justiz, als sie Schlicht festnahm und zu zehn Jahren Zuchthaus verurteilte. Die Haftzeit war schrecklich; ein halbes Jahr Untersuchungshaft im Potsdamer »Lindenhotel« der Stasi, vier Jahre Brandenburg (davon zwölf Monate Einzelhaft), schließlich das Zuchthaus Bützow-Dreibergen. Eines Tages stellten ihn zwei MfS-Leute vor die Wahl, auch die restlichen fünf Jahre bis auf den letzten Tag abzusitzen – oder in der »Gegenspionage« zu arbeiten, also als Agent für die Stasi. Sie folgten einem klaren Auftrag, der im »Arbeitsplan für das erste Quartal 1957« formuliert war: »In Verbindung mit der Abteilung VII wurden Häftlinge überprüft, welche Volljuristen sind. Mit solchen Häftlingen wird man sich längere Zeit beschäftigen, damit sie sich in unserem Auftrag absetzen und versuchen, ihre Tätigkeit beim UfJ aufnehmen zu können.« Vorsorglich reichte Hilde Benjamin, damals Justizministerin und zuvor als gnadenlose Richterin unter dem Namen »Die rote Hilde« berüchtigt, bei DDR-Präsident Wilhelm Pieck ein Gnadengesuch für Schlicht ein. »Infolge besonderer Umstände«, ist darin zu lesen, solle dem Verurteilten Gelegenheit gegeben werden, einen Teil des Schadens, den er angerichtet hätte, wieder gut zu machen.[56] Dieses Angebot wollte Götz Schlicht nicht ablehnen: »Ich habe anstelle des Zuchthauses die Freiheit gewählt. Ich hatte Frau und sechs Kinder. Natürlich habe ich unterschrieben, was denn sonst?«[57] Würde er die Vereinbarung brechen, so hatte ihm die Stasi gedroht, bekäme er »unangenehme Dinge« zu spüren. Schlicht wusste von der Entführung Walter Linses 1952 – und dessen Schicksal wollte er keinesfalls teilen.

Am 15. Mai 1957 kam der Jurist frei und verpflichtete sich, in West-Berlin mit Rosenthal Verbindung aufzunehmen und zu versuchen, eine Tätigkeit beim UfJ aufzunehmen. Auftragsgemäß setzte er sich am 11. Juni 1957 mit seiner Familie nach West-Berlin ab. Im internen Stasi-Schriftverkehr erhielt er nun den Decknamen »Dr. Luther«, der später in »Dr. Lutter« verändert wurde. Wenige Wochen später wurde Schlicht tatsächlich beim UfJ eingestellt. Rosenthal vertraute ihm, vor allem, weil sein Duz-Freund so streng bestraft worden war. Das Vertrauen ging so weit, dass er sogar eine Warnung des SPD-Ostbüros in den Wind schlug. Zwar stieg Schlicht beim Untersuchungsausschuss nicht in Führungspositionen auf, doch kam er in Kontakt mit DDR-Bürgern, die sich beim UfJ in West-Berlin beraten ließen. Laut einer Stasi-Akte wurden aufgrund seiner Berichte mindestens zehn Ostdeutsche festgenommen; für deren im Näheren nicht bekannte Haftzeit war Götz Schlicht direkt und persönlich verantwortlich. Diese Tätigkeit brachte ihm 1993 den Schimpfnamen »Judas« ein.[58] Zusätzlich arbeitete Schlicht bald halbtags im Notaufnahmelager Marienfelde; hier vernahm er Flüchtlinge, die nach West-Berlin gekommen waren. Sein langjähriger UfJ-Kollege Siegfried Mampel, der erst 1992/93 die Wahrheit über Schlicht erfuhr, schrieb rückblickend: »Besonders gewütet hat er bei seiner Tätigkeit im Flüchtlingslager in Marienfelde. Die von ihm Befragten waren zwar durch ihre Flucht nach West-Berlin in relativer Sicherheit. Sie wurden aber routinemäßig nicht nur über die Fluchtgründe, sondern auch über den Fluchtweg und über Personen befragt, die ihnen Hilfe geleistet hatten. Fast in jedem Bericht des Verräters hat er seitenweise die Namen und Anschriften der Flüchtlinge dem MfS mitgeteilt. So wurde der Staatssicherheitsdienst nicht nur über die Fluchtgründe und die Fluchtwege unterrichtet, sondern bekam auch die Möglichkeit, zurückgebliebene Familienangehörige oder Freunde zu behelligen und Zugriff zum Vermögen der Flüchtlinge zu nehmen. Auch das waren ›Maßnahmen‹ des MfS, die den ›Hinweisen‹ des Spitzels zu danken waren.«[59]

Im Sommer 1958 wurde der UfJ-Abteilungsleiter Erwin Neumann bei einem Segelausflug auf dem Wannsee von der Stasi entführt; ob der Agent Götz Schlicht damit zu tun hatte, ist unklar. Jedenfalls saß Neumann bis zu seinem Tode 1967 in absoluter Isolation. Das war selbst in der DDR sonst unüblich. Wusste der erklärte DDR-Gegner, wer ihn verraten hatte, und sollte er deshalb keinen Kontakt mit anderen Häftlingen oder Besuchern haben? Götz Schlicht jedenfalls arbeitete weiter beim UfJ, wurde dann – nach dessen Auflösung 1969 – vom Gesamtdeutschen Institut übernommen, das dem Ministerium für innerdeutsche Beziehungen unterstand. Nach seiner Pensionierung redigierte er auf Honorarbasis die Zeitschrift »Recht in Ost und West« und behielt sein Zimmer im Gesamtdeutschen Institut – bis 1990. Und all die Zeit lieferte er der Stasi regelmäßig Berichte, für monatlich 800 West- und 800 Ostmark.

Bis zum Bau der Mauer hatte er sich mit seinem Führungsoffizier in der Nähe des S-Bahnhofes Nöldnerplatz im Ostsektor der Stadt getroffen. Auf dem Weg dorthin, per S-Bahn, wechselte Schlicht stets mehrfach den Zug, um Verfolger abzuschütteln. Am Bahnhof wurde er abgeholt und mit einem Auto des MfS in eine konspirative Wohnung gebracht. Den Kontakt erhielt Schlicht mit einem ausgeklügelten System von Deckadressen aufrecht. Nach dem 13. August 1961 wurden die Treffen komplizierter. Immer noch ging Schlicht nach Ost-Berlin, was für einen prominenten Mitarbeiter des UfJ und später der Gesamtdeutschen Instituts höchst untypisch war. Andere DDR-Besucher aus dem Westen durften ihn deshalb keinesfalls dabei sehen. Also benutzte Schlicht entweder eine besondere, völlig von der Außenwelt abgeschirmte Grenzübergangsstelle oder einen an versteckter Stelle angelegten Grenzübergang, was jedoch spezielle Verabredungen mit den Grenztruppen erforderte. In den späten achtziger Jahren erschienen diese Sicherheitsmaßnahmen nicht mehr nötig: Nun reiste Schlicht in Abstimmung mit dem MfS generell über den Bahnhof Friedrichstraße »zur Treffdurchführung in die Hauptstadt ein, wobei er seine echten persönlichen Dokumente benutzt. Die Einreisen beantragt er jeweils gesondert, um damit eine zusätzliche Signalisierung an den Mitarbeiter auszulösen. Nach der Grenzpassage begibt sich der IM selbständig per S-Bahn zum S-Bahnhof Nöldnerplatz. Direkt am

Fuße der vom Bahnsteig herunterführenden Treppe wird in der Tunnelunterführung ein Sichttreff ohne Kontaktaufnahme durchgeführt. Dabei ist zu beachten, dass der IM exakt zur vereinbarten Zeit erscheint und grundsätzlich Aufenthalte bzw. Wartezeiten vermeidet. Als Zeichen der Unbedenklichkeit hinsichtlich der Treffdurchführung wird seitens des IM und des Mitarbeiters jeweils in der rechten Hand ein Gegenstand (Tasche, Zeitung) getragen. Die mitgeführte Container-Tasche ist – sofern ein anderer als der Unterzeichner zum Sichttreff erscheint – für den IM ein wichtiges Indiz dafür, dass trotzdem die Treffdurchführung erfolgt. Nach dem Sichttreff begibt sich der IM selbst sichernd vom Bahnhof über den Nöldnerplatz, durch die Lückstraße in die Giselastraße, wo er in der Leopoldstraße den geparkten Dienstwagen besteigt. Bis zu diesem Punkt wird die Umgebung durch den Mitarbeiter observiert. Während der Fahrt zum Treffobjekt der Hauptabteilung X ›Spree‹ übernimmt der Mitarbeiter die Kontrolle. Der Haupttreff wird durch den Objektverwalter gesichert. Nach der Treffdurchführung wird der IM in der Ehrenfeldstraße in Karlshorst abgesetzt. Von dort begibt er sich unter eigener Absicherung zum S-Bahnhof Karlshorst. Mit der S-Bahn fährt er in das Stadtzentrum und nach dem eventuellen Besuch von Sehenswürdigkeiten weiter zum Bahnhof Friedrichstraße, von wo aus er nach West-Berlin ausreist.«[60]

Nachdem er enttarnt worden war, zeigte sich Götz Schlicht alles andere als zerknirscht: »Wenn man für einen Geheimdienst arbeitet, hat man keine Gewissensbisse«, antwortete er einem Reporter der Zeitschrift »Super-Illu«. Als der nachfragte, ob er denn kein schlechtes Gefühl gehabt hätte, für ein Unterdrückersystem gearbeitet und Menschen ans Messer geliefert zu haben, entgegnete er: »So etwas hat man nicht, wenn man für einen Geheimdienst arbeitet.«[61] Einem Journalisten der »Zeit« sagte er sogar voll Stolz: »Ich bin seit den fünfziger Jahren im Geheimdienst tätig; bitte, mich nicht zu unterschätzen!«[62] Gebüßt hat Schlicht für seinen Verrat nicht. Zwar erhob die Staatsanwaltschaft im November 1993 Anklage gegen ihn, doch das Verfahren wurde bald eingestellt – wegen Verhandlungsunfähigkeit infolge seines hohen Alters und der damit verbundenen physischen und psychischen Hinfälligkeit. Fraglich ist, ob das eine richtige Entscheidung war, denn Götz Schlicht lebte noch ein Dutzend Jahre und starb erst 2006.

EINE ABSTEIGE FÜR DIE STASI

IN TEMPELHOF BETRIEB DAS MFS EIN HOTEL

Genau 27 Mark kostete die Übernachtung pro Person, inklusive Mehrwertsteuer und Frühstück: Das Hotel Luftbrücke am Flughafen Tempelhof zählte nicht gerade zu den besseren Adressen in West-Berlin. Eigentlich war das Haus mit seinen 32 Betten nicht viel mehr als eine Absteige, Toiletten auf dem Gang. Zu den Stammgästen der 1976 eröffneten kleinen Unterkunft in der Dudenstraße 6 gehörten schon nach kurzer Zeit Handwerker auf Montage und kleine Vertreter; sogar die US-Luftwaffe reservierte regelmäßig Zimmer, denn ihr größter Stützpunkt lag genau auf der anderen Seite des Tempelhofer Damms. Wer wäre schon darauf gekommen, dass gerade dieses Hotel eine wichtige Operationsbasis der Stasi sein könnte? Aber so war es, und deshalb finanzierte der DDR-Geheimdienst Einrichtung und Betrieb der Unterkunft.[63]

Das Hotel, MfS-Deckname »Stützpunkt Rheinland«, erfüllte gleich mehrere Funktionen: Erstens verschaffte es dem IM »Rennfahrer« alias Heinrich Schneider, offiziell Hauptmieter der Immobilie und Eigner des Hotelbetriebs, einen nachvollziehbaren Grund für seine regelmäßigen Transitfahrten vom heimatlichen Trebur in Hessen nach West-Berlin.[64] In Wirklichkeit war der Weg das Ziel. Bei diesen Touren ging es meistens um Treffen mit Stasi-Führungsoffizieren, denn Schneider leitete in der Bundesrepublik ein Agentennetz mit zeitweise anderthalb Dutzend Spitzeln. IM »Rennfahrer«, der selbst mehrere Jahre im Gefängnis gesessen hatte, konnte fast alles besorgen, was die Stasi brauchte – seien es westdeutsche Nummernschilder oder Polizeiausweise, moderne kugelsichere Westen oder Waffen. Selbst ausgefallenere Wünsche erfüllte er meist zuverlässig; einmal etwa schmuggelte er drei Kisten mit Perücken in die DDR. Zur Absicherung bildete die Stasi mehrere Mitglieder der Gruppe an Waffen aus.[65]

Auch klassische Spionageaufträge übernahm IM »Rennfahrer«. Sein Netz forschte zum Beispiel eine griechische Dolmetscherin in West-Berlin aus oder eine Zelle der antisowjetischen »Ukrainischen Revolutionär-Demokratischen Partei« in Neu-Ulm. Zu den größten Erfolgen gehörte, einen Chemie-Ingenieur anzuwerben, der an einem Nebenverdienst interessiert war. Als Quelle unter dem Decknamen »Berliner« lieferte er zwischen 1972 und 1985 – in der falschen Annahme, für die CIA zu arbeiten. Im Gegenzug bekam er jährlich rund 20 000 Mark. Die von »Berliner« gelieferten Informationen aus der Chemieindustrie waren für die DDR-Volkswirtschaft offenbar von großer Bedeutung; jedenfalls hob Markus Wolf mehrfach ihren »hohen volkswirtschaftlichen Nutzen« hervor.[66]

Doch Schneider war auch bereit, »nasse Jobs« zu erledigen, also Entführungen und Mordaufträge. Als 1972 die Olympischen Spiele in München stattfanden, baute er spezielle Kisten, in denen potenzielle Fluchtwillige der DDR-Mannschaft notfalls gewaltsam in die Heimat zurückgebracht werden sollten. Auch während der Fußball-WM 1974 hielt sich IM »Rennfahrer« bereit für solche Transporte. Ihr Einsatz erwies sich jedoch als unnötig.[67] Sogar töten wollte Schneider in der Nacht vom 16. auf den 17. Februar 1975: Mit seinem Komplizen Josef Tuszynski, Deckname »Karate«, überfiel er den 33-jährigen Siegfried Schulze, einen antikommunistischen Aktivisten, der die SED immer wieder mit Detonationen an der Berliner Mauer, mit Demonstrationen an Grenzübergängen und mit Hungerstreiks für politische Häftlinge gereizt hatte. Deshalb sollte das »Objekt«, das im MfS den Tarnnamen »Fürst« trug, »liquidiert« werden. Den Auftrag erhielt Schneider, und wenig später lauerte er zusammen mit dem kleingewachsenen, aber durchtrainierten und skrupellosen Tuszynski seinem Opfer auf. Im Hausflur der Kurfürstenstraße 25 überraschten die beiden den ahnungslosen Schulze. »Karate« führte einen gewaltigen Handkantenschlag gegen seinen Hals, der eigentlich hätte tödlich sein müssen. Doch das Opfer bäumte sich nur kurz auf und blieb auf den Beinen. Der Angreifer umklammerte ihn und schlug abermals kräftig zu. Gleichzeitig rammte Schneider dem nun benommenem Opfer dreimal seine Pistole gegen den Schädel. Durch die Schläge, prahlte der Täter später, habe er dem Überfallenen entweder den Schädel eingeschlagen oder die Schlagader an der Schläfe zum Platzen gebracht – so stark blutete Schulze. Immer noch wehrte sich der Aktivist. Nun hatte IM »Rennfahrer« genug: Er wollte seinem Opfer in den Mund schießen. Doch als er die Waffe als Hammer benutzt hatte, war das Magazin herausgerutscht. Als der Lärm im Flur den Nachbarn auffiel, mussten die Stasi-Killer unverrichteter Dinge fliehen; Schulze konnte durch den hinteren Ausgang des Hausflurs in seine Wohnung flüchten und sich verbarrikadieren.[68]

Für Tuszynski, einen Gewohnheitsverbrecher, der polizeilich gesucht wurde und mit gefälschten Papieren lebte, diente das Hotel Luftbrücke, seine zweite Funktion für die Stasi, als sichere Unterkunft.[69] Als die West-Berliner Polizei das Haus 1977 überwachte, was der erfahrene Kriminelle »Karate« umgehend erkannte, hatten die Beamten es nur auf einige Dealer abgesehen, die sich Zimmer genommen hatten. 1979 wurde dann in den Akten zum »Stützpunkt Rheinland« vermerkt, dass »keinerlei Anzeichen für eine eventuelle gegnerische Bearbeitung des Objekts festzustellen« seien.

Geführt wurde das Hotel Luftbrücke von Anna-Margareta Brandt, Deckname IM »Janett«, der Lebensgefährtin von »Karate«.[70] Die Geschäftsführerin stellte ihren Freund als Hausmeister ein; nach einiger Zeit zogen die beiden auch selbst in das Hotel ein, um die tägliche Fahrt zum Arbeitsplatz einzusparen und so mehr Zeit für Observationen und andere Aufträge der Stasi zu haben. Im Gegenzug streckte das MfS 40 000 Mark vor und übernahm in den ersten beiden Jahren die auflaufenden Verluste. Die beiden mussten allerdings schriftlich versichern, im Hotel nicht gegen die West-Berliner Gesetze zu verstoßen, um kein Aufsehen zu erregen und die investierten Devisen nicht zu gefährden.

Ein dritter Nutzen kam unerwartet 1979 hinzu: Die US Air Force schloss einen Pauschalvertrag mit dem Stasi-Hotel ab, für immerhin 10 000 Mark. Umgehend gab IM »Janett« die Personalien nach Ost-Berlin weiter, wo sie sorgfältig registriert und für künftige Auswertungen bereitgehalten wurden. Neben den Gästelisten des Hotels übermittelte sie die Namen und Kennzeichen von zwei Männern, die in ihrer Anwesenheit darüber gesprochen hatten, eine DDR-Bürgerin ausschleusen wollten.[71] Trotzdem neigte sich der Nutzen der Absteige ihrem Ende entgegen: Immer mehr Gäste verlangten wenigstens nach Toiletten und Duschen im Zimmer – Investitionen, die der Stasi zu hoch erschienen für den begrenzten Wert des »Stützpunktes Rheinland«. Ende 1979 fällte man daher eine Entscheidung: »Aus Gründen der Rentabilität erscheint es nicht ratsam, den im Sommer 1981 auslaufenden Mietvertrag zu verlängern.« Als wenig später IM »Janett« schwer erkrankte und ihre Beziehung zu Tuszynski zerbrach, wurde das Ende des Hotels Luftbrücke vorgezogen und der Hotelbetrieb schon im Januar 1981 an Geschäftsleute verkauft, die Asylbewerber in den 20 Zimmern unterbringen wollen.

Weil der Fahndungsdruck durch einen internationalen Haftbefehl stieg, wich Tuszynski im Oktober 1983 nach Ost-Berlin aus und tauchte mit Hilfe des MfS unter abermals anderem Namen unter. Er hielt eine monatliche Rente von 1200 DDR-Mark, fünfzig Prozent mehr als ein Durchschnittseinkommen, und eine Wohnung in einem Plattenbau. Heinrich Schneider hingegen blieb der Stasi auch nach dem Ende seiner Zeit als Hotelier verbunden. Er übernahm weiterhin verschiedenste Aufträge in West-Berlin und Westdeutschland; sein Agentenlohn stieg auf fast 400 000 Westmark.[72] Markus Wolf dankte dem treuen IM »Rennfahrer« mehrfach in Dankesschreiben für seine Verdienste. Er sei zu einem »standhaften, ehrlichen und einsatzbereiten Patrioten« herangereift, urteilte ein Stasi-Offizier. 1985 erhielt Schneider das Ehrenabzeichen »35 Jahre MfS«; zuvor schon hatte man ihn mit dem »Vaterländischen Verdienstorden in Bronze« und der »Medaille für treue Dienste in der Nationalen Volksarmee« geehrt. 1992 wurde er festgenommen und wegen des Mordversuchs an Siegfried Schulze zu viereinhalb Jahren Haft verurteilt. Dagegen konnte sich Tuszynski einer Strafe entziehen: Als ihm zusammen mit IM »Janett« 1996 der Prozess gemacht wurde, behauptete er, die Aufträge der Stasi stets nur zum Schein angenommen zu haben. Aber er habe nie die Absicht gehabt, etwa Siegfried Schulze tatsächlich zu ermorden. Da beiden Angeklagten das Gegenteil nicht nachgewiesen werden konnte, blieb als Vorwurf nur schwere Körperverletzung – und die war bereits verjährt, weil die Straftat ja in West-Berlin stattgefunden hatte, eine Verjährungsaussetzung wie bei Verbrechen in der DDR also nicht in Frage kam.

FEIND DES FEINDES

DIE STASI UNTERSTÜTZT DEN TERRORISMUS

»Gott sei Dank: Es war nur die DDR-Staatssicherheit.«[73] Ungefähr so fiel nach der Erinnerung von Inge Viett die Reaktion ihrer Freunde aus, als sie einmal mit Verspätung zu einem Treffen in West-Berlin erschien. Kein Wunder, denn jede Verzögerung konnte für Viett und ihre Genossen gleich bedeutend sein mit dem Ende ihrer Freiheit – reisten sie doch stets unter falschen Namen. So auch 1978: Viett wollte sich mit anderen linken Terroristen treffen, um die Befreiung ihres Genossen Till Meyer aus dem Gefängnis Moabit vorzubereiten. Doch als sie vom Flughafen Schönefeld, wo sie mit der Maschine aus Prag gelandet war, zum Grenzübergang Friedrichstraße gekommen war, stockte ihr weiterer Weg plötzlich: »Bitte warten Sie«, sagte der Passkontrolleur unerwartet zu ihr. War etwas mit ihren gefälschten Papieren nicht in Ordnung? »Das kann ich kaum glauben, ich habe den Pass schon an vielen Grenzen und Flughäfen erprobt. Die Daten sind alle nachprüfbar.« Dann führte der DDR-Grenzer die 34-Jährige in ein kleines kahles Zimmer, wo sie weiter warten musste. Bis plötzlich die Tür aufflog und ein dicker Mann von derbem Äußeren mit den Worten: »Guten Tag, Genossin!« eintrat. »Ich denke schnell nach«, erinnerte sich Viett an ihre Gedanken in diesem Moment: »Genossin? Es kann also nicht so schlimm kommen.« Der Mann stellte sich als »Harry« vor, was sogar sein echter Vorname war (vollständig hieß er Harry Dahl) und sprach die Frau mit ihrem echten Namen an: »Mir fährt ein gehöriger Schrecken in die Glieder. Doch er versichert mir gleich, dass ich nichts zu befürchten hätte. Die DDR würde zwar unsere terroristische Praxis nicht in Ordnung finden, aber es entspräche nicht ihrem kommunistischen Verständnis, uns an den Gegner, der ja auch der ihre wäre, zu verraten.« Gut zwei Stunden sprachen die Terroristin und der Stasi-Offizier, der die Hauptabteilung XXII »Terrorabwehr« leitete, konzentriert miteinander. Dann machte er Inge Viett ein Angebot: Die Terroristen sollten ihre Einreise unter falschem Namen künftig kurz vorher bekannt geben, damit an den Grenzübergängen »keine unvorhergesehenen Dinge passieren« könnten. Doch Viett lehnte ab. Dahl gab sich damit zufrieden und fragte nur noch, ob sie in nächster Zeit in West-Berlin etwas vorhätte, das größere Fahndungsmaßnahmen zur Folge haben könnte. Das bestätigte die Terroristin vage – und packte »die Gelegenheit beim Schopfe«: Sie wollte sich der »Neutralität der DDR« versichern, wenn ihre Genossen und sie »über die Ostgrenze aus der Stadt flüchten müssten«. Der MfS-Oberst versprach, es werde keine Zusammenarbeit mit der westdeutschen Polizei geben. Dann durfte Inge Viett ausreisen. Als sie mit stundenlanger Verspätung bei ihren Freunden erschien, konnte sie ihnen Beruhigendes mitteilen: »Wir können jetzt einen sicheren Fluchtweg mit der S-Bahn zur Friedrichstraße planen.«[74]

Schon wenig später, am 27. Mai 1978, nutzte Inge Viett diese neue Möglichkeit: Zusammen mit einer anderen Terroristin schlich sie an diesem Tag in den Sprechzellentrakt des Gefängnisses Moabit. Dort befreiten die beiden bewaffneten Frauen Till Meyer, einen der Gründer der Terrorgruppe »Bewegung 2. Juni«. Kaum hatten sie die Haftanstalt verlassen, fuhren die drei per VW-Transporter zur S-Bahn-Station Lehrter Bahnhof. Eine Sympathisantin erwartete sie mit vorab gekauften Fahrscheinen – so viel Ordnung musste sein. Dann war es nur noch eine Station bis zur Friedrichstraße. Doch bei der Einreise blieb eine der Terroristinnen »hängen«; dem Grenzer war ihre versteckte Pistole aufgefallen. Inge Viett reagierte rasch: »Ich bleibe bei ihr, überlege schnell. Nur kein großes Palaver mit den Zollbeamten, Durchreiseplan einhalten. Sie durchsuchen auch mich und nehmen mir ebenfalls die Waffe ab. Ich verlange den leitenden Offizier, berufe mich auf Harry und bitte um schnelle, diskrete Weiterreise. So geschieht es denn auch. Der Offizier kommt sehr bald zurück, händigt uns die Dokumente und Pistolen aus und wünscht uns eine gute Reise.«[75]

Von Beginn des Terrorismus in der Bundesrepublik an schützte und deckte die Stasi diese Feinde ihres Feindes. Schon im August 1970, außer der Befreiung des Häftlings Andreas Baader hatte die gerade entstandene »Rote Armee Fraktion« noch keine schweren Verbrechen begangen, ging der Stasi am Flughafen Schönefeld der Linksextremist Hans-Jürgen Bäcker ins Netz. Er hatte einen gefälschten arabischen Pass bei sich und eine Pistole. Die DDR-Zöllner holten ihre Kollegen von der Staatssicherheit, die Bäcker in eine konspirative Wohnung in Karlshorst brachten. 24 Stunden dauerte das Verhör, und Bäcker wunderte sich darüber, wie viel das MfS über die Baader-Meinhof-Gruppe schon wusste. Es war ein angenehmes Gespräch: Der vermeintliche Araber bekam Brathähnchen, Coca-Cola und westdeutsche Zigaretten der Marke Rothändle, dann schrieb er einen Lebenslauf und durfte mit einem Tag Verspätung über den Bahnhof Friedrichstraße nach West-Berlin einreisen. Sogar seine Pistole gaben ihm die Männer von der Staatssicherheit wieder.[76] Wenig später traf sich die wegen Mordversuchs steckbrieflich gesuchte Journalistin Ulrike Meinhof konspirativ, aber doch offiziell mit Vertretern des MfS in Ost-Berlin. Sie wollte klären, ob die DDR die westdeutschen Terroristen durch freies Geleit bei ihren Anschlägen unterstützen würde. Das war zwar nicht der Fall, aber dennoch boten die Stasi-Leute der Terroristin Asyl an, was Meinhof ablehnte.[77]

Zehn Jahre später, nach dem Scheitern des Großangriffs der RAF auf die Demokratie Bundesrepublik im »Deutschen Herbst« 1977 und den anschließenden Fahndungserfolgen der westdeutschen Polizei, organisierte die inzwischen bestens mit dem MfS vertraute Inge Viett 1980 das Untertauchen von zunächst acht aussteigewilligen Terroristen in der DDR. Sie bekamen neue Identitäten und wurden mit enormem Aufwand in der ostdeutschen Provinz angesiedelt. Wenig später folgte ihnen ein weiteres RAF-Mitglied und dann, nach einem Mordversuch an einem französischen Polizisten in Paris, auch Inge Viett selbst. Als 1986 die unter dem Namen »Ingrid Jäger«, verheiratete Becker in der DDR untergetauchte RAF-Attentäterin Susanne Albrecht durch einen Zufall aufflog, half das MfS abermals: Sofort bekamen ihr Sohn und sie in einer anonymen Plattenbausiedlung in Marzahn eine neue Wohnung, außerdem neue Identitäten. Für ihren Ehemann wurde ein neuer Arbeitsplatz in einem Kernforschungsinstitut bei

Moskau organisiert, und im Februar 1988 gelang die Familienzusammenführung in der Sowjetunion. Erst im Sommer 1990 wurden Albrecht, Viett und acht weitere RAF-Aussteiger verhaftet. Die Stasi-Hauptabteilung XXII hatte sie bis zu ihrer Auflösung effektiv beschützt.

Nicht nur die RAF konnte sich der Unterstützung durch das MfS sicher sein; ähnliches galt auch für palästinensische Terroristen. So wusste die zuständige Hauptabteilung XXII spätestens sechs Tage vor dem Bombenanschlag auf die überwiegend von US-Soldaten besuchte Diskothek »La Belle« in der Hauptstraße in Berlin-Schöneberg in der Nacht vom 4. auf den 5. April 1986 vom geplanten Ziel des Attentats. Denn im unmittelbaren Umfeld der vom libyschen Geheimdienst beauftragten Täter war ein, vielleicht auch zwei MfS-Spitzel aktiv. Nicht nur duldete die DDR den Waffenschmuggel über den Ausländer- und Diplomatenübergang Friedrichstraße. Libysche Agenten brachten auf diesem Weg Ende März 1986 Sprengstoff und Maschinenpistolen nach Berlin-Kreuzberg, wo sie in der Wohnung des 31-jährigen Palästinensers Imad Salim Mahmoud gelagert wurden. Als kurz darauf zufällig in West-Berlin das Auto eines der libyschen Agenten kontrolliert wurde, bestand Mahmoud danach darauf, dass das Material umgehend zurück nach Ost-Berlin geschafft würde, was auch geschah.

In diesem Zusammenhang vermerkte ein unbekannter Stasi-Offizier handschriftlich neben Mahmouds Namen »IM der XXII«. Der Palästinenser, der offiziell an der Technischen Universität im westlichen Bezirk Charlottenburg studierte, arbeitete also auch als Spitzel der angeblich für »Terrorabwehr« zuständigen MfS-Hauptabteilung XXII. Außerdem war er einer von vier Hintermännern des Anschlags, bei dem zwei US-Soldaten und eine türkische Disco-Besucherin getötet wurden. Weitere 28 Menschen trugen durch die tückische Nagelbombe schwere Verletzungen davon. Außerdem platzten nahezu allen anderen Besuchern des »La Belle« durch den Detonationsdruck die Trommelfelle. Als eigentliche Täter hatten Mahmoud und seine Komplizen fünf Handlanger ausgesucht, drei Araber und zwei deutsche Schwestern. Mindestens zwei von ihnen waren ebenfalls als IM registriert.[78]

Ohne die Unterstützung durch den ostdeutschen Geheimdienst hätte die RAF und andere Terrororganisationen ihren Amoklauf gegen den demokratischen Rechtsstaat Bundesrepublik nicht so lange und so mörderisch fortsetzen können – diese Erkenntnis schmerzte auch die zahlreichen Stasi-Rentner, die im vereinigten Deutschland ein effektives Netzwerk zur Geschichtsmanipulation aufgebaut hatten. Also ließen sie einen willfährigen Publizisten eigens ein Buch herausgeben, in dem angeblich »Fakten und Fiktionen« über die Zusammenarbeit von Terroristen und Stasi getrennt werden sollten. Das Buch, zum großen Teil verfasst vom ehemaligen Mielke-Stellvertreter General Gerhard Neiber (letztes MfS-Gehalt 1989: 62 250 DDR-Mark) und seinem Mitarbeiter Oberstleutnant Gerhard Plomann (37 500 DDR-Mark) hat allerdings mit der Realität so gut wie nichts zu tun: »Das MfS hat in Erfüllung der ihm übertragenen Aufgaben den Terrorismus mit allen geeigneten legitimen Mitteln und Methoden vorbeugend bekämpft. Es hat ihn eingeschränkt, zurückgedrängt und weitgehend von der DDR und ihren Verbündeten ferngehalten. Die Anwendung nachrichtendienstlicher Mittel und Methoden hat sich dabei als richtig und zweckmäßig erwiesen. (...) Die Versuche, der Terrorabwehr zu unterstellen, den Terrorismus unterstützt oder gar selbst organisiert zu haben und damit das MfS zu kriminalisieren, sind gescheitert.«[79]

UNTREUER SPION

WERNER STILLER LÄUFT ÜBER

Der 18. Januar 1979 war ein kalter Wintertag. Schon lange lag Dunkelheit über Berlin-Mitte, als Werner Stiller, Oberleutnant des Ministeriums für Staatssicherheit, abends zum S-Bahnhof Friedrichstraße ging. Der 31-Jährige ignorierte das rot-weiß gestreifte Gatter an der Georgenstraße, das für DDR-Bürger eine absolute Grenze darstellte – wer jenseits dieser ersten Sperre auffiel, musste mindestens mit einer scharfen Ermahnung durch die Grenztruppen rechnen, schlimmstenfalls mit einer Anklage wegen »versuchter Republikflucht«. Stiller kümmerte das nicht; er lief ruhig zu einer unauffälligen grauen Stahltür mit der Aufschrift »Diensteingang. Zutritt nur für Angehörige der Deutschen Reichsbahn«.[80] Bei sich hatte er seinen MfS-Dienstausweis, einen Pass und vor allem einen Dienstauftrag und einen »Grenzsonderausweis«. Diese beiden Papiere waren selbst für einen Stasi-Offizier unverzichtbar, wenn er den Todesstreifen Richtung West-Berlin passieren wollte. Stiller trat durch die Tür in einen leeren, hellgelb gestrichenen Vorraum. An der gegenüber liegenden Wand befand sich eine Tür, die keine Klinke, dafür aber ein kleines Fenster mit Vorhang hatte. Stiller drückte auf einen unauffälligen Klingelknopf neben der Tür, der Vorhang wurde beiseite geschoben und ein Kopf mit Offiziersmütze erschien. Der Oberleutnant hielt seinen Dienstausweis gegen das Glas, dann summte etwas, das Türschloss sprang auf und er trat ein.

Der nächste Raum war längs durch einen Tresen getrennt, hinter dem der Offizier saß, gekleidet in die Uniform eines Hauptmannes der DDR-Grenztruppen, doch in Wirklichkeit ein Kollege Stillers von der MfS-Hauptabteilung VI. »Er war für mich jetzt die wichtigste Person der Welt. Von ihm hing alles ab. Stämmig und etwas beleibt, aber mit einem gemütlich wirkenden Gesicht, hockte er hinter seinem Schalter und blickte mich fragend an.« Die Tür, durch die Stiller gekommen war, fiel ins Schloss. Ein Zurück gab es nicht mehr. »Sauwetter da draußen«, schimpfte Stiller, »ich lass mich nächstens zu Euch versetzen. Den ganzen Tag in einer warmen Bude, das könnte mir auch gefallen.« Grinsend erwiderte sein Kollege: »Wenn Du schön fleißig dienst und in mein Alter kommst, kannst Du es ja mit einem Versetzungsantrag versuchen.« Stiller legte seine Papiere vor, die sorgfältig geprüft wurden. Doch plötzlich fragte der Kontrolleur: »Und Du meinst, dass der Dienstauftrag ordnungsgemäß ausgefüllt ist?« Dem Oberleutnant stockte kurz der Atem, dann antwortete er schlagfertig: »Woher soll ich das wissen, die Sekretärin hat ihn ausgefüllt und mein Leiter hat unterschrieben. Da müsste eigentlich ja alles seine Richtigkeit haben!« Hatte es jedoch nicht – seit dem 1. Januar 1979 musste auch der tatsächliche Zweck angegeben werden. Der Hauptmann schaute auf den Koffer, den Stiller bei sich hatte; er nahm an, dass er ihn einem West-Berliner Kontaktmann übergeben wollte. »Also muss vermerkt sein: ›Eigene Operative Arbeit‹ und in Klammern ›Gepäckschleuse‹!«

Das hatte der Oberleutnant nicht gewusst, als er kurz zuvor den Dienstauftrag eigenhändig getippt und die Unterschrift seines Vorgesetzten gefälscht hatte. Langsam bewegte er seine Hand in Richtung Manteltasche, in der seine Pistole steckte. Falls der Hauptmann jetzt beim Offizier vom Dienst in der Stasi-Zentrale anrief, würde Stiller auffliegen. Doch der Kontrolleur hatte keine Lust auf Scherereien: »Also gut, diesmal lasse ich Dich noch durch. Aber sag' Deiner Abteilung Bescheid. Wo kämen wir hin, wenn Dienstanweisungen nicht mehr eingehalten würden.« Er drückte auf einen versteckten Knopf, die nächste Tür summte und sprang auf. Werner Stiller nahm seinen Koffer, bedankte sich und trat auf den Teil des S-Bahnhofes, der zwar DDR-Territorium war, aber von West-Berlin aus erreicht werden konnte. Stillers Ziel war die U-Bahn-Linie 6, die von der West-Berliner BVG betrieben wurde und etwas weniger gut überwacht wurde als die S-Bahn, für die laut Viermächtestatut die ostdeutsche Reichsbahn zuständig war. In der oberirdischen Bahnhofshalle war die Überwachung mit Kame-

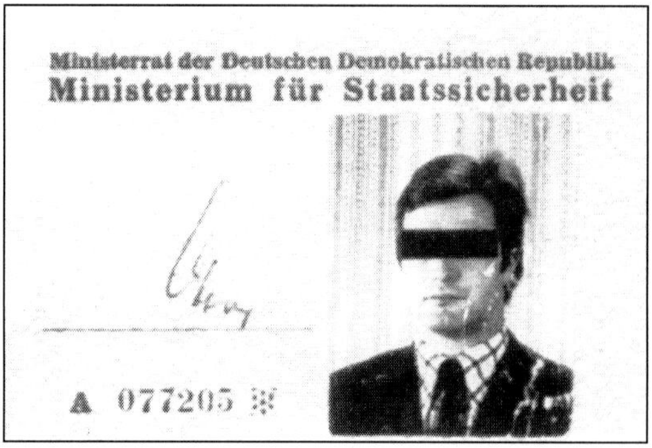

ras deshalb perfekt, unter der Erde dagegen gab es einzelne Lücken. Stiller lief durch das Labyrinth von Gängen, die durch den Einbau einer absolut kontrollierten Grenze in einen ganz normalen Kreuzungsbahnhof entstanden war. Um 20.38 Uhr sah er zum ersten Mal die Uhr auf dem Bahnsteig. Am Fahrkartenautomaten ging er vorbei – er wollte den nächsten Zug nicht verpassen. Doch weil er schlecht rennen konnte, fuhr die U-Bahn um 20.41 Uhr unmittelbar vor ihm ab. Stiller schaute auf den Fahrplan: Der nächste Zug würde in sechs Minuten kommen – die längsten Minuten in seinem Leben. Der MfS-Oberleutnant stellte sich unauffällig an einen der Stahlträger. Er wusste, dass die Stasi den Bahnsteig mit Kameras überwachte. Wenn jetzt jemandem an den Monitoren sein Gesicht auffiel, konnte die Flucht immer noch scheitern. Doch nichts geschah: Der Zug kam pünktlich, und Stiller stieg ungehindert ein, ganz vorne, damit er im Falle eines Falles den Fahrer als Geisel nehmen konnte. Sekunden später bekam der Oberleutnant noch einmal einen gewaltigen Schrecken: Der Zug bremste plötzlich und fuhr dann im Schritttempo durch den Bahnhof Oranienburger Straße. Sollte seine Flucht doch noch im letzten Moment scheitern? Doch dann beschleunigte die U-Bahn schon wieder. Zweimal noch folgte das Abbremsen und die Durchfahrt an menschenleeren Bahnhöfen, dann hielt der Zug tatsächlich. Stiller las: »Reinickendorfer Straße«. Seine Flucht in den Westen war geglückt, mitsamt einem Koffer voller Geheimdokumente. Er stieg in ein Taxi zum Flughafen Tegel.

Während Stiller in der dortigen Polizeiwache darauf warten musste, in die Bundesrepublik ausgeflogen zu werden, fiel den Stasi-Leuten im S-Bahnhof Friedrichstraße auf, dass er überfällig war. Selbst wenn die Übergabe an den Kontaktmann nicht geklappt haben sollte: Es gab keinen Grund für einen

^ *Werner Stillers Dienstausweis. Für den BND ist sein Frontenwechsel ein großer Sieg, für die Stasi eine schmerzhafte Niederlage.*

MfS-Offizier, mehr als eine Stunde auf dem »westlichen« Teil des Grenzbahnhofs zuzubringen. Binnen kurzem erreichte die Meldung von Stillers Verschwinden die Verantwortlichen bei der Hauptverwaltung Aufklärung, für die der vermisste Oberleutnant im Referat für Wissenschaft und Technik gearbeitet hatte. HVA-Chef Markus Wolf verdarb die Nachricht den 56. Geburtstag, der zufällig genau auf den Tag nach Stillers Flucht fiel. In seinen Erinnerungen spielte Wolf zwei Jahrzehnte später die Wirkung des 18. Januar 1979 auf das MfS herunter und nannte Stiller einen »kleinen Fisch«.[81] In Wirklichkeit gingen die Folgen weit über den Verlust eines aussichtsreichen Mitarbeiters hinaus: Stiller verriet mehr als 50 MfS-Spione in der Bundesrepublik, Österreich, Frankreich und den USA, von denen mindestens neun festgenommen wurden; die übrigen konnten sich gerade noch in die DDR absetzen. Viel schlimmer war jedoch, dass Oberleutnant Stiller bis zu seiner Flucht ein beinahe idealtypischer »Tschekist« gewesen war. Wenn selbst so ein Mann den Versuchungen des Westens erliegen konnte: Wem konnte die SED in ihrem Sicherheitsapparat überhaupt noch vertrauen? Stiller, geboren 1947, stammte aus kleinen Verhältnissen. Er profitierte von den gesellschaftlichen Umwälzungen in Ostdeutschland, derentwegen die bildungsbürgerliche Elite in den Westen flüchtete, konnte die Oberschule besuchen und ab 1966 in Leipzig Physik studieren. Als engagiertes Mitglied der FJD trat er 1967 in die SED ein. Es war konsequent, dass das MfS sich im März 1970 für den jungen Wissenschaftler zu interessieren begann. Stiller wusste, dass ihn eine Anwerbung erwarten würde, und er antwortete beim ersten persönlichen Treffen mit einem MfS-Vertreter kurz und knapp: »Ich werde dorthin gehen, wo mich die Partei hinschickt.«[82] Zuerst als IM, dann ab 1972 als hauptamtlicher Mitarbeiter, machte er sich gut: Kurz vor seiner Flucht stieg er sogar zum ehrenamtlichen Parteisekretär auf. »Auf ähnliche Lebenswege konnten Hunderte, vielleicht Tausende von MfS-Mitarbeitern blicken – und gerade dieser Umstand machte den Vorfall so bedrohlich. Trotz aller Überprüfungen und eines durch und durch den offiziellen Normen entsprechenden Lebenslaufes hatte hier ein Mitarbeiter den Weg in den Westen angetreten«, urteilt der Stasi-Experte Jens Gieseke.[83]

Stiller wurde vom Bundesnachrichtendienst nach allen Regeln der Kunst ausgefragt, dann mit einer neuen Identität (»Klaus-Peter Fischer«) ausgestattet und wanderte in die USA aus. Hier und später in London arbeitete er einige Jahre als Investmentbanker, dann kam er nach der Einheit 1991 zurück nach Deutschland, wo er als Börsenhändler in Frankfurt tätig war; heute lebt er als Geschäftsmann in Budapest. 1986 erschien eine umfangreiche Beschreibung seines Lebens, die teilweise ein Produkt der BND-Desinformation war, denn die Kontakte zwischen Stiller und dem westdeutschen Geheimdienst waren vor seiner Flucht lange nicht so intensiv, wie es in dem Buch dargestellt wurde. Weil aber das MfS ohnehin mit relativ großem Aufwand versuchte, Stiller zu finden und zu verschleppen oder zu töten, schien die Gelegenheit günstig, mit einem publizistischen Manöver Mielkes Niederlage noch schmerzhafter zu machen. Tatsächlich hatte der Stasi-Chef Anfang der achtziger Jahre eine Million West-Mark für denjenigen ausgelobt, der den flüchtigen Agenten in die DDR zurückholte oder tötete. Der Minister richtete eine ihm persönlich unterstellte Kommission ein, die für die Ergreifung Stillers sorgen sollte: »Tot oder lebendig – lebendig ist aber besser.«[84] Ein MfS-Oberst soll sogar geprahlt haben, er hätte beste Kontakte zu westdeutschen Kriminellen, die Stiller für das Geld umzubringen bereit seien. Wie viel Druck Erich Mielke machte, zeigt deutlich ein Ausbruch vor dem Führungskollegium des Ministeriums drei Jahre nach der Flucht Stillers: »Wir sind nicht gefeit, leider, dass auch mal ein Schuft noch unter uns sein kann. Wir sind nicht gefeit dagegen, Genossen, leider. Wenn ich das jetzt schon wüsste, dann würd' er ab morgen schon nicht mehr leben. Ganz kurzen Prozess. Aber weil ich Humanist bin, deshalb hab' ich so eine Auffassung.«[85] Mielkes »Humanismus« war gewöhnungsbedürftig. In Abwesenheit zum Tode verurteilt worden war Werner Stiller übrigens schon längst – seinen Häschern entkam er trotzdem.

300

FINALE

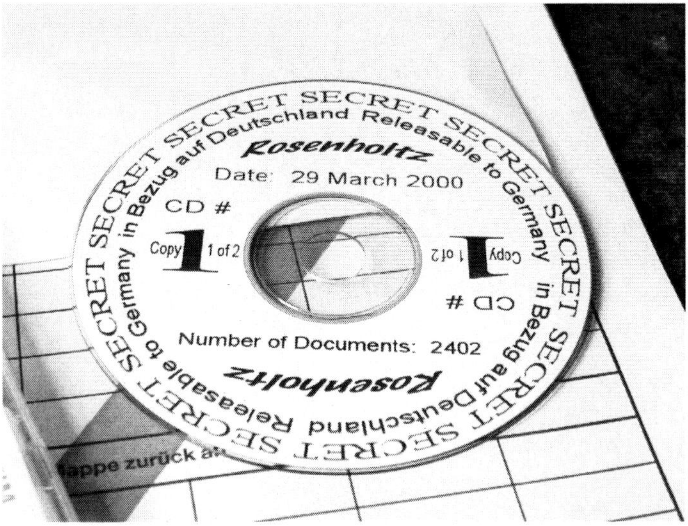
SECRET SECRET SECRET SECRET
in Bezug auf Deutschland Releasable to Germany
Rosenholtz
Date: 29 March 2000
CD #
Copy 1 of 2
Number of Documents: 2402

DER GRÖSSTE COUP

DIE »ROSENHOLZ«-DATEIEN

Gut 45 Jahre lang währte der geheime Krieg in Berlin. Er begann mit dem Einmarsch alliierter Truppen in den drei künftig westlichen Sektoren der schwer zerstörten bisherigen Reichshauptstadt am 4. Juli 1945 und endete mit der deutschen Vereinigung am 3. Oktober 1990, vor der noch der 2+4-Vertrag in Kraft getreten war und alle verbliebenen Sonderrechte der früheren vier Verbündeten der Anti-Hitler-Koalition beseitigt hatte. Ungezählte Milliarden Dollar, Rubel und Mark waren in diesen Jahrzehnten in die zahlreichen Nachrichtendienste und verwandte Organisationen auf beiden Seiten geflossen. Doch der Höhepunkt war noch nicht erreicht: Erst nach der Deutschen Einheit, wahrscheinlich 1992, gelang der größte Coup, eine Mission, von der Geheimagenten normalerweise nicht einmal zu träumen wagen: Irgendwie kam die CIA in den Besitz von mehreren Mikrofilmen des MfS mit hochbrisanten Daten. Es handelte sich um eine 1988 angefertigte Verfilmung der Kontaktkartei der Stasi-Auslandsspionage, in der mindestens mehrere Hunderttausend, wahrscheinlich aber noch weit mehr Personendaten verzeichnet waren. Der gewöhnlich nüchtern urteilende US-Geheimdienstexperte Walter Pincus machte sich die Meinung eines – wahrscheinlich – Beteiligten zu eigen: »Wenn die vollständige Geschichte des Endes des Kalten Krieges geschrieben ist, dann wird diese Operation als einer der größten Triumphe der CIA feststehen.«[1]

Die »Hauptverwaltung Aufklärung« (HVA) des MfS hatte ab Ende Oktober 1989 zunächst aus eigener Initiative, zwei Monate später dann mit trickreich ergaunerter Zustimmung

< Eine der Daten-CDs mit »Rosenholz«-Abbildungen. Der Name ist Fiktion; die CIA-Mitarbeiter wissen nicht einmal, wie man das Wort »Rosewood« auf Deutsch schreibt.

ostdeutscher Bürgerrechtler am zentralen Runden Tisch der DDR ihr eigenes Archiv weitestgehend vernichtet; rund eine halbe Million Karteikarten wurden dabei klein gehäckselt. Möglichst alle der euphemistisch »Kundschafter des Friedens« genannten MfS-Spione, die zum Teil jahrzehntelang Geheimnisse ihrer westlichen Arbeitgeber an Ost-Berlin verraten hatten, sollten durch diesen finalen Freundschaftsdienst ihrer Führungsoffiziere vor Enttarnung und Verurteilung bewahrt werden. Deshalb wurden sämtliche verräterische Unterlagen vernichtet, die noch bestehenden Strukturen der HVA aufgelöst – und gleichzeitig die nunmehr beschäftigungs- und meistens aussichtslosen Mitarbeiter auf absolutes Stillschweigen eingeschworen. In den Monaten der Friedlichen Revolution nämlich lockten westliche Geheimdienste Stasi-Überläufer mit viel Geld: Eine Million Mark bar auf die Hand bot die CIA angeblich einem für sie besonders interessanten Offizier der HVA – wenn er vollständig auspackte. In der Berliner MfS-Zentrale an der Normannenstraße gingen durch die Zerstörungsaktion nahezu alle Unterlagen verloren, die unverzichtbar gewesen wären, um bis dahin unbekannte Verräter in der Bundesrepublik und West-Berlin zu entlarven. Nur ausnahmsweise blieben in regionalen Stasi-Dienststellen Reste von HVA-Akten erhalten: In Leipzig verweigerte das Bürgerkomitee zur Auflösung der Staatssicherheit die vom Innenminister der letzten DDR-Regierung, Peter-Michael Diestel, angeordnete Herausgabe von Unterlagen der Abteilung XV, der örtlichen Filiale der HVA. Nur weil dieser Papierberg, mehrere laufende Kilometer Akten, teilweise zerrissen, teilweise zum Abtransport vorbereitet, noch existierten, konnte zum Beispiel 2007 der ARD-Journalist Hagen Boßdorf als Stasi-IM überführt werden.[2]

Wie es sich für einen echten Geheimdienstcoup gehört, kursieren mehrere unterschiedliche Darstellungen darüber, wie die CIA an die Mikrofilme herankam. Fest steht immerhin, dass es sich um 1988 hergestellte Sicherungsverfilmungen der HVA handelte, die der höchsten Geheimhaltungsstufe unterlagen. Solche Kopien wurden routinemäßig gegen Ende jedes Jahres angefertigt. Allerdings galten die Unterlagen als so sensibel, dass nicht die selbstverständlich ebenfalls als besonders vertrauenswürdig geltende Fotostelle der HVA die Mikrofilme anfertigte; das übernahmen vielmehr die Mitarbeiter der zuständigen Registrierungsstelle der Auslandsspionage selbst mit einer dafür eigens in ihrem Arbeitsbereich installierten Kamera. Eigentlich hätten die Kopien während der Vernichtungsaktion um die Jahreswende 1989/90 beseitigt werden sollen. Der allergrößte Teil der Sicherungsfilme wurde auch tatsächlich vom 6. bis zum 8. April 1990 vernichtet; darüber hat sich ein offizielles Protokoll erhalten. Doch einige Rollen gehörten offensichtlich nicht zu den beseitigten Kopien.

Laut der am häufigsten verbreiteten Version erhielt ein MfS-Oberstleutnant namens Rainer Hemmann den Befehl, die Mikrofilme zum Ost-Berliner Hauptquartier des KGB zu schaffen, um sie dort dem sowjetischen Verbindungsoffizier zur HVA zu übergeben, einem gewissen Sascha Prinzipalow: »Im Dezember 1989 kam mein Vorgesetzter zu mir und wies mich an, die Verfilmungen von dem Material des Referats 7 nach Karlshorst auszulagern.« Der 42-jährige Offizier bekam eine schwarze Kuriertasche in die Hand gedrückt und fuhr mit seinem Dienstwagen, einem Lada, zur Niederlassung des Bruderdienstes, der größten KGB-Residentur außerhalb der Sowjetunion. Dort empfing ihn Prinzipalow bereits an der Schranke. Hier, so behauptete zumindest Hemmann, habe er die Tasche mit dem brisanten Mikrofilmkopien übergeben: »Ich drückte Sascha die einem Pilotenkoffer ähnelnde Tasche in die Hand.« Was dann geschah, erfuhr der Oberstleutnant nie; er vermutete zehn Jahre später, dass eine Kuriermaschine die Stahlblechdosen nach Moskau brachte. Doch genau das soll nicht geschehen sein. Vielmehr gelangten nach dieser Version die Filme über Prinzipalow und den KGB-Obersten Alexander Sjubenko in die Hände der CIA. Sjubenko soll zu einem Oberstleutnant der Berliner CIA-Filiale namens James Atwood Kontakt gehabt haben. Angeblich nahm Atwood 1992 in Moskau die Unterlagen von einem dieser beiden KGB-Mitarbeiter entgegen und zahlte dafür bescheidende 75 000 Dollar. Allerdings ist diese Variante nicht überprüfbar, denn alle drei namentlich bekannten angeblichen Akteure waren schon verstorben, als Journalisten und Historiker sie zu kontaktieren versuchten. Außerdem behauptete der letzte Chef der HVA, MfS-Generaloberst Werner Großmann: »Wir haben nichts den Russen übergeben.«[3]

Wie also kam die CIA dann an die Mikrofilme? Verkauften doch leitende Mitarbeiter der HVA selbst das Material an die Amerikaner? Jedenfalls glauben das ehemalige führende MfS-Offiziere: Klaus Eichner und Andreas Dobbert sehen in der Aktion eine »unserer größten Niederlagen«. Allerdings kannten nicht einmal diese beiden, obwohl als ehemalige Unterabteilungs- und Referatsleiter in der Gegenspionage des MfS verantwortlich tätig, den Hintergrund der Verfilmungen: »Offensichtlich hatte unsere Bürokratie, die ›Stabsarbeit‹ von Federfuchsern, grundlegende Regeln der Geheimdienstarbeit ignoriert. Eine solche brisante Zusammenstellung anzufertigen und davon noch Mikrofilm-Kopien zu erstellen, war eine massive Verletzung des ›besonderen Quellenschutzes‹. Dazu kam, dass in den Wirren der Liquidierung des MfS und der Auflösung der HVA dieses hochbrisante Material nicht so gesichert wurde, dass niemand damit ›Silberlinge‹ verdienen konnte. Oder war unter den mit der Sicherung Beauftragten der Judas?«[4] Falls tatsächlich ein HVA-Mitarbeiter die Filme verkauft haben sollte, wäre er gut beraten, still zu halten: »Hoffentlich erfahre ich noch, wer uns das angetan hat«, drohte Großmann 2005.[5]

Möglicherweise handelt es sich aber sowohl bei der KGB- als auch bei der HVA-Version um gezielte Desinformation; vielleicht wird nie ans Licht kommen, wie die Mikrofilme zur CIA kamen. Fest steht immerhin, dass die Kopien frühestens Ende 1992 ausgewertet wurden; dafür spricht, dass einer der wichtigsten HVA-Spione, der IM »Topas« alias Rainer Rupp in der Nato-Zentrale in Brüssel, nachweislich erst Anfang 1993 enttarnt wurde. Ungefähr zur selben Zeit informierte der Chef der Bonner CIA-Niederlassung, Milt Bearden, unter höchster Geheimhaltungsstufe das Kanzleramt über den brisanten Fund. Die Bundesregierung bestand darauf, dass Mitarbeiter der Bundesamtes für Verfassungsschutzes die Unterlagen selbst in Washington auswerten durften. Am Ende wurden 1553 Verdachtsfälle an die Bundesanwaltschaft gemeldet, eine Welle von Ermittlungsverfahren wegen Geheimnisverrat folgte. Selbstverständlich starteten auch die bundesdeutschen Geheimdienstler wiederum ein Tarnmanöver: Angeblich hätte der KGB die entscheidenden Hinweise gegeben, wurde gestreut, gegen deutsche Milliardenkredite an Boris Jelzins Russland. Die ehemals sowjetischen Geheimdienstoffiziere, fast ohne Ausnahme nun im russischen Nachfolgedienst FSB aktiv, schäumten vor Wut.

Heute sind diese Mikrofilme in der Bundesrepublik unter dem Namen »Rosenholz« bekannt, doch das war ein reiner

Kunstbegriff, der offenbar allein die Einsicht der deutschen Verfassungsschützer in den geheimen Bestand bezeichnete: »Die von der CIA gewählte Operationsbezeichnung ist bislang unbekannt. (...) Dass in den Medien bis heute ›Rosenholz‹ beinahe durchgehend mit der CIA-Operation verbunden wird, ist insofern verwunderlich, als ab der ersten CD, die im April 2000 im ›Spiegel‹ abgebildet wurde, die Amerikaner auf den CD stets das Phantasiewort ›Rosenholtz‹ aufgedruckt haben«, schreibt Helmut Müller-Enbergs, der beste Kenner der ab 2003 an die Birthler-Behörde übergebenen Teilkopie des Materials.[6] Weil die CIA ausschließlich eine Auswahl aus der Kartei weitergab, die sich auf bundesdeutsche IM bezog, wuchern weiter Gerüchte, weitere der auf den Filmen aufgeführten Agenten könnten von der CIA »umgedreht« und zur Fortsetzung der Spionage gezwungen worden sein.

Gewiss ist: Auch fast drei Jahrzehnte nach dem Fall der Berliner Mauer und der Friedlichen Revolution in der DDR sind ausländische Geheimdienste am Regierungssitz Berlin aktiv. Die Großmächte USA und Russland, aber auch eine Reihe mittlerer Staaten haben Agenten in der Bundeshauptstadt stationiert. Sie sitzen in den Botschaften ihrer Staaten, auf deren Dächern ihre Abhörantennen rotieren, und sammeln Informationen, teils legal, teils mit konspirativen Mitteln. Außerdem üben sie Einfluss aus, sei es durch inoffizielle Kontakte zu Entscheidungsträgern in der Politik, sei es durch weniger saubere Methoden wie Erpressung, sei es durch das gezielte Streuen von Desinformation an Journalisten oder Lobbyisten.

ANHANG

ANMERKUNGEN

VORWORT ZUR NEUAUSGABE

1 Welt v. 3.11.2013.

2 Welt v. 27.10.2013.

3 Bernd von Kostka konnte das Drehbuch für »The Coldest City« bereits im Herbst 2015 lesen.

EINLEITUNG

1 Westdeutsche Allgemeine Zeitung, 29.1.1965

2 Blake, George: Keine andere Wahl, S. 228.

3 Vgl. dazu den Beitrag von Aftergood, Steve: »CIA Bungles Declassification of Official Histories« auf der Internetseite der Federation of American Scientists (FAS): URL http://www.fas.org/blog/secrecy/2007/page/3

SPIONAGE-DREHKREUZ BERLIN

1 Beer: Rund um den »Dritten Mann«, S. 89f.

2 Klembauer: Der Kalte Krieg in Österreich, S. 127.

3 Vgl. Weiner: CIA, S. 20.

4 Zit. n. ebd., S. 34.

5 Zit. n. ebd., S. 44.

6 On the Front Lines of the Cold War, S. 3.

7 Vgl. Bailey/Kondraschow/Murphy: Die unsichtbare Front, S. 64.

8 Vgl. ebd., S. 77.

9 Wegmann: Zwischen Normannenstraße und Camp Nikolaus, S. 10.

10 Vgl. Bailey/Kondraschow/Murphy: Die unsichtbare Front, S. 76–79.

11 Ein Beispiel aus der Zeit der Berlin-Blockade findet sich bei Bailey/Kondraschow/Murphy: Die unsichtbare Front, S. 95; weitere Beispiele wurden auf der Konferenz zum »Kalten Krieg auf dem Teufelsberg« 1996 erläutert.

12 Memorandum for the President, 22.12.1947, in: On the Front Lines of the Cold War, S. 144.

13 Abgedruckt in Bailey/Kondraschow/Murphy: Die unsichtbare Front, S. 20.

14 On the Front Lines of the Cold War, S. 131f.

15 Ebenda, S. 132, 141, 149–156.

16 Vgl. Kostka: Die Berliner Luftbrücke, S. 82/83.

17 So Bessette in seinem Vortrag: Looking through the Iron Curtain. Cold War Aerial Reconnaissance in the Berlin Air Corridors and Beyond.

18 Jardin: Französischer Nachrichtendienst in Deutschland in den ersten Jahren des Kalten Krieges. S. 103/104.

19 Vgl. ebd., S. 109.

20 Maddrell: Spying on Science, S. 27.

21 Vgl. ebd., S .35.

22 Deutsche flüchten zu Deutschen: Hg. vom Senator für Arbeit und Sozialwesen, S. 15.

23 Maddrell: Spying on Science, S.47.

24 Vgl. ebd., S. 56/57.

25 Zit. n. ebd., S. 58.

26 Vgl. Bailey/Kondraschow/Murphy: Die unsichtbare Front, S. 301-314.

27 On the Front Lines of the Cold War, S. 536/537.

28 Ebd, S. 604/605.

29 Vgl. Maddrell: Spying on Science, S. 254-260.

30 On the Front Lines of the Cold War, S. 609.

AUFERSTANDEN AUS RUINEN

1 Bowman: Teufelsberg, Berlin and The Cold War, S. 5.

2 Ebd., S. 5.

3 Berlin Handbuch, S. 1227.

4 Ebd., S. 1228.

5 Bowman: Teufelsberg, Berlin and The Cold War, S. 20.

6 Ebd., S. 20.

7 Heiliger: Die Feindpotenzen der funkelektronischen Aufklärung des Gegners in Westberlin, S. 8.

8 Vgl. Homepage des Guard Battalion z. Thema Marienfelde, www guardbattalion.de

9 Vgl. ebd.

10 Heiliger, Hartmut: Feindpotenzen der funkelektronischen Aufklärung des Gegners in Westberlin, S. 5.

11 Ebd., S. 6.

12 Ebd., S. 10.

13 Woodhead: My life as a Spy, S. 56. Siehe dazu ebenfalls Elliott & Shukman: Secret Classrooms.

14 Heiliger, Hartmut: Feindpotenzen der funkelektronischen Aufklärung des Gegners in Westberlin, S. 13.

15 Ruhmann und Schulzki-Haddouti: Abhör-Dschungel, S. 3.

16 Ebd., S. 4.

17 Ebd., S. 5.

18 Bowman: Teufelsberg, Berlin and The Cold War, S. 37.

19 Interview mit Col. (Retd) Carol Hemphill am 29.4.1997.

20 Der Tagesspiegel vom 6.9.1996: »34 Verletzte nach Explosion eines Dokumentenvernichters«

21 Interview Col. Hemphill am 29.4.1997.

22 Bowman: Teufelsberg, Berlin and The Cold War, S. 41.

23 Ebd., S. 52.

24 Kraft: Einschätzung des Standes und der Wirksamkeit durchgeführter luftgestützter Aufklärungshandlungen gegen das Operationsgebiet Westberlin, S. 1. MfS HA III 6875

25 (o. Verf.): Sachstandsbericht zum ELOKA-Objekt »Teufelsberg« in West- Berlin, S. 8. MfS HA III 6329

26 Ebd., S. 9.

27 ENIGMA 2000 Newsletter – Issue 5, July 2001, S. 1.

28 Ebd., S. 3.

29 THE INDEPENDENT vom 14.3.2001: Prime released after 19 years in jail for spying.

30 Harrington: Traitors Among Us, S. 319.

31 Vgl. Fernseh-Dokumentation von Kloss/Thöß: Deckname Blitz. Der Spion vom Teufelsberg.

32 Vgl. Ebd.

33 Harrington: Traitors Among Us, S. 339f.

34 Zit. in Kloss/Thöß: Deckname Blitz. Der Spion vom Teufelsberg.

35 Harrington: Traitors Among Us, S. 57ff.

36 Wolf: Ten Years of German Unification, S. 6.

37 Interview mit Col. Hemphill am 29.4.1997.

38 siehe: www.spiegel.de/einestages/stasi-spion-james-hall-er-stahl-streng-geheime-nsa-akten-a-953290.html (Stand Februar 2016).

39 Jeffrey M Carney, Against All Enemies, S. 151.

40 Ebd, S. 189.

41 Ebd. S. 668.

42 Vgl. Washington Times vom 21. Juli 2003 .

GRABEN NACH GOLD

1 Clandestine Services History. The Berlin Tunnel Operation 1952-1956. Dieser Bericht entstand 1967. Viele Passagen waren jahrzehntelang als »Secret« eingestuft worden und unleserlich gemacht. Erst im Februar 2007 wurde der Bericht deklassifiziert. Einige Namen und Abschnitte sind aber nach wie vor nicht lesbar. URL http://www.fas.org/irp/cia/product/tunnel200702.pdf [Stand: 20.8.08].

2 Das »PB« im Namen ist eine Verschlüsselung von damals, deren Bedeutung sich nicht mehr nachvollziehen lässt. »JOINTLY« ist ein Codewort, welches von den Beteiligten ausgesucht wurde. Möglicherweise wurde es als Anspielung auf die anglo-amerikanische Zusammenarbeit gewählt.

3 Vgl. dazu den Beitrag von Aftergood, Steve: »CIA Bungles Declassification of Official Histories« auf der Internetseite der Federation of American Scientists (FAS): URL http://www.fas.org/blog/secrecy/2007/page/3 [Stand: 20.8.08].

4 Vgl. Beer: Rund um den »Dritten Mann«. Amerikanische Geheimdienste in Österreich 1945-1955, S.73-100.

5 Vgl. Stafford: Berlin underground. S.52-59 und 102-110.

6 Vgl. ebd., S. 69-74.

7 Vgl. ebd., S. 76-79.

8 Turning a Cold War Scheme into Reality. Engineering the Berlin Tunnel, S. 4. Der klassifizierte Aufsatz erschien erstmals 2004. Vier Jahre später wurde die deklassifizierte Fassung auf der Internetseite des CIA (http://www.cia.gov) veröffentlicht. Der Autor des Artikels, ein ehemaliger Mitarbeiter des CIA, wird nicht namentlich genannt.

9 Zudem wurden 3100 Tonnen Erdreich bewegt. Vgl. Turning a Cold War (wie Anm. 8), S.1.

10 Vgl. Stafford: Berlin underground, S. 139-143.

11 Vgl. Barnekow: »Das ›Anzapfen‹ der sowjetischen Militärkommunikation«, S. 58-66.

12 Landesarchiv C Rep. 124, Nr. 400: »Gutachten über die fernmeldetechnischen Anlagen des Anschaltepunktes für Mithörleitungen«, S. 2f. Diese Gutachten wurde von der DDR erstellt und bei den Gerichtsverfahren 1957/58 verwendet.

13 Blake: Keine andere Wahl, S. 187ff.

14 So die Aussage von Sergej Kondraschow in einem Video-Interview im AlliiertenMuseum in Berlin, September 1997.

15 Bailey/Kondraschow/Murphy: Die unsichtbare Front, S. 281ff.

16 Kondraschow: Video-Interview, Berlin 1997.

17 Clandestine Services History. The Berlin Tunnel Operation 1952-1956, S. 21.

18 Montgomery: Herausforderung Berliner Tunnel, S. 54f.

19 Zit. in On the Front Lines of the Cold War, S. 372 und 378.

20 Vgl. Kondraschow: Video-Interview, Berlin 1997.

21 Dies berichtete Lothar Löwe im April 2006 bei seiner Eröffnungsrede zur Ausstellung »Ist ja fantastisch!« im AlliiertenMuseum, Berlin.

22 Gespräch zwischen Autor und Heinz Junge, Frühjahr 2006.

23 Clandestine Services History. The Berlin Tunnel Operation 1952-1956, Appendix C-2, C-3, C-5.

24 Feick: Der Tunnel und die Folgen im sowjetischen Sektor, S. 68-76.

25 Clandestine Services History. The Berlin Tunnel Operation 1952–1956, S. 26.

26 Ebd., Appendix B, S. 1-6. und Bailey/Kondraschow/Murphy: Die unsichtbare Front, S. 292-300.

27 Blake: Kein andere Wahl, S. 209-227.

28 Die drei Fluchthelfer von Blake schrieben zwei Bücher zu diesem Thema. Burke: Der Ausbruch und Randle/Pottle: The Blake Escape.

29 MfS – HA I, Nr. 4289. Plan der Maßnahme »Aktion Radar« vom 8. Juli 1967, S. 1-6. Dass es keine durchgehende Tunnelröhre mehr gegeben hat, belegt auch ein Bodengutachten aus dem Jahr 1993. Dort wurden ab etwa 20 Metern Tiefe auf dem Gebiet der ehemaligen DDR keine Anomalien im Erdmagnetfeld mehr festgestellt. Vgl. »Gradienten-Fluxgate-Gradiometer Untersuchung auf dem Gelände der Radarstation in Neukölln-Rudow«. Kopie im Archiv des AlliiertenMuseums Berlin.

30 Siehe MfS – HA I, Nr. 4289. Bericht zu den durchgeführten Maßnahmen zum Aufbohren des alten Tunnelobjektes an der US-Radarstation Rudow.

31 Vgl. Akten zum Rechtsstreit Massante vom Bau- und Wohnungsaufsichtsamts Neukölln aus den Jahren 1985 bis 1987.

32 Interview: Bernd von Kostka mit Harald Freitag am 12.09.2012.

LIZENZ ZUM SPIONIEREN

1 Behrend: Die alliierten Militärverbindungsmissionen im Kalten Krieg auf deutschem Boden, S. 31.

2 Interview in den ARD-Tagesthemen am 16.11.2007.

3 Artikel 2 des Abkommens lautet: »Each Commander-in-Chief in his zone of occupation will have attached to him military, naval and air representatives of the other two Commanders-in-Chief for liaison duties« Zit. in Mußgnug: Alliierte Militärmissionen in Deutschland 1946-1990, S. 17, Fußnote 40.

4 Alle drei Verträge im Wortlaut bei Mußgnug, Ebd., S. 230-235.

5 Das britische Missionshaus, eine Villa am Heiligensee in der Seestr. 35/37, wurde nach der Schließung der Mission vom Designer Wolfgang Joop erworben, der bis heute dort wohnt.

6 Winkler: Die U.S. Military Liaison Mission im Vorfeld der 2. Berliner Krise. Der Hubschrauberzwischenfall von 1958, S. 72.

7 Vgl. Wylde: Mit der Brixmis jenseits des Eisernen Vorhangs, S. 36-40.

8 Zit aus Draft Charter to the Chief BRIXMIS from the UK High Commissioner.

9 »Experience has proven that intelligence developed by our military mission is the most reliable and dependable source available to this command in order to insure warning of indications of Soviet intention to initiate a surprise land invasion of Western Europe« Aus dem Telegramm des Oberbefehlshabers der amerikanischen Streitkräfte in Europa an den U.S.- Aussenminister vom 20.6.1958, zitiert in Winkler: Die U.S. Military Liaison Mission im Vorfeld

der 2. Berlin Krise. Der Hubschrauberzwischenfall von 1958, S. 78.

10 Wylde, Mit der Brixmis jenseits des Eisernen Vorhangs, S. 43.

11 Vgl. Williams: Brixmis in the 1980s: The Cold War's »Great Game«, S. 32.

12 Anfang der achtziger Jahre waren fast 40% des Territoriums der DDR als PRA deklarierte. Vgl. dazu Williams, ebd., S. 34.

13 Vgl. Schautafel zu den Missionsfahrzeugen in der Sonderausstellung ›Mission erfüllt‹ im Alliiertenmuseum Berlin, 2004.

14 Vgl. Streckel: Lizensierte Spionage. Die alliierten Militärverbindungsmissionen und das MfS, S. 27, Fußnote 1.

15 Vgl. Williams, Brixmis in the 1980s: The Cold War's »Great Game«, S. 22-24.

16 Vgl. Notes of the use of Soviet troops in aid of the civil Power 16 June - 10 July 1953.

17 »... this particular move must have created almost a world's record in the huge number of tanks left crashed, bogged or just plain broken-down along the various axes of movement.« in BRIXMIS Monthly Report for June 1953, page 2.

18 Notes of use of Soviet troops in aid of civil power, Punkt 8.

19 Vgl. Manificat: Propousk! Missions derrière le rideau de fer (1947-1989), S. 340-349.

20 Vgl. Ebd.

21 Vgl. Ebd.

22 Geraghty: Brixmis, S. 123/124.

23 Report on RAF BRIXMIS activities in connection with the crash of a Red Air Force Firebar Aircraft in West Berlin on 6th April, 1966.

24 Ebd.

25 Vgl. Agarew/Kobbe/Großer/Sisowa, Im Himmel über Berlin, Seite 99.

26 Vgl. British Embassy in Bonn an LIVE OAK, 07.April 1966. Public Record Office Ke/London.

27 Vgl.: Agarew/Kobbe/Großer/Sisowa, Seite 106.

28 Vgl.: Brief der Britischen Militärregierung in Berlin an den Britischen Hohen Kommissar Sir Frank Roberts in Bonn vom 22. April 1966. Public Record Office in Kew/London.

29 Vgl. auf Film http://www.berlin-mauer.de/videos/sowjetischer-flugzeugabsturz-im-stoessensee-568/.

30 Vgl. Manificat, Propousk! Missions derrière le rideau de fer (1947-1989), S. 349-352.

31 Vgl. Ebd.

32 Vgl. Dokument: Beispiel eines Vorkommnisses mit Angehörigen der drei westlichen Militärverbindungsmissionen vom April 1969, aus dem zukünftig Gegenmaßnahmen abgeleitet werden müssen. HA VIII, Nr. 1525

33 Vgl. Interview mit Legendre in dem Film von Yves Jan: Au Coeur de la Guerre Froide. Les Missions de Potsdam.

34 Vgl. Heisig: Gefährliche Begegnung. Autos, »Blockierung« und der Tod von Philippe Mariotti. S. 99-114.

35 Vgl. Schautafel zu den Missionsfahrzeugen in der Sonderausstellung ›Mission erfüllt‹ im Alliiertenmuseum Berlin, 2004.

36 Vgl. Operationsplan zur Durchführung eines operativen Einsatzes am Objekt der 11. MSD der NVA (Lettin) zur offensiven Abwehr der feindlichen Tätigkeit der westlichen MVM ... in der Zeit vom

19.3.1984 bis 23.3 1984. HA VIII, Nr. 7123

37 Vernehmungsprotokoll vom 22. März 1984, S. 3.

38 Eine Rekonstruktion des Unfallhergangs findet sich auch bei Streckel: Lizensierte Spionage. Die alliierten Militärverbindungsmissionen und das MfS, S. 138/139.

39 Auszeichnung vom 27.3.1984 für die Beobachtergruppe von Paul Schmidt anlässlich der Blockierung der franz. MVM, MfS BV Halle KD Halle, XV 748/75 Bd.2.

40 Stacy: The Nicholson Incident. A case study of US-Soviet Negotiations, S. 6.

41 Trotnow: Schüsse in Techentin, S.125.

42 Zur Schilderung des Tathergangs siehe Stacy: The Nicholson Incident. A Case study of US-Soviet Negotiations, S. 7-11 und Streckel: Lizensierte Spionage. Die alliierten Militärverbindungsmissionen und das MfS, S. 146/147.

43 Trotnow: Schüsse in Techentin, S. 130/131.

44 Stacy: The Nicholson Incident. A case study of US-Soviet Negotiations, S. 34/35.

45 Ausführliche Darstellung zu Jessie Schatz in Streckel: Lizensierte Spionage. Die alliierten Militärverbindungsmissionen und das MfS, S. 156-164.

FRÜHE KONFRONTATION

1 Leonhard: Die Revolution frisst ihre Kinder, S. 440; vgl. FAZ, 14.5.2005.

2 Zeit, 7.5.1965.

3 Wolfgang Leonhardt: Mein Kriegsende. WDR Fernsehen, 2.5.2005.

4 Zeit, 7.5.1965.

5 Frank: Ulbricht, S. 190.

6 Zeit, 7.5.1965.

7 Erler: Polizeimajor Karl Heinrich, S. 16.

8 Heimann: Karl Heinrich und die Berliner SPD, S. 28.

9 Vgl. Berliner Morgenpost, 6.3.1992.

10 Telegraf, 31.3.1948.

11 Berlin. Quellen und Dokumente 1945 bis 1961, S. 262.

12 Vgl. Smith: Kidnap City, S 20f. sowie Spiegel, 20.6.1951.

13 Vgl. BA Koblenz B 141/11816, Bl. 127.

14 Spiegel, 20.6.1951.

15 Vgl. BA Koblenz B 141/11816, Bl. 4f.

16 Illustrierte Berliner Zeitung 19/1951

17 Stenographische Berichte des Deutschen Bundestages, 1. Wahlperiode, S. 8424.

18 Smith: Kidnap City, S. 89.

19 Vgl. Telegraf, 7.10.1948 u. Tagesspiegel, 8.10.1946.

20 Vgl. Telegraf u. Tagesspiel v. 3.1.1947.

21 BStU MfS ZA 1405, Bl. 89-91.

22 Telegraf, 17.1.1947; Neue Zeitung, 17.10.1946

MIELKES MANNEN

1 Zit. n. Otto: Erich Mielke, S. 111f.

2 Vgl. Diederich/Ehlert/Wenzke (Hrsg.): Im Dienste der Partei, S. 374.

3 Zit. n. Otto: Erich Mielke, S. 119

4 Neues Deutschland, 9.2.1950.

5 Gesetzblatt der Deutschen Demokratischen Republik 1950, S. 95.

6 Gesetzblatt der Deutschen Demokratischen Republik 1949, S. 11.

7 Otto: Erich Mielke, S. 130.

8 BStU MfS ZA AU 104/90, Bl. 24.

9 Dowe (Hrsg.): Kurt Müller, S. 57 u. 82.

10 Zeit, 11.12.1952.

11 Hamburger Abendblatt, 13.5.1950.

12 Hamburger Abendblatt, 15.5.1950.

13 Stenografische Berichte des Deutschen Bundestages, 1. Wahlperiode, S. 2364.

14 Gieseke: Die Hauptamtlichen Mitarbeiter, S. 202.

15 Vgl. Berliner Morgenpost, 25.5.2003.

16 Zit. n. Wegmann: Entstehung und Vorläufer, S. 36.

17 Zit. n. Otto: Erich Mielke, S. 199.

18 Spiegel, 18.11.1953.

19 Zit. n. Wegmann: Entstehung und Vorläufer, S. 36.

20 Zit. n. Gieseke: Der Mielke-Konzern, S. 65.

21 Vgl. zum folgenden Fricke/Engelmann: Konzentrierte Schläge, S. 42-60.

22 Neues Deutschland, 1.11.1953.

23 Vgl. SAPMO BA Berlin, DY 30 IV 2/1/132, Bl. 147f.

24 Welt, 25.2.2006

25 SAPMO BA Berlin DY 30 IV 2/12/102, Bl. 315f.

26 Vgl. Hamburger Abendblatt, 1. u. 9.11. 1957; Berliner Morgenpost 1.11.1957; Neue Zürcher Zeitung, 4.11.1957; Bild, 2.11.1957

27 Zeit, 7.11.1957

28 Vgl. Bästlein: Der Fall Mielke, S. 20-22; Otto: Erich Mielke, S. 490-498.

29 Gieseke: Der Mielke-Konzern, S. 134

30 Zit. n. Thaysen (Hrsg.): Der zentrale Runde Tisch, Bd. 2, S. 502.

31 Alle Angaben zur Gehaltsliste des MfS folgen der Kopie dieser Datei, die sich im Archiv der Autoren befindet.

32 Zit. n. Welt, 28.2.2007.

33 Vgl. Behling/Eik: Vertuschte Verbrechen; dies.: Transit in den Tod; dies.: Lautloser Terror.

34 Schütt: Markus Wolf. Letzte Gespräche, S. 29.

35 Vgl. Krüger/Wagner (Hrsg.): Konspiration als Beruf, S. 286 u. Schütt: Markus Wolf. Letzte Gespräche, S. 139

36 Vgl. Staadt/Voigt/Wolle: Operation Fernsehen, S. 90-161; Welt, 25.11.2006; Welt am Sonntag, 4.5.1997; Spiegel, 29.8.1994; allgemein Knabe: Der diskrete Charme, S. 166-232.

37 Spiegel, 27.11.2000.

38 Zit. n. Deutscher Bundestag, Drucksache 13/10900, 28.5.1998.

39 Vgl. Otto: Mielke, S. 94.

40 Halbrock: Stasi-Stadt, S. 27.

41 Halbrock: Stasi-Stadt, S. 50.

42 Zit. n. Prenzlauer, Ecke Fröbelstraße, S. 110f.

43 Zit. n. Eppelmann: Fremd im eigenen Haus, S. 188.

44 Zit. n. Knabe: Die Täter, S. 114.

45 Vgl. Norden: Salon Kitty; B.Z., 18.1.2006; Bild 23.7.2004; Welt, 26.3.2004; Spiegel, 29.3.1976; Berliner Kurier, 25.10.2008.

46 Wolf: Spionagechef im Kalten Krieg, S. 94-96.

47 Zit. n. Falck: VEB Bordell, S. 110.

48 Vgl. Spiegel, 4.9.1989.

49 Spiegel, 25.2.1991.

IM »DSCHUNGEL DER SPIONAGE«

1 Zit. n. Welt, 27.11.2008.

2 Ausschuss für Deutsche Einheit: Spionage-Dschungel Westberlin, S. 3.

3 DDR-Hörfunk, 18.6.1953 (Kopie im Archiv Kellerhoff).

4 DDR-Fernsehen, 13.8.1961 (Kopie im Archiv Kellerhoff).

5 Schwarzer Kanal, 25.9.1989.

6 Vgl. Merz: Kalter Krieg; Finn: Nichtstun ist Mord; Hiecke: Deckname Walter, S. 8-17; Heitzer: Affäre Walter.

7 Offener Brief von Jochen Staadt an Enrico Heintzer, 9.9.2008 (Kopie im Archiv Kellerhoff).

8 Hamburger Abendblatt, 22.8.1949.

9 Vgl. Drauschke u.a.: Erschossen in Moskau, S. 188 u. 256.

10 Vgl. Werkentin: Politische Strafjustiz, S. 366.

11 Grimmer u.a.: Die Sicherheit, Bd. 1, S. 502f.

12 Vgl. Uhl/Wagner: BND contra Sowjetarmee, S. 38, S. 69 u. S. 93.

13 Vgl. Gehlen: Der Dienst, S. 201.

14 Zit. n. Fricke/Engelmann: Konzentrierte Schläge, S. 192.

15 Ausschuss für Deutsche Einheit: Spionage-Dschungel Westberlin, S. 16.

16 Vgl. Keil/Kellerhoff: Gerüchte, S. 135-158.

17 Reese: Organisation Gehlen, S. 192.

18 Vgl. Spiegel, 24.5.1971.

19 Zit. n. Fricke/Engelmann: Konzentrierte Schläge, S. 142.

20 Strauß: Erinnerungen, S. 389.

21 Uhl/Wagner: BND contra Sowjetarmee, S. 119f.

22 Ausschuss für Deutsche Einheit: Spionage-Dschungel Westberlin, S. 23f.

23 Zit. n. Flemming: Kein Tag der deutschen Einheit, S. 51.

24 Märkische Allgemeine Zeitung, 12.6.2003. In Wirklichkeit handelte es sich um vier, nicht um fünf Punkte, wie Bahr irrtümlich erinnert.

25 Aus Politik und Zeitgeschichte 23/2003, S. 3.

26 Ausschuss für Deutsche Einheit: Spionage-Dschungel Westberlin, S. 5.

27 ... im Dienste der Unterwelt, Klappentext.

28 Untersuchungsausschuss Freiheitlicher Juristen – Zielsetzung und Arbeitsweise, S. 3f.

29 ... im Dienste der Unterwelt, Klappentext, S. 63f.

30 Mampel: Der Untergrundkampf, S. 10.

31 Unrecht als System, Bd. 3, S. 221.

32 Mampel: Der Untergrundkampf, S. 13.

33 Effner/Heidemeyer: Flucht im geteilten Deutschland, S. 130.

34 Zit. n. Mampel: Der Untergrundkampf, S. 62-65.

35 Zit. n. Mampel: Der Untergrundkampf, S. 60

36 Heinrich/Ullrich: Befehdet, z. B. S. 131-141.

37 Vgl. Arnold/Kellerhoff: Die Tunnel von Berlin, S. 94-104.

38 Vgl. Detjen: Ein Loch in der Mauer, passim.

39 Vgl. Hoffmann: Ich musste raus, S. 85-196.

40 Wolf: Bosse, Gangster, Kopfgeldjäger, S. 22.

41 Zit. n. Fricke/Klewin: Bautzen II, S. 233.

42 Wolf: Bosse, Gangster, Kopfgeldjäger, S. 127.

43 Spiegel, 27.2. und 27.3.1978.

44 Vgl. Detjen: Ein Loch in der Mauer, S. 307f.

45 B.Z., 16.10.2012

46 Welt, 7.6,2007.

47 http://www.welt.de/geschichte/article123492048/Mit-drei-Maedchen-im-nassen-145-Meter-Tunnel.html.

48 Welsch: Die verklärte Diktatur, S. 32-136

PRAXIS DES KALTEN KRIEGES

1 Vgl. Mampel: Entführungsfall Dr. Walter Linse, S. 10-18; ders.: Der Untergrundkampf, S. 43-47; Kirsch: Walter Linse, S.

61-85; Bästlein: Vom NS-Täter, S. 89-96
2 Vgl. Berliner Morgenpost, 8.10.2008.
3 BStU MfS GH 105/57, Bd. 5, Bl. 41.
4 Bailey/Kondraschow/Murphy: Die unsichtbare Front, S. 162.
5 BStU MfS GH 105/57, Bd. 5, Bl. 192f.
6 Spiegel, 16.7.1952.
7 Neues Deutschland, 11. u. 13.7.1952.
8 Mampel: Entführungsfall Dr. Walter Linse, S. 22.
9 Telegraf, 14.8.1952.
10 BStU MfS GH 105/57, Bd. 5, Bl. 197.
11 Telegraf, 30.7.1952.
12 Spiegel, 22.10.1952.
13 Roginskij u.a.: »Erschossen in Moskau«, S. 250.
14 Spiegel, 28.7.1954.
15 Vgl. Deutscher Bundestag: Drucksache 2/3728 (Bericht des Untersuchungsausschusses); Bailey/Kondraschow/Murphy: Die unsichtbare Front, S. 233-255; Stöver: Der Fall Otto John, S. 103-136.
16 Spiegel, 28.7.1954.
17 Spiegel, 28.7.1954.
18 Welt, 26.7.1954.
19 Spiegel, 28.7.1954.
20 Zit. n. Stöver: Der Fall Otto John, S. 107f. u. S. 103.
21 Heuss-Adenauer: Unserem Vaterland zugute, S. 160f.
22 John: Ich wählte Deutschland, S. 7f.
23 Neues Deutschland, 12.8.1954.
24 Bulletin des Presse- und Informationsamtes der Bundesregierung, 13.8.1954.
25 Bulletin des Presse- und Informationsamtes der Bundesregierung, 17.9.1954.
26 Stöver: Der Fall Otto John, S. 104.
27 Adenauer-Heuss: Unter vier Augen, S.143.
28 Neues Deutschland, 14.12.1955.
29 Heuss-Adenauer: Unserem Vaterland zugute, S. 259.
30 Bailey/Kondraschow/Murphy: Die unsichtbare Front, S. 242f.
31 Vgl. zum folgenden Fricke: Menschenraub in Berlin, S. 5-32; Fricke: Akten-Einsicht, S. 23-181; Berliner Morgenpost, 25.3.2007.
32 Fricke: Akten-Einsicht, S. 67.
33 Faksimile in Fricke: Menschenraub in Berlin, S. 10.
34 Fricke: Akten-Einsicht, S. 165.
35 Fricke: Menschenraub in Berlin, S. 32.
36 Zit. n. http://nsarchive.gwu.edu/NSAEBB/NSAEBB441/docs/doc%201%202008-021%20Burr%20Release%20Document%201%20-%20Part%20A1.pdf, S. 320.
37 Vgl. Welt am Sonntag v. 9.8.2011.
38 Mitteilung der Forschungs- und Arbeitsgruppe Geschichte des BND, Nr. 1 (2011), Dokument 2.
39 Mitteilung der Forschungs- und Arbeitsgruppe Geschichte des BND, Nr. 1 (2011), Dokument 3.
40 Berliner Morgenpost v. 11.8.1961.
41 BStU MfS GH 2/70, Bd. 9, Bl. 393f.
42 BStU MfS GH 2/70, Bd. 17, Bl. 126
43 Spiegel, 1.6.2009
44 BStU MfS GH 2/70, Bd. 2, Bl. 34.
45 Vgl. Berliner Morgenpost, 23.5.2009.
46 BStU MfS GH 2/70, Bd. 2, Bl. 150.
47 Vgl. Berliner Morgenpost, 5.6.2009.
48 Müller-Enbergs/Jabs: Der 2. Juni 1967, S. 399
49 BStU MfS GH 2/70, Bd. 1, Bl. 13.
50 BStU MfS GH 2/70, Bd. 1, Bl. 117.
51 Vgl. Berliner Morgenpost, 30.5.2007; Welt, 2.6.2009.
52 BStU MfS GH 2/70, Bd. 17, Bl. 97-99.

53 BStU MfS BV Berlin, KD Lichtenberg, 13088, Bl. 1-5.

54 http://www.welt.de/geschichte/article128727404/West-Berliner-Polizei-im-Visier-der-Stasi.html.

55 Zeit, 13.8.1993.

56 Zit. n. Mampel: Der UfJ, S. 90f.

57 Zeit, 13.8.1993.

58 Bild, 9.8.1993.

59 Mampel: Der UfJ, S. 96.

60 Zit. n. Mampel: Der UfJ, S. 100f.

61 Super-Illu 8/1993

62 Zeit, 13.8.1993.

63 BStU, MfS, AIM, Nr. 9229/87, Teil II, Bd. 1, Bl. 179–184.

64 BStU, MfS, AIM, Nr. A 593/79, Teil II, Bd. 1, Bl. 3 f.

65 BStU, MfS, Teilablage A, Nr. 593/79, Teil II, Bd. 7, Bl. 160–167

66 Reg.-Nr. XV/2704/72; BStU, MfS, Teilablage A, Nr. 156/85

67 BStU, MfS, Teilablage A, Nr. 593/79, Teil II, Bd. 5, Bl. 8–18.

68 BStU, MfS, AIM, Nr. 4902/88, Teil II, Bd. 1, Bl. 34–48.

69 NEUE ANMERKUNG: BStU, MfS, AIM, Nr. 4902/88, Teil I, Bd. 1, Bl. 66–74.

70 BStU, MfS, AIM, Nr. 9229/87, Teil I, Bd. 1, Bl. 15 f.

71 BStU, MfS, AIM, Nr. 9229/87, Teil II, Bd. 1, Bl. 14 f.

72 BStU, MfS, Teilablage A, Nr. 593/79, Teil III, Bd. 1–3.

73 Viett: Nie war ich furchtloser, S. 179.

74 Vgl. Müller/Knonenberg: Die RAF-Stasi-Connection, passim; Peters: Tödlicher Irrtum, S. 532-591; Jander: Differenzen, S. 696-713; Zitate Viett: Nie war ich furchtloser, S. 179f.

75 Viett: Nie war ich furchtloser, S. 196.

76 Vgl. Aust: Der Baader-Meinhof-Komplex, S. 183-186.

77 Vgl. Jander: Differenzen, S. 699.

78 Schroeder/Staadt (Hrsg.): Feindwärts der Mauer, S. 432-439

79 Robert Allertz (Hrsg.): Die RAF und das MfS, S. 187

80 Zum folgenden vgl. Stiller: Im Zentrum der Spionage, S. 362-366; Roewer: Im Visier, S. 442-448; Spiegel, 23.3., 30.3. u. 6.4.1992.

81 Wolf: Spionagechef im Kalten Krieg, S. 299f.

82 Stiller: Im Zentrum der Spionage, S. 33.

83 Gieseke: Die hauptamtlichen Mitarbeiter, S. 384.

84 Spiegel, 28.9.1992.

85 Gieseke: Die hauptamtlichen Mitarbeiter, S.385.

FINALE

1 Washington Post, 22.11.1998.

2 Vgl. Welt, 14.4.2007.

3 Spiegel, 18.1.1999

4 Eichner/Dobbert: Headquarters, S. 285.

5 Spiegel, 18.4.2005.

6 Müller-Enbergs: »Rosenholz«, S. 28.

QUELLEN UND LITERATUR

Alle für den Text herangezogenen Bücher werden in den Anmerkungen mit eindeutigen Kurztiteln zitiert; Archivalien mit der vollständigen Signatur; Zeitungs- und Zeitschriftenartikel mit Datum oder Nummer der entsprechenden Ausgaben.

1. ARCHIVALIEN

Bundesarchiv Koblenz:
Bestand B 141 (Bundesministerium der Justiz): 11815, 11816, 11817

Landesarchiv Berlin: C Rep 124, Nr. 400

Archiv der Bundesbeauftragten für die Stasi-Unterlagen (BStU) Berlin
Bestand MfS HA III: 490; 6329; 6710; 6875; 10822; 10795; 11371; 11682; 11793; 14455.
HA VIII: 1525; 7123
Bestand MfS GH 105: 57, Bd. 5
Bestand MfS ZA AU 104: 90

Public Record Office, Kew/London:
FO 1042/227
Britisch Militäry Government Berlin to Sir Frank Roberts, Bonn, 22. April 1966.
Draft Charter to the Chief BRIXMIS from the UK High Commissioner, Appendix 'B' to JIC (GERMANY) (52) 17
Notes of the use of Soviet troops in aid of the civil power 16 June - 10 July 1953 (BRX/405/29)
Report on RAF BRIXMIS activities in connection with the crash of a Red Air Force Firebar Aircraft in West Berlin on 6th April, 1966 (BRX/5600/1/AIR)
Soviet Aircraft Crash in the Havel, 6th April, 1966 (BRX/600/3)

Sammlung des Alliiertenmuseums Berlin:
Bowman, Steve: Teufelsberg, Berlin and the Cold War, unveröffentlichtes Manuskript, Juni 1997.
USMLM Unit History, Jahrgänge 1964-1988.
Video-Interview mit Col (Retd) Carol Hemphill am 29.4.1997.
Video-Interview mit Sergej Kondraschow und David Murphy im September 1997.

2. VERWENDETE ZEITUNGEN UND ZEITSCHRIFTEN

Der Abend; Aus Politik und Zeitgeschichte; Berliner Morgenpost; Berliner Zeitung; Bild (Berlin); Bulletin des Presse- und Informationsamtes der Bundesregierung; B.Z.; BZ am Abend; The Daily Telegraph; Le Figaro; Frankfurter Allgemeine Zeitung; Horch & Guck; Illustrierte Berliner Zeitung; The Independent; Hamburger Abendblatt; Neue Zürcher Zeitung; Neues Deutschland; New York Times; New York Harold Tribune; SBZ-Archiv; Der Spiegel; Stenografische Berichte des Deutschen Bundestages; Der Stern; Süddeutsche Zeitung; Super-Illu; Der Tagesspiegel; Telegraf; The Times; Die Welt; Welt am Sonntag; Die Zeit.

3. GEDRUCKTE QUELLEN

Adenauer, Konrad/Heuss, Theodor: Unter vier Augen. Gespräche aus den Gründerjahren 1949-1959. Berlin 1999.

Allertz, Robert (Hrsg.): Die RAF und das MfS. Fakten und Fiktionen. Berlin 2008.

Ausschuss für Deutsche Einheit (Hrsg.): Spionage-Dschungel Westberlin. Eine Dokumentation über die westdeutschen und Westberliner Sabotage- und Spionageorganisationen und über die Geheimagenturen der imperialistischen Westmächte. Berlin [Ost] o.J. [1959].

Bundesministerium für gesamtdeutsche Fragen (Hrsg.): Unrecht als System. Dokumente über planmäßige Rechtsverletzungen im sowjetischen Besatzungsgebiet. Zusammengestellt vom Untersuchungsausschuss freiheitlicher Juristen. 4 Bde. Bonn 1952-1962.

Charisius, Albrecht / Mader, Julius: Nicht länger geheim. Entwicklung, System und Arbeitsweise des imperialistischen deutschen Geheimdienstes. Berlin [Ost] 1975.

Deutsche flüchten zu Deutschen. Der Flüchtlingsstrom aus dem sowjetisch besetzten Gebiet nach Berlin. Hrsg. v. Senator für Arbeit und Sozialwesen. Berlin 1955.

Dowe, Dieter (Hrsg.): Kurt Müller (1903-1990) zum Gedenken. Bonn 1991.

Eichner, Klaus/Schramm, Gotthold (Hrsg.): Angriff und Abwehr. Die deutschen Geheimdienste nach 1945. Berlin 2007.

Ders./Dobbert, Andreas: Headquarters Germany. Die US-Geheimdienste in Deutschland. 3. Aufl. Berlin 2008.

Eppelmann, Rainer: Fremd im eigenen Haus. Mein Leben im anderen Deutschland. Köln 1993.

Fricke, Karl Wilhelm: Menschenraub in Berlin: Karl Wilhelm Fricke über seine Erlebnisse. Bonn 1960.

Ders.: Akten-Einsicht. Rekonstruktion einer politischen Verfolgung. 3. Aufl. Berlin 1996.

Friedensburg, Ferdinand: Es ging um Deutschlands Einheit. Rückschau eines Berliners auf die Jahre nach 1945. Berlin 1971.

Heiliger, Hartmut: »Die Feindpotenzen der funkelektronischen Aufklärung des Gegners in Westberlin«, Fachschulabschlussarbeit der juristischen Hochschule Potsdam, 1985, BStU MfS-HA III, Nr. 14455.

Heinrich, Eberhard/Ullrich, Klaus: Befehdet seit dem ersten Tag. Über drei Jahrzehnte Attentate gegen die DDR. Berlin [Ost] 1981.

Herz, Peter: Berlin-Lichtenberg, Normannenstraße 22. Agentenzentrale SSD. Berlin 1960.

Ders.: Berlin-Lichtenberg, Normannenstraße 22. Agentenzentrale SSD. Berlin 1964.

Heuss, Theodor/Adenauer, Konrad: Unserem Vaterlande zugute. Der Briefwechsel 1948-1963. Paderborn 1989.

Hiecke, Hanfried: Deckname Walter. Enthüllungen des ehemaligen Mitarbeiters der sogenannten »Kampfgruppe gegen Unmenschlichkeit« Hanfried Hiecke. Berlin [Ost] 1953.

Gehlen, Reinhard: Der Dienst. Mainz 1971.

Grimmer, Reinhard u.a. (Hrsg.): Die Sicherheit. Zur Abwehrarbeit des MfS. 2 Bde. 3. Aufl. Berlin 2003.

Internationaler Juristen-Ausschuss (Hrsg.): Internationaler Juristen-Kongress. West-Berlin 1952, Gesamtbericht – Referate und Protokolle, Den Haag, 1953.

John, Otto: Ich wählte Deutschland. Berlin [Ost] 1954.

Ders.: Zweimal kam ich heim. Düsseldorf 1969.

Keiderling, Gerhard (Hrsg.): »Gruppe Ulbricht« in Berlin April bis Juni 1945. Von den Vor-

bereitungen im Sommer 1944 bis zur Wiedergründung der KPD im Juni 1945. Berlin 1993.
Kierstein, Herbert (Hrsg.): Heiße Schlachten im Kalten Krieg. Unbekannte Fälle und Fakten. Berlin 2007.
Kongress-Verlag (Hrsg.): Unmenschlichkeit als System. Dokumentarbericht über die »Kampfgruppen gegen Unmenschlichkeit e. V.«. Berlin [Ost] 1957.
Ders. (Hrsg.): ...im Dienste der Unterwelt. Dokumentarbericht über den »Untersuchungsausschuss freiheitlicher Juristen. Berlin [Ost] 1959.
Leonhard, Wolfgang: Die Revolution entlässt ihre Kinder. 22. Aufl. 2005.
On the Front Lines of the Cold War. Documents on the Intelligence War in Berlin 1946 to 1961. Hrsg vom Center for the Study of Intelligence. Washington/DC 1999.
Pragal, Peter: Der geduldete Klassenfeind. Als Westkorrespondent in der DDR. Berlin 2008.
Rosenthal, Walther (Hrsg.): Untersuchungsausschuss freiheitlicher Juristen. Zielsetzung und Arbeitsweise. Berlin 1959.
Senat von Berlin (Hrsg.): Berlin. 9 Bde. Berlin 1961-1978.
Senator für Inneres (Hrsg.): Denkschrift Östliche Untergrundarbeit gegen West-Berlin. Stand: 15. April 1959. Berlin 1959.
Stacy, William E,: The Nicholson Incident. A case study of US-Soviet Negotiations. Heidelberg 1988- declassified Oktober 2004.
Steury, Donald P, (Hrsg.): On the Front Lines of the Cold War: Documents on the Intelligence War in Berlin 1946-1961. Washington D.C. 1999.
Stiller, Werner: Im Zentrum der Spionage. 5. Aufl. Mainz 1986.
Suckut, Siegfried (Hrsg.): Das Wörterbuch der Staatssicherheit. Definition zur »politisch-operativen Arbeit«. 3. Aufl. Berlin 1996.
Untersuchungsausschuss freiheitlicher Juristen (Hrsg.): Katalog des Unrechts. Berlin 1956.
Viett, Inge: Nie war ich furchtloser. Autobiographie. Hamburg 1997.
Wagner, Helmut: Schöne Grüße aus Pullach. Operationen des BND gegen die DDR. Berlin 4. Aufl. 2006.
Wolf Markus: Spionagechef im geheimen Krieg. Erinnerungen. München 1997.
Wolf, Claus: Bosse, Gangster, Kopfgeldjäger. Flüchtlingskampagnen und Menschenhandel. Motive und Methoden, Berlin [Ost] 1982.

4. LITERATUR

Agarew/Kobbe/Großer/Sisowa: Im Himmel über Berlin, Eine tragische Seite der Epoche des Kalten Krieges.Rjasan Verlag, 2012.
Alexander, Peter / Milwoky, Francis: Hobbynutten, Fremdgeher, Bettspitzel ... und die Stasi war immer mit dabei. Berlin o. J. [2005].
Aust, Stefan: Der Baader-Meinhof-Komplex. Neuausgabe Hamburg 2008.
Bailey, George/Kondraschow, Sergej/Murphy, David E.: Die unsichtbare Front. Der Krieg der Geheimdienste im geteilten Berlin. Neuausgabe Berlin 2002.
Barnekow, Rolf: Das Anzapfen der sowjetischen Militärkommunikation in: »Ist ja fantastisch«. Die Geschichte des Berliner Spionagetunnels. Hrsg. vom AlliiertenMuseum. Berlin 2006.
Bästlein, Klaus: Der Fall Mielke. Die Ermittlungen gegen den Minister für Staatssicherheit der DDR. Baden-Baden 2002.

Ders.: Vom NS-Täter zum Opfer des Stalinismus: Dr. Walter Linse – ein deutscher Jurist im 20. Jahrhundert. Berlin 2008.

Baumgartner, Gabriel, und Dieter Hiebig, Biographisches Handbuch der SBZ/DDR 1945–1990. München u. a. 1996.

Beer, Siegfried: Rund um den »Dritten Mann«. Amerikanische Geheimdienste in Österreich 1945-1955 in Österreich im frühen Kalten Krieg 1945–1955. Wien 2000.

Behling, Klaus / Behling, Christian: Berlin im Kalten Krieg. Schauplätze und Ereignisse. Berlin 2008.

Behrend, Hans-Dieter: Die alliierten Militärverbindungsmissionen im Kalten Krieg auf deutschem Boden. Berlin 2002 (Hefte der DDR- Geschichte Nr. 77).

Blake, George: Keine andere Wahl. Die Autobiografie des wichtigsten Doppelagenten aus der Ära des Kalten Krieges. Berlin 1995.

Burke, Sean: Der Ausbruch. Hamburg 1972.

Ders./Jan Eik: Vertuschte Verbrechen. Kriminalität in der Stasi. Berlin 2007.

Dies.: Transit in den Tod. Kriminalität in der Stasi. Berlin 2008.

Dies.: Lautloser Terror. Verbrechen in der Stasi. Berlin 2009.

Berlin-Brandenburgische Geschichtswerkstatt (Hrsg.): Prenzlauer, Ecke Fröbelstraße. Hospital der Reichshauptstadt. Haftort der Geheimdienste. Bezirksamt Prenzlauer Berg 1889-1989. Berlin 2006.

Carney, Jeffrey M., Against all Enemies: An American´s Cold War Journey, Printed by Amazon 2013.

Detjen, Marion: Ein Loch in der Mauer. Die Geschichte der Fluchthilfe im geteilten Deutschland 1961-1989. München 2005.

Diederich, Torsten/Ehlert, Hans/Wenzke, Rüdiger (Hrsg.): Im Dienste der Partei. Handbuch der bewaffneten Organe der DDR. Berlin 1998.

Effner, Bettina/Heidemeyer, Helge (Hrsg.): Flucht im geteilten Deutschland. Erinnerungsstätte Notaufnahmelager Marienfelde, Berlin 2005.

Elliott, Geoffrey/Shukman, Harold: Secret Classrooms. London 2002.

Erler, Peter/Knabe, Hubertus: Der verbotene Stadtteil. Stasi-Sperrbezirk Berlin-Hohenschönhausen. Berlin 2005.

Ders.: Polizeimajor Karl Heinrich. NS-Gegner und Antikommunist. Berlin 2007.

Falck, Uta: VEB Bordell. Geschichte der Prostitution in der DDR. Berlin 1998.

Feick, Dagmar: Interview in: »Ist ja fantastsich«. Die Geschichte des Berliner Spionagetunnels, Hrsg. vom AlliiertenMuseum. Berlin 2006.

Flemming, Thomas: Kein Tag der deutschen Einheit. 17. Juni 1953. Berlin 2003.

Ders.: Berlin im Kalten Krieg. Der Kampf um die geteilte Stadt. Berlin 2008.

Frank, Mario: Ulbricht. Eine deutsche Biografie. München 2001.

Fricke, Karl Wilhelm: MfS intern. Macht, Strukturen, Auflösung der DDR-Staatssicherheit. Köln 1991.

Ders./Engelmann, Roger: »Konzentrierte Schläge«. Staatssicherheitsaktionen und politische Prozesse in der DDR 1953-1956. Berlin 1998.

Gaddis, John Lewis: Der Kalte Krieg. Eine neue Geschichte. München 2007

Geraghty, Tony: Brixmis. London 1996.

Gieseke, Jens: Die hauptamtlichen Mitarbeiter der Staatssicherheit. Personalstruktur und Lebenswelt 1950-1989/90. Berlin 2000.

Ders.: Der Mielke-Konzern. Die Geschichte der Stasi 1945–1990. München 2006.

Hagemann, Frank: Der Untersuchungsausschuss freiheitlicher Juristen 1949 bis 1969. Frankfurt/M. usw. 1994.

Harrington, Stewart: Traitors Among Us, Inside the Spy Catchers World. Presidio Press 1999.

Heimann, Siegfried: Karl Heinrich und die Berliner SPD, die sowjetische Militäradministration und die SED. Ein Fallbeispiel. Bonn 2007.

Heisig, Matthias: Gefährliche Begegnung. Autos, »Blockierung« und der Tod von Philippe Mariotti in: Mission erfüllt. Die militärischen Verbindungsmissionen der Westmächte 1946-1990. Hrsg. vom AlliiertenMuseum. Berlin 2004.

Heitzer, Enrico: »Affäre Walter«. Die vergessene Verhaftungswelle. Berlin 2008.

Herbstritt, Georg/Müller-Enbergs, Helmut (Hrsg.): Das Gesicht dem Westen zu ... DDR-Spionage gegen die Bundesrepublik Deutschland. Bremen 2003.

Jander, Martin: Differenzen im antiimperialistischen Kampf. In: Kraushaar, Wolfgang (Hrsg.): Die RAF und der linke Terrorismus, 2 Bde. Hamburg 2006, Bd. 1, S. 696-714.

Jardin, Pierre: Französischer Nachrichtendienst in Deutschland in den ersten Jahren des Kalten Krieges in: Spionage für den Frieden. Nachrichtendienste in Deutschland während des Kalten Krieges. Hrsg. von Krieger, Wolfgang/Weber, Jürgen. München 1997.

Kirsch, Benno: Walter Linse. 1903– 1953 – 1996. Dresden 2007.

Klembauer, Otto: Der Kalte Krieg in Österreich. Wien 2000.

Klemke, Christian / Lorenzen, Jan N.: Alltag einer Behörde. Das Ministerium für Staatssicherheit. Berlin 2006 (DVD).

Knabe, Hubertus: Die unterwanderte Republik. Stasi im Westen. Berlin 1999.

Ders.: Der diskrete Charme der DDR. Stasi und Westmedien. Berlin 2001.

König, Horst: Militärstandort Storkow, Märkisch-Oderland Werkstätten, Strausberg 2008.

Koop, Volker: Besetzt. Sowjetische Besatzungspolitik in Deutschland. Berlin 2008.

Kostka, Bernd von: Die Berliner Luftbrücke in: Die Vier Mächte in Berlin. Schriftenreihe des Landesarchives, Band 9. Berlin 2007.

Krieger, Wolfgang/Weber, Jürgen (Hrsg.): Spionage für den Frieden? Nachrichtendienste in Deutschland im Kalten Krieg. München 1997.

Krüger, Dieter/Wagner, Armin (Hrsg.): Konspiration als Beruf. Deutsche Geheimdienstchefs im Kalten Krieg. Berlin 2003.

Maddrell, Paul: Spying on Science. Western Intelligence in Divided Germany 1945–1961. Oxford 2006.

Mahncke, Dieter: Das Berlin-Problem. Die Berlin-Krise 1958–1961/62, in: Deutscher Bundestag (Hrsg.): Materialien der Enquete-Kommission »Aufarbeitung von Geschichte und Folgen der SED-Diktatur in Deutschland«, Bd. V/2, Baden-Baden 1995, S. 1766–1821.

Mampel, Siegfried:: Die Verfassung der Sowjetischen Besatzungszone Deutschlands, Text und Kommentar. 2. Auflage 1966.

Ders.: Der Untergrundkampf des Ministeriums für Staatssicherheit gegen den Untersuchungsausschuss freiheitlicher Juristen in West-Berlin. 4. Aufl. Berlin 1999.

Ders.: Entführungsfall Dr. Walter Linse – Menschenraub und Justizmord als Mittel des Staatsterrors. 3. Aufl. Berlin 2006.

Manificat, Patrick: Propousk! Missions derrière le rideau de fer (1947-1989). Lavauzelle 2008.

Montgomery, Hugh: Herausforderung Berliner Tunnel in: »Ist ja fantsatsisch«. Die Geschichte des Berliner Spionagetunnels. Hrsg. vom AlliiertenMuseum. Berlin 2006.

Müller, Peter F. /Mueller, Michael: Gegen Freund und Feind. Der BND: Geheime Politik und schmutzige Geschäfte. Reinbek 2002.

Mueller, Michael/Kanonenberg, Andreas: Die RAF-Stasi-Connection. Berlin 1992.

Müller-Enbergs, Helmut: »Rosenholz«. Eine Quellenkritik. Berlin 2007.

Mußgnug, Dorothee: Alliierte Militärmissionen in Deutschland 1946-1990. Berlin 2001.

Otto, Wilfriede: Erich Mielke. Biographie. Berlin 2000.

Peters, Butz: Tödlicher Irrtum. Die Geschichte der RAF. Neuausgabe Frankfurt/Main 2007.

Randle, Michael/Pottle, Pat: The Blake Escape. How we freed George Blake – and why. London 1989.

Roewer, Helmut/Schäfer, Stefan/Uhl, Matthias: Lexikon der Geheimdienste im 20. Jahrhundert. München 2003.

Ders: Im Visier der Geheimdienste. Deutschland und Russland im Kalten Krieg. Bergisch-Gladbach 2008.

Roginskij, Arsenij u.a. (Hrsg.): »Erschossen in Moskau ...«. Die deutschen Opfer des Stalinismus auf dem Moskauer Friedhof Donskoje 1950-1953. Berlin 2005.

Schlegelmilch, Arthur: Hauptstadt im Zonendeutschland. Die Entstehung der Berliner Nachkriegsdemokratie 1945-1949. Berlin 1993.

Shell, Kurt L.: Bedrohung und Bewährung. Führung und Bevölkerung in der Berlin-Krise. Köln – Opladen 1965.

Smith, Arthur L.: Kidnap City. Cold War Berlin. Westport – London 2002.

Stafford, David: Berlin underground. Wie der KGB und die westlichen Geheimdienste Weltpolitik machten. Hamburg 2003.

Stiftung Haus der Geschichte der Bundesrepublik (Hrsg.): Duell im Dunkel. Spionage im geteilten Deutschland. Köln – Weimar – Wien 2002.

Stockton, Bayard: Flawed Patriot. The Rise and Fall of CIA Legend Bill Harvey. Dulles 2006.

Stöver, Bernd: Der Fall Otto John. Neue Dokumente zu den Aussagen des deutschen Geheimdienstchefs gegenüber MfS und KGB. In: Vierteljahrshefte für Zeitgeschichte 47 (1999), S. 103-136.

Ders.: Der Kalte Krieg. Geschichte eines radikalen Zeitalters 1947-1991. München 2007.

Streckel, Söhnke: Lizenzierte Spionage. Die alliierten Militärverbindungsmissionen und das MfS. Hrsg. vom Landesbeauftragten für die Unterlagen des Staatssicherheitsdienstes der ehemaligen DDR. Magdeburg 2008.

Trotnow, Helmut: Schüsse in Techentin in: Mission erfüllt. Die militärischen Verbindungsmissionen der Westmächte 1946-1990. Hrsg. vom AlliiertenMuseum. Berlin 2004.

Trotnow, Helmut/Kostka, Bernd von: »Ist ja fantastisch«. Die Geschichte des Berliner Spionagetunnel. Berlin 2006.

Wagner, Armin/Uhl, Matthias: BNDcontra Sowjetarmee. Westdeutsche Militärspionage in der DDR. Berlin 2007.

Wegmann, Bodo: Entstehung und Vorläufer des Staatssicherheitsdienstes der DDR. Strukturanalytische Aspekte. Berlin 1997.

Ders.: Zwischen Normannenstraße und Camp Nikolaus. Die Entstehung deutscher Nachrichtendienste nach 1945. Berlin 1999.

Weiner, Tim: CIA. Die ganze Geschichte. Frankfurt/M. 2008.

Werkentin, Falco, Politische Strafjustiz in der Ära Ulbricht. Berlin 1995.

Wettig, Gerhard: Chruschtschows Berlin-Krise 1958-1963. Drohpolitik und Mauerbau. München 2006.

Woodhead, Leslie: My Life as a spy. London 2005.
Winkler, Christopher: Die U.S. Military Liaison Mission im Vorfeld der 2. Berliner Krise. Der Hubschrauberzwischenfall von 1958 in: Schaufenster der Systemkonkurrenz. Die Region Berlin-Brandenburg im Kalten Krieg. Hrsg. von Lemke, Michael. Böhlau Verlag 2006.
Wylde, Nigel: Mit der Brixmis jenseits des Eisernen Vorhangs in: Mission erfüllt. Die militärischen Verbindungsmissionen der Westmächte 1946-1990. Hrsg. vom AlliiertenMuseum. Berlin 2004.

FERNSEHDOKUMENTATIONEN

Legrande (-Interview) im Film von Yves Jan: Au Coeur de la Guerre Froide. Les Missions de Potsdam. 2007.
H.Kloss / M.Thöß: Deckname Blitz. Der Spion vom Teufelsberg. 2004.
Leonhard, Wolfgang: Mein Kriegsende. WDR-Dokumentation Köln 2005 (DVD).

INTERNETSEITEN

Bericht zum Berliner Tunnel unter: www.cia.gov
Williams, Peter: Brixmis in the 1980s: The Cold War's »Great Game« S.32 in der Reihe Parallel History Project on Cooperative Security, April 2007. www.php.ethz.ch
Homepage des Guard Battalion www.guardbattalion.de
Ruhmann, Ingo und Schulzki-Haddouti, Christiane: Abhör-Dschungel, in c't, 5/98 zu finden unter www.heise.de
ENIGMA 2000 Newsletter – Issue 5, July 2001, zu finden unter: www.cvni.net/radio/e2k/e2k005/e2k05article.html S. 1
Wolf, Markus: Ten Years of German Unification, National Security and the Future-Journal, zu finden unter www.nsf-journal.hr/issues/v1n2/wolf.htm

BILDNACHWEIS

AlliiertenMuseum/Archiv: S. 22, 25, 27, 30, 32, 38, 57, 61, 72, 75, 87; AlliiertenMuseum/Brixmis: S. 109, 120, 124, 128; AlliiertenMuseum/CIA: S. 81, 82; AlliiertenMuseum/Chodan: S. 63, 79, 83, 91, 95, 101, 113, 117, 119; AlliiertenMuseum/MMFL: S. 106, 115, 123, 132, 136; AlliiertenMuseum/USMLM: S. 112, 137, 139; AlliiertenMuseum/US Air Force: S. 33, 44, 48, 49, 67; AlliiertenMuseum/US Army: S. 40, 65; ARD: S. 221(2); BSTU: S. 135, 169, 171, 175, 188, 193, 202, 203, 227, 241, 269, 271, 300; Bundesnachrichtendienst: S. 266; Karl-Wilhelm Fricke: S. 259, 261, 262 (2); INSCOM Command History Office File: S. 46; Gedenkstätte Bautzen: 223; Gedenkstätte Berlin-Hohenschönhausen: S. 247 (2); Horst König: S. 104, 105; Bernd von Kostka: S. 39, 60, 93, 97, 103, 129; Frank Lehmann: Backcover u. l.; Enno Lenze: S. 8; Polizeihistorische Sammlung Berlin: S. 166; Ullstein: S. 10; Unternehmensarchiv Axel Springer: S. 229, 274. Alle übrigen Bilder: Archiv Sven Felix Kellerhoff.

Sollten trotz intensiver Recherchen Bildrechte nicht berücksichtigt sein, bitten wir darum, dem Verlag etwaige bestehende Ansprüche mitzuteilen.

DANKSAGUNGEN

SVEN FELIX KELLERHOFF

Bücher verdanken ihre Existenz niemals nur den Autoren, die auf dem Umschlag genannt sind. So verhält es sich auch mit der »Hauptstadt der Spione«. In den vergangenen fast zwei Jahrzehnten habe ich mich bei meiner Arbeit für die »Welt« immer wieder mit dem Geheimdienstsumpf in der Viersektorenstadt beschäftigt. Die Idee, aus den verstreuten Vorarbeiten gemeinsam mit Bernd von Kostka ein Buch zu machen, hatte Wieland Giebel. Mindestens genauso wichtig für die Realisierung des Projektes waren aber Patricia Bohnstedt und Norman Bösch, die den Band gestaltet und produziert haben. Die inzwischen vierte Auflage betreute Nadin Wildt. Ihnen möchte ich ausdrücklich danken. Ebenso meinen Freunden Lars-Broder Keil, Dr. Berthold Seewald und Uwe Müller. Manch andere Helfer möchten lieber anonym bleiben. Aber wie anders sollte es bei einem Buch über Spione in Berlin schon sein?

BERND VON KOSTKA

Ich möchte Dr. Helmut Trotnow danken, dass ich das Archiv des AlliiertenMuseums für meine Recherchen nutzen konnte und Bilder aus dem Bestand des Museums verwenden durfte. Es haben mich folgende Personen bei den Recherchen zu diesem Buch aktiv unterstützt, mir wichtige Informationen geliefert oder meine Arbeit erheblich erleichtert:

Uta Birkemeyer, Steve Bowman, Wolfgang Chodan, Don Steury, Söhnke Streckel.

Ich danke außerdem Annette Vogler für die intensive Durchsicht meines Manuskriptes sowie Bettina Schäfer für die Korrektur meiner überarbeiteten Fassung.

Zum Schluss danke ich meiner Frau Ingrid und meiner Tochter Julia für Ihre Geduld, weil ich einen großen Teil meiner Freizeit nicht mit der Familie, sondern mit den »Spionen« verbracht habe.

BERLIN STORY VERLAG

Leuschnerdamm 7, 10999 Berlin

Klaus Behling

LICHT INS DUNKEL

240 Seiten, 12,5 x 20,5 cm, Broschur,
16,95 Euro
ISBN 978-3-95723-025-6

Fesselnde Geschichten zwischen Ehre und Verrat: Von DDR-Bürgern, die für die Briten spionierten und herausfanden, wie kleine SED-Funktionäre die DDR ruinierten. Für Geld? Nein. »Ich will erleben, wie dieser Staat zusammenbricht.« Sie wurden von der Stasi nie enttarnt …
Von Klaus Traube, Atomphysiker, der eine Rechtsanwältin kannte, die Hans-Joachim Klein kannte – ohne zu ahnen, dass dieser RAF-Terrorist war. Der Verfassungsschutz nahm Traube ins Visier, er verlor seine Stelle und wurde Kronzeuge der Anti-Atom-Bewegung … Klaus Behling hat Spuren gesucht und Zeitzeugen befragt. Wie gerieten sie ins Netz der Geheimdienste, wo liefen die Fäden, die Täter und Opfer oftmals unsichtbar miteinander verknüpften?

Jens Schöne

DIE DDR

288 Seiten, 12,5 x 20,5 cm, Broschur,
19,80 Euro
ISBN 978-3-95723-019-5

Jens Schöne erzählt die ganze Geschichte der DDR. Nicht nur Parteifunktionäre, Staatssicherheit und aktive Opposition gegen die illegitime SED-Herrschaft kommen zur Sprache, sondern auch alltägliche Situationen, kleinste Dörfer und ganz „normale“ Leute.
Von der Gründung des vermeintlichen „Arbeiter- und Bauernstaates“ über den Volksaufstand von 1953 und den Mauerbau von 1961 spannt das reich illustrierte Buch den Bogen bis hin zur Friedlichen Revolution und zur deutsch-deutschen Vereinigung. Zudem wird gefragt, welcher Platz der DDR in der deutschen Geschichte zukommt.

WWW.BERLINSTORY.DE